HISTOIRE

DE

LA TERREUR

HISTOIRE

DE

LA TERREUR

1792-1794

D'APRÈS DES DOCUMENTS AUTHENTIQUES

ET INÉDITS

PAR

M. MORTIMER-TERNAUX

DE L'INSTITUT

Première édition

—

TOME HUITIÈME

—

PARIS

CALMANN LÉVY, ÉDITEUR

ANCIENNE MAISON MICHEL LÉVY FRÈRES

RUE AUBER, 3, ET BOULEVARD DES ITALIENS, 15

A LA LIBRAIRIE NOUVELLE

—

1881

Tous droits réservés.

AVERTISSEMENT

En rattachant les excès de 1793 aux désordres qui avaient précédé le renversement de la monarchie, M. Mortimer Ternaux a ouvert une voie nouvelle aux études sur la Révolution française. Quand le premier volume de son ouvrage parut, en 1862, la tentative semblait téméraire, et nous nous rappelons encore les critiques soulevées par la généralité du titre adopté par l'auteur. Après les preuves produites, à la suite surtout du récit des massacres organisés dans les prisons de Paris le 2 septembre 1792, le doute n'était plus possible, et la responsabilité de ceux que le consciencieux historien avait saisis « les pieds dans le sang et la main dans le sac » se trouvait définitivement engagée devant la postérité. L'exemple une fois donné, d'autres écrivains ont repris à leur tour l'idée qui avait fait la fortune de l'œuvre de M. Mortimer Ternaux, et ont demandé à la province la confirmation des crimes commis à Paris. Le succès a été le même, et il n'est que juste d'en revendiquer une part pour celui dont l'initiative avait su découvrir le chemin à suivre.

Pendant que M. Mortimer Ternaux employait ainsi de la façon la plus utile au pays les loisirs que lui avait faits la politique, l'invasion étrangère se préparait. Il voulut en souffrir personnellement et, au lieu de fuir devant elle, il l'attendit de pied ferme dans sa propriété d'Eure-et-Loir, non loin de l'héroïque cité de Châteaudun, au milieu d'une contrée désolée par l'occupation allemande. C'est là que les habitants des Ardennes qu'il avait longtemps représentés vinrent le chercher pour l'envoyer à l'Assemblée nationale, sans qu'il l'eût désiré, sans qu'il eût fait la moindre démarche. Ses forces minées par une maladie lente depuis plusieurs années semblaient lui faire une loi impérieuse du repos. Il accepta pourtant, persuadé à juste titre que, dans d'aussi graves circonstances, personne n'avait le droit de refuser son concours à la patrie.

Lorsque M. Mortimer Ternaux arriva à la Chambre, des difficultés de toute nature réclamaient une prompte solution. Jamais responsabilité plus lourde n'avait pesé sur les membres d'une assemblée souveraine. Il fallait à la fois signer avec l'étranger une paix onéreuse, rétablir l'ordre à l'intérieur, reconstituer l'armée, refaire les finances, concilier les intérêts les plus opposés. Sur toutes ces questions M. Mortimer Ternaux se montra digne de son passé parlementaire; il eut surtout une heure de grand courage en attaquant de front les révolutionnaires que sa plume avait si souvent démasqués. L'un des plus graves embarras du moment était le règne de la Commune à Paris. Au lieu de la réduire par la force, on parlait de traiter avec elle, et le gouvernement lui-même paraissait disposé à prêter les mains à des transactions occultes. Avec sa double compétence d'homme politique et d'historien, M. Mortimer Ternaux devina l'intrigue et n'hésita pas à la dénoncer. Brisant d'anciennes relations, il monta à la tribune [1] pour signaler le danger de pareilles compromissions et provoquer un démenti officiel. Ce désaveu ne put être obtenu et beaucoup, comme au premier volume de l'histoire de la Terreur, crièrent à l'exagération. Deux ans plus tard, la transaction dénoncée était formellement reconnue par celui-là même qui l'avait primitivement déniée, et nous assistons aujourd'hui à la réhabilitation de doctrines et d'attentats qui paraissaient à jamais condamnés.

Au milieu de ces orages, M. Mortimer Ternaux continuait ses travaux historiques; mais il était à bout de forces; il ne se soutenait plus que par un prodige de volonté, et la mort l'a frappé debout, avant l'achèvement du volume que nous éditons dans une pensée de respect pour sa mémoire.

Un autre motif nous a également déterminé à cette publication.

M. Mortimer Ternaux avait voulu démontrer que la Terreur avait commencé longtemps avant l'époque acceptée d'habitude comme l'ouverture de l'ère révolutionnaire. Cette preuve n'avait pas exigé moins de sept volumes, mais elle était complète quand la plume est tombée des mains de l'historien. Il le sentait lui-même, et combien de fois ne lui ai-je pas entendu répéter que l'œuvre à laquelle il avait voué sa vie était accomplie et qu'il risquait, en la poursuivant plus loin, de se

---

[1]. Séance du 11 mai 1871.

heurter à des faits trop publics pour amener des révélations nouvelles.

La modestie de M. Mortimer Ternaux le trompait certainement. Rien de ce qu'il a raconté n'était caché, mais bien peu avant lui avaient consenti à remonter sérieusement aux sources et, faute de recherches suffisantes, le véritable caractère d'événements importants avait échappé à ses devanciers. Dans cette mine inépuisable de la Révolution il y a, quelle que soit l'époque, bien des découvertes encore à faire, et nous ne doutons pas, qu'avec sa sagacité et sa persévérance exceptionnelles, l'historien de la Terreur n'eût produit une seconde partie digne de la première.

Au point où M. Mortimer Ternaux avait conduit son ouvrage il ne restait plus qu'à tirer les conséquences d'actes révolutionnaires acceptés comme tels par tous, et à faire pressentir les sanglantes horreurs qui devaient en découler. C'est ce que nous avons essayé de faire. Des huit chapitres contenus dans le volume que nous publions, les quatre premiers avaient été laissés par M. Mortimer Ternaux dans un état d'achèvement presque complet. Le lecteur jugera si, en acceptant sa succession et en mettant en œuvre les matériaux rassemblés pour les quatre derniers, nous avons fidèlement rempli notre rôle de légataire.

Baron de Layre.

Ce 15 décembre 1880.

HISTOIRE
DE
LA TERREUR

LIVRE XLI.

LA CONVENTION APRÈS LE 2 JUIN.

I.

On ne porte pas impunément la main sur la souveraineté nationale, et après avoir assisté au coup d'État démagogique du 2 juin, nous allons constater de suite ses inévitables et désastreuses conséquences. Par un phénomène curieux, mais dont toutes les révolutions offrent le salutaire enseignement, les premiers qui regrettent les actes de violence sont précisément ceux qui dans leur aveuglement les ont préparés. La Convention ne devait pas échapper à cette loi de nature. Nous verrons bientôt, jusque dans les rangs de la Montagne, un grand nombre de représentants trouver trop pesant le joug de leurs alliés de la Commune, et le Comité de salut public lui-même, malgré son triomphe apparent, ressentira chaque jour plus vivement les blessures infligées à son amour-propre par les exigences hautement avouées des dictateurs de l'hôtel de ville. En même temps, des rangs de la Plaine et des débris de la droite vont, à chaque séance, s'élever des voix courageuses pour protester contre l'avilissement de cette malheureuse Assemblée maîtresse de la France et esclave à Paris. Les Girondins surtout font entendre les plus éloquentes réclamations, et parmi ceux que les vainqueurs, dans la première ivresse du triomphe, ont momentanément laissés en liberté, Ducos, Fonfrède, Condorcet, Grégoire, Pontécoulant se distinguent par les nobles hardiesses d'une résistance que les trois premiers doivent payer de leur tête. Protestations impuissantes, mais que l'histoire doit recueillir avec soin, car ce sont les derniers frémissements d'un parti qui se meurt et qui refuse en mourant d'accorder à ses adversaires l'amnistie du silence.

Le 3 juin, la salle des séances presque déserte offre l'aspect morne des lieux désolés par la tempête. Au travers de la torpeur générale, c'est à peine si l'on entend quelques échos affaiblis du drame de la veille. Quatre députés proscrits, Lanjuinais, Vergniaud, Viger et Barbaroux, ont écrit à la Convention pour demander que le Comité de salut public rédige promptement son rapport sur les accusations dont ils sont l'objet. La lettre de Lanjuinais reflète ce mélange de vigueur et d'ironie qui était le fond du caractère de l'intrépide Breton : « Je lutterai, dit-il, avec le courage de l'innocence et de la vertu contre mes calomniateurs. Vous avez cédé hier à la nécessité; je vous remercie d'avoir empêché peut-être par votre condescendance de plus grands attentats. » La lettre de Vergniaud est empreinte d'une dignité fière et triste; il explique ainsi son absence de la veille : « Je savais que les citoyens des tribunes s'étaient emparés des passages de la Convention et arrêtaient les députés dont les noms se trouvaient sur la liste de proscription dressée par la Commune de Paris. Prêt à obéir à la loi, je ne crus pas devoir m'exposer à des violences qu'elle réprouve. J'ai appris cette nuit qu'un décret me met en état d'arrestation chez moi; je m'y soumets. »

Après les lettres des proscrits vient celle du proscripteur. Selon sa coutume, Marat revendique pour lui le monopole du patriotisme et des vertus civiques; il reproche à la Convention d'avoir, dans son décret du 2 juin, ménagé les membres dénoncés par la Commune; en leur laissant la gloire de demander eux-mêmes la suspension de leurs pouvoirs et de donner ainsi l'exemple d'un généreux dévouement au bien public, on les a, disait-il, rendus « intéressants aux yeux de la nation, honneur qui doit être réservé à ces hommes intacts qui se sont consacrés sans retenue à la défense de la liberté, dont le cœur brûla toujours de l'amour sacré de la patrie... Peut-être m'était-il permis, à moi, le martyr éternel de la liberté; à moi, depuis trop longtemps déchiré par la calomnie, d'être jaloux de ces honneurs. J'ai donc repoussé le projet de décret de votre Comité; j'ai demandé l'arrestation des membres dénoncés par les autorités constituées de Paris, et j'ai offert ma suspension pendant un temps déterminé. Impatient d'ouvrir les yeux de la nation abusée sur mon compte par tant de libellistes à gages, ne voulant plus être regardé comme une pomme de discorde, et prêt à tout sacrifier au retour de la paix, je renonce à l'exercice de mes onctions de député jusqu'après le jugement des représentants accusés. »

Cette déclaration fait jeter les hauts cris aux séides de l'*Ami du peuple* :

« Le devoir de Marat est d'être à son poste, s'écrie Thuriot.

— Aucun député, ajoute Charlier, ne peut se suspendre, parce qu'aucun ne peut composer avec son devoir... Par la proposition que fait Marat, on a la preuve qu'il n'était point le chef d'une faction de brigandage, mais qu'il en existait une autre vraiment liberticide, contre laquelle nous avons vainement lutté depuis huit mois, et que le peuple vient enfin d'étouffer.

— Oui, reprend Chasles, on a peint Marat comme un monstre dont on a voulu effrayer les départements on le leur a peint comme un homme de sang et de pillage, afin de les séparer d'une ville qui adoptait ses principes. Les départements seront détrompés quand ils le verront lui-même cessant ses fonctions afin de ne plus leur donner d'ombrage. »

Robespierre, qu'impatientent ces hommages prodigués à l'Ami du peuple, veut couper court à la discussion et demande la question préalable ; il la motive ainsi : « Depuis trop longtemps nous nous occupons d'individus; il faut enfin parler de choses. Les représentants de la nation française doivent remplir leurs devoirs ou donner leur démission... Le cas de la suspension n'est pas prévu [1]. »

La Convention n'adopte pas la motion de Robespierre; elle passe purement et simplement à l'ordre du jour, ce qui laisse Marat libre de maintenir ou de retirer sa proposition magnanime.

On introduit ensuite une députation du Comité central révolutionnaire. L'orateur s'exprime ainsi : « Législateurs, l'expérience vient de vous montrer d'une manière vraiment sublime que tôt ou tard la justice a son tour. L'étonnante révolution qui s'est opérée sous vos yeux est une grande leçon pour ceux qui marcheront après vous dans la carrière de la législation. Vous avez vu le peuple de Paris se lever tout entier, résister tout entier à l'oppression, et vous demander justice de ceux dont la présence nuisait à vos travaux, et auxquels il attribue avec juste raison tous les malheurs de la République.

« Trois fois le peuple ulcéré, outragé, a couru aux armes. Il avait donné à plusieurs de ses concitoyens la faculté d'user de son pouvoir. Ils l'ont fait pour le délivrer des traîtres qui le divisaient. Le tocsin a sonné, le canon d'alarme a tonné, non pour annoncer l'effusion du sang, mais pour annoncer les dangers de la liberté et les atteintes mortelles qu'on lui portait. Le peuple

---

[1]. Le *Moniteur* attribue ces paroles à Basire; le *Journal des Débats et Décrets* à Robespierre. Nous croyons devoir suivre cette dernière version.

pour vaincre n'a eu qu'à se montrer. Le spectre de la discorde, hier encore évoqué d'un bout de la France à l'autre, n'a plus qu'à reculer. Une chaîne de fraternité va relier Paris aux départements, et rien ne peut plus empêcher les législateurs d'achever l'œuvre de la constitution républicaine. »

Les honneurs de la séance sont accordés à la députation, qui traverse la salle aux applaudissements des tribunes.

Les Montagnards, désormais assurés de leur triomphe, veulent le consolider en s'emparant de toutes les positions ; ils font décider, dès cette première séance, que tous les comités de la Convention, sauf le Comité de salut public, seront immédiatement renouvelés et complétés.

II.

Les jours suivants, quelques réclamations s'élèvent encore dans l'Assemblée en faveur des proscrits ; mais elles se brisent contre l'indifférence du centre et les murmures de la gauche. Le 4 juin, on lit le procès-verbal de la séance du 2. Grégoire demande que l'on y constate les insultes et les violences faites à la Convention : « Les ecclésiastiques veulent donc mettre le feu partout ! » s'écrie Thuriot. Durand-Maillane, rédacteur du procès-verbal, fait observer timidement que son compte rendu présente la généralité des faits de manière à bien montrer dans quelles conditions l'Assemblée a délibéré.

« Tout le monde sait, répond brutalement Bourdon (de l'Oise), que la Convention a été contrainte de sauver la République ; tout le monde sait qu'elle s'est délivrée d'un tas d'intrigants qui voulaient la perdre. »

L'Assemblée, docile aux injonctions de ces deux démagogues, et pressée d'en finir une bonne fois avec les plaintes et les récriminations, décide que toute pétition, toute adresse relative aux événements du 2 juin, sera renvoyée sans être lue au Comité de salut public.

Le lendemain, Fonfrède, que la générosité de Marat avait bien voulu épargner, et qui continuait de siéger sur les bancs solitaires de la droite, réclame l'exécution du décret qui oblige le Comité de salut public à faire dans les trois jours un rapport sur les représentants arrêtés. « On est, dit-il, au quatrième jour, et ce rapport n'est pas fait. Ce n'est pas tout. Les pièces annoncées à la barre de la Convention par Lhuillier et Hassenfratz n'ont pas été transmises par la Commune. Il n'y a pourtant pas de temps à perdre : si l'arrestation de magistrats municipaux a produit à Paris une espèce d'insurrection, n'est-il pas à craindre que celle de représentants du peuple n'en amène une véritable dans la République entière? Qu'on y songe, la peine du talion serait ici légitime : si des hommes armés sont venus exiger le décret d'arrestation, d'autres citoyens également armés ne peuvent-ils, usant du même droit, venir réclamer l'abrogation immédiate de ce décret? »

La gauche se récrie contre ces paroles. « Voilà bien la preuve, dit Chabot, qu'il y a un complot pour allumer la guerre civile, en haine de ceux qu'on appelle les agitateurs de la Montagne ; mais, puisque nous avons la paix par une simple mesure d'arrestation, nous prouverons à nos ennemis que nous ne voulons pas leur tête.

— Demandez-la donc, reprend Fonfrède. J'insiste sur le rapport du Comité de salut public, car je ne reconnais pas ici de Convention, tant que les membres arrachés par la force du sein de cette assemblée n'y seront pas rentrés. »

L'inévitable ordre du jour vient couper court à cette énergique protestation.

Le 6, la discussion se renouvelle à propos d'une seconde lettre de Vergniaud. La Montagne en interrompt la lecture en invoquant le décret du 4. qui renvoie au Comité de salut public toutes les pièces relatives aux députés détenus. « Mais ce décret n'existe pas! s'écrie Doulcet ; celui qui a été rendu ne concerne que les pétitions. Le Comité de salut public se trouve embarrassé ; il a écrit à la Commune pour se procurer les pièces de conviction. Ces pièces n'ont pas été fournies. Je demande donc qu'on lise en entier la lettre de Vergniaud, et que le Comité de salut public soit tenu de faire demain à midi son rapport, et sur les dénoncés, et sur les dénonciateurs. »

Thuriot s'érigeant, suivant sa coutume, en défenseur officieux de la Commune répond à Doulcet : « C'est vouloir sauver les coupables que de hâter un rapport dont les seules bases sont précisément les pièces que le Comité n'a pu encore se procurer. Celui-ci attend toujours les papiers de la Commission des douze, sans compter d'autres pièces qu'il n'a pas eu le temps d'examiner. On vient, par exemple, d'intercepter une lettre adressée de Marseille à Barbaroux, laquelle déroule les projets les plus affreux. Dans cette ville fonctionne un tribunal de sang qui incarcère arbitrairement les amis de la Révolution, qui ne juge pas, mais qui assassine les patriotes. Les événements de Lyon présentent le même caractère que ceux de Marseille. Je demande donc qu'on s'en rapporte à la sagesse du Comité de salut public. Il faut lui laisser le temps de rassembler toutes les correspondances liberticides des représentants dénoncés avec leurs départements. D'ailleurs, si vous lisiez chaque jour à cette tribune les lettres des trente-deux députés détenus, vous perdriez toutes vos séances, et ceux-ci, après vous avoir amusés pendant sept mois de disputes et de déclamations, viendraient encore vous assiéger de plaintes continuelles pour vous détourner de vos travaux. »

Si bas qu'elle fût tombée, la Convention ne pouvait cependant applaudir à tant de cynisme. Après une première épreuve déclarée douteuse, il est décidé qu'on achèvera de lire la lettre de Vergniaud.

« Si je suis coupable, disait en terminant le député de la Gironde, j'offre ma tête en expiation des trahisons dont je serai convaincu ; mais si mes dénonciateurs ne produisent aucune preuve de leur accusation, je demande à mon tour qu'ils aillent à l'échafaud :

« 1° Pour avoir fait assiéger la Convention par une force armée qui, ignorant les causes de ce mouvement, a failli, par excès de zèle, opérer la contre-révolution ;

« 2° Pour avoir mis à la tête de cette force armée

un commandant qui a violé par ses consignes la liberté de l'Assemblée;

« 3° Pour avoir provoqué par violence l'arrestation ou la dispersion d'un grand nombre de représentants du peuple;

« 4° Pour avoir, par l'impulsion terrible donnée au peuple de Paris, jeté dans les départements les germes des discordes les plus funestes et les brandons de la guerre civile;

« 5° Enfin pour avoir retenu à Paris les bataillons qui devaient aller en Vendée. »

A ce vigoureux réquisitoire, la Montagne laisse éclater de nouveau ses colères. La droite, qui, pour la première fois depuis le 2 juin, voit ses bancs un peu plus garnis, demande timidement qu'on imprime la lettre et qu'on l'insère au *Bulletin*. Les invectives de la gauche accueillent cette proposition :

« C'est donc, dit Legendre, pour que ces lettres soient mises dans les journaux qu'on les envoie ici !

— C'est pour allumer la guerre civile, » ajoute Thuriot.

L'ordre du jour est mis aux voix et voté. Aussitôt un grand nombre de membres de la droite se lèvent et quittent la salle. Bourdon (de l'Oise) les désigne du doigt, en s'écriant : « Ces messieurs, vous le voyez, ne sont venus ici que pour jeter le trouble dans l'Assemblée; ils se retirent au moment même où vous allez entamer la discussion de lois utiles. Je demande que leur conduite soit constatée au procès-verbal. »

III.

Doulcet avait dit vrai : le Comité de salut public n'avait pu obtenir, soit de la Commune, soit du Comité central révolutionnaire, aucune pièce de conviction contre les membres inculpés [1]; bien plus, à ses demandes il n'avait reçu que des réponses dérisoires [2]. Dépité de

---

[1]. Voir au *Moniteur,* n° 60, la lettre de Marquet, président du Comité central révolutionnaire.

[2]. Voici notamment la correspondance échangée entre le Comité de salut public et la municipalité, à l'occasion des bataillons de volontaires casernés à Rueil et à Courbevoie, qui avaient joué un grand rôle dans l'émeute du 2 juin.

COMITÉ DE SALUT PUBLIC.

Séance du 4 juin.

Présents : Cambon, Guyton, Barère, Lindet, Lacroix, Treilhard, Danton.

« Le Comité a arrêté de demander au ministre de la guerre par quel ordre les volontaires casernés à Rueil et à Courbevoie se sont rendus à Paris, dimanche dernier 2 juin, et pourquoi ils ne partent pas pour leur destination à la frontière ou à la Vendée; il a été arrêté en outre que ces troupes seront envoyées sur-le-champ à Brest. »

COMMUNE DE PARIS.

Le 5 juin 1793, l'an 2° de la République française.

Colombeau, secrétaire-greffier de la Commune de Paris,

« *Au Citoyen Deforgues, adjoint au ministre de la guerre.*

« Citoyen,

« Le citoyen Maire me remet à l'instant votre lettre de ce jour relative au volontaires cazernés à Courbevoye et à Ruelle qui se sont

tant d'arrogance, il conçut un instant la pensée de
secouer la tyrannie de la Commune et de rendre la Convention à elle-même en lui faisant entrevoir le triste
abaissement de son rôle. La tentative était délicate. Le
Comité confia la rédaction de son rapport à la plume du
souple Barère. Celui-ci composa, pour la circonstance,
un morceau qui peut être considéré comme le chef-
d'œuvre du genre inauguré par ce caméléon politique.
Chaque phrase y est à double entente, chaque proposition a sa contre-partie. Le rapporteur du Comité décerne
des éloges aux hommes qui ont préparé les événements
du 2 juin, et il propose en même temps de briser les
pouvoirs dont ils se sont emparés; il exalte le courage
montré par la Convention dans cette journée, et il reconnaît un instant après qu'elle s'est laissé dominer par des
individus sans autorité et sans mandat; il lance également ses anathèmes sur les violents et sur les modérés,
sur les démagogues et sur les fédéralistes; il a des tristesses patriotiques; il déplore les outrages faits à la représentation nationale, mais il les déplore en les excusant;

rendus dimanche dernier à Paris. Déjà le citoyen Maire a rendu
compte au Comité de salut public des motifs qui ont occasionné ce
déplacement : la Commune de Paris remet un drapeau à chacun des
bataillons parisiens qui partent pour la Vendée. Le bataillon cazerné
à Courbevoye et à Ruelle s'est, comme les autres ont fait précédemment, rendu à la maison commune de Paris dimanche dernier, et a
reçu son drapeau du Conseil général de la Commune. Il ne lui a été
remis qu'à trois heures après midi, ce qui a pu retarder sa rentrée à
la cazerne. Ces motifs sont les seuls qui aient pu occasionner la
marche du bataillon en question, et la Municipalité ne pourra vous
donner à cet égard aucun autre renseignement. »

il vante le règne des lois, puis il justifie leur violation; enfin, après avoir, sous le voile de mille réticences, exposé toutes les misères dans lesquelles la Convention s'est traînée depuis le début de l'insurrection, il termine « par un appel à la postérité, qui n'hésitera pas à décerner ses belles couronnes aux vertus civiques déployées en cette occasion par les représentants du peuple. »

« Qui oserait, s'écrie le misérable rhéteur, qui oserait apprécier déjà les suites du mouvement du 2 juin? Qui, parmi nous, en connaît les rapports secrets et les motifs réels? Je dirai seulement que les faits inopiné d'un jour trop mémorable ont affligé les cœurs des hommes libres sans les avoir découragés ni ébranlés... La journée du 2 juin a fait sur quelques esprits, et peut avoir fait sur des citoyens éloignés, une impression dont votre fermeté ne doit pas craindre les suites, mais qu'il est de votre devoir de prévenir. Là où les amis ardents de la liberté n'ont vu qu'une erreur de la force, des citoyens alarmés ont cru voir un dessein formel d'attaquer les droits du peuple... Le Comité de salut public a dû apprécier les événements...; il a pensé que le ressort de la souveraineté nationale, comprimé un instant, devait reprendre toute son élasticité, que l'ordre devait renaître de l'excès des maux, que le respect dû au législateur devait s'établir sur les ruines du système d'avilissement trop longtemps toléré, et que les comités révolutionnaires devaient disparaître alors qu'ils cessaient d'être utiles, alors qu'ils pouvaient nuire à la liberté civile et attenter à la souveraineté nationale. »

Après avoir établi que ces comités de surveillance,

« qu'un orage a créés, » ne sont plus « que des instruments d'anarchie et de vengeance, dont les autorités constituées ont assez longtemps toléré l'existence; » après avoir montré que le véritable « Comité révolutionnaire, » c'est l'Assemblée, le rapporteur ajoute :

« C'est à la Convention à ne jamais descendre de la place éminente où la puissance nationale l'a établie; c'est à vous à diriger la force publique, pour l'appliquer non à des caprices particuliers ou à des projets de parti, mais aux volontés nationales. Que serait-ce qu'une assemblée nationale qui, placée comme un dépôt sacré au milieu d'une des communes de la République, ne serait obéie de personne, verrait à ses côtés des autorités subordonnées se paralysant elles-mêmes ou paralysées par des mouvements qu'elles ignorent ou qu'elles tolèrent? Que serait-ce donc qu'une assemblée au milieu d'une force publique commandée par des hommes qu'elle ne connaît pas ou soldée par un pouvoir inconnu aux lois?

« Que les lois soient désormais plus fortes que les armes, que la nation soit plus puissante qu'une de ses sections, que dès ce moment la réquisition de la force armée soit placée dans vos mains, que votre réquisition plus énergique, plus pleine que toutes les autres, les fasse cesser à l'instant : c'est à ce signe de la puissance légitime et suprême que la France reconnaîtra ses mandataires.

« En retenant tous les pouvoirs que la Convention possède par l'objet de son établissement et par ses mandats illimités, vous vous occuperez d'abord de l'état de

Paris. Depuis longtemps l'opinion y est tourmentée en sens divers. Nous ne donnons pas plus notre assentiment aux excès furieux de la démagogie qu'aux combinaisons *artisées* du modérantisme. Il ne nous faut ni les systèmes qui veulent tout fédéraliser, ni les complots qui veulent tout soumettre aux municipalités. L'un et l'autre sont également destructifs de l'unité, de l'indivisibilité de la République. Il faut donc que l'opinion des citoyens se prononce librement; il faut que ceux qui composent la force armée choisissent leur chef, et que, dès demain, Paris et la Convention nationale voient quel est le commandant général en qui la confiance éclairée des citoyens remet une partie des destinées de cette belle cité que nous garderons tous pour la liberté, et qui nous est devenue plus chère, depuis qu'elle est l'objet et le foyer des vengeances, des calomnies et des complots. »

Poursuivant le cours de ses artificieuses contradictions, Barère proclame bien haut et le principe de l'inviolabilité du secret des lettres, que le Comité de salut public avait été le premier à méconnaître [1], et celui de

---

[1]. Dès le 28 avril, le Comité de salut public avait pris un arrêté ainsi conçu :

« Le Comité, considérant que la République est attaquée au dehors et au dedans par la trahison et la perfidie; que les puissances belligérantes entretiennent des intelligences avec les révoltés, qu'elles allument les feux de la guerre civile; que les ennemis de la République emploient dans cette guerre des moyens extraordinaires dont aucune nation n'avait fait usage jusqu'à présent; qu'ils trament au sein de la patrie leurs complots, concertent des révoltes, des assassinats, des incendies, des trahisons de tout genre; que le secret de la

la liberté illimitée de la presse, que les vainqueurs du 2 juin appliquaient en emprisonnant ou en proscrivant tous les écrivains amis de la Gironde. Puis, venant aux inculpations qui pesaient sur les représentants arrêtés, il avoue naïvement que « ce sont choses encore incertaines, » que la Commune en est à fournir la première pièce du dossier, et que l'ouverture du procès dépend du bon vouloir des accusateurs.

Il propose, en attendant, d'envoyer aux départe-

correspondance est un moyen funeste de perdre la patrie, que le salut public exige que l'on découvre cette source des maux de la France, et qu'aucun citoyen, dans un danger aussi imminent, ne peut réclamer le secret de ses lettres et de sa correspondance, lorsque le salut de la patrie en exige impérieusement l'ouverture et la communication ;

« A arrêté que toutes les lettres venant de l'étranger à Paris seront ouvertes.

« Il sera nommé à cet effet une commission composée de trois citoyens qui seront désignés par le ministre de l'intérieur, qui en donnera connaissance et en adressera la liste au Comité. Cette commission correspondra directement avec le Comité, lui transmettra toutes les lettres et correspondances suspectes » (Comité de salut public, reg. 1er, p. 166.)

Par une loi du 9 mai, la Convention décréta que, dans toutes les communes où il existait un bureau de poste, deux officiers municipaux eussent à se transporter chez le directeur, à se faire remettre toutes les lettres adressées aux individus portés sur la liste des émigrés, et à en vérifier le contenu en présence du Conseil général de la commune.

Aussitôt son installation et sans attendre que le 2 juin l'eût fait triompher, le Comité central révolutionnaire étendit cette mesure à toutes les correspondances, qu'elles vinssent de l'étranger ou de l'intérieur. Il poussa bientôt l'audace si loin, que les lettres ainsi ouvertes étaient refermées au moyen d'un cachet portant ces mots en exergue : *Révolution du 31 mai.*

ments dont un ou plusieurs députés ont été frappés par le décret du 2 juin, des otages pris dans le sein de la Convention. « Cette mesure, ajoute-t-il, est généreuse et sublime. Elle a été suggérée par Danton, appuyée par Couthon, celui-là même qui a demandé le décret d'arrestation contre les vingt-deux, et tous les membres du Comité sont prêts à s'y associer.

« Oui, s'écrie en terminant le lyrique rapporteur, nous, membres du Comité de salut public, nous prenons acte, en présence du genre humain et des siècles, de la proposition que nous venons de vous faire. Représentants de la nation, prenez acte, en présence de la nation et des siècles, que vous avez sauvé la France. »

Ce rapport, qui méritait de fixer, plus qu'il n'a fait, l'attention des historiens nos devanciers, était suivi d'un projet de décret qui doit être mis sous les yeux du lecteur [1] :

« La Convention, après avoir entendu le rapport de son Comité de salut public, décrète :

« Art. 1er. Tous comités extraordinaires autres que les comités de surveillance établis contre les étrangers et les comités de salut public maintenus provisoirement par le décret du 5 juin sont supprimés, lesquels comités seront restreints à l'objet de leur institution.

« Art. 2. Il est défendu à toutes les autorités constituées et administratives nationales de reconnaître

---

1. Le *Moniteur*, n° 159, ne donne qu'une analyse de ce projet de décret; c'est dans le *Journal des Débats et Décrets*, n° 262, p. 73, que nous en avons retrouvé le texte.

aucun de ces comités, et aux citoyens composant la force armée de leur obéir.

« Art. 3. Lorsque la Convention nationale jugera nécessaire de requérir la force armée, toute autre réquisition cessera, et le commandant général ne pourra exécuter que les ordres qui seront émanés de la Convention.

« Art. 4. En exécution de l'article 6 du décret du 14 mai, les sections de Paris s'assembleront samedi 8 de ce mois pour procéder à la nomination d'un commandant général de la garde nationale, et, jusqu'à sa nomination, l'article 6 du décret du 23 mai sera exécuté.

« Il sera procédé ensuite à la nomination de l'état-major.

« Art. 5. Il ne sera porté aucun obstacle, sous peine de dix ans de fers, au service des postes aux lettres de l'intérieur de la République.

« Art. 6. Seront tenus les comités conservés d'exercer la plus grande surveillance sur les étrangers, de dénoncer ceux qui leur paraîtront suspects aux corps administratifs, qui leur enjoindront de sortir du territoire de la République, dans le plus bref délai, lequel ne pourra excéder le terme de huit jours.

« Les corps administratifs rendront compte au Comité de sûreté générale, tous les huit jours, de l'exécution de cet article, et enverront la note des étrangers suspects renvoyés et de ceux qui resteront.

« Art. 7. Il sera envoyé incessamment, dans chacun des départements dont quelques députés ont été mis en état d'arrestation par le décret du 2 juin, un égal nombre de députés choisis parmi les membres de la Convention, pour y demeurer comme otages.

« Le présent décret sera expédié séance tenante et envoyé au ministre de l'intérieur, qui le fera exécuter sans délai. »

IV.

Malgré toutes les circonlocutions dont Barère avait enveloppé la pensée du Comité de salut public, ses conclusions parurent trop hardies. Elles atteignaient directement le Comité révolutionnaire et son cabinet noir, Henriot et son état-major, c'est-à-dire, les auteurs encore tout-puissants du 2 juin. La proposition d'envoyer des otages dans les départements fut surtout très-peu goûtée de la Montagne. Celle-ci, qui se voyait appelée, d'après le rapport, à faire les principaux frais de ce sacrifice héroïque, ne se sentait aucune propension à donner à ses adversaires cette preuve de générosité, à la postérité cet exemple de grandeur d'âme. Aussi, ni Danton, ni Couthon. ni aucun autre membre du Comité de salut public ne vint, en dépit des solennelles assurances de Barère, renouveler à la tribune cette proposition digne des plus beaux temps de la république romaine. Les auteurs de la motion furent les premiers à reconnaître l'anachronisme auquel les avait entraînés quelque souvenir d'érudition classique. Dès qu'ils purent craindre d'être pris au mot par une Assemblée trop naïve, ils déclinèrent prudemment la mission périlleuse dont ils s'étaient réservé l'honneur. L'appel de Barère au genre humain resta, en définitive, un stérile et ridicule mouvement oratoire.

Le président Mallarmé saisit la première occasion de traduire à cet égard les sentiments des Montagnards ses collègues. Une députation des citoyens d'Angers, partie de cette ville avant les événements du 2 juin, venait d'être admise à la barre. On ignorait sans doute le but de la pétition qu'elle apportait. Or cette pétition exprimait en termes énergiques l'indignation dont les Angevins avaient été saisis en apprenant que certaines sections de Paris appelaient la hache sur la tête de plusieurs représentants du peuple.

« Les citoyens dont vous parlez, répondit Mallarmé, ne sont pas sous la hache des proscripteurs; ils sont sous la sauvegarde des lois et de la loyauté des Parisiens. On leur a offert des otages, ils ont refusé. » C'était généraliser d'une manière odieusement perfide, on le voit, la réponse personnelle que Barbaroux avait faite le 2 juin à cette proposition des otages, lorsqu'elle avait surgi pour la première fois [1].

Le mauvais vouloir de la Montagne devint encore plus évident lorsque, le 8 juin, l'ordre du jour appela la discussion du projet présenté l'avant-veille par Barère. La droite avait résolu de le soutenir, car il lui donnait une demi-satisfaction; aussi l'Assemblée était-elle plus nombreuse que de coutume.

---

1. Voir tome VII, page 419.

C'est un montagnard, Thuriot, qui ouvrit le feu contre le projet. « Beaucoup d'orateurs, fait-il observer, sont inscrits pour le combattre; nul ne paraît disposé à le soutenir. Il convient dès lors de prononcer le renvoi au Comité, qui présentera de nouvelles vues à l'Assemblée.

— Il s'agit, répond Ducos, d'une mesure de salut public; ce n'est pas le moment de faire de longs discours, c'est celui d'agir. Parmi les articles du projet de décret, il en est qui regardent essentiellement l'ordre et la tranquillité de la ville au sein de laquelle siége la Convention; ceux-là, il les faut discuter sur-le-champ...

— Ce sont précisément les plus dangereux, s'écrie-t-on à gauche.

— J'obtiendrai peut-être plus de faveur de la part de ceux qui m'interrompent, réplique Ducos, si je rappelle les propres expressions du rapporteur. Lui-même vous a dit qu'il était temps que cette assemblée prît l'attitude qui lui convient. Au nom de notre dignité à tous, je demande donc qu'on discute sur-le-champ le projet du Comité, et que le rapporteur vienne à la tribune le lire article par article. »

Devant cette mise en demeure catégorique, Robespierre n'hésite pas à intervenir dans le débat. Il sent qu'il lui faut empêcher à tout prix la discussion même d'une série de mesures qui, malgré les formes cauteleuses du rapport, sont évidemment dirigées contre ses amis de la Commune.

« Citoyens, dit-il sur ce ton dogmatique qui lui était

ordinaire, la sensation que la proposition dont il s'agit produit dans l'Assemblée, l'extrême intérêt qu'un certain parti semble y attacher, l'acharnement avec lequel on prolonge les séances, tout annonce que ce projet a réveillé de dangereuses impressions et pourrait troubler la tranquillité ici et ailleurs. Nous avons des trahisons à craindre dans nos armées ; le feu de la sédition, loin de s'éteindre, semble s'allumer sur différents points de la République. Marseille, Lyon, Bordeaux sont en état de contre-révolution ; l'émeute a ensanglanté ces villes, et sans l'insurrection simultanée d'un peuple immense, l'aristocratie ensanglantait Paris. La Convention elle-même a reconnu la légitimité et la nécessité de cette insurrection ; c'était la suprême ressource d'un peuple ami éclairé de la liberté.

« Ce mouvement n'a eu aucun effet funeste, il s'est accompli sans effusion de sang ; d'après l'ordre qui règne dans la capitale, vous ne devez plus avoir d'inquiétude. Gardez-vous donc de ranimer à Paris les germes d'une guerre civile si heureusement éteinte. Au lieu de supprimer les comités de surveillance, les comités révolutionnaires, digues opposées par le peuple aux aristocrates, bornez-vous à faire une loi contre les étrangers, car il est souverainement impolitique, quand les puissances bannissent de chez elles tous les Français, de recevoir chez nous tout ce qu'elles nous envoient. Quant à l'idée des otages, je ne pense pas que personne ici la soutienne. Demandez donc à votre Comité de salut public de vous proposer des mesures sur les suites du décret d'arrestation prononcé contre certains membres de l'Assemblée, et sur le reste, passez à l'ordre du jour. »

Fonfrède se préparait à répondre à Robespierre; mais, voyant Barère se diriger vers la tribune, il déclare qu'il lui cède la parole, « car sans doute, dit-il, le rapporteur veut repousser les critiques amères que le préopinant vient de formuler. »

L'embarras de Barère était grand. Il voyait qu'il s'était fourvoyé; il sentait qu'il ne serait pas soutenu par ses collègues du Comité dont, pour sa sûreté personnelle, il s'était fait fort mal à propos le bouc émissaire. Il essaye donc d'opérer une retraite prudente, tout en ayant l'air de maintenir une partie de ses propositions primitives.

« Si le Comité, dit-il, avait pensé que son projet fût aussi défavorablement accueilli, il vous aurait présenté des mesures d'une tout autre énergie; mais il a dû s'accommoder aux circonstances, considérer l'état où vous êtes et celui où vous devez être. Des deux côtés de l'Assemblée on semble rejeter l'idée des otages; qu'il n'en soit plus question. C'est à l'histoire et à la postérité de la juger. Néanmoins, il doit nous paraître extraordinaire qu'une motion applaudie naguère, lorsqu'elle fut faite à cette barre par les autorités constituées de Paris, n'obtienne plus la même faveur alors qu'elle est reproduite par un de vos comités.

« Sur les mesures à prendre contre les étrangers, tout le monde est d'accord. Il y a deux mois, vous avez établi des comités pour les surveiller; mais, par malveillance ou plutôt par excès de zèle, ces comités, revêtus de pouvoirs illimités, ont effrayé les citoyens, ordonné un grand nombre d'incarcérations, imposé des taxes arbitraires, et commis même quelques exactions. Il faut conserver les comités qui contiennent l'aristocratie et le modérantisme, et casser les autres.

« La réquisition de la force publique doit aussi vous appartenir, car il faut que vous ayez les moyens de garantir votre autorité de toute atteinte.

« Un autre article important du projet est celui qui tend à faire nommer légalement par les sections le commandant de la force armée à Paris : c'est ce que vous avez déjà décrété le 24 mai.

« Enfin vous devez rétablir la libre circulation des correspondances. Voici une lettre des administrateurs des postes qui m'annonce que le Comité central révolutionnaire, non content d'avoir fait suspendre l'envoi des journaux, fait encore inspecter toutes les lettres par une commission particulière. Votre Comité vous propose de réprimer ce qu'il peut y avoir d'abusif dans ces procédés arbitraires. C'est à vous de juger. »

Léonard Bourdon demande que le projet, sauf l'article relatif aux étrangers, soit renvoyé au Comité de salut public, pour qu'il présente de nouvelles mesures mieux appropriées aux circonstances.

Doulcet proteste hautement :

« Expulsez, dit-il, les étrangers qui vous nuisent, mais rendez à la pensée son libre cours. C'est une chose bien déplorable, qu'à force de parcourir le cercle des erreurs tyranniques, le peuple soit obligé de revenir aux cahiers qu'il confia, en 1789, à ses premiers mandataires. Il réclamait alors, et nous réclamons aujourd'hui pour lui, la liberté individuelle, la liberté de la presse, l'inviolabilité et la libre circulation des lettres. »

La gauche, qui s'inquiète très-peu de toutes ces libertés depuis qu'elle s'est emparée violemment du pouvoir, insiste avec énergie pour l'ajournement du projet; la majorité, enhardie par le courageux langage de Doulcet, décide que la discussion continuera. Les démagogues, pour arriver à leurs fins, usent alors d'une tactique qui leur a déjà réussi plus d'une fois; ils envoient à la tribune un de leurs plus obscurs affidés, le montagnard Lejeune. Il est cinq heures de l'après-midi; l'assemblée siége depuis le matin. La gauche espère, cette fois encore, avoir raison de ses adversaires par la lassitude, et ajourner ainsi de fait, sinon de droit, la discussion.

Lejeune remplit parfaitement son rôle. Il entame un interminable discours où reviennent tous les lieux communs ressassés depuis deux mois dans les clubs et les sociétés soi-disant populaires. Il glorifie l'insurrection du 2 juin et proclame que « tous les moyens sont bons pour un peuple, quand il s'agit de conquérir et de conserver la liberté. » Il s'élève contre l'article qui donne à la Convention le droit exclusif de requérir la force armée. « On vous a, dit-il, présenté cette mesure comme le seul moyen de protéger votre existence politique. A mes yeux, ce serait le comble de la tyrannie que de réunir dans les mêmes mains le pouvoir de faire les lois et la direction de la force publique. Vous n'avez qu'une grande mesure à prendre : frapper le mal dans sa racine, casser les administrations criminelles qui paraissent vouloir se liguer, déclarer conspirateurs et traîtres à la patrie les administrateurs qui oseraient se lever contre la représentation nationale, les mettre hors la loi, les livrer sous vingt-quatre heures entre les mains de l'exécuteur des hautes œuvres, remplacer provisoirement les administrateurs de département par ceux de district, et augmenter le traitement de ces derniers. »

Lejeune n'était pas un orateur éloquent, mais il devait être un philosophe versé dans la connaissance du cœur humain. En promettant une augmentation de traitement aux administrateurs de district pour qu'ils prissent la place de leurs supérieurs hiérarchiques, il savait toucher à propos la corde sensible. De tous temps la méthode a été la même, et de tous temps elle a réussi. On fait briller de l'argent ou des grades aux yeux de ceux que l'on veut convertir, et sans plus d'efforts, on obtient des adhésions intéressées, des enthousiasmes soldés, qu'il est facile ensuite de transformer en manifestations spontanées de l'opinion publique.

Quand Lejeune descend de la tribune, la gauche réclame de nouveau à grands cris la levée de la séance.

« Non! non! répond la droite, le décret sans désemparer. »

Danton voit que la victoire de la Montagne est douteuse, et n'hésite pas à jeter dans la balance le poids de son éloquence de tribun. Il répudie les propositions qu'en sa qualité de membre du Comité de salut public il a contribué à élaborer ; il demande le renvoi au Comité pour qu'un nouveau rapport soit rédigé dans les vingt-quatre heures. « L'article sur les étrangers, dit-il, ne contient qu'un principe; il convient de le développer. Quant à la mesure improprement dite des otages, elle ne paraît pas urgente; beaucoup même la jugent inutile. Les autres articles méritent une discussion solennelle : chacun dira son opinion sur ce qu'il faut faire en vue du salut public; mais, croyez-le, le peuple ne s'ébranlera pas pour réclamer par la violence quelques députés que vous avez cru devoir poursuivre devant la nation, et qui ne doivent attendre leur liberté que d'un arrêt légalement prononcé par un jury national que vous organiserez à cet effet. »

Le courageux Doulcet répond :

« Que l'on ajourne, si l'on veut, la loi sur les étrangers, mais qu'on n'ajourne pas les mesures qui doivent rétablir la liberté de la presse et l'inviolabilité du secret des lettres; qu'on n'ajourne pas la destruction des autorités monstrueuses qui se sont élevées à Paris et ailleurs. A cet égard, la conviction de tous les membres de l'Assemblée doit être faite. Que la Convention prononce.

— On a demandé, ajoute ironiquement Fonfrède, que le secret des lettres ne pût être violé. Si vous n'adoptez pas cette mesure, comme Paris ne doit pas être seul en tiers dans la correspondance de toute la République, vous autoriserez sans doute, par un décret, toutes les administrations départementales à user de représailles. J'en fais formellement la proposition. »

L'énergique obstination de Doulcet, les sarcasmes de Fonfrède ne font que rendre plus violentes les vociférations de la Montagne et des tribunes. Bazire, Levasseur, Bentabole, Jean Bon Saint-André insistent pour le renvoi au Comité. Enfin Barère annonce qu'il retire le projet et qu'il en présentera un nouveau le lendemain, en tenant compte des observations qui ont été faites. Le piége était grossier, mais de nature à calmer les scrupules des esprits timides, toujours si nombreux dans les grandes assemblées. La majorité, d'ailleurs, était déjà fatiguée de ses velléités d'énergie, et, sous l'empire de ces sentiments divers, l'ajournement au lendemain est décidé. En fait il devait être indéfini.

Ni le lendemain, ni les jours suivants, il ne fut plus question des articles renvoyés à l'examen du Comité de salut public. Les événements marchèrent; les comités révolutionnaires, que Barère lui-même avait signalés comme des repaires de bandits et de voleurs, continuèrent à fonctionner comme par le passé; on ne parla plus de restreindre les pouvoirs illimités dont eux-mêmes s'étaient revêtus, et quand plus tard le Comité de salut public reviendra entretenir l'Assemblée du sort des proscrits, les mesures qu'il réclamera ne ressembleront en rien à celles qu'il avait d'abord proposées.

V.

Pendant que la Convention donnait ces preuves réitérées de défaillance, le Conseil général de la Commune et ses dignes acolytes, les membres du Comité révolutionnaire, redoublaient d'audace et d'insolence. Ils faisaient faire partout des visites domiciliaires, multipliaient les arrestations et mettaient la main sur toute correspondance suspecte, fût-elle couverte par le contre-seing d'un membre de l'Assemblée. En même temps, pour tromper l'esprit public et faire à bon marché montre de désintéressement, le Comité central insurrectionnel promettait de donner sa démission, pendant qu'Henriot, improvisé le 31 mai commandant en chef des sections armées, déclarait de son côté être prêt à résigner ses pouvoirs et à rentrer dans son obscurité. En réalité ni l'un ni l'autre n'avaient la pensée qu'on dût les forcer à remplir leurs engagements, car ils savaient par expérience combien il est facile d'égarer les Parisiens en faisant retentir à leurs oreilles les mots de patriotisme, d'abnégation, de dévouement à la cause du peuple [1]. Le

---

[1]. Voici en quels termes le Comité révolutionnaire avait dès le 4 juin promis de déposer ses fonctions. On verra qu'il y mettait pour condition qu'on payât au préalable les prétoriens armés par lui lors du coup d'État; la condition fut remplie, mais le Comité ne s'en perpétua pas moins dans les pouvoirs qu'il avait usurpés.

COMITÉ DE SALUT PUBLIC.

Séance du 4 juin, au matin.

Présents : Cambon, Guyton, Barère, Lindet, Delacroix, Treilhard et Danton.

« Paris, Comité révolutionnaire :

« Le Maire de Paris, mandé par une lettre de ce jour, s'est rendu au Comité avec quatre membres du Comité révolutionnaire. Ces derniers sont convenus de la nécessité de déposer leurs pouvoirs, et proposent de le faire à l'Assemblée convoquée par le département à jeudi, ou même auparavant, si on satisfait à la promesse de la solde

Comité insurrectionnel se borna à changer de nom ;
il s'intitula *Comité de salut public du département de
Paris*, et continua, sous cette nouvelle qualification,
le cours de ses illégalités et de ses déprédations. Quant
à Henriot, il vint au sein du Conseil général renouveler l'offre de sa démission ; le président fit l'éloge
de son désintéressement et lui donna, au nom de la
Commune, l'accolade fraternelle, en l'invitant à ne
quitter ses fonctions qu'après qu'il aurait été remplacé.
Henriot ne crut pas devoir refuser cette preuve de
dévouement. Il fit plus : le jour de l'élection arrivé,

des gardes nationales et citoyens qui ont pris les armes les 31 mai
dernier, 1er et 2 de ce mois. »

M. Louis Blanc commet une grave erreur en affirmant (t. VIII, p. 479) que, des onze citoyens qui composaient le Comité révolutionnaire, nul ne ressentit le désir de faire survivre son pouvoir à la circonstance. Prédisposé à croire à la sincérité des promesses des démagogues, l'historien dont nous parlons n'a pas pris la peine de vérifier les faits. Nous avons retrouvé, pour notre part, un grand nombre de pièces émanant du Comité insurrectionnel qui, pour donner le change à ses détracteurs, avait pris le nom de Comité de salut public du département de Paris ; il siégeait rue Saint-Honoré, en face de l'église Saint-Roch.

Ces pièces sont revêtues des signatures de Marchand, Horny, Primerose, Maignet, Chéry, Delespine, c'est-à-dire des membres les plus importants du Comité primitif.

Elles prouvent en outre :

1° Que les membres de ce Comité touchaient chacun une indemnité de 6 francs par jour ;

2° Que les membres de la commission inspectante des postes, autrement dit le *cabinet noir*, qui était sous la surveillance de ce Comité, avaient un traitement individuel de 10 francs par jour ;

3° Que ce Comité fonctionnait encore le 20 août 1793, c'est-à-dire près de trois mois après les événements du 31 mai.

il se porta de nouveau candidat. Les sections modérées osèrent lui opposer un concurrent dans la personne de Raffet, le courageux commandant du bataillon de la Butte-des-Moulins qui, le 2 juin, avait su si bien résister à Marat. Au premier tour de scrutin, Raffet l'emporta par 4,938 voix contre 4,573 données à Henriot; mais un certain nombre de suffrages s'étaient dispersés sur d'autres candidats, et aucun des deux principaux compétiteurs n'ayant obtenu la majorité absolue, il fallut procéder à un second vote. Les démagogues profitèrent de ce répit pour convoquer le ban et l'arrière-ban de leurs affidés et pour intimider leurs adversaires. Grâce à ces manœuvres, Henriot fut élu, le 1er juillet, par 9,087 voix sur 15,000 votants; Raffet, cette fois, n'avait réuni que 4,938 suffrages [1]. (*Moniteur*, n° 187.)

[1]. Dans la procédure dirigée deux ans plus tard contre Ceyrat, ce fameux juge de paix de la section du Luxembourg, qui avait présidé aux massacres du couvent des Carmes, rue de Vaugirard (voir t. III, p. 228), nous avons retrouvé des dépositions de témoins qui nous apprennent comment se fit l'élection d'Henriot au second tour de scrutin. Les électeurs durent voter à haute voix; tous ceux qui se hasardaient à donner leurs suffrages à Raffet étaient marqués d'une croix rouge sur le registre d'appel, et l'on faisait suivre leurs noms de l'épithète de *contre-révolutionnaires*. On s'étonne qu'avec de pareils procédés et en de tels temps, il se soit trouvé 4,938 citoyens pour oser refuser à Henriot le titre de commandant des sections armées de Paris, titre qui valut plus tard à celui-ci, sans qu'il eût jamais servi un instant dans l'armée active, le brevet de général de brigade et même celui de général de division. Il est vrai que le ministre de la guerre de cette époque, l'inepte Bouchotte, n'y regardait pas de si près.

Dans les temps de crise, les honnêtes gens témoignent leur mécontentement en s'éloignant des urnes, et les chiffres qui précèdent n'ont pas besoin de commentaires. M. Louis Blanc [1] affirme cependant que la chute définitive de la Gironde fut accueillie dans la capitale avec plus d'espérances que de regrets. Il se trompe, et nous ne saurions trop protester contre une pareille conclusion. Ce qui a pu causer l'erreur de M. Louis Blanc, c'est l'expression bruyante de cette opinion factice qui se manifeste à Paris après toutes les révolutions comme après tous les coups d'État. Le bourgeois, le marchand, l'ouvrier de cette grande ville, même ceux que n'a pas infectés le virus démagogique, n'ont-ils pas de tout temps salué comme une solution définitive le triomphe successif de toutes les factions? L'idéal du Parisien, après la lutte, c'est la tranquillité de la rue, la reprise du commerce, l'épanouissement du luxe. A cet idéal il est prêt à sacrifier ses plus chers intérêts, ses plus légitimes désirs, ses convictions les plus profondes. Tout entier à

---

[1]. Tome VIII, page 478.

M. Louis Blanc, pour démontrer que le coup d'État du 2 juin fut accueilli presque avec joie par la population parisienne, invoque le témoignage de Prudhomme, le fameux éditeur des *Révolutions de Paris*. Il dit que ce journaliste se déclara hautement satisfait des résultats du 2 juin, et il ajoute que cette approbation ne saurait être suspecte, car Prudhomme avait été arrêté un instant et il devait être fort irrité. M. Louis Blanc connaît bien peu Prudhomme et ses pareils. Celui-ci pouvait être fort irrité de son arrestation, mais cette arrestation même lui avait fait comprendre qu'il fallait être plus circonspect à l'avenir. La peur le rendit plus avisé et lui inspira l'enthousiasme de commande avec lequel il salua le triomphe du vainqueur.

l'heure présente, sans souci de l'avenir, il se prend de lui-même à la glu des pompeuses promesses dont les régimes nouveaux sont toujours si prodigues. Funestes complaisances, fatales illusions! Quand le rêve se dissipe, il est trop tard. Paris, — et la France trop souvent, hélas! — se réveillent dans le sang ou dans la boue.

VI.

C'est dans la séance du 9 que la Convention reçut, avec les adresses de Bordeaux et de Rennes, les premières nouvelles des résistances que le coup d'État du 2 juin rencontrait dans les départements.

Le Conseil général du département de la Gironde s'exprimait ainsi :

« Des cris de terreur et de vengeance retentissent dans toutes les places publiques et jusque dans notre enceinte. Un mouvement général d'indignation et de désespoir précipite tous les citoyens dans leurs sections. Les députations se pressent autour de nous. Toutes viennent nous proposer les mesures les plus extrêmes. Il nous est impossible de calculer en ce moment les suites de cette effervescence, et nous redoutons l'instant où nous serons forcés de vous la dire tout entière. »

Les citoyens de Rennes écrivaient :

« La Convention n'est plus libre, et tel est l'excès d'audace des dominateurs sanguinaires qui la subjuguent, que les représentants de vingt-cinq millions d'hommes n'ont jamais pu avouer l'avilissement dans lequel une poignée de scélérats les plongeait. Assez et trop longtemps nous avons renfermé dans nos cœurs ces cruelles vérités; la voix du peuple s'est élevée, elle éclate, elle tonne, elle énonce la volonté générale par l'organe de toutes les communes. Quel est dans ce moment le devoir du peuple? Se lever tout entier, marcher à Paris, non pour le combattre, comme on voudrait insidieusement le persuader, mais pour le rallier à des milliers de frères qui n'attendent que sa présence pour repousser l'oppression et rendre à la représentation nationale sa dignité, son intégrité, sa liberté. Ce mouvement sera terrible; calculez-en tous les effets; hâtez-vous de les prévenir. Rapportez l'odieux décret qui met en état d'arrestation nos plus incorruptibles défenseurs. Rendez-les à la République : vous en répondez sur vos têtes. »

Les jours suivants, on apprit que d'autres villes, notamment Lyon, Toulouse, Brest, Grenoble, avaient imité Rennes et Bordeaux. En Normandie, en Bretagne [1], en Guyenne, en Languedoc, en Provence, en Dauphiné, l'immense majorité des autorités constituées avait déclaré tenir pour nuls et non avenus les décrets rendus par la Convention depuis le 31 mai. Les principales cités de

1. En Bretagne, le mouvement anticonventionnel fut tellement prononcé, qu'il entraîna quatre députés montagnards alors en mission auprès de l'armée des côtes de Brest, Merlin de Douai, Cavaignac, Gillet et Sevestre, à envoyer à l'Assemblée une protestation très-énergique contre les événements du 2 juin. Nos lecteurs trouveront à la fin de ce volume cette pièce intéressante à plus d'un titre.

l'Alsace, de la Franche-Comté, de la Bourgogne et de la Lorraine se prononçaient dans le même sens ; la Convention pouvait tout au plus compter sur la neutralité ou l'indifférence des provinces du nord et du centre. Il est vrai qu'au sein même des villes les plus ouvertement hostiles au parti démagogique il y avait une minorité remuante, audacieuse, disposant de sociétés populaires et de sections suburbaines. Cette minorité ne pouvait empêcher les municipalités, presque toutes girondines, de prendre des délibérations, de formuler des adresses pleines de menaces ; mais elle était assez puissante pour paralyser en fait toutes les tentatives de réaction contre le coup d'État du 2 juin. En somme, le mouvement anticonventionnel se borna presque partout à des déclarations de principes, à des adresses, à des convocations d'assemblées primaires, à des réquisitions de volontaires qui, le plus souvent, ne quittèrent même pas leurs foyers[1].

Ce n'est pas le moment d'entrer dans le détail de ces résistances partielles, mal combinées, sans lien de cohésion, qui n'aboutirent qu'à donner plus tard à la démagogie triomphante un prétexte pour porter l'in-

[1]. La France présentait alors un spectacle assez singulier. Un grand nombre d'autorités municipales ou départementales, tout en refusant de reconnaître les décrets de la Convention, continuaient de correspondre avec elle et avec ses agents ; les relations n'étaient pas interrompues ; la poste, les diligences, les voitures particulières circulaient comme de coutume ; on se rendait sans trop de difficulté d'une ville maratiste à une cité girondine, et *vice versa*. (Voir à cet égard, dans les *pièces justificatives* placées à la fin du volume, la note consacrée au voyage de Mouchet à Évreux.)

cendie et la dévastation dans plusieurs grandes villes de France. Le récit de ces résistances sera l'objet d'un chapitre spécial; nous constaterons seulement ici que, pendant tout le mois de juin, on se borna de part et d'autre à se lancer de loin des menaces et des décrets sans en venir à la lutte ouverte. La tactique adoptée par les vainqueurs du 2 juin fut de laisser tomber la première ardeur des départements insurgés et de ne pas aggraver le mal par une répression trop hâtive. Les vaincus furent moins habiles. Ils n'avaient pas su rester unis dans la lutte, ils se divisèrent encore plus dans la défaite. Parmi les proscrits, les uns restèrent à Paris afin, disaient-ils, de protester dans les fers contre les violences dont ils avaient été victimes; les autres se réfugièrent dans les départements et y proclamèrent la déchéance de la Convention. Quant à ceux des Girondins qui avaient été épargnés par la Commune, ils persistèrent, pour la plupart, à se rendre aux séances de l'Assemblée pour dénoncer, au nom de leurs amis absents et au leur, la tyrannie qui, depuis le 31 mai, pesait sur la représentation nationale; mais leur présence, leurs discours, leurs votes, tout allait contre le but qu'ils se proposaient. Leur intention était de protester, et ils avaient l'air d'adhérer; ils déclaraient à chaque instant que l'Assemblée n'était pas libre, et ils continuaient à prendre part à ses délibérations [1].

1. Cette conduite contradictoire est très-justement appréciée dans les lettres que Barbaroux, réfugié à Caen, écrivait à son collègue et ami Duperret, resté à Paris :

« Le meilleur moyen, dans ce moment, est de ne prendre aucune

VII.

Ils eurent bientôt une occasion d'élever la voix avec plus d'énergie que jamais, le 10 juin, quand Hérault-

part aux délibérations de l'Assemblée. Que tous nos amis adoptent ce parti ; qu'ils fassent imprimer, qu'ils proclament cela dans toute la République. C'est une mesure nécessaire pour rallier les départements dont plusieurs faiblissent par la pensée que le côté droit reconnaît l'existence de la Convention et délibère avec la Montagne. S'il y avait un appel nominal, il ne faudrait pas manquer cette occasion pour protester solennellement de la non-intégrité des corps représentatifs. »

Quelques jours plus tard, il lui renouvelait ses instances :

« Penses-tu favoriser l'insurrection des départements contre l'oppression des dominateurs de Paris ; penses-tu sauver la liberté en restant à Paris comme font nos collègues? D'abord les détenus en arrestation souffrent et ne font rien d'utile pour la patrie. Nos autres collègues, tantôt se rendent à l'Assemblée et tantôt s'en absentent. Tantôt ils délibèrent, et tantôt ils refusent de prendre part aux délibérations. Cette conduite versatile égare beaucoup d'esprits dans les départements et perd la chose publique. Non! il ne faut pas délibérer, mais il faut protester solennellement de la non-intégrité du corps législatif. Non! il ne faut pas assister aux séances, mais il faut au contraire sortir de Paris. Le retour des députés restés fidèles dans chacun de leurs départements est impossible, parce qu'au moyen de certaines communes maratistes, on les arrêterait en route, et quel bien d'ailleurs feraient-ils ainsi divisés et agissant sans aucun concert? Mon avis, celui de nos amis réunis ici ou à Rennes au nombre de vingt, c'est que vous veniez nous joindre, non pour former une autorité qui ne pourrait exister que dans le cas où la majorité de la Convention se trouverait réunie, mais pour concerter ensemble les mesures propres à sauver la liberté; mais pour donner à l'opinion des départements un nouveau ressort en leur présentant une plus

Séchelles vint lire à la tribune le nouveau projet de constitution. Avant que le rapporteur eût commencé d'exposer les vues du Comité de salut public, Vernier prit la parole :

« Pour l'honneur de la France, pour votre honneur, dit-il, vous devez, avant de discuter la constitution, vous occuper du sort des membres détenus. Si ces représentants sont coupables, jugez-les. Leurs suppléants viendront les remplacer, et alors les départements jouiront de l'intégrité numérique de leur représentation.

— Si l'on exigeait cette intégrité, répond Jean Bon Saint-André, il faudrait rappeler vos commissaires près les armées, il faudrait attendre que vos collègues sortissent des cachots de la coalition. Vous devez, je l'avoue, prendre sur le sort des députés arrêtés une détermination éclairée et juste. Mais vous avez des travaux d'une utilité générale pressante, qui ne peuvent être retardés. Vous êtes comptables à la nation des moments que vous n'y consacrez pas, des soins que vous donneriez à d'autres objets. Vous dites que vous ne pouvez pas délibérer en l'absence de vos collègues; mais vous avez voté, depuis une semaine, une grande quantité de décrets utiles et d'intérêt général. Comptez-vous désavouer vos votes? Ce que vous proposez, ne serait-ce pas autre

---

grande masse de représentants proscrits, persécutés par les tyrans de Paris. Venez sur la terre hospitalière de la Normandie y enflammer encore par votre présence le zèle des citoyens, venez pour donner de nouvelles consolations à vos amis et pour vous entretenir avec eux de la patrie et toujours de la patrie. »

chose qu'une protestation déguisée, faite d'avance contre la constitution qui n'existe pas encore?

— Si vous n'êtes pas de la Convention, ajoute Thuriot en s'adressant aux membres de la droite, taisez-vous, retirez-vous et laissez-nous délibérer. »

A cette brusque sortie, Engerrand réplique :

« C'est à tort que l'on a cherché à établir une parité qui n'existe pas entre l'absence des commissaires de la Convention et celle des membres détenus. Les premiers sont absents par le vœu national, en vertu de décrets librement rendus ; les seconds ont été arrachés de notre sein par la force. Prolonger leur arrestation serait partager le crime de ceux qui l'ont obtenue. La Convention n'a pas décrété l'arrestation de ses membres. La majorité n'a pas voté; la majorité n'était pas libre. Je demande que, dans ce moment, on se borne à entendre la lecture des articles constitutionnels, mais que la discussion ne s'ouvre qu'après que la Convention aura prononcé sur le sort de ceux de ses membres qui sont détenus.

— L'intérêt du peuple doit passer avant toute chose, répond Levasseur. L'envoi de commissaires aux armées était nécessité par le salut public; le salut public ordonnait aussi l'arrestation des membres détenus. Lorsque le décret a été rendu, vous n'étiez pas libres, dites-vous?

— Non! s'écrient plusieurs membres à droite.

— Eh bien! actuellement, vous reconnaissez-vous libres? répond l'orateur montagnard.

— Non! répondent les mêmes membres.

— Pourquoi donc, ajoute Levasseur, avez-vous voté, toute la semaine, un grand nombre de décrets?

— Nous avons voté ces décrets à charge de les réviser, dit un membre de la droite.

— Ces décrets sont nuls! » dit un autre.

Coupé, Defermon, Ducos, Camboulas et d'autres membres de la droite insistent pour faire adopter la proposition de Vernier. Peut-être leur persévérance va-t-elle triompher; mais Chabot jette tout à coup en travers du débat une accusation rétrospective de vénalité contre ceux des Girondins qui avaient siégé à l'Assemblée législative. De cette inepte et misérable calomnie surgit un scandale qui trouble la discussion et la fait dévier de son cours. C'était tout ce que voulait Chabot. En effet, afin de trancher l'incident, qui a dégénéré en altercations personnelles, l'Assemblée vote l'ordre du jour sur toutes les propositions qui ont été faites et donne la parole à Hérault-Séchelles pour la lecture de son rapport.

VIII.

Le lendemain, 11 juin, la Montagne, voulant profiter de son triomphe de la veille, fait un pas de plus dans la voie de l'intimidation. C'est Lacroix, l'ami de Danton, qui commence l'attaque. Dès l'ouverture de la séance, il monte à la tribune pour une motion d'ordre :

« Déjà, dit-il, plusieurs administrations de département, de district et de commune s'occupent en ce moment à prendre des mesures liberticides. Elles ont réuni les assemblées primaires, elles ont suspendu l'envoi des contributions; déjà elles ne reconnaissent plus les décrets de la Convention, ni la Convention elle-même. Plusieurs ont entrepris d'avoir une correspondance avec d'autres administrations pour opérer une coalition. Je propose que demain il soit fait un appel nominal de tous les membres de la Convention, afin de connaître les députés qui ne sont pas à leur poste et sont allés conspirer dans les départements. Je propose de décréter qu'ils soient déclarés déchus de leur droit de représentants du peuple et remplacés par leurs suppléants. Je demande qu'il soit défendu sous peine de mort à tous les administrateurs, juges, officiers municipaux et autres fonctionnaires publics, de prendre ou d'envoyer aucune délibération tendant à convoquer les assemblées primaires, à empêcher la publicité des lois décrétées par la Convention, à organiser une force armée pour marcher sur Paris, à faire enfin une coalition, soit générale, soit partielle, des départements. »

Defermon s'étonne qu'on vienne proposer ces mesures rigoureuses en vue de maintenir la paix.

« Commencez, dit-il, par rappeler au milieu de vous les membres que vous avez éloignés, ou du moins examinez les motifs de leur détention. Souvenez-vous que sur la simple proposition d'un membre, vous avez rayé quatre de ceux qui devaient être compris dans le décret, sans savoir s'ils étaient ou non complices des autres; souvenez-vous que, sur la proposition du même membre, vous en avez mis en état d'arrestation quatre autres qui n'avaient pas été accusés. Prouvez donc que vous voulez distinguer l'innocent du coupable, prouvez que vous voulez être justes. Vous aurez beau dresser des listes de proscription, ce n'est que par la confiance que vous pourrez faire respecter vos décrets et maintenir l'unité et l'indivisibilité de la République.

— Ce que dit Defermon, s'écrie Roux (de la Haute-Marne) prouve bien qu'il y a un parti qui veut exciter la guerre civile et fédéraliser la République; mais la simple lecture de la constitution renversera tous ces complots. Celle que nous venons de vous proposer a déjà paru obtenir l'approbation générale, tandis que vos hommes à talent ont employé sept mois à préparer un projet monstrueux et informe.

— C'est vrai! c'est vrai! répètent en chœur tous les Montagnards.

— Mais c'est Barère qui l'avait rédigé; c'est le même que celui que vous présentez, » répond-on à droite.

Roux feint de ne point entendre cet argument irréfutable.

« Puisque la guerre, continue-t-il, est déclarée entre les deux partis, on verra auquel des deux on se ralliera.

— C'est par la justice, réplique Fonfrède, et non par des lois rigoureuses que vous pourrez sauver la France des horreurs d'une guerre civile. Quelle est la mesure réclamée par tous? c'est que vous donniez à la France une constitution républicaine. Pour prévenir de grands malheurs, vous devez vous en occuper sans interruption. Aussi je ne vous proposerai pas d'en suspendre la discussion ; mais je demande que la Convention fixe le délai dans lequel le Comité de salut public devra faire son rapport sur les députés détenus.

— Avant de s'occuper des hommes, répond Thuriot, je demande qu'on s'occupe des choses. C'est à l'Assemblée que le peuple a confié l'autorité souveraine. Ouvrez le Code pénal, vous y verrez que celui-là est puni de mort qui ose faire un acte de souveraineté. Des directoires de départements qui se permettent de lever des contributions, de s'emparer des caisses nationales, de lever des armées, de les diriger à leur gré, n'attentent-ils pas à la souveraineté ? Qui d'entre vous osera le nier ?

— Et la municipalité de Paris? » lui crie-t-on à droite.

« Jamais, reprend Thuriot, la municipalité de Paris ne s'est permis les crimes et les abus d'autorité que je vous dénonce. Vous anéantirez donc ces actes qui ont pour but de déchirer le sein de la République. Vous vous occuperez aussi des députés qui sont détenus ; mais vous vous souviendrez que leur présence était ici le signal du trouble et de la division. Leurs amis nous disent que ces hommes étaient la boussole de la Convention, que leurs talents étaient nécessaires pour sauver la liberté. Je vous rappelle que ces hommes sont ceux qui ont composé le Comité de défense générale qui, pendant sept mois, a laissé trahir la nation et creuser l'abîme qui devait nous engloutir. Depuis qu'ils sont loin de notre Assemblée, le calme y règne et nous faisons des lois utiles. Je demande que l'on s'attache aux grandes mesures proposées par

Lacroix. Je demande qu'il les lise de nouveau et qu'elles soient adoptées. »

La discussion est close. Après plusieurs épreuves douteuses, l'Assemblée ordonne le renvoi au Comité de salut public. Celui-ci fit son rapport trois jours après, le 14 juin. Il n'y était nullement question des mesures de rigueur proposées par Lacroix contre les administrations départementales; la proposition d'un appel nominal était seule adoptée. Cette épreuve eut lieu le 15, et constata l'absence d'un grand nombre de députés[1].

L'avant-veille déjà, lors du scrutin ouvert pour l'élection du président qui devait succéder à Mallarmé, 241 votants seulement y avaient pris part. Collot-d'Herbois réunit 157 voix; Chasset, un des membres les plus compromis de la droite, en obtint 80. Ainsi, un tiers au plus des représentants suivait les séances de la Convention, et chaque fois que le secret du vote leur laissait quelque indépendance, les vaincus ne manquaient pas de se mesurer avec les vainqueurs.

Le même jour, une députation des sociétés populaires de Vernon et des Andelys vint dénoncer à la barre les arrêtés fédéralistes du Conseil général de l'Eure, qui voulait organiser une force armée contre Paris et prêchait ouvertement la désobéissance aux ordres de la Convention, opprimée par des factieux. Elle apprit en outre à l'Assemblée que deux représentants du peuple, Romme et Prieur, de la Côte-

---

[1]. Un membre eut le courage de répondre à l'appel de son nom : « Oui, présent à la tyrannie. » Les journaux, malheureusement, ne nous ont pas conservé le nom de cet intrépide représentant.

d'Or, avaient été arrêtés à Bayeux et transférés à Caen.

A ces nouvelles la gauche éclate en imprécations. Lacroix demande que tous les députés du Calvados soient mis en arrestation pour répondre de la sûreté des deux commissaires.

Dans cette circonstance Savary, de l'Eure, a le courage de se lever pour défendre ses compatriotes.

« Dans mon département, dit-il d'un ton ferme, on aime la liberté, mais l'amour de la liberté ne marche jamais sans l'inquiétude de la perdre. Ce n'est pas par la violence et par la tyrannie, c'est par des lois douces qu'on peut l'établir.

— Oui, s'écrie un Montagnard, par des lois modérées qui laissent dominer l'aristocratie.

— Mes concitoyens, reprend Savary, sont, il est vrai, modérés dans leurs discours, mais fermes et vigoureux dans leurs actes. Dans ce pays, on ne dénonce pas sans preuves, on n'opprime pas le patriote faible, mais on combat l'aristocratie, on la terrasse, et on fait exécuter les lois. S'il existe à Paris une faction, mes concitoyens l'écraseront en se réunissant aux bons citoyens de Paris; s'il n'en existe pas, ils embrasseront leurs frères de Paris. Voilà ma réponse aux dénonciateurs. »

Doulcet n'est pas moins courageux.

« Savez-vous, dit-il, comment mes compatriotes ont été instruits des événements du 2 juin? Voici le fait. Inquiets de l'orage qui se préparait depuis longtemps et qui s'avançait en grondant, les citoyens des sections de la ville de Caen vous envoyèrent une députation pour vous faire part de leurs alarmes. Vainement ces délégués se présentèrent-ils à votre barre ; vainement je vous sollicitai de les entendre : je ne pus rien obtenir. Ceux-ci étaient encore à Paris le jour de ces événements désastreux qu'on veut qualifier du nom pompeux d'insurrection, mais que la postérité qualifiera et que d'avance l'universalité des citoyens français qualifie autrement. Ils virent que l'Assemblée, qui n'était pas assez libre pour les entendre, n'était plus libre pour les rassurer. Ils s'en retournèrent vers leurs commettants... »

De violents murmures partis de la Montagne et des tribunes interrompent l'orateur. Celui-ci réplique avec une nouvelle énergie :

« J'ai fait depuis longtemps le sacrifice de ma vie. On peut faire de moi ce qu'on voudra, mais on n'asservira pas mon opinion.

— Je vais vous répondre ! s'écrie Danton en s'élançant à la tribune. Nous touchons au moment de fonder véritablement la liberté française, en donnant à la France une constitution républicaine. C'est au moment d'une grande production que les corps politiques, comme les corps physiques, paraissent toujours menacés d'une destruction prochaine. Nous sommes entourés d'orages. La foudre gronde. Eh bien ! c'est du milieu de ces éclats que sortira l'ouvrage qui doit immortaliser la nation française. On dit que l'insurrection de Paris cause de l'agitation dans les départements. Je le déclare à la face de l'univers : ces événements feront la gloire de cette superbe cité. Je le proclame à la face de la France : sans les canons du 31 mai, sans l'insurrection, les conspirateurs triomphaient. Ils nous donnaient la loi. Que le crime de cette insurrection retombe sur nous. Je l'ai appelée, moi, cette insurrection, lorsque j'ai dit que, s'il y avait cent hommes dans la Convention qui me ressemblassent, nous résisterions à l'oppression, nous fonderions la liberté sur des bases inébranlables.

« Les ennemis du peuple se sont trahis eux-mêmes; ils ont fui, ils ont changé de nom, de qualités, ils ont pris de faux passeports. Ce Brissot, ce coryphée de la secte impie qui va être étouffée, cet homme qui vantait son courage et son indigence, en m'accusant d'être couvert d'or, n'est plus qu'un misérable qui ne peut échapper au glaive des lois, et dont le peuple a déjà fait justice en l'arrêtant comme un conspirateur [1].

« Que les adresses envoyées des départements pour calomnier Paris ne vous alarment pas. Paris sera le verre convexe qui recevra tous les rayons du patriotisme français et en brûlera tous ses ennemis. Citoyens, point de faiblesse! Déclarez solennellement au peuple français que, sans l'insurrection du 31 mai, il n'y avait plus de liberté. Dites-lui que la horde scélérate vient de prouver qu'elle ne voulait pas de constitution. Dites-lui de prononcer entre la Montagne et cette faction. Présentez promptement à son acceptation la constitution que vous allez voter. Cette constitution est une batterie qui fera feu à mitraille contre les ennemis de la liberté et les écrasera tous. »

La droite réclame l'ordre du jour; mais Duroi, un

---

[1]. Brissot venait d'être arrêté, le 10 juin, à Moulins, par les administrateurs de l'Allier.

député de l'Eure, s'y oppose. Il demande que Buzot, le chef des conspirateurs normands, soit décrété d'accusation, et que, pour punir la ville d'Évreux d'avoir adhéré aux arrêtés liberticides des partisans de la Gironde, on transfère le chef-lieu du département à Bernay, ville connue pour son patriotisme.

« Je demande aussi, ajoute Thuriot, qu'on décrète d'arrestation les autres membres de cette assemblée qui se sont retirés à Évreux pour conspirer avec Buzot, les Lasource, les Gorsas, les Salles, les Larivière.

— Aux voix le décret d'accusation contre Buzot ! crie-t-on à gauche.

— Eh bien ! moi, s'exclama un hardi député dont nous regrettons de ne pouvoir donner le nom [1], je demande le décret d'accusation contre Henriot, commandant provisoire de la force armée de Paris. »

Les membres de la droite appuient énergiquement cette proposition ; mais des murmures s'élèvent des autres parties de l'Assemblée. La majorité n'a pas le courage de s'associer à de semblables hardiesses. La Montagne l'emporte. Buzot est décrété d'accusation ; sont également décrétés d'accusation les administrateurs du Calvados qui ont fait arrêter Romme et Prieur, et les membres du département de l'Eure qui ont signé les arrêtés fédéralistes. Le Comité de salut public est chargé de présenter un rapport sur les députés, autres que Buzot, qui peuvent se trouver à Caen ou à Évreux. Enfin le

---

[1]. Nous ne l'avons trouvé, ni dans le *Moniteur*, ni dans le *Journal des Débats et Décrets*.

chef-lieu de l'Eure est transféré provisoirement à Bernay, où auront à se réunir sans délai les membres du Conseil général restés fidèles à leurs devoirs.

Couthon veut pousser à fond la victoire de ses amis. Il invite la Convention à décréter « que, dans les journées des 31 mai, 1er et 2 juin, la Commune et le peuple de Paris ont puissamment concouru à sauver la liberté, l'unité et l'indivisibilité de la République. »

Robespierre appuie la proposition de son ami.

« Oui, dit-il, confirmez ainsi vos précédentes délibérations, sanctionnez de nouveau les événements; adoptez à l'instant même, et sans balancer, la motion de Couthon. Toute discussion sur ce sujet ne servirait qu'aux conspirateurs, aux calomniateurs de Paris. »

L'Assemblée, docile à la voix du futur dictateur, vote à une forte majorité ce décret, qui couronne dignement la série de ses faiblesses et de ses hontes.

Le lendemain, sur la proposition de Berlier, Du Chastel, qui s'était rendu, disait-on, à Nantes pour y fomenter l'insurrection, était décrété d'accusation [1], et les

---

[1]. Choudieu, alors en mission dans les départements de l'ouest, avait dénoncé Du Chastel au Comité de salut public comme ayant des relations avec les insurgés de la Vendée; il en donnait pour preuve « sa conduite plus que suspecte dans l'affaire du ci-devant roi. » Dès qu'il connut le décret d'arrestation lancé contre lui, Du Chastel écrivit au Comité de salut public une lettre bien faite, il faut en convenir, pour attirer sur la tête de ce courageux jeune homme les vengeances des démagogues. Aussi lorsque, quelques mois plus tard, à Bordeaux, il tomba entre les mains des sbires du Comité de salut public, ses ennemis s'empressèrent-ils de le faire transférer immédiatement à Paris. Riouffe, son compagnon d'infortune, a raconté dans ses mémoires les traitements indignes que Du Chastel eut à subir

membres du Directoire de la Somme avaient le même sort pour avoir publié la protestation de la majorité des députés de leur département [1].

Après une telle consécration de la victoire du 2 juin, il n'y avait plus d'espoir pour les représentants arrêtés. Aussi certains d'entre eux, qui jusqu'alors avaient résisté aux sollicitations de leurs collègues réfugiés à Caen, se décidèrent-ils à les aller rejoindre. Dans la séance du

des agents subalternes du Comité. Voici la lettre de l'infortuné représentant, que nous avons eu le bonheur de retrouver.

« Nantes, le 18 juin de l'an 2ᵉ de la République, et, je l'espère, le 1ᵉʳ de la contre-anarchie.

« *G. S. Du Chastel, député à la Convention nationale, à cinq ou six honnêtes gens qui dirigent le Comité de salut public.*

« Messieurs,

« Votre dessein est de me faire couper le col; je suis loin de le trouver mauvais, il est très-commode de se défaire au nom de la patrie des hommes qui traversent nos projets ambitieux. Pour vous faciliter dans les moyens de me conduire à l'échafaud, je vous fais passer un imprimé que j'ai répandu avec profusion dans les départements de la ci-devant Bretagne.

« Je vous déclare qu'au lieu de me cacher, je me montrerai à découvert, et que fidèle au serment de vivre libre ou de mourir, je ne cesserai de sonner le tocsin contre les hommes qui ont usurpé la souveraineté nationale, que quand je leur aurai ôté la possibilité de nuire.

« Le républicain,

« G.-S. Du Chastel.

« Vous voudrez bien joindre cette lettre et cet imprimé aux pièces de mon procès. »

Du Chastel, traduit au Tribunal révolutionnaire, fut exécuté le 9 brumaire an II.

1. Voir tome VII, page 546.

24 juin, la Montagne apprend avec un frémissement de colère l'évasion de Pétion et de Lanjuinais. On demande que les détenus soient gardés chacun par deux gendarmes et ne puissent communiquer avec personne. Quelques membres, Amar entre autres, proposent de les renfermer à l'Abbaye[1]. Ducos et Fonfrède veulent prendre la défense de leurs amis ; ils réclament, pour l'honneur même de la Convention, la présentation immédiate du rapport depuis si longtemps promis ; mais Robespierre, acharné à sa proie, s'élance à la tribune :

« Quoi ! s'écrie-t-il, il existe encore des hommes qui feignent de douter de faits que la France entière connaît !

---

1. Le Conseil général révolutionnaire, dès le 3 juin, avait voulu doubler la garde des députés arrêtés en leur donnant des geôliers à sa convenance. Il avait pris l'arrêté suivant :

Hôtel de Ville. — Conseil général de la Commune.

Séance du 3 juin 1793.

Sur l'observation d'un membre que la garde des députés de la Convention, confiée à un seul gendarme, pouvait inspirer de justes craintes aux habitants de Paris, sous la sauvegarde de la loyauté desquels ils ont été mis ;

Le Conseil général arrête que deux bons citoyens sans-culottes seront envoyés auprès des députés mis en arrestation, pour aider le gendarme dans son service.

Mais sur la plainte de quelques députés arrêtés qui déclarèrent que leur fortune ne leur permettait pas de payer ce luxe de gardiens, la Convention ordonna que ces geôliers supplémentaires se retireraient, et que, même les députés pourraient sortir et vaquer à leurs affaires sous la simple garde de leur gendarme attitré. Mais après la fuite de Pétion, de Lanjuinais et de plusieurs autres députés, deux gendarmes furent préposés à la garde des députés laissés provisoirement dans leurs domiciles.

Quoi! l'on met en parallèle la Convention nationale et une poignée de conspirateurs... »

A ces mots, de violents murmures éclatent à droite.

« Je demande, dit Legendre, que le premier rebelle, le premier de ces révoltés (du doigt il désigne les bancs de la Gironde) qui interrompra l'orateur, soit envoyé à l'Abbaye.

— Quoi! reprend Robespierre, l'on met en parallèle l'Assemblée souveraine et Brissot, ce lâche espion de police, cet homme que la main du peuple a saisi, couvert d'opprobre et de crimes! On feint de demander un rapport, comme si l'on ne connaissait pas les crimes des détenus!

« Leurs crimes, citoyens, sont les calamités publiques, l'audace des conspirateurs, la coalition des tyrans de l'Europe, leur ancienne alliance avec le tyran qui régnait naguère aux Tuileries, les lois qu'ils nous ont empêché de faire, la constitution sainte qui s'est élevée depuis qu'ils n'y sont plus, cette constitution qui va rallier tous les Français et déjouer les clameurs des factieux. N'est-ce pas insulter la Convention que de lui parler en faveur des Vergniaud, des Brissot? Laissons ces misérables avec le remords qui les poursuit et occupons-nous des intérêts généraux. »

Robespierre, on le voit, insultait l'ennemi à terre. Son orgueil et son arrogance n'avaient plus de bornes, depuis que lui et ses amis prétendaient avoir doté la France d'une œuvre immortelle avec leur constitution, faite et parfaite en moins de quinze jours. Cette œuvre allait être soumise à la sanction du peuple, réuni dans ses assemblées primaires, et d'avance on comptait sur un accueil enthousiaste. Les constitutions, comme les coups d'État, ne sont-elles pas, dans tous les temps, acclamées par l'ignorance des masses, promptes à saluer dans les unes l'aurore d'une félicité qui ne se lève jamais, dans les autres le terme final de crises toujours conjurées et toujours renaissantes !

LIVRE XLII.

LA CONSTITUTION MONTAGNARDE.

I.

Nous n'examinerons pas un à un les cent vingt articles de la constitution montagnarde. Ils ne donnèrent lieu, dans l'Assemblée, qu'à des délibérations généralement écourtées ou incohérentes. A chacune des douze séances qui leur furent consacrées, des incidents de toute sorte forcèrent presque toujours les législateurs d'en suspendre ou d'en ajourner l'examen, et le débat n'eut que rarement et par exception l'ampleur ou la gravité qui convenait à un tel sujet. Il nous suffira donc de nous arrêter aux points les plus saillants et aux faits les plus caractéristiques.

On a vu, dans un livre précédent [1], quel avait été le sort du projet présenté par Condorcet au nom du comité de constitution, et comment la discussion en avait été brusquement interrompue par les événements précurseurs du coup d'État du 2 juin. Le 29 mai, sous la

---

1. Tome VII, p. 180 à 215.

pression toujours croissante des démagogues parisiens, la Convention avait paru implicitement renoncer à ce projet, car elle avait chargé son Comité de salut public, renforcé tout exprès de cinq membres [1], de préparer une nouvelle rédaction et de lui présenter des bases constitutionnelles.

Pendant tout le temps de leur lutte contre la Gironde, les Montagnards avaient usé de tous les moyens, abusé de tous les prétextes pour prolonger indéfiniment la discussion du plan de Condorcet et de ses amis. Leur tactique évidente avait été de faire croire au peuple que, tant qu'ils ne seraient pas les maîtres absolus, l'Assemblée n'arriverait jamais à doter la France d'une constitution vraiment républicaine. La Gironde une fois abattue, les Montagnards tinrent à honneur de faire en huit jours ce que leurs contradicteurs n'avaient pu faire en plusieurs mois. Dès le 10 juin, Hérault-Séchelles apporta à la tribune une nouvelle constitution qui, à première vue, semblait différente de celle que Condorcet avait préparée, mais qui, en réalité, la reproduisait servilement dans un grand nombre de ses parties.

Le rapport de l'ex-avocat général au Parlement de Paris ne sort pas des vulgaires banalités. C'est toujours

---

[1]. Nous avons fait connaître, tome VII, p. 67, la composition du premier Comité de salut public; les cinq nouveaux membres qui y furent adjoints pour fabriquer la nouvelle Constitution étaient Hérault-Séchelles, Couthon, Saint-Just, Ramel et Mathieu. Hérault était un ami particulier de Danton; Saint-Just et Couthon étaient les séides de Robespierre; les deux autres membres avaient des connaissances assez étendues, Ramel en finances, Mathieu en législation.

la même phraséologie révolutionnaire : le peuple est doué de toutes les vertus, il possède toutes les lumières, il a le droit d'imposer sans appel sa volonté à toutes les consciences. Le *Contrat social* de Jean-Jacques Rousseau est proclamé le Code qui doit désormais présider aux destinées d'une nation régénérée et impeccable [1].

A peine Hérault-Séchelles a-t-il terminé sa lecture que Robespierre, et après lui Barère, demandent qu'on entame immédiatement la discussion de l'œuvre montagnarde, dont ils font l'éloge le plus pompeux.

« L'Europe entière, s'écrie le premier, sera forcée d'admirer ce beau monument élevé à la Raison humaine et à la souveraineté d'un grand peuple.

— Le plan du Comité, dit le second, est court, clair, précis; il est rédigé dans un style vraiment *lapidaire*. Il prouve les progrès de la raison publique. »

Le soir, aux Jacobins, Robespierre répète le même dithyrambe; mais son enthousiasme rencontre un contradicteur dans Chabot, qui trouve que le projet ne s'occupe pas assez du sort du peuple, qu'il oublie d'assurer du pain à ceux qui en manquent, qu'il ne donne pas de garantie suffisante à la liberté. « Cette garantie, ajoute le fougueux démagogue, ce doit être la guillotine; » abominable doctrine, argument suprême, *ultima ratio*, qui donnait au terrible instrument de la colère du peuple la même devise qu'aux canons des rois.

[1]. Le rapport d'Hérault-Séchelles est donné *in extenso* dans le n° 267 du *Journal des Débats et Décrets;* il a été reproduit par Buchez et Roux dans leur *Histoire parlementaire*, tome XXVIII, p. 177.

La discussion s'ouvrit dès le lendemain, 11 juin, à l'Assemblée. Les quatre premiers chapitres furent pour ainsi dire votés sur lecture, mais à propos de l'article 6 du cinquième chapitre, un débat assez sérieux s'engagea. Il s'agissait des élections au Corps législatif, qui devaient se faire au sein des assemblées primaires, par le suffrage universel direct, « au scrutin signé. » C'était là, il faut en convenir, une méthode excellente pour peser sur les faibles et accaparer les timides.

Un membre du côté droit, Réal, eut le courage de demander la question préalable sur cet article qui, dit-il, était de nature à détruire la liberté des suffrages.

« Les vrais républicains, répondit Jean Bon Saint-André, ne craignent pas d'émettre leur opinion.

— La lumière et la publicité, ajouta Danton, sont les éléments naturels et quotidiens de la liberté. Laissez chacun énoncer librement son opinion : je demande que le riche puisse écrire et que le pauvre puisse parler. »

L'Assemblée se rendit à ce bel argument, et, décrétant l'anarchie au bas de l'échelle électorale comme elle devait l'introniser au faîte de la nouvelle société, elle décida :

1° Que les élections se feraient au scrutin ou à haute voix, selon le gré de chaque votant ;

2° Que les assemblées primaires ne pourraient prescrire un mode uniforme de voter ;

3° Que les scrutateurs constateraient le vote des citoyens qui, ne sachant point écrire, préféreraient voter au scrutin.

On agita ensuite la question de savoir s'il serait

nommé des députés suppléants pour remplacer, suivant le précédent offert par la Constituante, la Législative et la Convention elle-même, les membres décédés, déchus ou démissionnaires. Guyomar et Dannon [1] soutinrent ce système; Meaulle et Thuriot le combattirent. Hérault-Séchelles, parlant à son tour au nom du Comité, présenta la mesure comme dangereuse et antipopulaire. « Pour quelques députés, dit-il, qui, dans le cours d'une session, peuvent laisser leur poste vacant, quelle nécessité y a-t-il de nommer six cents suppléants? Dans l'intérêt de l'unité de la République n'ayez pas de suppléants. Ce serait fomenter des divisions dans le Corps législatif, ce serait accorder des encouragements à la pusillanimité. Creusez autour du poste de législateur un précipice qui menace le lâche qui voudrait l'abandonner sans motif. Obligez-le à ne le quitter qu'avec la mort, et pour cela, ne laissez pas derrière lui un suppléant. »

La Convention se laissa convaincre par ces arguments. L'institution des suppléants, qui avait duré quatre années, disparut de nos lois. Elle n'a été reproduite par aucune des constitutions qui se sont succédé depuis lors.

Une autre question à examiner était celle-ci : Les départements pourront-ils choisir leurs députés dans toute l'étendue de la République?

Delacroix (de la Marne) se prononça pour la négative.

« Croyez-vous, dit-il, qu'une assemblée composée

---

[1]. Le *Moniteur* estropie son nom : il l'appelle Daumont.

d'hommes nommés dans les départements, sur la réputation qu'ils auront acquise à Paris, soit une assemblée bien propre à maintenir l'égalité dans toute la République? Vous concentrez la représentation nationale dans un petit nombre d'hommes qui auront usurpé une réputation par la publicité de quelques écrits, par la défense de quelques accusés; vous établissez l'aristocratie des réputations, non moins dangereuse que bien d'autres. Pour assurer la liberté, mettez vous-mêmes des bornes à l'exercice de cette liberté; ne permettez au peuple de choisir ses représentants que parmi des hommes placés près de lui et connus de lui. Je demande, au nom de la liberté publique, au nom de l'égalité des droits qu'aucun citoyen ne puisse être représentant du peuple qu'après six mois de domicile dans l'arrondissement qui aura voté en sa faveur. »

Fonfrède fit observer que la France ne comptait pas encore beaucoup d'hommes compétents en matière de politique et de législation. Il y avait, selon lui, des circonscriptions où on n'en trouverait peut-être pas un seul. Adopter la proposition de Delacroix, ce serait appeler l'ignorance au gouvernement de la République. Garreau ajouta qu'en vertu de la constitution de 1791, lors des élections de l'Assemblée législative, les départements avaient été tenus de choisir dans leur sein tous leurs représentants; qu'au contraire, lors des élections conventionnelles, le peuple avait pu les prendre dans toute la France. « Des deux procédés lequel a le mieux réussi? dit le jeune Girondin en terminant. J'en laisse juge l'Assemblée elle-même. » Poullain Grandprey porta la discussion sur un autre terrain. Renouvelant la proposition que Robespierre avait fait adopter le 16 mai 1791 à l'Assemblée constituante, il demanda que les membres d'une législature ne pussent être réélus à la législature suivante. Cette fois, Robespierre ne se lève pas pour soutenir une thèse qui lui avait valu, deux ans auparavant, un si grand renom de désintéressement. Personne n'appuyant l'opinion de Poullain Grandprey, ni celle de Delacroix, l'article fut voté tel qu'il avait été rédigé par le Comité.

« Tout Français exerçant les droits de citoyen est éligible dans toute l'étendue de la République. Chaque député appartient à la nation entière. »

Dans son exposé des motifs, Hérault-Séchelles avait soulevé une question qui depuis a été vivement débattue, et qui l'est encore de nos jours. Fallait-il établir, par une loi, des circonscriptions électorales nommant chacune un député, où laisserait-on chaque candidat bénéficier de toutes les voix qu'il aurait obtenues dans l'étendue entière de la République ? Le rapporteur s'exprimait ainsi sur ce point : « Pour parvenir à connaître la volonté générale qui, dans la rigueur du principe, ne se divise pas, nous aurions voulu qu'il eût été possible de ne faire qu'un seul scrutin pour tout le peuple. Mais dans l'impossibilité physique d'y réussir, après avoir épuisé toutes les combinaisons et tous les modes quelconques, on sera forcé de revenir, comme nous, au moyen le plus simple et le plus naturel : il consiste à faire nommer un député par chaque réunion de canton formant une population de cinquante mille âmes. »

Cette idée de réunir dans un seul scrutin les votes émis dans divers départements en faveur d'un même candidat ne fut pas reprise lors de la discussion des articles ; on se contenta d'abaisser de cinquante mille à quarante mille le chiffre d'habitants nécessaire pour composer une circonscription électorale.

II.

Au sujet de la confection de la loi, le projet montagnard semblait avoir voulu faire assaut de popularité avec le plan girondin ; comme son aîné, il proposait de soumettre à la sanction du peuple, réuni en assemblées primaires, non-seulement la constitution, mais encore toutes les lois de quelque importance. Cette partie de l'œuvre girondine n'avait pas subi l'épreuve de la discussion parlementaire ; les articles correspondants, dans le travail du Comité de salut public, donnèrent lieu à un débat qui, sous des formes différentes, se renouvela plusieurs fois durant les douze jours consacrés à l'érection de ce monument de l'impuissance de ses architectes.

Sectateurs fidèles des doctrines de Jean-Jacques Rousseau, les républicains de toute nuance professaient, en ce temps-là, un respect aveugle pour la volonté du peuple. Ils croyaient rendre hommage à ce « souverain » en l'appelant à se prononcer, dans des comices presque permanents, sur une série presque non interrompue de plébiscites : c'était ce qu'ils entendaient par le gouvernement direct du pays par le pays. Nous avons eu le temps de nous édifier, depuis un demi-siècle, sur l'efficacité réelle et la valeur morale de cette invention; nous savons à quoi nous en tenir sur les leurres qu'elle renferme, sur les mensonges qu'elle couvre, sur les violences qu'elle a trop souvent pour but de faire amnistier. Mais à cette époque on n'était pas encore blasé sur ces appels à la nation qui, suivant le mot d'un historien dont le jugement ne saurait paraître suspect, étouffent la souveraineté populaire entre deux syllabes[1].

Hérault-Séchelles, dans son rapport, avait émis ce principe : « Le député est revêtu d'un double caractère; il est mandataire dans les lois qui devront être proposées à la sanction du peuple; il ne sera représentant que dans les décrets, d'où il suit que le gouvernement français n'est représentatif que dans toutes les choses que le peuple ne peut pas faire lui-même. »

Dans la discussion, Robespierre enchérit sur cette idée en la développant. « Les membres de la législature, disait-il dans la séance du 16 juin, sont les mandataires auxquels le peuple a donné la première puissance; mais, dans le vrai sens du mot, on ne peut pas dire qu'ils le représentent. La législature propose les lois et rend des décrets. Les lois n'ont le caractère de lois que lorsque le peuple les a formellement acceptées. Jusque-là, elles ne sont que des projets. Les décrets ne sont exécutés avant d'être soumis à la ratification du peuple que parce qu'il est censé les approuver. S'il ne réclame pas, son silence

---

1. Louis Blanc, tome IX, page 16.

est pris pour une acceptation. Il est impossible qu'un gouvernement ait d'autre principe que le consentement exprimé ou tacite de la nation; mais dans aucun cas la volonté souveraine ne se représente; elle est présumée. Le mandataire ne peut être représentant; c'est un abus de mots, et déjà, en France, on commence à revenir de cette erreur. »

Ducos répondit à Robespierre : « Je soutiens, contrairement à l'avis du préopinant, que la volonté du peuple peut être représentée; sans cela, il n'y aurait de gouvernement légitime que dans la démocratie pure. Vous vous démentez vous-même, lorsque vous admettez que l'Assemblée législative peut faire des décrets qui seront provisoirement exécutés. Ils ne le peuvent être qu'en supposant qu'ils sont l'expression de la volonté générale, qu'en supposant que la Législative a représenté cette volonté. D'après la constitution de 1790, les assemblées nationales étaient absolument représentatives, si l'on peut s'exprimer ainsi, puisque les lois et les décrets étaient exécutés sans être ratifiés par le peuple. Voulez-vous donc changer tous les principes dans votre nouvelle constitution? »

Ces raisons, quoique marquées au coin du bon sens, ne modifièrent pas l'avis du Comité de salut public. Les habiles de la Montagne savaient bien qu'ils investissaient le peuple d'une puissance purement illusoire, et qu'en ayant l'air de lui laisser beaucoup à décider, ils lui enlevaient en réalité toute attribution effective. En un mot, comme tant d'autres faiseurs de constitutions, ils donnaient d'une main et reprenaient de l'autre.

Le système du Comité ne saurait être bien saisi qu'en rapprochant les uns des autres plusieurs articles qui se trouvent épars dans trois ou quatre chapitres différents. On verra que la dernière clause annule toutes les précédentes.

« Le peuple souverain est l'universalité des citoyens français. Il délibère sur les lois.

« Le Corps législatif propose des lois et rend des décrets. Dans les assemblées primaires, les suffrages sur les lois sont donnés par oui ou par non. Le vœu de l'assemblée primaire est proclamé ainsi : Les citoyens, réunis en assemblée primaire de.... au nombre de.... votants, votent pour ou contre à la majorité de....

« La loi votée par le Corps législatif est imprimée et envoyée à toutes les communes de la République sous le titre de *Loi proposée*. Quarante jours après l'envoi de la loi proposée, si, dans la moitié des départements plus un, le dixième des assemblées primaires de chacun d'eux régulièrement formées n'a pas réclamé, le projet est accepté et devient loi. S'il y a réclamation, le Corps législatif convoque les assemblées primaires. »

Qui ne voit, de prime abord, que cette dernière disposition de l'article équivalait à rendre à peu près impraticable toute réclamation contre la loi? Celle-ci avait beau léser de la façon la plus grave les intérêts de toute une région, ceux du Nord ou du Midi, ceux de l'Est ou de l'Ouest, les plaintes légitimes de vingt ou de trente départements se trouvaient en fait annulées par l'approbation soi-disant tacite des autres parties de la République. Ainsi, par une étrange anomalie, cette constitution, qui plaçait dans la population la seule base de la représentation nationale, permettait aux quarante-trois départements les moins peuplés d'imposer une loi injuste ou nuisible aux quarante-deux départements les plus peuplés. Par une autre contradiction non moins inexplicable, le projet se bornait à déclarer que chaque assemblée primaire devait réunir deux cents votants au moins et six cents au plus, sans prescrire le nombre minimum de voix nécessaire pour rendre une délibération valable : d'où il suit qu'une assemblée primaire composée de vingt votants et une autre qui en comprenait plusieurs centaines pesaient du même poids dans la balance électorale. C'était, il faut l'avouer, une manière assez singulière d'entendre le système de la souveraineté du peuple.

III.

Quelles étaient, d'après la constitution montagnarde, les mesures législatives qui, méritant le nom de *lois*, devaient être soumises à la sanction exprimée ou tacite du peuple français tout entier?

La nomenclature en était immense. Elle embrassait tout ce qui concernait :

La législation civile et criminelle ;

L'administration générale des revenus et des dépenses ordinaires de la République ;

Les domaines nationaux ;

Le titre, le poids, l'empreinte et la dénomination des monnaies ;

La nature, le montant et la perception des contributions ;

Toute nouvelle distribution générale du territoire français ;

L'instruction publique ;

Les honneurs publics à la mémoire des grands hommes [1].

N'était-il pas dérisoire de demander, sur de semblables questions, l'avis de deux cents paysans de l'Auvergne, des Alpes ou des Pyrénées, dont quelques-uns à peine savaient lire ?

Cette prétendue consécration des droits de la démocratie pure n'en était-elle pas la négation la plus absolue ?

Toutes ces folles utopies furent acceptées sans débats par la Convention.

Sur un seul point, l'appel direct au peuple pouvait paraître suffisamment justifié ; c'était précisément celui que le Comité avait omis. Il avait oublié de décider à qui appartiendrait le droit de paix ou de guerre.

Un député assez obscur, nommé Azéma [2], signala cette lacune. « Si la constitution, dit-il, exige la sanction du peuple pour les actes qui règlent le montant et la

---

[1]. M. Louis Blanc après avoir également donné cette nomenclature ajoute avec raison : « Le droit accordé au peuple, à force d'être impraticable, était évidemment illusoire. »

Histoire de la Révolution, tome VIII, page 18.

[2]. Le *Moniteur* ne donne pas le nom du député qui souleva cette discussion importante. Nous l'avons retrouvé dans le *Journal des Débats et Décrets,* n° 272, p. 247.

perception des contributions ordinaires, à plus forte raison le peuple doit-il être consulté lorsqu'il s'agit de compromettre son existence et sa fortune tout entière. Dans toutes les anciennes républiques, le peuple délibérait sur la guerre et la paix. Dans les premiers siècles de la monarchie française, le peuple était consulté dans ses assemblées du champ de Mars. »

Ainsi se trouvait rouvert le grave débat qui, trois années auparavant, en mai 1790, avait agité l'Assemblée constituante. Mirabeau avait alors défendu la thèse peu populaire de la prérogative royale en matière de paix et de guerre ; il avait allégué, en faveur de son opinion, le secret qui doit envelopper le plus souvent les préparatifs militaires, les négociations diplomatiques auxquelles, dans tous les cas, ces armements sont subordonnés, et qui ne sont nullement du ressort d'une assemblée. En 1793, il n'était plus question de laisser au pouvoir exécutif le droit de paix et de guerre ; il s'agissait de savoir s'il serait l'attribut du Corps législatif ou celui du peuple réuni dans ses comices.

Ducos renouvela les arguments de Mirabeau en les appropriant à la situation présente. Il soutint que, lorsque le territoire est menacé, le gouvernement doit, dans l'intérêt du peuple, prendre l'avance sur l'agresseur, et tout d'abord le repousser sans plus de formalités.

« Ce serait, dit le jeune Girondin, un étrange respect pour la souveraineté du peuple que de perdre son temps à consulter le vœu national. Le premier devoir du gouvernement, dans le cas d'une guerre défensive, est évidemment de prévenir l'agression de l'ennemi. Parle-t-on d'une guerre offensive? la question change de point de vue; mais une guerre de ce genre n'est plus possible : la constitution que vous discutez en ce moment ne dit-elle pas, en termes formels, que le peuple français ne veut plus s'immiscer dans le gouvernement des autres nations[1]? N'avons-nous pas solennellement renoncé à entreprendre une guerre dans le seul désir des conquêtes? Je suis le premier à reconnaître qu'une guerre défensive, par sa nature et ses motifs, peut se faire par des plans militaires offensifs. Si l'ennemi fait de grands préparatifs, s'il amoncelle des magasins, s'il réunit des armées sur ses frontières, il entre dans les limites d'une légitime défense de prévenir le déploiement de ses forces et de porter sur son propre territoire le théâtre de la guerre. C'est ce que nous avons fait dans la campagne dernière. Il n'est entré dans l'esprit de personne que notre guerre fût réellement offensive. Elle en avait cependant les apparences. Il faut laisser au Corps législatif la plus grande latitude à cet égard. Comme la guerre doit se faire avec la plus grande activité, que le sort d'une campagne dépend souvent des premières hostilités, il faut que rien ne ralentisse les opérations. L'ambition héréditaire des rois leur faisait entreprendre des guerres désastreuses; les peuples étaient leur propriété; ils cherchaient à accroître le nombre de leurs sujets en étendant leur territoire. Ces ridicules motifs existeront-il dans une assemblée législative renouvelée tous les ans, dont la force consistera non dans le nombre des pro-

---

[1]. Voir l'art. 119 de la Constitution de 1793.

vinces domptées, mais dans la confiance du peuple? »

Philippeaux répondit : « C'est cette disposition qui sera saisie avec le plus d'avidité par les peuples voisins. Ils sentiront la différence d'un peuple esclave à une nation libre. Nos rois et leurs cours, diront-ils, disposent arbitrairement de nos vies et de nos fortunes. Nous avons vu le sang de nos frères couler pour une alliance de famille, pour une promesse de mariage. Les Français, au contraire, délibèrent eux-mêmes sur la guerre : ils ne la décrètent qu'après en avoir eux-mêmes constaté la nécessité. »

Thuriot combattit également les idées de Ducos. « Voulez-vous que la nation puisse être épuisée par une guerre extérieure et lointaine, parce qu'il aura plu au Corps législatif de regarder un léger événement, une rixe entre deux équipages comme une insulte dont l'honneur national exigerait une vengeance? Voulez-vous qu'un sénat égaré par quelques intrigants, au nom de la dignité ou même d'un orgueil national mal entendu, embarque la nation dans une lutte inutile et désastreuse? Toute guerre dans laquelle, sous le prétexte d'une propriété, d'un droit à défendre, nous attaquons une puissance voisine, est véritablement offensive, quoiqu'elle puisse être juste. Je demande qu'elle soit mise au nombre des lois et soumise au jugement du peuple, qui la ratifiera sur l'exposé des motifs qui la rendrait nécessaire.

« Remarquez que si vous aviez eu une pareille loi dans votre ancienne constitution, on ne vous aurait pas trahis. L'année dernière que s'est-il passé? Le tyran cherchait à faire déclarer la guerre pour donner aux puissances étrangères un prétexte de se lever contre nous. Il ne voulait pas qu'on le soupçonnât d'être entré dans leur concert. Il employa le scélérat Dumouriez, qui dominait le conseil; il employa les complices de Dumouriez, qui dominaient l'Assemblée. On se rappelle que Robespierre, que les plus énergiques patriotes combattirent alors vainement ce funeste système. Brissot supposa des actes qui n'existaient pas; la guerre fut déclarée, et, deux jours après, l'on vit la cour se féliciter d'avoir réussi par la corruption à parvenir à son but : celui de nous mettre, sans défense, aux prises avec toutes les puissances de l'Europe. »

Jean Bon Saint-André répéta les banalités familières à tous les adeptes de la démagogie; à l'entendre, le règne du peuple devait avoir la vertu de réaliser toutes les chimères de l'abbé de Saint-Pierre.

« Le peuple français ne fera jamais aucune offense à ses voisins. Jamais il ne s'armera dans le seul motif de faire des conquêtes, parce qu'il le déclare ainsi, parce qu'il veut sa tranquillité et son bonheur, dont la perte ne peut jamais être compensée par une extension de territoire. L'horreur nationale pour les conquêtes et pour les guerres injustes, cette horreur, fortifiée par une éducation saine et morale, sera telle qu'une guerre de ce genre deviendra impossible en France. »

Danton ajouta : « Le peuple français ne fera jamais de guerre offensive, bien qu'il attaque le premier, car ce n'est pas faire une guerre offensive que de prévenir le coup qu'on va vous porter. Quand je vois que mon ennemi me couche en joue, je tire sur lui le premier, et je ne fais en cela que me défendre. Si la sûreté de l'État l'exige, il faut que le gouvernement puisse porter le premier coup à l'ennemi ; mais cet acte de légitime défense, ces commencements d'hostilité n'empêchent pas que le peuple ne soit ensuite convoqué pour délibérer sur la nécessité de terminer ou de continuer la guerre. Je demande donc que la déclaration de guerre soit soumise à la ratification populaire. »

Il en fut ainsi décidé. Le paragraphe qui tranchait cette grave question fut introduit dans la nomenclature des lois proprement dites, sans que l'Assemblée crût devoir faire une distinction entre la guerre offensive et la guerre défensive.

IV.

La pierre d'achoppement de toute constitution républicaine, c'est l'organisation du pouvoir exécutif. Si ce pouvoir a une action trop restreinte, s'il s'embarrasse à chaque pas dans des lisières, si son impuissance est naïvement et ouvertement proclamée, il se traîne péniblement jusqu'à ce qu'il tombe sous le mépris public et le discrédit universel. S'il possède au contraire des attributions trop étendues, s'il jouit d'une liberté de mouvement sans entraves, s'il dispose à son gré, à Paris comme dans les départements, de toutes les forces agissantes du pays, armée, police, magistrature, administration, finances, il peut, le jour où cela lui convient, échanger son rôle effacé de serviteur contre la souveraine omnipotence du maître. La France devait à bref délai faire à ses dépens cette double expérience : le Directoire aboutit à une révolte de prétoriens; le Consulat, à la dictature d'un César.

Mais ne nous écartons pas de notre sujet, et voyons comment les profonds législateurs qui siégeaient en 1793 au Comité de salut public proposèrent de résoudre le problème. Ils ne se mirent pas, à la vérité, en frais d'imagination; ils se bornèrent à prendre pour type le gouvernement qui fonctionnait tant bien que mal sous leurs yeux et dont ils étaient eux-mêmes un des rouages les plus importants.

Par le décret de l'Assemblée qui avait fixé leurs attributions, les membres du Comité avaient reçu la mission de surveiller toutes les parties de l'administration; mais au moyen de cette surveillance, qui s'était bien vite transformée en une direction véritable, ils avaient annihilé les ministres et en avaient fait de purs commis. S'inspirant de la pensée d'absorption qui, depuis deux mois, avait présidé à tous leurs actes, ils conçurent le pouvoir exécutif à leur propre image, c'est-à-dire sous la forme d'un Conseil surveillant et dirigeant l'administration générale. Les ministres, relégués au second plan, dépouillés même de leur titre, ne devaient plus être que de simples « agents », privés du droit de délibérer en commun et d'avoir entre eux des rapports immédiats. Les membres du Comité de salut public, rédacteurs de ce monstrueux projet, étaient au nombre de quatorze, ce qui était déjà trop; ils décidèrent que le Conseil exécutif, qui devait avoir les mêmes attributions que celles qu'ils s'étaient arrogées, serait composé de vingt-quatre membres.

Ils ne virent pas qu'entre leur origine et celle qu'ils proposaient de donner au Conseil, il y avait une différence essentielle. Ils étaient de simples délégués de la Convention, sans aucune existence propre; ils ne possédaient d'autres pouvoirs que ceux que l'Assemblée leur avait prêtés temporairement et qu'elle pouvait leur reprendre à l'instant même en renouvelant le Comité. D'après leur projet de constitution, le Conseil exécutif était au contraire le produit de l'élection; car s'il devait être nommé par le Corps législatif, c'était sur une liste de candidats présentés par les assemblées électorales [1].

Hérault-Séchelles s'efforçait de justifier dans ces termes les propositions du Comité :

« Il faut maintenant vous parler de l'établissement du Conseil exécutif. Conséquemment à notre opinion de

---

1. Les écrivains qui, avant nous, ont examiné la Constitution de 1793, ne nous paraissent pas avoir signalé suffisamment ces analogies entre l'organisation du Comité de salut public et celle que ce même Comité proposait dans son plan pour le Conseil exécutif.

Pour que nos lecteurs puissent juger par eux-mêmes de la réalité de nos assertions, voici les dispositions de la Constitution de 1793 telle que le Comité l'avait rédigée :

Art. 62. Il y a un Conseil exécutif composé de vingt-quatre membres.

Art. 63. L'Assemblée électorale de chaque département nomme un candidat. Le Corps législatif choisit sur la liste générale les membres du Conseil.

Art. 64. Il est renouvelé par moitié à chaque législature dans les derniers mois de la session.

Art. 65. Le Conseil est chargé de la direction et de la surveillance

ne faire nommer directement et immédiatement par le peuple que ses députés et le jury national, nous n'avons point voulu que le Conseil reçût sa mission au premier degré de la base populaire. Il nous a paru que l'assemblée électorale de chaque département devait nommer un candidat pour former le Conseil et que les ministres de l'exécution, nommés agents en chef, devaient être choisis hors du Conseil, car ce n'est point à eux à en faire partie. Le Conseil est un corps intermédiaire entre la représentation et les ministres pour la garantie du peuple : cette garantie n'existe plus si les ministres et le Conseil ne sont séparés.

« On ne représente point le peuple dans l'exécution de sa volonté : le Conseil ne porte donc aucun caractère de représentation. S'il était élu par la volonté générale, son autorité deviendrait dangereuse, pouvant être érigée en représentation par une de ces méprises si faciles en

---

de l'administration générale. Il ne peut agir qu'en exécution des lois et décrets du Corps législatif.

Art. 66. Il nomme hors de son sein les agents en chef de l'administration générale de la République.

Art. 68. Ces agents ne forment point un Conseil ; ils sont séparés, sans rapport immédiat entre eux ; ils n'exercent aucune autorité personnelle.

Art. 74. Les membres du Conseil, en cas de prévarication, sont accusés par le Corps législatif.

Art. 75. Le Conseil exécutif réside auprès du Corps législatif. Il a l'entrée et une place séparée dans le lieu de ses séances.

Art. 76. Il est entendu toutes les fois qu'il a un compte à rendre.

Art. 77. Le Corps législatif l'appelle dans son sein en tout ou en partie, lorsqu'il le juge convenable.

politique; nous en avons conclu qu'il devait être élu par les assemblées électorales, sauf ensuite à faire diminuer par un autre mode l'existence d'un trop grand nombre de membres; d'où il suit que la dignité n'étant plus que dans l'établissement et non pas dans les hommes, qui se mettent toujours à la place des établissements, le Conseil, ainsi subordonné et désormais gardien sans péril des lois fondamentales, concourt à l'unité de la République par la concentration du gouvernement, tandis que cette même unité ne peut être garantie à son tour que par l'exercice de la volonté générale et par l'unité de la représentation. Heureux si de cette manière très-simple nous sommes parvenus à résoudre le problème de J.-J. Rousseau dans le *Contrat social,* lorsqu'il proposait de trouver un gouvernement qui se resserrât à mesure que l'État s'agrandit et dont le tout subalterne fût tellement ordonné, qu'en affermissant sa constitution il n'altérât point la constitution générale[1]. »

Toutes ces billevesées ne trouvèrent pas dans l'Assemblée un seul homme de bon sens pour les contredire et en faire justice. La discussion de ce chapitre ne porta que sur des points de détail peu dignes de fixer l'attention et ne présenta aucun incident remarquable.

---

1. Voir J.-J. Rousseau, *Contrat social,* livre II, chap. XI.

V.

Une autre conception plus bizarre encore que elle du pouvoir exécutif était la création d'un grand jury national. Quatre articles avaient pour but d'organiser cette nouvelle institution.

« Art. 1ᵉʳ. Le grand jury est institué pour garantir les citoyens de l'oppression du Corps législatif et du Conseil.

« Tout citoyen opprimé par un autre particulier a droit d'y recourir.

« Art. 2. La liste des jurés est composée d'un citoyen élu dans chaque département par les assemblées primaires.

« Le grand jury est renouvelé tous les ans avec le Corps législatif.

« Art. 3. Il n'applique point de peines et renvoie devant les tribunaux.

« Art. 4. Les noms des jurés sont déposés dans une urne au sein du Corps législatif. »

Le pompeux rapporteur du Comité expliquait ainsi ce mécanisme indispensable, disait-il, à la majesté du souverain :

« Qui de nous n'a pas été souvent frappé d'une des plus coupables réticences de cette constitution dont nous allons enfin nous affranchir? Les fonctionnaires publics sont responsables, et les premiers mandataires du peuple ne le sont pas encore! Comme si un représentant pouvait être distingué autrement que par ses devoirs et par une dette plus rigoureuse envers sa patrie ! Nulle réclamation, nul jugement ne peut l'atteindre. On eût rougi de dire qu'il serait impuni : on l'a appelé *inviolable*. Ainsi les anciens consacraient un empereur pour le légitimer ! La plus profonde des injustices, la plus écrasante des tyrannies nous a saisis d'effroi. Nous en avons cherché le remède dans la formation d'un grand jury destiné à venger le citoyen opprimé dans sa personne des vexations, s'il pouvait en survenir, du Corps législatif et du Conseil, tribunal imposant et consolateur, créé par le peuple à la même heure et dans les mêmes formes qu'il crée ses représentants, auguste asile de liberté où nulle vexation ne serait pardonnée et où le mandataire coupable n'échapperait pas plus à la justice qu'à l'opinion. Mais ce ne serait pas assez d'établir le jury et de lui donner une existence parallèle à la vôtre ; il nous a paru grand et moral de déposer dans le lieu de vos séances l'urne qui contiendrait les noms réparateurs de l'outrage, afin que chacun de nous craignît sans cesse de les voir sortir.

« Comparons la différence des siècles et des institutions. Jadis le triomphateur, sur son char, se faisait ressouvenir de l'humanité par un esclave. A des hommes libres, à des législateurs français, l'urne du jury national exposera tous leurs devoirs. »

A vrai dire, l'institution de ce grand jury, aussi bien que les commentaires emphatiques d'Hérault-Séchelles étaient en contradiction manifeste avec deux autres articles formulés quelques lignes plus haut dans le même projet; mais, on le sait de reste, l'ancien avocat général au Parlement de Paris n'y regardait pas de si près en fait de logique dans ses idées et de constance dans ses opinions.

Ces deux articles étaient ainsi conçus :

« Les députés représentants du peuple ne peuvent être recherchés, accusés, ni jugés en aucun temps pour les opinions qu'ils ont énoncées dans le sein du Corps législatif.

« Ils peuvent, pour fait criminel, être saisis en flagrant délit; mais le mandat d'arrêt et le mandat d'amener ne peuvent être décernés contre eux qu'avec l'autorisation du Corps législatif[1]. »

Lorsque ces deux articles vinrent en délibération, un député de Paris qui était le doyen de l'Assemblée [2], Raffron du Trouillet, les combattit avec la plus grande véhémence.

« La disposition qu'on vous propose, dit-il, n'est qu'un brevet d'impunité pour tous les citoyens qui trahissent les intérêts de la nation. Un représentant ne doit pas être au-dessus de la loi suprême : le salut du peuple. Ne serait-il pas honteux que l'impunité fût acquise à ceux qui ont proposé la loi martiale ou la force départementale? Je demande que les représentants du peuple

---

1. Cette dernière disposition était la reproduction textuelle de l'article 8, titre III, chapitre I*er*, section V*e* de la Constitution de 1791.

2. Raffron du Trouillet était né en 1709. Il avait donc 83 ans lorsqu'il fut nommé à la Convention nationale. Il survécut à la tourmente révolutionnaire.

qui, ayant avancé dans l'Assemblée, par écrit ou autrement, des sentiments anti-civiques, ne les rétracteraient pas et au contraire les soutiendraient, soient dénoncés par l'Assemblée nationale elle-même au jury national, qui déclarera qu'ils ont perdu la confiance publique. »

Basire parla dans le même sens. « N'est-il pas possible, dit-il, qu'un représentant du peuple propose d'anéantir la République, et que la majorité corrompue d'une assemblée se nomme un tyran?

— Le peuple est là! lui crièrent plusieurs voix.

— Je le sais; mais doit-on le mettre en insurrection sans nécessité? Vous n'avez de refuge que l'établissement du grand jury national qui vous a été proposé. »

Robespierre prit à son tour la parole. Son discours, plein d'ambages et de restrictions, révèle un esprit tiraillé en sens contraire; il y a évidemment lutte entre son fonds habituel de haine et de défiance et le sentiment des principes qu'il a si longtemps professés en faveur des immunités de la tribune.

« Il est, dit-il, impossible de ne pas rendre hommage aux motifs qui ont inspiré le vénérable vieillard qui m'a précédé à cette tribune. Il n'est sans doute aucun citoyen qui ne soit douloureusement affecté en pensant qu'une partie des représentants du peuple pourrait violer impunément ses droits et conspirer à la tribune par une éloquence insidieuse sans être frappé par aucune peine.

« Il serait à désirer qu'un pareil crime fût puni et ne trouvât pas un brevet d'impunité dans le caractère de représentant dont il se serait rendu indigne, dans la liberté des opinions dont il aurait abusé. Mais la difficulté réside dans les moyens à employer pour le punir. Par qui ferez-vous juger le représentant du peuple accusé? Par une autorité constituée? Mais n'est-il pas possible que le tribunal soit aussi corrompu que l'homme qui lui serait livré? N'est-il pas probable que le représentant fidèle sera traduit à ce tribunal par la faction et l'intrigue plutôt que le mauvais député par la volonté des représentants vertueux?

« On ne peut donc sans détruire, je ne dis pas seulement la liberté des opinions, mais encore la liberté même du peuple, faire juger un de ses représentants par une autorité constituée. C'est donc à lui seul qu'on pourrait en appeler. J'ai réfléchi sur cette matière, et je l'ai trouvée pleine d'écueils. J'avais pensé qu'il était possible qu'à la fin de chaque législature les mandataires du peuple fussent tenus de lui rendre compte de leur conduite, et qu'il prononçât, non pas des peines afflictives, mais une sentence morale, en disant : *Tel a rempli mes intentions, tel autre a trompé mon espoir.* Mais j'ai rencontré dans ce moyen une foule de difficultés. J'ai vu que si, dans tel endroit, la justice du peuple prononçait, dans tel autre, l'intrigue dominait et étouffait la vérité. Voilà ce qui m'a empêché de vous présenter un projet à cet égard. Cependant, comme je sens la nécessité d'opposer une sorte de barrière à la corruption, je demande qu'en admettant l'article du Comité vous lui renvoyiez les idées que je viens de développer, afin qu'il nous présente ses vues à cet égard. »

La Convention ne partagea pas les scrupules et les doutes de Robespierre. Sur l'insistance de Thuriot, elle adopta les deux articles présentés par le Comité.

Cette décision pouvait faire présager le sort réservé à cette nouveauté du jury national si fastueusement préconisée par Hérault-Séchelles. En effet, lorsque, le lendemain 16 juin, les quatre articles précités furent mis en discussion, plusieurs députés montèrent successivement à la tribune pour demander la question préalable sur toute cette partie du projet.

« En cette matière, dit Thirion, il n'y a qu'un seul tribunal, l'opinion publique. Le peuple est toujours là. Il saura bien punir ses mandataires de leurs prévarications. Votre jury national ne peut qu'être funeste à la liberté; il ne peut qu'entraver la marche de l'Assemblée législative.

— Vous avez décrété, ajouta Thuriot, que la législature exerçait la souveraineté : il est ridicule de vouloir élever à côté d'elle une autorité supérieure. Quoi! quatre-vingt-cinq individus qui sont restés dans leurs départements, qui par conséquent ne peuvent pas connaître la conduite des députés, seront les régulateurs de la législature, qui sera composée de six cents membres! »

En vain l'un des membres du Comité de salut public, Ramel, proclama-t-il cette institution le palladium de la liberté; le rapporteur lui-même, Hérault-Séchelles, se chargea de lui donner le dernier coup. Après avoir déclaré que cette idée d'un jury national était belle, grande et généreuse, il reconnut de graves dangers à l'existence d'un tel tribunal, et appuya la question préalable, qui fut adoptée sans plus ample discussion. Seulement, Billaud-Varennes et Robespierre recommandèrent au Comité de ne pas renoncer complétement à son idée et de rechercher les moyens de mettre la liberté du peuple à l'abri de tout acte oppressif de la part de la législature. Fidèle à ces avis, le Comité vint quelques jours plus tard, le 24 juin, reproduire sous une autre forme la proposition malencontreuse que déjà deux fois le bon sens général avait fait écarter.

La formule nouvelle de son système était exprimée en cinq articles; il est regrettable qu'aucun journal du temps ne nous en ait conservé le texte.

« L'institution du jury, disait cette fois le rapporteur, a été rejetée; mais on est resté d'accord qu'il fallait trouver un moyen de garantir le peuple de l'oppression du Corps législatif. Nous avons considéré cette question sous deux rapports. Lorsque le corps social est opprimé par le Corps législatif, le seul moyen de résistance est l'insurrection; mais il serait absurde de l'organiser, car elle a différents caractères. Vous en avez l'expérience; les insurrections de l'année dernière différaient beaucoup de la dernière insurrection. Les premières ont été faites par la force; la dernière a commencé par une pétition; on a vu le peuple couvrir d'un crêpe la Déclaration des Droits, et enfin se lever en masse. Il est donc impossible de déterminer la nature et le caractère des insurrections; il faut s'abandonner au génie du peuple. Mais il est un autre cas, celui où le Corps législatif opprimerait quelques citoyens; il faut alors que ces citoyens trouvent dans le peuple un moyen de résistance.

« Le chapitre que nous vous présentons est intitulé : *De la censure du peuple contre ses députés et de sa garantie contre l'oppression du Corps législatif.* Nous vous proposons de donner à la section du peuple qui a élu un député le soin de juger sa conduite, et nous avons ajouté qu'un député ne serait rééligible qu'après que sa conduite aurait été approuvée par ses commettants. Nous avons puisé ce mode dans le principe même de la représentation nationale. En effet, rien ne s'y rapporte davantage que de faire juger les députés de la même manière qu'ils ont été élus. » Devant cette transformation du jury national, Thuriot reprit ses objections antérieures : « Vous avez décidé, dit-il, qu'un représentant appartenait à la nation entière. Pourquoi le faire juger par une section du peuple? L'opinion publique prononce seule sur les hommes. Si votre projet était adopté, vous verriez des départements égarés par des intrigants condamner des députés vertueux et absoudre ceux qui l'auraient trahi. »

Lacroix ajouta une raison tirée des circonstances du moment :

« Quand les patriotes de la Convention, dit-il, étaient opprimés par une majorité tyrannique, si Marseille et la Vendée avaient jugé leurs députés, ces départements auraient à coup sûr déclaré que les conspirateurs démasqués par vous avaient bien mérité de la patrie, et que d'autres, qui voulaient réellement le bonheur du peuple, étaient indignes de siéger dans cette assemblée. »

L'argument était sans réplique. En vain Raffron et Dartigoyte essayèrent de défendre les articles, en reproduisant les explications d'Hérault-Séchelles; la parole de Lacroix avait porté coup. La Montagne craignit que cette redoutable censure, inventée aujourd'hui contre ses ennemis, ne se retournât tôt ou tard contre ses propres adhérents. Plus habile que la Gironde, elle ne commit pas la faute de déposer dans l'arsenal des lois une arme à double tranchant dont on pouvait un jour ou l'autre se servir contre elle-même.

De tous ces projets de jury national, de censure et de garantie, que resta-t-il dans la Constitution? Rien. Où était cette barrière que, par deux fois, le Comité de salut public avait déclarée indispensable? Nulle part. Comme sauvegarde de la liberté, Chabot n'avait trouvé que la guillotine, Hérault-Séchelles que l'insurrection : deux remèdes également détestables.

Que dire de gens qui n'ont pas d'autre panacée à offrir au peuple? Ils se paraient du titre de législateurs, mais ils n'étaient en réalité que des empiriques pratiquant en grand la fameuse maxime de tous leurs pareils : *Faciamus experientiam in anima vili.*

VI.

Le projet du Comité de salut public ne contenait qu'un article relatif aux contributions; il était ainsi conçu :

« Nulle contribution n'est établie, répartie ou recouvrée, nulle dépense n'est faite qu'en vertu d'un acte préalable du Corps législatif. »

Levasseur réclame tout d'abord la consécration de ces deux principes fondamentaux :

1° Que l'on ne peut demander aucune contribution à celui qui n'a que l'absolu nécessaire ;

2° Que l'impôt est en raison progressive de la richesse.

Chose étrange! ce fut un Montagnard, Fabre d'Églantine, qui combattit la proposition de Levasseur ; ce fut un Girondin, Ducos, qui en plaida l'opportunité.

L'initiative de cette idée appartenait à Robespierre qui l'avait émise, deux mois auparavant, lors de la discussion du plan de Condorcet ; mais elle n'était à ses yeux qu'une arme de guerre, et, ses adversaires vaincus, il s'empressa de l'abandonner.

« J'ai partagé un moment, dit-il, l'erreur de Ducos ; je crois même l'avoir écrite quelque part [1] ; mais j'en reviens aux principes. Je suis éclairé par le bon sens du peuple qui sent que l'espèce de faveur qu'on lui présente n'est qu'une injure. En effet, si vous décrétez, surtout constitutionnellement, que la misère exempte de l'honorable obligation de contribuer aux besoins de la patrie, vous décrétez l'avilissement de la partie la plus pure de la nation ; vous décrétez l'aristocratie des richesses, et bientôt vous verriez ces nouveaux aristocrates, dominant dans les législatures, avoir l'odieux

---

[1]. Cette opinion, il l'avait publiquement professée, le 21 avril, aux Jacobins ; le 24, à la Convention. Voir tome VII, p. 203.

machiavélisme de conclure que ceux qui ne payent point les charges ne doivent point partager les bienfaits du gouvernement. Il s'établirait une classe de prolétaires, une classe d'ilotes; l'égalité et la liberté périraient pour jamais. N'ôtez point aux citoyens ce qui leur est le plus nécessaire, la satisfaction de présenter à la République le denier de la veuve. Bien loin d'écrire dans la constitution une distinction odieuse, il faut au contraire y consacrer l'honorable obligation, pour tout citoyen, de payer ses contributions.

« Ce qu'il y a de populaire, ce qu'il y a de juste, c'est le principe consacré dans la Déclaration des Droits que la société doit le nécessaire à tous ceux de ses membres qui ne peuvent se le procurer par leur travail. Je demande que ce principe soit inséré dans la constitution, que le pauvre qui doit une obole pour sa contribution, la reçoive de la patrie pour la reverser dans le trésor public. »

Hérault-Séchelles qui, par une singulière interprétation de son rôle de rapporteur, mettait sa gloire à renier les idées qu'il était chargé de défendre, et à s'approprier celles qu'apportaient inopinément à la tribune les coryphées de la démagogie, déclare aussitôt qu'il renonce à l'article du Comité et formule la pensée de Robespierre en ces termes :

« Nul citoyen n'est dispensé de l'honorable obligation de contribuer aux charges publiques. »

Cette rédaction est adoptée. Robespierre demande alors que le complément de sa pensée soit inséré dans la Déclaration des Droits. Sur son insistance et sur celle de Couthon, la Convention renvoie à son Comité l'examen de ce système original en vertu duquel certains contribuables, pour sauver leur dignité de membres du peuple souverain, recevaient du trésor public « l'obole » qu'ils devaient, un instant après, reverser dans ce même trésor. Le Comité, disons-le, ne put se résoudre à entrer dans de semblables subtilités, et par une habile prétérition il fit en sorte que la question ne fût pas soulevée de nouveau [1].

La liberté des cultes fut l'objet d'une discussion beaucoup moins étendue que celle qui avait eu lieu deux

---

[1]. Un fait digne de remarque nous paraît avoir échappé aux historiens qui se sont, avant nous, occupés de la Constitution de 1793 et des discussions auxquelles elle a donné lieu. C'est que, sur la question de savoir si l'indigent doit ou non être exempté de tout impôt, la Convention se déjugea formellement elle-même en moins d'une semaine. En effet, le 9 juin, la veille du jour où Hérault-Séchelles lut son rapport, la question était déjà présentée et avait été résolue par l'affirmative, ainsi que le constate le procès-verbal de la séance. Voici comment il s'exprime :

« Un membre propose, après un rapport très-intéressant, de décréter en principe que tout homme qui n'a aucune propriété ne paye aucune contribution pour la jouissance de ses droits.

« Un autre membre propose que cette motion soit non-seulement décrétée, mais insérée en principe invariable dans la Constitution.

« Sur quoi il a été décrété que l'absolu nécessaire à la subsistance des citoyens serait exempt de toute contribution.

« Renvoyé au Comité de salut public pour en faire un article dans la Constitution, et au Comité des finances »

Le Comité n'avait tenu aucun compte de ce renvoi dont l'Assemblée, de son côté, parut avoir perdu tout souvenir, puisqu'elle vota, le 17 juin, dans un sens diamétralement opposé. Elle ne fit, du reste, qu'imiter en cela Robespierre lui-même.

mois auparavant [1]. Fonfrède demanda que la constitution garantît cette liberté d'une manière expresse. Levasseur s'y opposa. « Le peuple français, dit-il, ne reconnaît d'autre culte que celui de la liberté et de l'égalité. »

Barère, ce jour-là, eut un bon mouvement.

« Je ne suis ni superstitieux, ni cagot, répondit-il au chirurgien montagnard, mais je crois qu'il tient aux droits de l'homme d'exercer librement son culte. »

Barère, à l'appui de son opinion, avait invoqué la constitution des États-Unis. Robespierre prit ensuite la parole; mais il évita de combattre cette autorité qui certes en valait bien une autre. Obéissant à cet esprit soupçonneux qui ne lui faisait voir partout que conspirations et conspirateurs, il se donna amplement carrière en déclarant que la liberté des cultes n'était bonne qu'à masquer des complots liberticides, qu'à favoriser des associations contre-révolutionnaires; il conclut en demandant l'ordre du jour motivé sur ce que le principe de la liberté des opinions était consacré dans la *Déclaration des Droits*.

C'était assimiler les questions religieuses à celles que soulèvent la politique, l'administration ou les finances; c'était mettre sur le même rang les choses divines et les choses humaines; mais l'Assemblée qui devait quelque temps après, sur la motion du même Robespierre, reconnaître l'Être suprême et l'immortalité de l'âme, ne s'arrêtait pas à de pareilles considérations. L'ordre du jour motivé fut voté sans débat.

1. Voir tome VII, page 193.

VII.

Un seul chapitre du projet montagnard eut le privilége de captiver assez sérieusement l'attention de l'Assemblée. Ce fut celui qui concernait la justice civile et la juridiction à établir en cette matière. A plusieurs reprises, les législateurs y revinrent par une discussion relativement approfondie.

Il y eut, à cette occasion, un singulier renversement de rôles entre deux des personnages les plus célèbres de la Révolution. Ce fut Robespierre qui défendit les traditions du passé; ce fut Cambacérès qui les attaqua. Robespierre plaida pour le maintien de l'institution, encore aujourd'hui en vigueur, de juges prononçant au civil en fait et en droit; Cambacérès proposa d'y substituer le jury, innovation radicale qu'il se garda bien, il est vrai, de reproduire, lorsqu'il fut chargé de présider sous le Consulat à l'établissement de notre droit moderne : autres temps, autres inspirations.

Cambacérès développa les idées émises par Duport en 1790, par Condorcet en 1792. Il s'efforça de démontrer que, grâce à l'extinction des droits féodaux, à l'abolition des substitutions, à la suppression du droit de tester en ligne directe prononcée récemment par l'Assemblée, les tribunaux civils n'auraient plus à trancher que des points de faits faciles à saisir, plus faciles encore à régler, et susceptibles dès lors d'être résolus par des jurés.

Robespierre reconnut toute l'importance du débat dont l'issue devait avoir, suivant lui, une influence presque décisive sur le sort de la constitution. Mais il ne croyait pas que, de longtemps, on parvînt en France à simplifier tellement la législation civile, que l'on pût pratiquement recourir à l'institution du jury en cette matière. L'ami de Robespierre, Couthon, déclara que le projet de Cambacérès n'était qu'un « beau rêve. » Marat lui-même en condamna l'idée.

« Le système de l'arbitrage est superbe, dit-il; il tient à la pureté des principes, mais il n'est fait que pour une nation simple et dont les mœurs ne redoutent point la corruption, la vénalité ou l'intrigue. Chez nous, vous verrez renaître dans cette institution tous les abus dont vous gémissez, car les arbitres ne seront jamais deux paysans, mais deux hommes instruits qui, quelque nom que vous leur donniez, seront juristes. Rien n'est plus respectable que des juges intègres. Si vous voulez en obtenir, punissez la prévarication et la vénalité; donnez une grande publicité au jugement. Il faut au reste des tribunaux; il en faut, pour le commerce, dont l'activité soit sans égale; il en faut, pour la police, qui aient les yeux toujours ouverts sur les malfaiteurs. »

Marat, cette fois, avait parlé en homme de bon sens; mais l'Assemblée n'y gagna rien, car un autre Montagnard se chargea de suppléer dans son rôle habituel l'*ami du peuple*. Ce fut Hermann qui ouvrit la propoistion fantastique de créer, suivant son expression, « un petit tribunal *sans-culotte*, » où la justice serait rendue gratuitement, c'est-à-dire aux frais de l'État. Ses raisons étaient merveilleuses : « Il faut, disait-il, des tribunaux où le bon sens domine, comme il en faut où ce soit le savoir ; moyennant quoi, ajoutait-il, la machine irait à merveille. » Chabot et Barère ne manquèrent pas de profiter du débat pour étaler à nouveau leurs théories bucoliques. Chabot affirma qu'il n'y avait et ne pouvait y avoir d'autre législateur que la nature. Barère traça un tableau pastoral de la paix et de l'union versées dans toutes les chaumières par l'établissement de l'arbitrage forcé, qui allait rendre chaque citoyen tour à tour juge et justiciable, et faire disparaître à jamais « la tourbe des corbeaux judiciaires. »

Cette lutte oratoire fut close par la déclaration du Comité de salut public, qui proclama impraticable le système des jurés au civil et fit prévaloir l'institution des juges élus tous les ans par le peuple opinant à haute voix. Grâce à ce mode de nomination et à cette manière de recueillir les suffrages, les démagogues espéraient sans doute dominer le nouvel ordre judiciaire. Ne serait-ce point là, en effet, le mystérieux mobile qui dirigea en cette circonstance la conduite de Robespierre, de Couthon et de Marat?

Une autre disposition importante du projet montagnard était ainsi conçue :

« Le peuple français ne fait point la paix avec un ennemi qui occupe son territoire. »

« De tels articles, fit observer Mercier, le spirituel auteur du *Tableau de Paris,* s'écrivent ou s'effacent avec la pointe de l'épée. Vous flattez-vous d'être toujours victorieux? Avez-vous fait un pacte avec la victoire?

— Non, s'écria Bazire, nous en avons fait un avec la mort.

— Ce qu'on vous propose, ajouta Barrère, a été déjà décrété à Longwy et à Verdun. »

Et l'article fut adopté aux applaudissements enthousiastes de l'Assemblée.

Mercier, malheureusement, n'avait que trop raison; trois fois en moins de soixante années, la France a pu se souvenir de son cri de défiance prophétique. A trois reprises, en 1814, en 1815, en 1871, le césarisme, né chez nous de l'horreur de la démagogie, a amené l'étranger jusqu'au cœur de notre patrie, et nous a coûté, non-seulement toutes ces conquêtes que, dans une heure d'enivrement, nous avions déclarées parties intégrantes de notre territoire, mais encore deux provinces qu'une possession doublement séculaire et le consentement unanime des populations semblaient faire des membres inséparables de notre pays.

Contrairement à ce qu'avait fait la Constituante, la Convention vota la Déclaration des Droits après qu'elle eut adopté tout l'acte constitutionnel. Au moment solennel où le président mit définitivement aux voix cette déclaration, toute la droite affecta de s'abstenir. Aussitôt des cris partis de la Montagne réclament l'appel nominal.

« Il est bien étonnant, dit Billaud-Varennes, que des membres de la Convention nationale refusent de voter cette déclaration qui doit fixer en France la liberté. Il faut que le peuple connaisse les hommes qui veulent son bonheur et ceux qui semblent déjà protester contre le chef-d'œuvre de la philanthropie.

— La Déclaration des Droits, fait observer Robespierre, n'a besoin, pour être adoptée par le peuple, que des principes qu'elle renferme et de l'assentiment de la presque unanimité de la Convention nationale. Je m'étonne qu'on se soit aperçu de ce que quelques citoyens qui siégent là — et d'un geste plein de dédain il désignait le côté droit — ont paru immobiles et n'ont point partagé notre enthousiasme. Ce procédé de quelques individus m'a paru si extraordinaire que je ne puis croire qu'ils adoptent des principes contraires à ceux que nous consacrons; j'aime à me persuader que, s'ils ne se sont point levés avant nous, c'est plutôt parce qu'ils sont paralytiques que mauvais citoyens. »

Sur ces paroles, où Robespierre se peint tout entier, l'Assemblée passe à l'ordre du jour et adopte la Déclaration des Droits.

Toutes les autorités constituées du département de Paris, averties d'avance, se présentent alors à la barre pour adresser leurs félicitations aux législateurs.

Dufourny au nom du département, Chaumette au nom de la Commune, un juge au nom des tribunaux entonnent successivement des dithyrambes en l'honneur de la constitution qui vient d'être votée.

« Les Parisiens, s'écrie Dufourny, se félicitent d'être les premiers à voir se lever l'astre de la liberté, d'être les premiers à annoncer son aurore, d'être les premiers enfin à célébrer le matin du grand jour de l'éternelle fraternité de tous les hommes. A l'éclat de cet astre, les

lueurs funestes des torches de la discorde s'éclipseront.
Aux acclamations de tout un peuple libre, les royalistes
éperdus jetteront leurs armes, et le serpent colossal du
fanatisme écrasé achèvera sa dernière convulsion. »

Chaumette profite de la circonstance pour rappeler,
en termes fleuris, la récente victoire de la Commune et
pour mettre insolemment le pied sur l'ennemi abattu.

« Le peuple, dit-il, va clairement connaître ceux
de ses représentants qui, fidèles au plus sacré de leurs
devoirs, ont constamment défendu sa cause, d'avec ceux
qui, en se déclarant aujourd'hui conspirateurs et traîtres,
ne font que jeter le masque dont ils n'ont plus besoin...
Ils errent maintenant sur le sol de la République, les
lâches ou plutôt les perfides qui ont quitté leur travail
avant la fin de la journée, et qui vont partout publiant
que vous n'êtes pas libres... Vous n'êtes pas libres! et,
depuis que cette calomnie est colportée, les meilleures
lois sont sorties de vos mains, les mesures les plus
grandes et les plus sages ont été prises pour sauver le
peuple, la constitution enfin, la constitution est achevée!
Est-ce ainsi que travaillent les esclaves? En vain quelques-uns de ceux dont nous parlons ici, semblables aux
oiseaux nocturnes, se réfugieront-ils dans les gothiques
donjons..., en vain, à la faveur des ténèbres, pousse-
ront-ils des cris sinistres..., le soleil de la vérité les
poursuivra de ses rayons vengeurs. Ces mots terribles
aux traîtres : *la constitution est achevée,* retentiront de
toutes parts autour d'eux. Vous serez vengés. »

Le représentant des corps judiciaires n'ajoute qu'une
métaphore à toutes les images entassées dans les deux

discours précédents ; mais cette métaphore vaut à elle seule tout un poëme : « Par notre union, dit-il, nous allons former autour de vous un rocher indestructible. Quelque part qu'on le heurte, de ce rocher jaillira le feu du patriotisme, qui réduira en cendres les couleuvres de la rage et de la malveillance[1]. »

1. Des adhésions soi-disant populaires vinrent ajouter, les jours suivants, aux harangues officielles leur contingent de cynisme révolutionnaire. Nous prenons au hasard deux discours prononcés à la barre de l'Assemblée, lors du vote de la Constitution, l'un au nom d'une députation enfantine par un marmot d'une dizaine d'années, l'autre par les bouquetières de la halle.

« Président,

« Au nom de la République, je te présente ces fleurs ;

« Enfant de cette République une et indivisible, je fais le serment de la défendre et de terrasser ceux qui oseraient la troubler ; j'en ai le courage et j'en attends la force. »

A la Convention nationale.

« Citoyens législateurs,

« Des citoyennes bouquetières de différentes sections de Paris, républicaines dont les époux ou les enfants versent en ce moment leur sang pour la défense de la patrie, se présentent au milieu de vous pour vous féliciter de vos heureux travaux.

« Nos mains, accoutumées à tresser des fleurs pour orner les grâces des citoyennes qui embellissent vos sociétés, n'ont jamais formé de couronnes pour les despotes et les tyrans, mais c'est avec les sentiments du plus vif amour, qu'elles ont arraché au chêne son feuillage pour venir vous *présenter des couronnes civiques comme un garant de notre joie.*

« Cet hommage que nous vous offrons, citoyens, nous ne le prodiguons pas, car on ne nous voit point courant auprès des hommes élevés en place, les forcer d'accepter des bouquets que l'intérêt présente plutôt que la fraternité et la confiance. Non, tranquilles dans nos places, nous veillons avec activité à un commerce honnête, et

Billaud-Varennes demande ensuite la parole pour une motion d'ordre : « Il reste, dit-il, à la Convention à consacrer cette journée célèbre par un décret populaire et bienfaisant : c'est l'abrogation de la loi martiale. Cette loi ne peut être utile que pour les tyrans, et le jour où vous proclamez une constitution populaire, cette loi de sang doit disparaître. Faites qu'aujourd'hui, dans leur réunion fraternelle, les citoyens disent : Le champ de la fédération ne sera plus abreuvé du sang des patriotes. »

De vifs applaudissements accueillent cette motion ; ils redoublent lorsque la Convention se lève pour l'adopter.

Un membre de la députation parisienne, admis à la barre, demande à présenter une pétition au nom de la section des Gravilliers ; mais Robespierre s'y oppose ; il tient à prononcer le dernier mot de cette séance théâtrale ; il veut la clore par un de ces mouvements de sensiblerie calculée où il est passé maître. « Il faut, dit-il, que les esprits des citoyens et ceux de la Convention restent aujourd'hui fixés sur ces idées touchantes et sublimes présentées par les autorités constituées au nom des citoyens de Paris. Livrons-nous au sentiment consolateur qu'elles inspirent ; livrons-nous à l'achèvement de la Constitution. Ce jour est une fête nationale ; tandis que le peuple jure la fraternité universelle, travaillons ici à son bonheur. » Malheureusement pour l'effet final, le rapporteur n'était pas prêt à faire une dernière et solennelle lecture de l'ensemble de l'acte constitutionnel ;

nous allons retourner pleines de satisfaction à nos devoirs de mères et d'épouses.

après une discussion aussi rapide et, on peut le dire, aussi saccadée, les articles avaient besoin d'être coordonnés. Hérault-Séchelles annonce qu'il ne pourra lire la Constitution que le lendemain à une heure ; mais il ajoute en même temps : « Comme rien ne doit manquer à cette heureuse journée, je demande que la séance soit levée et que nous nous mêlions à nos frères et à nos amis. » Cette proposition est accueillie d'enthousiasme, et avant qu'on se sépare, une dernière démonstration a lieu en l'honneur du peuple. Les députations des autorités constituées obtiennent la permission de défiler devant l'Assemblée. Les officiers municipaux de toutes les communes du département se précipitent dans l'hémicycle ; les citoyens, divisés en légions et précédés de tambours, traversent la salle aux cris enthousiastes de vive la République! vive la Montagne! vive le 31 mai! Puis la Convention se transporte au champ de Mars pour assister à la fête civique qui a été préparée.

Le lendemain, à l'ouverture de la séance, David, le grand ordonnateur de toutes les cérémonies de ce genre, vient rendre compte de la joie officielle manifestée par le peuple et la force armée, réunis sur le champ de la fédération. Voici quelques passages du discours prononcé à cette occasion par le futur premier peintre de S. M. l'empereur et roi :

« Comment vous retracerai-je les émotions vives de ce peuple généreux serrant, dans ses bras reconnaissants, les députés vertueux qui s'étaient voués sans réserve à la mort plutôt que de trahir ses intérêts ?

« J'ai vu couler tes larmes, peuple magnanime, ne

t'en défends pas; elles font honneur à ton courage. Achille pleurait aussi, les Romains ont pleuré. Les cannibales auxquels on t'a comparé ne pleurent pas. Aux cris unanimes de vive la République! la discorde a éteint pour un instant son flambeau; elle a étouffé de ses deux mains les serpents qui se cachaient dans sa chevelure hideuse et qui, par leurs sifflements, auraient pu la faire reconnaître; elle a fui. Le champ de Mars était rempli de véritables républicains, de mères de famille qui, par leur exemple, donnaient à leurs enfants les premières leçons de la vertu. Trois fois elles firent le tour de l'autel de la patrie en chantant des hymnes saintes à la liberté, trois fois le peuple répondit à ces accents si chers à son cœur. Le maire de la ville de Paris fit lecture du décret qui abolissait l'infâme loi martiale. A cette voix chère aux républicains, le peuple, en bénissant les représentants, répondit : Vive la Convention! vive la liberté[1]! »

On applaudit au récit de David. Hérault-Séchelles

---

[1]. Pour compléter le récit de cette fête, nous donnons des extraits d'un rapport de police adressé au ministre de l'intérieur, à la date du 24 juin. Ce document confidentiel fait un assez singulier contraste avec le compte rendu officiel de David.

« La foule n'était pas considérable. Le peuple ne se précipite plus pour voir les fêtes; tout était calme et silencieux.

« Un adjudant général et ses trois aides de camp formaient la tête du cortége; puis venait un piquet de gendarmerie à cheval, puis des gendarmes à pied, puis des femmes, puis des canonniers et autres volontaires, puis encore des femmes, puis encore des canonniers.

« Je n'ai vu de la vie rien de si triste; tout le monde, pauvres et riches, paraissait dégoûté. Je n'ai pas entendu un seul cri de vive la nation! Vive la République! Le peuple a vu passer le cortége à peu près comme il regardait passer jadis un convoi funèbre. »

expose les modifications que le Comité de salut public vient encore, à la dernière heure, d'apporter à son travail. L'Assemblée, après une assez courte discussion, écarte une partie de ces nouveaux amendements; puis, pressée d'en finir, elle vote par assis et levé l'ensemble de la Constitution.

Le 24 juin, à six heures du soir, l'ex-comédien Collot-d'Herbois, alors au fauteuil de la présidence, proclamait l'adoption définitive de ce chef-d'œuvre, où l'on était convenu de voir le dernier mot de la philosophie moderne, mais qui n'était en réalité qu'un tissu de lieux communs mêlé de rêveries impraticables. On sait, du reste, que la Constitution de 1793 ne fut jamais appliquée. « Instrument de parti, œuvre de circonstance[1] », elle était morte avant d'être née, et la Convention elle-même recula devant l'idée de mettre en mouvement « une machine sans vie, une roue sans moteur, qui, toute démocratique qu'elle était, menait droit à la dictature[2] ». Comment s'en étonner? De tout temps, — hier encore nous en avions la preuve, — la démagogie s'est montrée impuissante à formuler en corps de doctrine ses opinions les plus chères, et de l'aveu même des écrivains les plus autorisés du parti républicain, l'œuvre de 1793 ne restera dans l'histoire que pour attester aux yeux du monde la sanglante insanité de « l'utopie montagnarde[3] ».

1. Louis Blanc, t. IX, p. 20 et 22.
2. Michelet, *Hist. de la Révol.*, t. VI, p. 155 et 157.
3. M. Marc-Dufraisse: *Du droit de paix et de guerre*, p. 105.

LIVRE XLIII.

RÉSISTANCE DES DÉPARTEMENTS.

I.

La Constitution fut sanctionnée par le vote à peu près unanime des assemblées primaires. Ce n'est pas qu'il fallût de grandes lumières pour apercevoir les contradictions et les impossibilités qu'elle renfermait en foule ; mais partout on passa outre, parce qu'avant tout on tenait à en finir. On espérait que, la Constitution une fois adoptée, la Convention se retirerait d'elle-même, et que le pays serait appelé à décider entre les partis qui la divisaient ; on se flattait que la seule apparition d'une nouvelle assemblée dissiperait les haines, refoulerait les factieux, réduirait la Commune de Paris, et ramènerait une ère d'apaisement et de conciliation. C'est là un genre d'illusion auquel la France est sujette. Mais les démagogues n'avaient nulle envie d'abdiquer ; ils étaient résolus à marcher droit à leurs adversaires, à les étreindre sans trêve ni merci. Ils avaient pour devise ces mots que Voltaire met dans la bouche de Mahomet :

Le glaive et l'Alcoran, dans mes sanglantes mains,
Imposeront silence au reste des humains [1].

Durant tout le mois de juin, la Montagne use de prudence. Elle s'occupe exclusivement de fabriquer la Constitution et de rassembler des troupes. Tant qu'elle n'est pas prête, elle ne répond que par des décrets aux protestations des autorités départementales, ou se borne à leur envoyer sous main des émissaires porteurs de paroles de paix. Elle n'agit pas, elle menace. Au commencement de juillet, sa tactique change : elle donne à ses commissaires et à ses généraux l'ordre de réduire par la force les résistances qu'elle n'a pu dissoudre par la ruse.

Nous ne ferons point, par département et par ville, le relevé fastidieux de toutes les manifestations qui éclatèrent simultanément dans l'ouest et dans le midi de la France, à la nouvelle du coup d'État du 2 juin. Malgré l'énergie des protestations de la première heure, ces tentatives ne produisirent presque nulle part de résultats sérieux. Aux réclamations et aux regrets succéda rapidement, dans la plupart des localités, un acquiescement tacite aux volontés de la Montagne et les administrateurs girondins résignèrent peu à peu leurs fonctions, pour chercher dans la retraite un abri contre les vengeances de leurs adversaires. Cette conduite pusillanime ne devait pas les sauver. Quelques mois plus tard, quand le règne de la démagogie fut définitivement établi, on les traqua dans leurs cachettes. Beaucoup furent emprisonnés

---

1. *Mahomet*, acte II, scène v.

et traduits, soit au Tribunal révolutionnaire de Paris, soit devant quelqu'une de ces sanglantes assises qui s'ouvrirent en province, à l'instar de la capitale ; presque tous payèrent de leur tête les velléités de résistance que le souci même de leur sûreté les avait empêchés de pousser jusqu'au bout. Ils périrent lentement, un à un, sans éclat pour la gloire de leur nom, et sans profit pour les intérêts de leur parti.

Au milieu de la défaillance générale, quatre villes méritent surtout d'être signalées pour l'énergie de leur attitude, et nous devons retracer rapidement les événements dont Lyon, Marseille, Bordeaux et Caen furent le théâtre jusqu'au 15 juillet 1793.

Pour bien comprendre l'histoire du soulèvement de Lyon, il est essentiel de remonter un peu en arrière. Nous avons laissé la seconde ville de France aux mains du parti démagogique [1], plus ou moins secrètement favorisé par les trois commissaires de la Convention Rovère, Basire et Legendre. A ceux-ci avaient bientôt succédé quatre autres représentants animés du même esprit ; c'étaient Dubois-Crancé, Gauthier, Nioche et Albitte. Officiellement, ils étaient envoyés près de l'armée des Alpes ; mais leur action s'étendait en fait sur tous les départements compris dans le cercle de ravitaillement de cette armée. Ils arrivèrent à Lyon le 12 mai, et ils convoquèrent pour le lendemain, à la maison commune, tous les corps administratifs. Le procès-verbal de cette réunion constate que les Jacobins

---

[1]. Tome VI, p. 249.

lyonnais s'y trouvèrent en force, et que, sans aucun mandat, ils délibérèrent pêle-mêle avec les autorités constituées du département, du district et de la commune.

Cette assemblée arrêta :

1° Qu'il serait levé à Lyon une armée révolutionnaire de six mille quatre cents hommes, divisée en huit bataillons, dont les deux premiers seraient dirigés sur la Vendée, et les six autres resteraient attachés au service de la ville ;

2° Qu'il serait pourvu aux dépenses de cette armée par un emprunt forcé de six millions à prélever sur les capitalistes, les propriétaires et les négociants, par mandats impératifs dont le terme fatal était de vingt-quatre heures ;

3° Qu'il serait institué un Comité de salut public pour veiller à la formation de l'armée, à la levée et à l'emploi de l'emprunt.

Il fut décidé en outre :

1° Que la société populaire, autrement dit le club des Jacobins, en récompense des services importants qu'elle avait rendus et qu'elle rendait chaque jour à la cause de la liberté, serait gratifiée d'un nouveau local, (l'église des missionnaires), dont les réparations seraient mises à la charge du département ;

2° Que la distribution des feuilles modérées, notamment des journaux de Gorsas et de Brissot, serait interdite ;

3° Que les numéros saisis seraient immédiatement brûlés ;

4° Qu'enfin la Convention serait suppliée de ne pas retarder plus longtemps l'établissement, à Lyon, d'un Tribunal révolutionnaire.

Les quatre représentants du peuple approuvèrent par leur signature cette charte de la démagogie lyonnaise [1].

A l'occasion de cet arrêté, Chalier et ses amis rédigèrent la formule d'un nouveau serment qui devait être prêté par tous les citoyens admis à faire partie de l'armée révolutionnaire. Cette pièce donne la mesure des garanties que présentait son organisation. Elle est ainsi conçue :

« Je jure de maintenir la liberté, l'égalité, l'unité et l'indivisibilité de la République, la sûreté des personnes et des propriétés ; mais aussi d'exterminer tous les tyrans du monde et leurs suppôts qui sont désignés sous le nom d'aristocrates, de feuillantins, de modérés, d'égoïstes, d'accapareurs, d'usuriers, d'agioteurs, et tous les inutiles citoyens de la caste sacerdotale, ennemie irascible de la liberté et protectrice du despotisme et de la tyrannie. »

Avec de pareilles armes le triomphe de la Montagne semblait assuré et les quatre commissaires de la Convention s'éloignent ensemble de Lyon [2]. Aussitôt

---

[1]. Voir dans l'*Histoire parlementaire* de MM. Buchez et Roux, tome XXVII, p. 414, le texte même de cet arrêté qui n'a pas moins de vingt-neuf articles.

[2]. « Ils partent, ils crèvent un des plus beaux chevaux d'artillerie, et laissent au Comité de salut public le soin d'entretenir avec eux une correspondance journalière. » (*Journal de Lyon*, n° du 4 juin 1793.)

après leur départ, les Jacobins se mettent à l'œuvre. Le Comité dit de salut public, nommé et dirigé par eux, était revêtu du pouvoir exorbitant de désigner, par voie de réquisition directe, les citoyens appelés à former la nouvelle force armée. Il eut soin de placer dans les deux premiers bataillons, destinés pour la Vendée, tous les jeunes gens suspects de tiédeur et de modérantisme; il réunit, au contraire, dans ceux qui devaient être affectés à la police de la ville tous les vrais sans-culottes, c'est-à-dire tous les hommes sans aveu et sans moyens d'existence. De même dans la perception de l'emprunt forcé, il usa des mesures les plus vexatoires et ne recula devant aucune exaction.

Ces faits furent portés à la tribune de la Convention par Chasset, qui, dans la députation de Rhône-et-Loire, était le chef du parti modéré. Le résultat de cette dénonciation fut un décret, en date du 15 mai, qui déclarait nulle et non avenue toute érection de tribunal révolutionnaire à Lyon et autorisait chaque citoyen à opposer, au besoin, la force à la force.

Cette décision ne diminua en rien l'audace des Jacobins, mais elle rendit quelque énergie aux opprimés. La majorité des sections professait des idées d'ordre et de légalité. On en avait eu la preuve dans la nomination de Gilibert, alors qu'il était retenu en prison par Chalier et ses amis [1]. Pour opposer une digue au flot montant de la démagogie, les sections se constituent en permanence et établissent leur centre d'action à l'Arsenal.

---

1. Tome VI, p. 251.

De son côté la municipalité s'entoure de gardes à l'hôtel de ville.

Un conflit était inévitable; le 29 mai, le retour de deux des commissaires de la Convention en donna le signal. Pour célébrer dignement l'arrivée des représentants Gauthier et Nioche, la municipalité avait ordonné l'arrestation du président et du secrétaire de deux des sections et enjoint à toutes de se dissoudre immédiatement. L'assemblée des sections répond à cet arrêté par une déclaration portant que le Conseil général de la Commune a perdu la confiance publique.

A cette nouvelle la garde nationale, qui tenait en très-grande partie pour les sections, se rassemble autour de l'Arsenal; au contraire, les compagnies d'artillerie dévouées à la municipalité bivouaquent avec leurs pièces sur la place des Terreaux, prêtes à défendre la maison commune contre les sectionnaires. Pendant que chacun s'observe, un peloton de gardes nationaux qui se rendait à l'Arsenal est accueilli au passage par des coups de fusil partis de l'hôtel de ville. Les sections crient au guet-apens et donnent l'ordre d'attaquer la place des Terreaux de trois côtés différents. De ces trois colonnes, deux sont repoussées avec des pertes considérables; mais la troisième, sous les ordres d'un apprêteur d'étoffes, nommé Madinier, qui vient d'être improvisé commandant général, pénètre, en dépit d'un feu très-vif, jusqu'au milieu de la place, s'empare des canons de la municipalité, les tourne contre l'hôtel de ville et envoie deux volées à mitraille dans la façade. Il n'en fallait pas tant pour amener à merci la Commune et ses adhérents. C'est le représentant Gauthier qui se charge de parlementer en leur nom. On s'empresse de le conduire à l'Arsenal, où son collègue Nioche l'avait déjà précédé. Tous les deux désavouent la signature qu'ils ont apposée au bas du fameux arrêté du 14 mai; tous les deux consentent à la suspension du Conseil général de la Commune et reconnaissent l'autorité des sections.

Le lendemain, au point du jour, Madinier prenait possession de l'hôtel de ville évacué durant la nuit par ses défenseurs. Son premier soin est de faire arrêter le maire Bertrand et son ami Chalier. Puis les vainqueurs constituent une municipalité provisoire sous la présidence de l'ancien maire Gilibert, et des députés extraordinaires sont envoyés à la Convention pour lui demander : 1° la confirmation des arrêtés pris par le Conseil général du département d'accord avec les sections; 2° le rappel des deux représentants du peuple qui, dans le conflit, ont fait preuve d'une partialité révoltante en faveur des démagogues, et sont responsables du sang versé.

En même temps, des services solennels sont célébrés dans toutes les églises de Lyon, « en l'honneur des citoyens morts pour la défense de l'ordre et de la liberté ». A l'un d'eux l'évêque constitutionnel Lamourette prononce, dans la métropole de Saint-Jean, l'éloge funèbre des victimes [1].

---

[1]. Les démagogues ne pardonnèrent pas à Lamourette de s'être déclaré contre eux d'une manière aussi éclatante. Après le siége de Lyon il fut arrêté, conduit à Paris, traduit au Tribunal révolutionnaire, condamné et exécuté. Il figure sur la liste générale des guillotinés sous le n° 289 et à la date du 22 nivôse an II (11 janvier 1794).

Sur ces entrefaites arrive à Lyon la nouvelle des événements du 2 juin. Il est aisé d'en concevoir l'effet. Les autorités récemment établies déclarent ne plus reconnaître comme l'expression de la volonté nationale une assemblée mutilée par la proscription de trente-deux de ses membres. Robert Lindet, envoyé à Lyon par le Comité de salut public, pour aviser à détruire dans leur germe ces velléités de résistance, se voit éconduit par les vainqueurs du 29 mai. De retour à Paris, il se contente de faire rendre par la Convention un décret qui met sous la sauvegarde de la loi et des autorités constituées les citoyens arrêtés à Lyon dans les derniers troubles.

Malheureusement les passions étaient déchaînées de part et d'autre. Il ne dépendait plus des nouvelles administrations locales d'arrêter le cours de la réaction, et celle-ci devait être d'autant plus violente qu'on venait de subir trois mois de brutale oppression. Le royalisme travaillait d'ailleurs à se pousser sous le manteau de la Gironde. Il n'y a pas à s'en étonner. La résistance appelle la coalition, et en présence des excès de la Montagne, qui pourrait faire un crime aux Girondins d'avoir accepté l'appui des royalistes, pour mieux combattre la démagogie?

Un membre de l'ancienne municipalité, Sautemouche, fut la première victime de ces fureurs aveugles qui, dans nos troubles civils, ont tour à tour souillé le triomphe de tous les partis. Arrêté le 29 mai, il venait d'obtenir son élargissement sous caution, lorsqu'il est reconnu

---

Nous donnons, à la fin de ce volume, l'interrogatoire que subit Lamourette quelques jours avant de comparaître au Tribunal révolutionnaire.

dans un café et assailli par des sectionnaires. Pour échapper à leurs atteintes, il se précipite, déjà blessé, dans le Rhône; ses ennemis l'y achèvent à coups de pierres. Cela se passait le 27 juin. Aucune poursuite ne fut dirigée contre les auteurs de ce meurtre. Quelques jours après, l'assemblée départementale se constituait sous le titre de *Commission populaire et républicaine de salut public du département de Rhône-et-Loire*, et s'installait à l'hôtel de ville.

Deux membres de la Convention, Birotteau et Chasset, qui étaient parvenus à s'échapper de Paris et à gagner Lyon, se mirent à la tête du mouvement. Birotteau était arrivé le premier, et, sur sa proposition, la Commission départementale rend, le 4 juillet, l'arrêté suivant qui est en même temps son manifeste : « Le peuple de Rhône-et-Loire déclare qu'il mourra pour le maintien d'une représentation nationale républicaine, libre et entière, mais que, jusqu'au rétablissement de l'intégrité et de la liberté de la Convention, il considère comme non avenus tous les décrets postérieurs au 31 mai, et qu'il va prendre des mesures pour la sûreté générale. »

De ces mesures, la première est une expédition sur Saint-Étienne, où se trouvaient dix mille fusils entièrement neufs. Deux représentants du peuple surveillaient dans cette ville la fabrication des armes à feu. L'un, Lesterp-Beauvais, appartenait à l'opinion modérée; l'autre, Noël Pointe, faisait partie de la Montagne. A l'arrivée des Lyonnais, Noël Pointe s'esquive; Lesterp-Beauvais demeure à son poste, et semble approuver par son inaction l'enlèvement des fusils [1]. Ce butin est porté à Lyon en triomphe.

Il n'y avait plus à s'y méprendre, la guerre était déclarée, et des deux côtés on s'y prépara énergiquement. Le 3 juillet, la Convention invite ses commissaires près l'armée des Alpes à user contre les Lyonnais de toutes les mesures de coercition qu'ils jugeront opportunes et utiles. Le 12, elle déclare traîtres à la patrie Birotteau et les administrateurs qui ont convoqué ou souffert le congrès départemental, qui ont assisté ou participé à ses délibérations. Elle enjoint au pouvoir exécutif de diriger au plus tôt sur la ville de Lyon une force armée suffisante pour rétablir l'ordre, de faire traduire au Tribunal révolutionnaire de Paris les chefs de l'insurrection, et de répartir entre les patriotes indigents et opprimés le produit des biens des condamnés.

Ainsi, les confiscations étaient annoncées d'avance, les dépouilles des victimes étaient promises aux sans-culottes lyonnais. La démagogie armait résolûment les prolétaires contre ceux qui possédaient, et ne craignait pas de susciter, pour le service de sa cause, les plus détestables convoitises [2].

[1]. Lesterp-Beauvais avait été désigné dès le 30 mai pour aller en mission à Saint-Étienne ; mais il n'était parti de Paris que le 5 juin, après avoir assisté à la chute des Girondins et avoir signé la protestation rédigée par les députés de la Haute-Vienne (tome VII, p. 553). Peu de temps après l'expédition des Lyonnais sur Saint-Étienne, il fut rappelé, traduit devant le Tribunal révolutionnaire, et condamné à mort le 31 octobre 1793. Nous donnons à la fin de ce volume plusieurs pièces relatives à cet épisode peu connu du soulèvement de Lyon.

[2]. *Moniteur*, n°ˢ 195 et 196.

Cependant Lyon organisait une vigoureuse résistance. Les anciennes fortifications de la ville sont relevées; les citoyens des départements voisins sont appelés à la défense commune; une députation de la commission populaire se rend à Semur pour offrir le commandement de la force départementale à un ancien officier du régiment de Picardie qui avait quelque temps séjourné à Lyon, Perrin de Précy. Celui-ci accepte et, le 14 juillet, il passe en revue les gardes nationales de la ville et des environs, réunies pour célébrer l'anniversaire de la fédération et renouveler leur serment de fidélité à la République. Enfin un tribunal est institué pour juger les vaincus du 29 mai. Ses premières poursuites sont dirigées contre Chalier, le chef du parti démagogique, et contre Riard, l'un des commandants de la force armée, qui avait embrassé le parti de la Commune [1].

Chalier comparaît devant ses juges le 15 juillet, et le débat, qui dure vingt heures, se termine par un arrêt de mort. Le lendemain la tête du condamné tombait sur la place des Terreaux. Quelques jours plus tard, Riard était également condamné et exécuté.

En montant sur l'échafaud, Chalier avait légué sa vengeance à la Montagne; ce legs ne fut que trop bien accepté. Des milliers de victimes seront sacrifiées aux mânes de celui qui avait si longtemps prêché l'extermination de ses adversaires politiques et qui fut le premier frappé au nom de ses propres principes.

1. *Moniteur*, séances des 11 et 12 juillet 1793.

II.

Marseille n'avait pas attendu le 2 juin pour se prononcer contre les doctrines jacobines. Plus d'une fois ses délégués avaient paru à la barre de l'Assemblée afin d'inviter les représentants à s'affranchir de la tyrannie des tribunes et à secouer le joug de la Commune de Paris. Tout récemment les Marseillais avaient expulsé de leurs murs deux membres de la Convention, Moyse Bayle et Boisset, protecteurs trop avoués du parti exalté. Aussi à la première nouvelle du coup d'État commis contre la majorité de la représentation nationale, les autorités constituées des Bouches-du-Rhône proclament-elles à l'envi que, le jour où le pacte social et le droit des gens sont ouvertement violés, la résistance à l'oppression devient le plus saint des devoirs. Comme à Lyon, on cherche à concentrer l'action et à généraliser la résistance. Une commission centrale nommée par les sections est investie de tous les pouvoirs; le tribunal populaire, qu'un décret de la Convention avait cassé, est rétabli; tous les départements sont invités à diriger vers Bourges leurs bataillons de volontaires pour marcher de là sur Paris; le Pont-Saint-Esprit est désigné comme le point de concentration des gardes nationales de la Provence et du Languedoc. Enfin, deux représentants qui se rendaient en Corse avec une mission de l'Assemblée, Bô et Antiboul sont arrêtés à leur passage et retenus prisonniers [1].

A cet audacieux défi la Convention répond par un décret, en date du 19 juin, qui déclare que les membres du prétendu tribunal populaire institué à Marseille sont autant d'assassins en état de rébellion, qu'ils sont mis hors la loi, et qu'il est du devoir des bons citoyens de leur courir sus. En même temps elle confie au général

---

1. Ces deux représentants du peuple furent arrêtés sur la route d'Aix à Toulon et conduits à Marseille, où ils restèrent prisonniers jusqu'à la reprise de la ville par Carteaux le 25 août. Ils subirent tour à tour (24 et 25 juin), par-devant les commissaires des sections et en présence d'une foule immense d'auditeurs, un interrogatoire sur ce qui s'était passé à Paris le 31 mai et les jours suivants. Leurs réponses durent être bien différentes : Bô était de la Montagne; Antiboul appartenait au parti modéré. Une copie de l'interrogatoire de ce dernier fut envoyée, après la soumission de Marseille, aux Comités de sûreté générale et de salut public, qui, sur le vu de ces pièces, proposèrent le rappel d'Antiboul dans la séance du 27 septembre 1793. Jean-Bon-Saint-André alla plus loin : il demanda l'arrestation immédiate d'Antiboul, qui avait dégradé, disait-il, sa qualité de représentant du peuple en se soumettant à une procédure illégale et honteuse. Cette motion fut adoptée. Antiboul fut expédié sous bonne escorte à Paris par la municipalité jacobine réinstallée à Marseille. Il n'eut pas le temps de languir en prison. Arrivé le 30 septembre, il fut compris dans le rapport d'Amar du 3 octobre, déféré au Tribunal révolutionnaire, condamné à mort le 30 octobre avec les autres Girondins et exécuté le 31. On trouvera à la fin de ce volume les passages les plus intéressants de l'interrogatoire fort long que firent subir à Antiboul les autorités contre-révolutionnaires de Marseille.

Nous n'avons pas pu retrouver l'interrogatoire de Bô; mais, dans un discours prononcé par lui à la séance du 7 pluviôse an III, il donne quelques détails sur sa captivité. Nous croyons utile de le mettre sous les yeux du lecteur. (Réimpression du *Moniteur*, t. XVII, p. 528.)

« Je ne parlerai pas de la manière dont j'ai été arrêté. Je l'ai

Carteaux le commandement des troupes dirigées contre l'insurrection du Midi. L'Assemblée sentait qu'il n'y avait pas une minute à perdre. Le plan des contre-révolutionnaires était de marcher sur Paris par un mouvement combiné avec celui des armées de Lyon, de Normandie, de Vendée, et il était évident que le moindre succès remporté par eux serait le signal d'un soulèvement général dans toute la région du sud-est.

été sur la route de Toulon et de là on me conduisit à Marseille.

« La Commune me reçut d'abord comme un homme à qui l'on n'a rien à reprocher; mais, lorsque je dis que j'étais représentant du peuple, on me déclara qu'on ne reconnaissait plus la représentation nationale. Je fus logé dans une chambre de la Commune où j'étais plus mal que dans un cachot; la municipalité vint me dire que le peuple de Marseille désirait avoir des renseignements sur ce qui se passait à Paris. Je répondis que je ne dirais rien avant d'avoir vu mon collègue Antiboul. Antiboul fut entendu séparément, et le lendemain je parus non devant un tribunal criminel, mais devant les autorités constituées qu'accompagnait un peuple immense. Lorsque je tombai malade, je demandai à aller à l'hôpital avec mes frères ou qu'on me mît dans un cachot pour me garantir des chaleurs de la saison. On ne se rendit point à mes demandes.

« Quant à ceux qui m'ont outragé, je ne les connais pas. Je sais seulement que ce furent des membres du Comité de surveillance et quelques officiers municipaux.

« Lorsque la peur se mit à Marseille, l'armée de Carteaux en était encore à trois lieues. Le concierge vint me dire que je pouvais sortir; la sentinelle même me rendit ses armes. Carteaux entra dans la ville vers six heures du soir. Je ne m'occupai plus que de fournir aux subsistances de l'armée, et déjà les principaux coupables, qu'on assura être des membres de l'Assemblée constituante et le président du Tribunal populaire, étaient évadés. J'ignore si on a jugé tous les coupables, mais ceux qui sont restés à Marseille l'ont été. Quant à moi, je demanderais que les Comités de salut public et de sûreté générale prissent des mesures pour concilier tous les partis et tout pacifier. »

La lenteur des Marseillais fit tout échouer. Leur commandant Rousselet, au lieu de faire immédiatement sa jonction avec les bataillons de la rive gauche du Rhône, s'arrête à Arles et y perd un temps précieux à dissoudre la faction montagnarde. Quand il se remet en marche, le département du Gard était déjà menacé par Carteaux, et bientôt la petite troupe apprend que les Nîmois ont évacué le Pont-Saint-Esprit sans résistance. Découragés par cette défection inattendue, les Marseillais rétrogradent jusqu'à la Durance. Nous les retrouverons à Avignon quand, ses derniers préparatifs achevés, le général Carteaux se dirigera sur Marseille. Mais déjà un grand résultat est obtenu : Lyon demeure isolé et ne peut plus compter sur les secours promis par le Midi.

A Bordeaux, comme à Marseille, la révolution du 31 mai fut accueillie avec des transports d'indignation. Le 6 juin, dès la première nouvelle de l'attentat commis contre ses plus illustres députés, le Conseil général envoie à la Convention une adresse menaçante. Les diverses autorités locales se réunissent sous le titre de Commission populaire de salut public du département de la Gironde, et se déclarent en permanence jusqu'à ce que, disait l'arrêté, « avec l'aide des agents du peuple des autres départements, la Convention nationale ait recouvré son entière liberté ». Des émissaires furent expédiés dans les pays environnants et même jusqu'à Lyon et à Dijon; mais tout se borna à de vains manifestes et à des démonstrations stériles. Pas un bataillon, pas une compagnie, pas un soldat ne sortit des murs de Bordeaux pour se diriger sur Bourges, où devaient converger tous les contingents des provinces insurgées. Bien plus, les nouvelles autorités constituées protégèrent le départ de deux représentants du peuple, Ichon et Dartigoyte, qui avaient été arrêtés à quelque distance de Bordeaux, et que la foule ameutée voulait retenir. Ces autorités écrivirent au Comité de salut public, à Paris, pour lui faire connaître cette preuve de magnanimité donnée par toute une ville, au moment où elle était elle-même outragée par l'incarcération illégale de ses plus chers représentants. Cette lettre semblait indiquer un temps d'arrêt dans la résistance bordelaise; elle suggéra au Comité la pensée de tenter une démarche conciliatrice. Deux de ses membres, Mathieu et Treilhard, furent envoyés dans la Gironde; mais ces messagers de paix furent bientôt obligés de céder devant les manifestations populaires et se retirèrent à Périgueux.

III.

Le Calvados avait depuis longtemps témoigné ses tendances girondines. Quelques jours avant le 31 mai, le Conseil général du département avait voté, d'accord avec les autorités de la ville et du district, la création d'une force armée pour maintenir la liberté des délibérations au sein de l'Assemblée et veiller à la sûreté individuelle des représentants. Neuf commissaires, pris dans le Conseil général des sections et des sociétés populaires, s'étaient rendus à Paris pour notifier cet arrêté à la Convention; mais cette députation était tombée au milieu de la tourmente qui emporta la Gironde et n'avait pu être admise à la barre de l'Assemblée. Le 2 juin accompli, les délégués du Calvados comprirent qu'ils n'avaient plus rien à faire à Paris, et qu'il ne leur restait qu'à rendre compte à leurs commettants de ce qu'ils avaient vu et entendu. En revenant à Caen ils s'arrêtent à Évreux, où ils trouvent réunies les autorités du département de l'Eure. Le récit qu'ils font des événements dont ils ont été les témoins oculaires excite une indignation unanime; immédiatement le Conseil prend un arrêté qui fait appel au concours armé de tous les autres départements pour déliver Paris de la tyrannie d'une faction usurpatrice, et qui fixe à quatre mille hommes le contingent particulier de l'Eure.

Dès le retour de ses commissaires, le Calvados s'empresse de suivre cet exemple. Les corps administratifs de toute sorte, unis aux sociétés populaires, déclarent ne plus reconnaître l'autorité de la Convention; ils ordonnent l'arrestation de deux représentants du peuple, Romme et Prieur (de la Côte-d'Or), alors en mission sur les côtes de la Manche, et nomment le général Félix Wimpfen commandant en chef de la force armée à diriger sur Paris [1].

---

[1]. Le général Wimpfen était natif de Bayeux. Il avait représenté la noblesse de cette ville à l'Assemblée constituante et venait de se distinguer par la défense de Thionville contre les Autrichiens et les émigrés; il était arrivé depuis peu dans le Calvados pour commander l'armée dite des côtes de Cherbourg, dont la Convention avait

LIVRE XLIII.

En réponse à ces mesures, la Convention décrète d'accusation Wimpfen, Buzot et Barbaroux, et enjoint

décrété la formation, mais qui en réalité n'existait encore que sur le papier.

Il chercha pendant quelque temps à garder les apparences de la neutralité entre les réquisitions des autorités du Calvados et les injonctions du Comité de salut public ; mais il dut opter quand il se vit mandé à Paris en vertu d'une délibération que nous avons retrouvée sur les registres de ce Comité, et qui était ainsi conçue :

Séance du 19 juin au soir.

« Le Comité, considérant qu'il importe de prendre des renseignements sur l'état du pays dont les forces militaires sont confiées au général Wimpfen, et que ces renseignements sont d'autant plus pressants que la situation politique de ce pays inspire des inquiétudes, arrête que le ministre de la guerre demeure chargé d'appeler à Paris le général Félix Wimpfen pour conférer avec le Comité de salut public. »

Wimpfen se garda bien d'obtempérer à cette invitation, ne prévoyant que trop le sort qui l'attendait. Il écrivit à Bouchotte la lettre suivante, qui était une véritable déclaration de guerre.

Félix Wimpfen, général en chef de l'armée des côtes de Cherbourg, au citoyen Bouchotte, ministre de la guerre.

« 22 juin 1793, à Caen.

« Il est très-aisé de faire un nouveau théâtre de guerre ; mais il est encore plus aisé de maintenir la paix.

« Que le Comité de salut public fasse rapporter les décrets contre les administrateurs de divers départements, ainsi que les décrets qui ont provoqué l'insurrection.

« Songez bien que le Calvados est fort de trois autres départements et de toute la ci-devant Bretagne dont le Comité central s'établit à Caen pour le maintien de la République une et indivisible.

« Voyez le peuple en fermentation et les sages usant de tous les moyens pour le calmer.

« Voyez donc dans les départements ce que vous avez vu si souvent à Paris.

au ministre de la guerre d'aviser à ce que force reste à la loi[1].

Mais ce n'était pas tout que d'avoir rendu le décret;

« Mais si le Comité et la Convention persistent à voir à rébour, ils doivent s'attendre à de grands malheurs; car il est dans la nature de se mettre sur la *deffensive*, MÊME OFFENSIVE, quand on se voit attaqué; et le général ne *pourrait* faire le voyage de Paris qu'accompagné de soixante mille hommes; l'exigez-vous de lui?

« Le général FÉLIX WIMPFEN. »

A cette lettre se trouvait joint un billet non signé, mais de l'écriture de Wimpfen; il ne contenait que ces mots :

« Pour Dieu, révoquez les décrets; envoyez ici un homme qui ne soit pas abhorré. Restez tranquille et laissez-moi faire. »

Le *Moniteur,* n° 180, et après lui l'*Histoire parlementaire,* tome XXVIII, p. 203, donnent cette lettre presque *in extenso.* Cependant leur version présente quelques variantes avec le texte original que nous avons retrouvé.

1. Les autorités du Calvados adressèrent à la Convention l'audacieux accusé de réception que l'on va lire :

« Caen, 28 juin 1793, 2ᵉ de la République
une et indivisible.

*Le suppléant du procureur général syndic au département
du Calvados, au ministre de la justice.*

» L'assemblée générale du Calvados, dans le sein de laquelle vos deux paquets m'ont été remis, et qui m'a ordonné d'en faire l'ouverture en l'absence du procureur général, me charge de vous répondre que les personnes de Félix Wimpfen, de Charles Barbaroux et de tous les bons citoyens qui ont été frappés d'accusation par une minorité factieuse qui ose se dire la Convention nationale, seront toujours sous la protection de la très-grande majorité des citoyens français contre l'oppression des scélérats qui veulent maîtriser la France et dont le despotisme est à sa dernière heure.

« P. HAMON. »

il s'agissait de l'exécuter. Or le ministre de la guerre avait informé le Comité de salut public qu'il n'avait en ce moment aucun corps disponible à envoyer contre les insurgés normands. Il fallut donc louvoyer. Le Comité autorise de son chef le ministre de la guerre à suspendre l'exécution des ordres de la Convention [1]; mais sous

---

1. C'est ce que prouvent les deux arrêtés suivants que nous avons retrouvés sur les registres du Comité de salut public. (*Séance du 24 juin 1793.*)

« Lecture faite du décret de la Convention nationale de ce jour, portant que le Conseil exécutif prendra sur-le-champ toutes les mesures nécessaires pour que force demeure à la loi dans la commune d'Évreux, département de l'Eure.

« Le Conseil arrête que le ministre de l'intérieur et celui de la guerre se concerteront avec le Comité de salut public pour l'exécution dudit décret.

« Le Conseil, délibérant sur les mesures à prendre pour l'exécution dudit décret, a arrêté d'en référer au Comité de salut public.

« Et le Conseil s'étant sur-le-champ rendu au Comité, la discussion s'est ouverte sur les moyens de pourvoir à l'exécution dudit décret.

« Après une mûre délibération, le Comité de salut public et le Conseil exécutif provisoire réunis, considérant les motifs et les faits exposés par un membre du Comité, et convaincu que des mesures rigoureuses, prises trop précipitamment en vertu dudit décret, auraient infailliblement des suites très-fâcheuses que la prudence prescrit d'éviter et que l'emploi des voies de rigueur, loin de ramener les esprits égarés, ne paraît propre qu'à faire éclater de plus grandes divisions, et qu'il serait imprudent de compromettre par des mesures précipitées le salut de la République;

« Considérant que la simple notification du décret de la Convention nationale pourra suffire pour ramener à la loi la commune d'Évreux qui n'a été égarée que par les faux rapports et les suggestions perfides des ennemis du bien public;

« Arrêtent que, préalablement à l'exécution du décret de la Conven-

main il presse le recrutement des bataillons que Paris et les départements voisins étaient appelés à fournir.

Le Conseil général de la Commune, qui était de moitié dans ce jeu, conforme son langage à celui du Comité. D'après son arrêté du 1er juillet, les dix-huit cents hommes qui allaient être dirigés sur la Normandie n'étaient destinés qu'à y ramener le calme, qu'à y faire respecter la loi et les autorités constituées; ils devaient fraterniser avec les bons citoyens, imposer aux malveillants, protéger la circulation commerciale et les convois de subsistances. En dépit de ces fallacieuses déclarations, le peuple de Paris ne s'empressait guère de répondre

tion nationale, en ce qui concerne la commune d'Évreux, le ministre de l'intérieur et celui de la guerre en adresseront une expédition en forme à ladite commune;

« Arrêtent, en outre, qu'il sera donné connaissance du présent arrêté à la Convention nationale. » (*Séance du 30 1793.*)

« La discussion s'étant ouverte sur les mesures à prendre relativement à la ville d'Évreux;

« Le Comité en maintenant les arrêtés qui ont pour objet la levée de deux bataillons à Paris et d'un troisième dans le département de Seine-et-Oise;

« Considérant qu'il importe de faire passer momentanément à Évreux une force qui n'y soit pas annoncée comme permanente, afin d'éviter tous sujets d'alarme et de guerre civile;

« Arrête qu'après la levée et composition desdits bataillons, le ministre de la guerre leur donnera une destination pour l'un des départements de la ci-devant Bretagne, et à l'époque où ils se trouveront rendus à Évreux, leur transmettra l'ordre d'y séjourner pendant quelque temps et jusqu'à ce qu'il soit jugé convenable de leur faire suivre leur destination;

« Et sera le présent arrêté mis au carton des pièces secrètes, après en avoir transmis une expédition au ministre de la guerre. »

à l'appel de la Commune et du Comité [1]. Le 5 juillet, Réal, substitut de Chaumette, gourmandait publiquement l'insouciance de ses concitoyens, si lents à s'émouvoir « lorsque les brigands, — c'est ainsi qu'il qualifiait les insurgés normands, — marchaient en armes sur Paris ». Un autre officier municipal allant plus loin demanda que le Conseil général, pour donner l'exemple, partît le fusil en main, le sac sur le dos et l'écharpe au cou. La proposition fut applaudie, mais non adoptée [2]. Enfin Pache lui-même dut s'en mêler et écrire coup sur coup aux sections, deux lettres où il les adjurait de satisfaire sans retard aux réquisitions qu'il leur avait adressées au nom du salut public [3].

[1]. Plusieurs sections parisiennes avaient même été jusqu'à envoyer à Évreux des commissaires pour jurer fraternité aux citoyens de l'Eure et les assurer qu'elles ne participeraient point à la levée des bataillons destinés à marcher contre eux. La section de Molière et La Fontaine, celle de la Fraternité, avaient pris l'initiative de cette démarche. L'ambassadeur avait été Mouchet, peintre-architecte, devenu juge de paix par l'élection populaire, le même qui avait joué, au 20 juin (voir tome I, p. 464, 171 et suivantes), un rôle si actif et si imprudent. A son retour d'Évreux, Mouchet fut arrêté par ordre de la Commune (*Moniteur*, nos 196 et 199), et traduit quelque temps après au Tribunal révolutionnaire. Il y comptait sans doute quelques anciens amis, voire même quelques complices; en tout cas, la pacification de la Normandie aidant, il fut acquitté. Il est probable qu'on lui enjoignit seulement d'être plus circonspect à l'avenir. Il se le tint pour dit, car nous ne le voyons plus reparaître dans aucun épisode de l'histoire révolutionnaire. (Voir aux *Pièces justificatives* la note consacrée à cet incident très-peu connu de l'insurrection normande.)

[2]. *Moniteur*, n° 189.

[3]. Voici ces lettres curieuses à plus d'un égard. Nous appelons l'attention du lecteur sur les deux passages où l'avisé magistrat insi-

IV.

Cependant le Comité de salut public élaborait toujours son rapport sur la prétendue conspiration fédéra-

nue à ses concitoyens qu'ils sont libres de fournir, s'ils le veulent, un contingent plus élevé que celui qu'il leur a tout d'abord demandé, et les tranquillise sur le nombre des ennemis qu'ils auront à combattre.

« Paris, le 6 juillet 1793, l'an 2ᵉ de la République.

« Citoyens,

« Un rassemblement de contre-révolutionnaires se forme dans le département de l'Eure. Le Comité de salut public a accepté un bataillon de Seine-et-Oise et un bataillon de Seine-et-Marne, et il a demandé deux bataillons de Paris; ils sont destinés à se porter dans le département de l'Eure pour soutenir le courage des patriotes, et pour protéger la circulation des subsistances de Paris et de Rouen.

« Le Conseil général de la Commune de Paris demande aux sections ces deux bataillons. Il a, dans une occasion semblable, présenté un mode, et on a discuté longtemps à ce sujet; dans celle-ci, il s'en remet au zèle, au patriotisme des sections mêmes, pour éviter toute discussion.

« Citoyens, ne perdez pas encore un temps précieux en discussions frivoles. Voulez-vous être libres, voulez-vous assurer ce bonheur à la génération future? Partez promptement!

« Que les hommes de bonne volonté, que les hommes de courage s'élancent dans l'arène, et qu'au lieu de délibérations, la France et l'Europe nous reconnaissent aux actions.

« *Le maire de Paris,*

« Pache. »

« P. S. Si vous voulez donner un plus grand secours, vous en serez les maîtres, après que le premier envoi sera fait; mais partez toujours, je vous en conjure au nom du salut public.

« Le point de rassemblement des listes de ceux qui veulent partir est rue Barbette.

liste; il s'était engagé à le faire en trois jours, il y mit six semaines. C'était Saint-Just, l'ennemi le plus irréconciliable de la Gironde, qui s'était chargé de prouver d'une manière irréfutable le crime des vaincus. Vingt fois recommencé et remanié, son réquisitoire ne fut prononcé que le jour où le Comité [1] se crut en mesure d'agir de vive force contre les révoltés de l'Eure et du Calvados. Les mérites de l'œuvre ne trahissent guère le labeur qu'elle avait coûté; c'est une amplification pauvre, incohérente et déclamatoire; les faits n'y sont

« Le commandant général est chargé de la levée; les commandants Lefèvre et Boulanger commanderont l'expédition.

« 7 juillet 1793.

« Citoyens,

« J'apprends que l'on exagère le nombre des rebelles des départements de l'Eure et du Calvados; c'est une perfidie.

« Le danger n'est pas dans le nombre des révoltés actuellement existant, mais dans la possibilité que leur rassemblement ne devienne, comme celui de la Vendée, plus considérable par votre inaction.

« Citoyens, la raison et l'expérience, l'humanité et le patriotisme doivent également nous faire accélérer ce secours.

« Partons donc sans tant délibérer ni sur les formes, ni sur les autres circonstances; partons, je vous en conjure, au nom de la Patrie.

« *Le maire de Paris,*

« PACHE. »

[1] Un examen attentif des registres du Comité de salut public nous a permis de constater : 1° que Saint-Just fut nommé rapporteur le 16 juin; 2° que la première édition de son rapport fut lue au Comité du 24 juin; 3° que le rapport fut discuté pendant plusieurs séances consécutives; 4° qu'il ne fut définitivement adopté que le 8 juillet au matin, le jour même où son auteur l'apporte à la tribune de la Convention.

pas même exposés avec ordre et logique ; le talent n'en est pas moins absent que la vérité [1].

Saint-Just demandait en somme à la Convention :

1° De déclarer traîtres à la patrie Buzot, Barbaroux, Gorsas, Lanjuinais, Salles, Louvet, Bergoing, Birotteau, Pétion, coupables de s'être soustraits par la fuite au décret d'arrestation rendu contre eux et d'avoir fomenté la rébellion dans les départements de l'Eure, du Calvados et de Rhône-et-Loire ;

2° De décréter d'accusation Gensonné, Guadet, Vergniaud, Mollevaut et Gardien, prévenus de complicité dans les mêmes complots ;

3° De rappeler dans son sein Bertrand et les autres députés plus trompés que coupables.

L'Assemblée n'osa pas adopter immédiatement ces conclusions. Elle vote l'impression du rapport, et en ajourne la discussion à une époque indéterminée.

La séance du lendemain, 9 juillet, fut marquée par un incident qui montre combien la tyrannie de la Montagne, après six semaines d'oppression, trouvait encore de résistance dans la droite, et quel courage les Girondins, même les plus obscurs, savaient déployer au besoin pour affirmer leurs opinions et protester contre la proscription de leurs amis.

Jean-Bon-Saint-André venait de rendre compte du mouvement fédéraliste de Montpellier. Il s'était créé dans cette ville un Comité de salut public qui pactisait

---

1. Nous renonçons à donner l'analyse de ce pitoyable morceau. Le lecteur curieux le trouvera aux n°˙ 199 et 200 du *Moniteur*.

avec les autorités rebelles de l'Eure, du Calvados et de la Gironde ; son premier acte avait été d'intimer à tous les membres de la Convention l'ordre de se constituer prisonniers au chef-lieu de leurs départements respectifs pour être jugés par un grand jury national.

A la lecture de cette pièce, des applaudissements partent de la droite. Les Montagnards indignés couvrent aussitôt de leurs murmures ces bravos audacieux. Chabot s'élance à la tribune, et, désignant du doigt les bancs où siégent les téméraires approbateurs : « Voilà, s'écrie-t-il, les conspirateurs qui ont dicté ces mesures liberticides. La Convention va sévir rigoureusement contre les perfides qui les ont adoptées ; mais le pourra-t-elle avec justice, si elle ne commence pas par punir ceux qui applaudissent aux complots ? C'est par ces indignes collègues qu'il faut commencer la purification... Je demande que le citoyen qui vient d'applaudir, et dont je m'honore de ne pas savoir le nom, soit envoyé à l'Abbaye. »

Le membre accusé monte à la tribune ; c'est Couhey, député des Vosges. Jusqu'à ce jour il n'avait pas pris la parole dans le sein de l'Assemblée, et il était fort peu connu. « Tout homme, dit-il, a droit de manifester son opinion par la parole ou par des signes d'approbation ou de désapprobation. Comme représentant du peuple, j'ai plus que tout autre le droit de manifester la mienne avec la plus grande liberté. Eh bien, je le déclare, mon vœu est conforme à celui de l'arrêté qu'on vient de lire, et, au nom de la souveraineté du peuple, je trouve juste que les députés, à leur retour dans les départements, soient soumis au jugement légal de leurs concitoyens. Je convertis en motion la demande des habitants de Montpellier, et j'insiste d'une manière expresse pour que la Convention adopte ma proposition. »

« C'est par un mensonge, répond Lacroix, que Couhey entreprend de se justifier : il a tronqué la disposition contre-révolutionnaire à laquelle il a applaudi; il n'a pas dit que cet arrêté émanait d'un Comité se disant de salut public qui, dans le département de l'Hérault, prétend faire à lui seul des lois pour toute la République. Cet arrêté, fût-il bon en lui-même, est coupable parce que les gens qui l'ont pris n'avaient pas le droit de le prendre. Je fais observer que, lorsque le Comité de salut public présenta le projet de constitution, on proposa en effet de laisser aux assemblées primaires le droit de juger leurs députés après la session; mais cette proposition, appuyée par le côté droit, fut vigoureusement combattue par la gauche parce que les assemblées primaires, n'étant qu'une portion du Souverain, n'ont pas le droit de juger des représentants de la nation entière. Le mépris du décret par lequel vous avez rejeté cette proposition est un délit de plus de la part du député qui a applaudi, au moment où l'on vous dénonçait un Comité composé de contre-révolutionnaires, comme ceux qui siégent là, — l'orateur montre le côté droit, — qui prétendent faire des lois au nom de quelques séditieux, et ne pas obéir à celles qui sont faites au nom du peuple entier. Vous ne devez pas faiblir devant ceux qui s'annoncent leurs complices. Je demande que, pour en donner un grand exemple, le membre qui a applaudi soit envoyé pour trois jours à l'Abbaye, et que le décret lui soit immédiatement signifié par un huissier. »

Cette proposition est adoptée, et un instant après elle est notifiée à Couhey. Celui-ci veut faire observer que le décret n'est pas motivé ; sa voix est étouffée par le bruit. Il insiste ; la gauche demande que, s'il refuse de se soumettre, il soit décrété d'accusation.

« Encore une fois, président, dit Couhey, donnez-moi la parole !

— Point de parole, hurle la Montagne ; l'exécution du décret !

— C'est la tyrannie la plus atroce, » s'écrie Guyomard.

Des murmures accueillent cette courageuse exclamation. Pendant cette scène, Couhey a quitté son siége. Avant de sortir, il essaye encore de parler, mais de nouvelles vociférations l'interrompent. Le député des Vosges se retire enfin, aux trépignements des tribunes, fières de leur intolérance et de leur pouvoir souverain [1].

---

1. Couhey se rendit tout de suite en prison, ainsi que l'atteste le certificat qu'il se fit délivrer par le geôlier en chef de l'Abbaye.

« Prison de l'Abbaye, 10 juillet 1793,
an II de la République.

« Le citoyen Couhey, député à la Convention nationale, s'est rendu hier 9, à quatre heures et demie, ès dites prisons, pour y être détenu pendant trois jours, suivant l'ordre du décret dont lui-même était porteur.

« DELAVAQUERIE, *greffier-concierge*. »

Couhey et Guyomard, qui, dans la séance du 9 juillet, protestèrent si hardiment contre la tyrannie de la Montagne, avaient déjà donné antérieurement une preuve de courage en votant, lors du procès de Louis XVI, pour l'appel au peuple et la détention. Ils survécurent l'un et l'autre à la tempête révolutionnaire. Après le 18 brumaire,

V.

Que devenait pendant ce temps l'insurrection de la Normandie? Malgré les efforts des commissaires envoyés par l'Eure et le Calvados dans les départements voisins, elle s'était fort peu étendue. La Seine-Inférieure, l'Orne, n'avaient fait aucune démonstration; les autorités de la Manche avaient paru d'abord disposées à se joindre au mouvement; mais, mises en demeure d'arrêter deux représentants en mission à Cherbourg, Prieur (de la Marne) et Lecointre (de Versailles), elles reculèrent devant cet acte audacieux. La ville de Caen elle-même, où était établi le quartier général des révoltés, ne témoignait pas d'un grand zèle; son contingent, augmenté des recrues de Vire et de Bayeux, n'excédait pas six cents hommes. Cette tiédeur tenait en partie à l'attitude plus que singulière des chefs naturels de l'insurrection, c'est-à-dire des députés réfugiés à Caen.

Dans les premiers jours de juin, ces députés étaient au nombre de neuf; à la fin du mois on en comptait dix-sept [1]. Les autorités du Calvados leur avaient fourni

---

Couhey fut nommé conseiller à la Cour d'appel de Nancy. Guyomard rentra dans la vie privée et se retira à Guingamp, sa ville natale.

1. Les premiers arrivés étaient Buzot, Barbaroux, Cussy, Henri la Rivière, Lesage (d'Eure-et-Loir), Salles, Bergoing, Delahaye et Duval.

Les nouveaux venus étaient Guadet, Louvet, Pétion, Kervélégan, Mollevaut, Giroust, Valady et Meillan.

Les mémoires de Louvet, de Meillan et de Pétion nous font connaître les épisodes de la fuite de plusieurs de ces proscrits. Cette

une large hospitalité; ils étaient logés à l'ancienne Intendance, et généreusement défrayés par la Municipalité. Il semblait qu'étant les promoteurs du mouvement, ils dussent tenir à honneur de le diriger et de l'étendre en formant une sorte de Comité de salut public. Tandis que certains d'entre eux seraient demeurés à Caen, au centre même de l'action, les autres auraient dû s'imposer la mission de parcourir les départements circonvoisins pour obtenir des autorités constituées une adhésion résolue, un concours énergique, de nombreuses levées de volontaires.

Loin de se partager ainsi la tâche, conformément aux exigences de la situation, ces dix-sept députés ne montrèrent aucune initiative personnelle. Ils affectaient de rester en quelque sorte spectateurs des événements. Ils s'abstenaient d'intervenir d'une manière active et

fuite présentait quelques difficultés, car, pour atteindre Évreux et Caen, il fallait traverser plusieurs petites villes dont les municipalités étaient complétement dévouées aux idées maratistes.

Louvet arriva en voiture, avec la compagne fidèle qu'il devait épouser peu de temps après; Guadet fit le trajet à pied, déguisé en garçon tapissier. Pétion, qui avait été arrêté avec Guadet le 3 juin, après avoir passé la nuit dans un champ de blé sans pouvoir franchir le mur d'enceinte de Paris, s'esquiva le 24, en allant, accompagné de son gendarme, dîner chez son collègue Masuyer. Il resta quelque temps caché dans Paris. Deux jeunes ouvrières en linge, qui ne le connaissaient que par un ami commun, lui donnèrent asile pendant plusieurs jours. Qu'on lise dans les mémoires de Pétion, récemment publiés, les louanges qu'il se décerne pour avoir respecté la pudeur de ces deux jeunes filles, puis qu'on rapproche de ce langage le récit qu'il nous a laissé du retour de Varennes (voir tome I, p. 347), on aura une idée complète de ce triste personnage qui fut un instant roi de Paris, et qui ne serait que ridicule si sa mort n'avait pas été aussi lamentable.

ostensible dans un mouvement auquel ils voulaient, disaient-ils, laisser son caractère tout local et tout populaire. Ils se déniaient le droit de parler au nom de cette représentation nationale du sein de laquelle ils avaient été violemment arrachés ; ils n'osaient invoquer la fière maxime que le grand Corneille met dans la bouche de Sertorius :

Rome n'est plus dans Rome, elle est toute où je suis.

Ceux-ci faisaient des brochures ; ceux-là des chansons. De temps à autre ils assistaient aux délibérations des corps constitués ou allaient aux séances de la Société populaire faire quelque assaut d'éloquence avec les patriotes de la localité. A chaque pas, ils étaient arrêtés par des questions de compétence et de légalité, par des scrupules hors de saison. Barbaroux, qui écrivait quotidiennement à ses amis restés à Paris, pour les exhorter à venir le rejoindre à Caen, était le premier à déclarer dans ses lettres que la réunion de tous les proscrits dans la même ville ne constituerait jamais une assemblée compétente pour faire des décrets et pour se dire la représentation de la France. « Nous ne pourrions pas, écrivait-il, former une autorité qui ne saurait exister que dans le cas où la majorité de la Convention se trouverait réunie, mais nous pourrions du moins concerter ensemble les mesures propres à sauver la liberté, et donner à l'opinion du département un nouveau ressort, en leur présentant une plus grande masse de députés proscrits, persécutés par les tyrans de Paris [1]. »

[1]. Nous donnons à la fin de ce volume les lettres de Barbaroux,

Les représentants établis à Caen étaient, il faut le dire, encouragés dans leur inexplicable immobilité par l'Égérie de la Gironde, Mme Roland. Elle avait été la première à leur conseiller de se renfermer, sous prétexte de désintéressement, dans une abstention qui devait être si préjudiciable aux affaires du parti. Du fond de sa prison, elle avait écrit à Buzot une lettre où l'on sent tout à la fois respirer sa profonde tendresse pour le héros de roman qu'elle s'était choisi, son abnégation personnelle et son culte ardent pour la liberté[1]. Peut-

qui furent trouvées chez Duperret après l'arrestation de celui-ci, lors du procès de Charlotte Corday, et opposées à Mme Roland.

1. La correspondance que M. Dauban a récemment publiée prouve à quel degré d'exaltation Mme Roland était arrivée dans la solitude de sa prison. Elle s'adresse tantôt à tous ses amis en général, tantôt à celui qui remplit son cœur. Elle passe sans transition du vous au toi et *vice versa*; parfois elle se croit à la tribune de la Convention et l'instant d'après dans son boudoir; elle cherche à allier l'austérité d'une Cornélie à la sensibilité d'une élève de Rousseau. Elle ne réussit qu'à nous donner une triste idée de son sens politique. Nous renvoyons nos lecteurs à l'ouvrage de M. Dauban : *Études sur madame Roland,* et nous nous contentons de reproduire le fragment le plus caractéristique de cette correspondance.

« De l'Abbaye, le 7 juillet 1793.

« ..... Représentants du peuple dont on a méconnu les droits, outragé l'inviolabilité, vous avez été dans vos départements faire entendre de justes réclamations; ils se lèvent pour rétablir leurs droits; ce n'est pas à vous de marcher à la tête de leurs bataillons, vous auriez l'air de vous y mettre pour satisfaire des vengeances personnelles. Déjà Lacroix a répandu ici que tu viendrais avec les bataillons et je ne doute pas que la crainte qu'inspire aux lâches ton intrépidité ne leur fasse prendre toutes les voies pour n'avoir plus à la redouter. Tu peux leur être plus funeste où tu es encore et avec tes soins persévérants que par les actes d'un guerrier. Je ne te dirai

être aussi la crainte d'exposer une vie qui lui était si chère vint-elle amollir à son insu cette âme virile et lui dicter des résolutions qu'en tout autre temps elle eût désavouées. Toujours est-il que Buzot et ses amis ne se conformèrent que trop docilement aux conseils de Mme Roland. Quand les fédéralistes de Normandie et de Bretagne se mirent en marche sur Paris, pas un député ne se mêla aux rangs des volontaires. Ce n'était pas défaut de courage chez les Girondins; plus d'un demeurera intrépide en face de l'échafaud; ce qui leur manquait, c'était cet énergique esprit de suite qui accepte toutes les conséquences d'une résolution une fois prise, qui va jusqu'au bout d'une entreprise une fois entamée.

Cinq semaines s'étaient ainsi écoulées en préparatifs et en hésitations. Les autorités insurrectionnelles pressaient chaque jour Wimpfen de marcher sur Paris. Sa petite armée se composait de trois bataillons, parfaitement armés et équipés, fournis par les départements d'Ille-et-Vilaine, du Finistère et du Morbihan, de six cents volontaires du Calvados, d'un nombre égal de

---

pas que l'idée de dangers nouveaux, prochains et multipliés, contriste mon cœur et fait évanouir pour moi toute espérance; si tu devais les courir, je serais la première à te féliciter de les braver, car enfin je sais aussi comment on échappe au malheur ou comment on vient à bout de le surmonter et d'y mettre un terme. Je n'ai qu'un mot à dire : si tous les collègues, après une mûre délibération, croient devoir prendre ce parti-là, tu n'auras point de raison d'en choisir un autre. Mais j'estime que tu ne dois pas leur en donner l'exemple et qu'il est plus conforme aux principes de rester au poste où vous êtes.

volontaires de l'Eure, et de deux ou trois cents cavaliers, des régiments en formation dans le pays, qui avaient consenti à servir la cause embrassée par leur général.

Wimpfen se décide enfin à une démonstration offensive; sans quitter Caen de sa personne, il envoie en avant, avec la plus grande partie de ses troupes, un ancien officier, le comte Joseph de Puisaye, qu'il a fait agréer pour son lieutenant par les autorités normandes et bretonnes. Puisaye pousse jusqu'à Évreux; mais, arrivé là, il s'arrête et demande avec insistance qu'on lui expédie des renforts. Malheureusement il était plus facile de faire appel à l'arrière-ban que de l'obtenir. Wimpfen commande pour le lundi 7 juillet une grande revue de la garde nationale de Caen. Les troupes réunies, le général parcourt le front de bataille et invite les hommes de bonne volonté à sortir des rangs. Dix-sept volontaires se présentent. Les autorités essayent de suppléer par la voie des réquisitions à cette incroyable indifférence; cette mesure extrême ne fournit encore que cent trente hommes. Ils sont aussitôt dirigés sur Évreux. Dès qu'il les a ralliés, Puisaye se met en marche vers Pacy-sur-Eure et Vernon.

Laissons-le franchir cette courte étape, et voyons quels avaient été, pendant ce temps, les préparatifs du Comité de salut public. Ils n'étaient guère plus formidables que ceux des fédéralistes. On avait organisé, comme on avait pu, deux bataillons de Paris et un bataillon de Seine-et-Oise; on y avait joint quelques troupes de ligne et une forte escouade de gendarmes. Le commandant en chef de l'expédition était un général fort obscur nommé Sepher [1]; le commandant en second était l'adjudant général Brune, grand ami de Danton et de Camille Desmoulins, chargé par eux de surveiller tout à la fois la marche des opérations et l'esprit de l'armée.

Quatre commissaires de la Commune accompagnaient les troupes; deux représentants du peuple, Robert Lindet et Duroy, investis de pouvoirs illimités [2], étaient chargés de prendre toutes les mesures que les circonstances exigeraient. Ils étaient tous les deux Montagnards, mais ils appartenaient au département de l'Eure, et l'on comptait autant sur leur influence personnelle, pour amener une prompte pacification, que sur l'action de l'armée destinée à réduire les rebelles.

1. Sepher, entré comme soldat au régiment général dragons, le 6 décembre 1773, avait été congédié le 30 mars 1777. Nommé successivement en 1789 sous-lieutenant de la garde nationale de la Seine, (division de la rue Coquillière), puis chef de bataillon, (section de la halle aux blés), il reçut le 5 juillet 1793 le grade de général de brigade pour commander l'expédition de Normandie. Général de division après le combat de Pacy, Sepher commanda en chef un instant l'armée des côtes de Cherbourg; mais ses succès l'avaient rendu suspect. Dénoncé aux Jacobins de Paris comme entaché de modérantisme, il fut suspendu de ses fonctions de général en chef, à Rennes, le 11 frimaire an II, par les représentants du peuple Turreau, Bourbotte et Prieur de la Marne. L'arrêté de suspension ne devait être levé par la Convention que le 14 messidor an III.

2. Ces pouvoirs leur avaient été accordés en vertu du décret suivant :

« La Convention nationale décrète que les citoyens Lindet et Duroy se transporteront sans délai dans le département de l'Eure pour y prendre toutes les mesures de sûreté générale qu'exigent les circonstances; elle les investit à cet effet de tous les pouvoirs nécessaires à l'importance et au succès de leur mission. »

Le 13 juillet, les deux armées s'étaient avancées jusqu'à une très-petite distance l'une de l'autre. Les Parisiens étaient à Vernon, les Normands à Pacy-sur-Eure. Ces deux villes, situées, la première dans la vallée de la Seine, la seconde dans la vallée de l'Eure, sont éloignées l'une de l'autre d'environ trois lieues. Sur le sommet du plateau qui les sépare, s'étend une petite plaine encadrée de deux forêts, au milieu de laquelle s'élève le château de Brécourt. C'était là le point stratégique important à occuper; mais des deux côtés on hésitait à en venir aux mains. Enfin, après quelques marches et contre-marches, et à la suite de pourparlers qui n'aboutissent pas, les fédéralistes se décident à entrer dans le château de Brécourt, puis ils poussent jusqu'aux portes de Vernon, où ils rencontrent les avant-postes ennemis. Un des commissaires civils attachés à l'armée girondine est envoyé en parlementaire; il lève son chapeau en signe de paix, et montre la proclamation qu'il vient lire au nom des départements insurgés [1]. On le reçoit par une décharge de mousqueterie suivie d'une volée de coups de canon. La mitraille hache les branches d'une rangée de pommiers sous lesquels bivouaquait l'avant-garde des volontaires normands. Ceux-ci s'apprêtent à riposter; mais, à ce moment, les conducteurs de l'artillerie fédéraliste, individus racolés à prix d'argent dans les cabarets de Caen et d'Évreux, coupent les traits de leurs chevaux et s'enfuient. La cavalerie

---

[1]. On trouvera aux *Pièces justificatives* le texte même de cette proclamation, que nous avons eu le bonheur de retrouver.

essaye de les arrêter ; elle se trouve elle-même entraînée. Le reste de l'avant-garde, se voyant abandonné, lâche pied et se disperse à travers champs. L'armée se replie alors par la route même qu'elle a suivie le matin. Dans ce désarroi général quelques coups de canon sont tirés pour couvrir la retraite ; ils jettent le désordre dans les rangs des Parisiens, qui font eux-mêmes volte-face ; mais ceux-ci se rassurent bientôt en voyant fuir les Normands [1] ; leurs bataillons se reforment et campent sur le champ de bataille. Le lendemain, trouvant la route complétement libre devant eux, ils sonnent la victoire.

[1]. Il paraît que cette panique atteignit spécialement les gendarmes qui composaient en grande partie l'avant-garde de l'armée parisienne. Voici néanmoins le *satisfecit*, rédigé sans doute par eux-mêmes, qu'ils firent signer aux chefs de l'expédition et qu'ils s'empressèrent d'envoyer au président de l'Assemblée. Au milieu des exagérations et des contre-vérités dont fourmillent toujours les certificats de ce genre, on y trouve certaines indications qu'il nous a paru bon de relever à l'appui de notre récit. Comme il arrive ordinairement, les fabricateurs de certificats rejettent les fautes qu'ils ont pu commettre sur le compte d'une prétendue trahison, et sur un guet-apens des fédéralistes.

« Les représentants du peuple soussignés certifient, que l'alerte du 12 juillet auprès de Vernon était une perfidie des conjurés ; que les gendarmes de la 33e division avaient donné les jours précédents des preuves de la meilleure tenue et d'une conduite ferme ; qu'ils avaient profité des entrevues et des occasions qui s'étaient présentées pour inviter à la fraternité les citoyens égarés qui étaient sous les ordres de Puisaye ; qu'ils en avaient reçu des marques de réciprocité et de confiance ; que le 12 quelques-uns de ces citoyens égarés devaient se rendre à Vernon pour conférer et fraterniser ; qu'au lieu de suivre ce projet, ils se présentèrent en force, à quatre heures après midi, dans la plaine de Brécourt, avec toute leur artillerie ; qu'il leur fut reproché qu'ils étaient des traîtres ;

Elle était à eux en effet, car rien ne s'opposait plus à leur marche. Le soir même ils entraient sans coup férir dans Évreux, que Puisaye venait d'évacuer pour se retirer sur le Calvados.

VI.

La nouvelle de ce qu'on appelait pompeusement la victoire de Pacy fut reçue avec enthousiasme par la Montagne. Celle-ci fêta son triomphe par une série de mesures où se retrouvent accouplés cet impérieux besoin

---

« Que les citoyens égarés, qui avaient été attendus à midi pour fraterniser, commencèrent les hostilités;

« Que les gendarmes qui occupaient le château de Brécourt, au nombre de 25 ou 30, furent obligés de se replier;

« Qu'ils donnèrent avis à la municipalité de Vernon de l'arrivée des rebelles;

« Que ce plan de trahison des conjurés avait été concerté entre eux et que l'avis en était parvenu à de très-grandes distances;

« Que la gendarmerie se montra avec supériorité; qu'aussitôt qu'elle fut réunie, elle gagna les hauteurs de Vernon, fût au château de Brécourt;

« Que les rebelles s'étaient retirés et n'osèrent attendre sa présence;

« Que la gendarmerie s'est conduite avec le courage et la fermeté que l'on doit attendre des soldats de la liberté;

« Que le 13 elle a rendu les plus signalés services; que le feu de ses pièces d'artillerie a fait disparaître l'attroupement des rebelles;

« Que Puisaye avec dix pièces de canon n'a pu soutenir le feu des deux pièces de la gendarmerie.

« Arrêté à Évreux, le 25 juillet 1793, l'an II de la République.

« Duroy, R. Lindet, *représentants du peuple;* Sepher, *général.* »

de vengeance qui inspire les plus niaises représailles et cette sentimentalité bucolique dont faisaient parade, à l'instar de J.-J. Rousseau, les coryphées de la démagogie. Un même décret décida : 1° que la maison de Buzot à Évreux serait rasée, et qu'à la place il serait élevé une colonne avec cette inscription : « Ici fut l'asile du scélérat Buzot qui, représentant du peuple, conspira la perte de la République. » — 2° que le retour de la liberté dans la ville d'Évreux serait célébré par le mariage de six filles républicaines avec six républicains ; que ces filles seraient choisies par une assemblée de vieillards de la localité, et qu'elles seraient dotées aux frais du trésor national.

Le 16 juillet, Robert Lindet et Duroy entraient triomphalement dans Évreux. La ville était dans la stupeur, beaucoup d'habitants avaient fui ; on disait que l'armée parisienne avait perdu dix-huit cents hommes et qu'elle arrivait altérée de vengeance. Les représentants rassurent les magistrats accourus au-devant d'eux et leur apprennent que pas un seul homme n'a péri dans les rangs des vainqueurs[1]. Ils font ensuite afficher un arrêté pour inviter les habitants à se réunir le soir même dans la cathédrale. Les deux commissaires s'y présentent à huit heures. L'assemblée était morne et inquiète. Robert Lindet monte en chaire, reproche à ses compatriotes leur conduite coupable, dont il a soin

---

1. C'est ce que dit positivement la lettre, en date du 16 juillet, adressée par Robert Lindet à la Convention. On peut l'en croire sur parole.

néanmoins de rejeter la responsabilité sur quelques meneurs, et, après avoir longtemps tenu ses auditeurs entre la crainte et l'espérance, il leur annonce que la ville ne *perdra* aucun des établissements dont elle a joui jusqu'à ce jour. Aussitôt les poitrines se dilatent, les cœurs s'épanouissent, les applaudissements éclatent, des pleurs de joie et d'attendrissement coulent de tous les yeux. Rassurés sur leurs intérêts matériels, les Ébroïciens ne se mettent pas en peine du reste : que leur importe à présent une défaite où ils n'ont laissé que l'honneur et la liberté [1] !

L'armée parisienne resta quelques jours à Évreux; on hésitait à pousser plus loin; on attendait des nouvelles du Calvados, des ordres de Paris [2]. Pendant ce temps, Wimpfen était accouru de Caen à Lisieux. Pour se soustraire à l'immense responsabilité qui pesait sur lui, il convoque dans chacun des principaux édifices de cette ville les divers corps de sa petite armée et les appelle à délibérer sur les mesures à prendre dans les conjonctures où l'on se trouve.

1. Si les deux centres de l'insurrection normande, Évreux et Caen, ne furent pas le théâtre d'exécutions sanglantes, ce fut, il le faut reconnaître, grâce à la modération de Robert Lindet, qui sut profiter de sa réputation de fougueux montagnard pour épargner à ses compatriotes les horreurs du terrorisme. — Obligé, par la tâche que nous nous sommes imposée, d'étaler au grand jour les crimes des vainqueurs du 2 juin, nous sommes heureux de pouvoir faire une exception en faveur du pacificateur de l'Eure et du Calvados.

2. Nous donnons aux *Pièces justificatives* trois lettres de Brune, qui sont adressées à son ami Vincent, alors secrétaire général du ministère de la guerre, et qui nous initient au véritable état de choses.

Le bataillon du Morbihan est le premier consulté; il déclare nettement qu'il veut se retirer dans ses foyers, et laisser à chaque département le soin de se défendre isolément comme il l'entendra. Les bataillons d'Ille-et-Vilaine et du Finistère annoncent les mêmes intentions. Il n'y avait plus dès lors qu'à évacuer Lisieux : c'est ce que Wimpfen s'empresse de faire. A ces nouvelles, le Comité central de résistance décide de se transporter à Rennes et invite les bataillons fédéralistes à regagner leurs départements respectifs.

Les administrateurs du Calvados, restés seuls, font au plus vite leur soumission. On remet solennellement en liberté les deux représentants arrêtés depuis le 10 juin, Romme et Prieur (de la Côte-d'Or). Les assemblées primaires, réunies en toute hâte, acceptent avec enthousiasme la Constitution; chacun désarme, et bientôt il ne reste plus trace de rébellion. Quant aux députés, mis hors la loi et abandonnés de tous, ils demandent l'hospitalité au bataillon du Finistère, et ils s'éloignent de Caen sous des habits militaires d'emprunt, résolus à parcourir par étapes la longue distance qui les sépare de Quimper, car c'est là seulement qu'ils espèrent trouver un asile. Kervélégan, parti en avant, leur a répondu de ses amis du Finistère.

Mais les mauvaises nouvelles vont plus vite que les troupes en marche. Les députés girondins sont précédés en Bretagne par l'annonce de la soumission de la Normandie. A leur arrivée, ils ne trouvent plus aucun corps de troupe pour les défendre, aucun centre de résistance pour les accueillir, et ils sont réduits à se cacher jusqu'au moment où traqués sans relâche, ils reprendront le cours de leur pénible odyssée[1]. L'échafaud ou le suicide les attendaient pour la plupart au bout de la route.

Telle fut la fin de l'insurrection normande. Jamais prise d'armes plus éclatante n'avorta d'une manière plus misérable ; jamais panique d'avant-garde n'eut d'aussi graves conséquences. La déroute de Pacy eut un immense retentissement par toute la France ; elle démoralisa le parti de la Gironde et, du même coup, assura le triomphe de la Montagne.

Pendant que l'insurrection de la Normandie était si facilement et si vite réprimée, le soulèvement de la Vendée opposait à la Convention la plus longue et la plus glorieuse résistance. Devant ce contraste, l'historien a le devoir de rechercher pourquoi, dans l'Ouest, des paysans armés de fourches et de pieux se précipitent en foule à la gueule des canons ; pourquoi, dans le Nord, de rares volontaires péniblement recrutés se débandent à la première volée d'artillerie qui passe par-dessus leur tête ; pourquoi les uns, dans ces perpétuels combats de géants dont parle Napoléon, font reculer les troupes

---

[1]. La Convention avait lancé sur leur piste le plus cruel de ses limiers, Carrier, qui se prépara dans cette mission au rôle sanglant qu'il remplit à Nantes quelques mois après. La lettre qu'il adressa à la Convention pour lui annoncer son arrivée à Caen, se trouve au *Moniteur* du 6 août 1793, n° 218. On y lit cette phrase : « Ça va ! ça va ! et dans quelques jours ça ira encore bien mieux. Le peuple revient de ses illusions par la propagation des vrais principes qui doivent fonder la liberté et son bonheur. » On sait comment Carrier entendait la liberté et le bonheur du peuple.

les mieux disciplinées et les soldats les plus aguerris ; pourquoi les autres, dès la première rencontre, renoncent à soutenir une lutte qui n'a pas même été commencée. La différence des caractères, la lenteur des préparatifs, la division des Girondins, les accusations de fédéralisme portées contre eux ont tour à tour été invoquées pour expliquer l'insuccès de l'armée normande. Tout cela est vrai, mais tout cela aussi est dominé par une raison plus générale et plus haute. Pour pénétrer les masses, il faut des idées grandes et simples ; généreuses ou perverses, elles poussent au dévouement ou au crime, mais seules elles produisent le mouvement et la vie. Or, la querelle engagée entre les Montagnards et les Girondins n'était, aux yeux du plus grand nombre, qu'une lutte de personnes. Les deux partis déployaient également le drapeau de la République et ne semblaient en désaccord que sur des détails secondaires. Qu'importait aux populations normandes que cette République procédât d'Athènes ou de Sparte, que pour dogme religieux elle acceptât le scepticisme de Voltaire ou le déisme de Rousseau? Bien autrement ardentes et profondes étaient les questions qui soulevaient les habitants de la Vendée. Pour eux, il s'agissait de savoir si la religion de leurs pères serait abolie, si le prêtre qu'elles vénéraient leur serait arraché, si les églises bâties par la piété des siècles passés seraient souillées par les pratiques de ces *intrus* qu'un régime odieux voulait leur imposer.

La foi qui transporte les montagnes, l'enthousiasme qui enfante les héros, armaient tous les bras, enflammaient tous les cœurs sur les bords de la Sèvre et de la Loire. De cette foi, de cet enthousiasme y avait-il la moindre étincelle dans la petite troupe qu'avaient racolée avec tant d'efforts et si peu de succès les autorités insurrectionnelles de l'Eure et du Calvados?

LIVRE XLIV.

CHARLOTTE CORDAY.

I.

Depuis six semaines, les deux partis girondins et montagnards étaient en présence. Les départements envoyaient à l'Assemblée des adresses de plus en plus violentes; la Convention y répondait par des décrets de plus en plus acerbes. Des deux côtés on n'osait engager le combat, tout en s'y préparant. La Montagne n'avait pas encore vaincu à Pacy-sur-Eure; elle hésitait sur la conduite qu'elle devait tenir, lorsqu'un événement imprévu vint surexciter tout à coup les colères des démagogues et précipiter le dénoûment.

Le 13 juillet au soir, le bruit se répand dans Paris que Marat vient d'être assassiné. Comment? Par qui cet attentat a-t-il été exécuté?

On se rappelle sans doute la revue qui avait eu lieu à Caen, le 7 juillet, et où dix-sept volontaires seulement étaient sortis des rangs de la garde nationale pour entrer dans les bataillons destinés à marcher sur Paris[1].

1. Voir plus haut, page 135.

A cette revue assistait une jeune fille obscure et ignorée, qui cachait une âme ardente sous un maintien calme et une physionomie enjouée. C'était Charlotte Corday d'Armont. Fille d'un gentilhomme pauvre, elle avait été recueillie par une vieille parente et élevée dans un des principaux monastères de Caen. Elle avait 24 ans et n'était jamais sortie de sa province, où toute sa vie semblait devoir s'écouler douce et paisible. Au couvent, elle n'avait cessé de montrer une piété profonde; mais depuis que, chez madame de Bretteville, elle avait pu entrevoir un coin du monde et entendre professer les maximes de la philosophie moderne, elle s'était détachée peu à peu des pratiques de la religion. Les querelles qu'avait enfantées la constitution civile du clergé, le mépris où étaient bien vite tombés les prêtres assermentés demeurés seuls en possession des églises, avaient encore accru cet éloignement. L'âme de la jeune fille s'était repliée sur elle-même. Dans le silence et la solitude, elle s'était mise à lire les auteurs de l'antiquité et les théoriciens révolutionnaires du xviiie siècle. Plutarque était devenu son évangile, Raynal son oracle. Elle se mêlait volontiers aux conversations qui roulaient sur la politique du jour et y apportait des convictions républicaines bien inattendues chez une jeune fille élevée par des religieuses, vivant dans un milieu aristocratique; seulement, comme toutes les personnes que leur sexe, leur âge et leur isolement semblent condamner à l'impuissance, elle se vengeait de sa faiblesse apparente en employant vis-à-vis de ses interlocuteurs l'arme de l'ironie.

Au fond cette créature modeste et timide était travaillée d'un immense besoin de se dévouer, mais son cœur ne savait où se prendre. Les affections de famille lui avaient manqué ; elle n'avait point connu l'amour et ne devait point le connaître. Ses prétendus sentiments pour le jeune Belzunce, pour Barbaroux, ou pour tout autre personnage de cette époque ne sont que des fables démenties par les faits. Cette Judith moderne se sacrifia comme sa devancière au salut de tout un peuple. Aucune préoccupation personnelle, aucun vain espoir de renommée ne l'animait. Ses dernières lettres sont là pour l'attester. « Je n'ai jamais estimé la vie, dit-elle dans l'une, que pour l'utilité dont elle pouvait être ; je ne demande qu'un prompt oubli à mes amis... » « O ma patrie, écrit-elle dans une autre, je ne puis t'offrir que ma vie, et je rends grâces au ciel de la liberté que j'ai d'en disposer[1]. »

---

[1]. La biographie de Charlotte Corday a donné lieu à un grand nombre de publications, soit pendant la Terreur, soit depuis. Nous donnons ici la nomenclature des ouvrages qui ont une véritable valeur historique :

1° *Charlotte Corday*, par Louis Dubois, 1838 ;

2° *Charlotte Corday*, par M. Vatel ;

3° *Marie Charlotte Corday d'Armont*, par Cheron de Villiers, 1845 ;

4° *La jeunesse de Charlotte Corday*, notice historique publiée par M. Casimir Périer, dans la *Revue des Deux Mondes*, n° du 1ᵉʳ avril 1862.

II.

Tous les jours les feuilles publiques apportaient à Caen des nouvelles affligeantes pour les véritables amis de la liberté. Louis XVI montait sur l'échafaud, les Girondins étaient proscrits, Marat dictait ses volontés à la Convention. Par un effet d'optique dû à l'éloignement, ce hideux personnage était devenu pour les provinces le spectre du meurtre et de l'anarchie. Dans son ignorance des choses et des hommes, Charlotte Corday s'était persuadée qu'en immolant Marat, elle frapperait au cœur la démagogie elle-même et ferait disparaître le principal, peut-être le seul obstacle à la réconciliation des partis.

La journée du 7 juillet l'affermit dans sa résolution. Cette lamentable pénurie d'hommes de bonne volonté, cette indifférence de ses compatriotes dans un moment aussi solennel pour le pays révolta son âme libre et fière. Cette œuvre généreuse de libération, qu'une armée à si grand'peine recrutée lui semble incapable d'exécuter, elle décide qu'une faible femme saura l'accomplir, et, sans mettre personne dans sa confidence, sans trahir son secret d'un mot ni d'un geste, elle se dispose à devancer à Paris les volontaires normands; elle veut que ceux-ci, en arrivant, trouvent la capitale débarrassée de son tyran et prête à ouvrir ses portes aux bataillons de la liberté. Elle s'attend à périr des mains de la populace, aussitôt le meurtre accompli; mais elle n'a pas pour elle-même un seul regard de pitié.

Dès l'abord elle est sans faiblesse, comme plus tard elle sera sans remords.

Cependant il lui fallait une lettre de recommandation pour pénétrer plus facilement dans les tribunes, car c'est au sein de la Convention, sur la crête même de cette Montagne où siége Marat, qu'elle veut poignarder l'*Ami du peuple*. Depuis que les députés proscrits habitaient Caen, elle avait eu quelques relations de société avec Barbaroux. Elle va le trouver à l'Intendance et l'entretient d'une réclamation qu'elle désire faire à Paris, au ministère de l'intérieur, dans l'intérêt d'une de ses amies réfugiée en Suisse. Ayant seule conçu son dessein, elle ne prévoit pas qu'on pourra plus tard considérer comme ses complices tous ceux qui auront eu avec elle le moindre rapport, même fortuit. Barbaroux lui remet une lettre pour son compatriote Duperret qui n'a pas été compris dans le décret d'arrestation des trente-deux et qui continue, malgré les instantes prières de ses amis de Caen [1], à suivre les séances de la Convention. Pétion survient au même moment, et adresse à la jeune fille quelques paroles d'assez mauvais goût sur la visite qu'une aristocrate comme elle se permet de faire à des républicains comme eux. « Citoyen Pétion, lui répond Charlotte, vous me jugez aujourd'hui sans me connaître; un jour vous saurez qui je suis. »

Charlotte fait ses adieux de vive voix à la vieille parente qui a pris soin de son enfance, puis elle écrit

---

1. Voir à la fin du volume les pièces justificatives du liv. XLIII.

à son père, qui habite Argentan; à tous les deux elle dit qu'elle part pour l'Angleterre, qu'elle va chercher de l'autre côté du détroit, où on lui offre un asile, la sécurité qui n'existe plus dans son malheureux pays.

III.

Deux jours après (11 juillet, vers midi) elle arrivait à Paris et, sous la conduite d'un commissionnaire, elle se dirigeait vers un petit hôtel de la rue des Vieux-Augustins dit l'hôtel de la Providence. Était-ce d'instinct qu'elle choisissait ce gîte dont l'enseigne dut la frapper dans l'état moral où elle se trouvait? Ne se croyait-elle pas en effet chargée d'une mission d'en haut? Ne lui semblait-il pas obéir à une inspiration divine?

Quoi qu'il en soit, dès son arrivée, sa préoccupation se trahit par les premières questions qu'elle adresse au valet qui la sert : « Que dit-on à Paris de Marat et qu'en pense-t-on ? — C'est un excellent patriote », se hâte de répondre le pauvre homme qui est à cent lieues de soupçonner les pensées qui obsèdent la jolie voyageuse.

Charlotte arrête court la conversation et se rend chez Duperret pour lui remettre la lettre de Barbaroux. Ne l'ayant pas trouvé d'abord, elle revient quelques heures après, et prie le représentant de l'accompagner au ministère. Après une première démarche infructueuse, Duperret fait observer à la jeune fille que, faute d'une procuration en règle, ses réclamations n'ont aucune chance d'aboutir; lui-même, ajoute-t-il, est tenu pour suspect; on vient d'apposer les scellés sur ses papiers; partant, son intervention ne pourrait être que périlleuse aux solliciteurs qui s'en prévaudraient. Charlotte se laisse aisément convaincre par ces raisons et prend congé de Duperret, en lui conseillant de rejoindre à Caen ses collègues : « Mon poste est à Paris, répond le député, je ne dois pas l'abandonner. — Encore une fois, partez, réplique la jeune fille; croyez-moi, fuyez avant demain soir. »

Sans que Duperret ait pu s'en douter, Charlotte a tiré de lui les renseignements qu'elle désirait : Marat est malade; il ne va plus à la Convention; il n'y aura pas de fête le surlendemain, 14 juillet, jour de la fédération. L'*Ami du peuple*, en tout cas, ne pourrait y assister; il faut donc renoncer au projet de le frapper, soit à l'Assemblée, soit au champ de Mars. C'est chez lui, dans son antre même, qu'il faut aller chercher le monstre, c'est au milieu des siens qu'il faut l'immoler.

Charlotte passe la nuit à rédiger, sous la forme d'une adresse aux Français, le testament qu'elle veut léguer à la postérité[1]. Elle sort dès six heures du matin et achète, au Palais-Royal, le couteau qui doit lui servir à exécuter le meurtre. En chemin, elle rencontre un crieur public qui vend le jugement prononcé la veille par le Tribunal révolutionnaire contre les malheureux Orléanais accusés d'avoir voulu attenter aux

---

[1]. Cette adresse se trouve *in extenso* dans l'ouvrage de M. Cheron de Villiers et dans l'*Histoire des Girondins* de Lamartine.

jours d'un Représentant du peuple, Léonard Bourdon[1]. Elle en achète un exemplaire et lit avec horreur cette sentence inique. Sa résolution s'en affermit davantage. Quelques heures après elle se fait conduire en voiture chez Marat. On refuse de l'introduire : « Marat ne reçoit personne », telle est la réponse de la concubine de l'*Ami du peuple,* Simonne Évrard. Charlotte revient à son hôtel. Elle écrit à Marat pour lui annoncer qu'elle a des révélations importantes à lui faire sur les événements qui s'accomplissent à Caen. A sept heures et demie du soir, elle retourne rue des Cordeliers. Simonne Évrard lui oppose le même refus que le matin ; mais la jeune fille insiste et élève la voix. Marat, qui a reçu la lettre de Charlotte et qui brûle d'avoir des nouvelles du quartier général de l'insurrection, ordonne de laisser entrer la visiteuse. Il était au bain. Tout entière à son dessein, la jeune fille n'a pas l'air de remarquer l'inconvenance de cette réception ; elle répond aux questions que Marat s'empresse de lui faire sur les députés réfugiés à Caen. Sous sa dictée l'*Ami du peuple* prend leurs noms et s'écrie avec un rire satanique : « Dans huit jours ils iront tous à la guillotine. »

Le mot de guillotine devait être le dernier prononcé par Marat, car, au même moment, la jeune fille se lève et lui plonge le couteau dans la poitrine. La mort est instantanée. Au bruit, les femmes qui vivaient autour de lui accourent en toute hâte ; un commissionnaire

---

1. Voir tome VII, page 477, la note consacrée à ce lamentable épisode de l'histoire de la Terreur.

employé aux gros ouvrages de la maison assène à
Charlotte un coup violent sur la tête, la renverse et la
maintient sous ses pieds jusqu'à ce que la garde arrive.
Charlotte ne résiste pas, elle demeure impassible.

En un instant, la nouvelle de la mort de Marat
s'est répandue dans tout Paris. Des chirurgiens, des
commissaires, des administrateurs de police, des membres
du Comité de sûreté générale arrivent successivement
et procèdent aux constatations. A toutes les questions,
à toutes les injures qu'on lui adresse, Charlotte oppose
un calme qui déjoue toutes les ruses, toutes les insinuations. Elle déclare qu'elle a quitté Caen avec le
dessein prémédité de tuer Marat. Elle affirme n'avoir
communiqué son projet à personne, et n'avoir eu d'autre
but que de sauver son pays, en frappant le principal
auteur des maux qui affligent la France. Le soir même,
elle est conduite à l'Abbaye, puis à la Conciergerie.
Le 18 juillet, elle comparaît devant le Tribunal révolutionnaire. Trois jours avaient suffi pour entendre les
témoins et faire subir à l'accusée les interrogatoires
préliminaires.

IV.

Les débats du procès n'apprennent rien de nouveau; notons seulement quelques réponses qui prouvent
que Charlotte était la digne nièce du grand Corneille,
car on y retrouve l'énergie toute romaine de l'illustre
auteur de *Cinna*.

« Qui vous a engagée, lui demande le président, à commettre cet assassinat?

— *L'accusée.* On exécute mal ce que l'on n'a pas conçu soi-même.

— *Le président.* Le moyen que vous avez employé pour pénétrer chez Marat tient de la perfidie.

— *L'accusée.* Je conviens que ce moyen n'est pas digne de moi, mais ils sont tous bons pour sauver son pays. D'ailleurs j'ai dû paraître l'estimer pour arriver à lui. Un tel homme est soupçonneux.

— *Le président.* Qui vous avait donc inspiré tant de haine contre Marat?

— *L'accusée.* Je n'avais pas besoin de la haine des autres, j'avais assez de la mienne.

— *Le président.* En lui donnant la mort, qu'espériez-vous?

— *L'accusée.* Rendre la paix à mon pays.

— *Le président.* Croyez-vous donc avoir assassiné tous les Marat?

— *L'accusée.* Celui-là mort, les autres auront peur peut-être. »

On lui présente le couteau dont elle s'est servie pour tuer Marat. A la vue du sang dont il est encore couvert, elle éprouve le seul mouvement d'émotion qu'elle ait manifesté pendant toute la durée de cette longue séance : « Je le reconnais », dit-elle, d'une voix entrecoupée et en détournant la tête.

Fouquier-Tinville rappelle la violence du coup qui a frappé Marat, et fait observer qu'il fallait que l'accusée se fût exercée d'avance.

A cette imputation, Charlotte s'écrie indignée :

« Le monstre! il me prend pour un assassin! »

Dans sa conviction, elle n'avait pas assassiné; elle avait vengé le genre humain.

Le président, pour se conformer à la loi, avait donné à Charlotte Corday un défenseur d'office; c'était l'avocat Chauveau-Lagarde [1]. Celui-ci n'avait pu conférer avec sa cliente sur le système de défense qu'elle désirait adopter. Mais il avait vu dans ses réponses comme dans sa contenance qu'elle ne voulait pas être justifiée. L'avocat fut digne de l'accusée. Il laissa à l'attentat toute sa grandeur et se contenta de prononcer quelques mots où l'apologie de l'action se déguisait sous la modération du discours. En entendant ce fier langage où l'âme même de Charlotte semblait vibrer tout entière, président, juges, jurés, accusateur public restent cloués sur leurs bancs, muets et glacés de terreur. Fouquier-Tinville ne songe à faire taire l'audacieux avocat que lorsque déjà celui-ci a terminé sa courte et courageuse plaidoirie.

« L'accusée, dit Chauveau-Lagarde, avoue avec sang-froid l'horrible attentat qu'elle a commis; elle en

---

1. Charlotte Corday avait désigné pour son défenseur Gustave Doulcet de Pontécoulant, député du Calvados. Il ne se présenta pas à l'audience, et Charlotte, dans ses dernières lettres, l'accusa de lâcheté. Elle avait tort. L'avis ne parvint à Pontécoulant que le lendemain de l'exécution; on le lui avait adressé à la Convention, où il ne paraissait que rarement depuis le 31 mai. Tous ces faits ont été mis hors de doute par la publication des pièces authentiques; de l'accusation de Charlotte Corday il ne doit donc rien rester qui puisse entacher la mémoire de l'illustre Girondin.

avoue la longue préméditation ; elle en avoue les circonstances les plus affreuses ; en un mot, elle avoue tout et ne cherche pas même à se justifier. Voilà, citoyens jurés, la défense tout entière. Ce calme imperturbable et cette entière abnégation de soi-même qui n'annoncent aucun remords, et, pour ainsi dire, en présence de la mort même ; ce calme et cette abnégation sublimes sous un rapport ne sont pas dans la nature ; ils ne peuvent s'expliquer que par l'exaltation du fanatisme politique qui lui a mis le poignard à la main. C'est à vous, citoyens jurés, à juger de quel poids doit être cette considération morale dans la balance de la justice. **Je m'en rapporte à votre prudence** [1]. »

V.

Le verdict du jury ne pouvait être douteux. A l'unanimité, Charlotte est déclarée coupable du meurtre de Marat, et condamnée à mort. Elle entend son arrêt sans trahir sur son visage la moindre émotion. Elle était prête depuis longtemps pour le sacrifice. Tout cet appareil juridique n'est à ses yeux qu'une formalité qui mérite à peine son attention.

---

[1]. Après sa condamnation, Charlotte remercia son défenseur en des termes dignes d'un héros de Plutarque.

« Monsieur, lui dit-elle, je vous remercie du courage avec lequel vous m'avez défendue d'une manière digne de vous et de moi. Ces messieurs, — en montrant les juges, — me confisquent mon bien. Je veux vous donner un témoignage de ma reconnaissance. Je vous prie de payer pour moi ce que je dois à la prison. »

Rentrée dans sa prison, elle demande que l'on introduise près d'elle un peintre qui a esquissé son portrait pendant l'audience. Ce n'était pas orgueil de sa part. Ce sentiment n'avait pas prise sur son âme; mais, par un retour bien naturel sur elle-même et sur ses jeunes années, elle désirait, si c'était possible, laisser à ses proches et à ses amis l'image de ses traits.

Lorsqu'elle était encore à l'Abbaye, elle avait écrit au Comité de sûreté générale une lettre où perce, sous le sourire de l'ironie, son admirable force d'âme.

« Du 15 juillet 1793, 2ᵉ de la République.

« *Aux citoyens composant le Comité de sûreté générale.*

« Puisque j'ai encore quelques instants à vivre, pourrai-je espérer que vous me permettrez de me faire peindre ? Je voudrais laisser cette marque de souvenir à mes amis; d'ailleurs, comme on chérit l'image des bons citoyens, la curiosité fait quelquefois rechercher celle des grands criminels, ce qui sert à perpétuer l'horreur de leurs crimes. »

Le Comité de sûreté générale s'était bien gardé de faire droit à cette demande. Il craignait de donner « une trop grande importance à cette femme extraordinaire qui n'avait déjà inspiré que trop d'intérêt aux malveillants [1]. »

---

1. Ce sont les expressions mêmes d'une lettre adressée par le Comité de sûreté générale à Fouquier-Tinville, et signée par Basire, Lavicomterie et Guffroy. C'est le témoignage le plus considérable que l'on puisse invoquer pour donner une idée de l'effet immense que

Le concierge de la prison, Richard, fut plus humain; il n'hésita pas à prendre sur lui d'introduire auprès de la condamnée l'artiste qu'elle attendait avec impatience. Pendant tout le temps qu'elle posa, Charlotte se montra indifférente à son sort. La séance dura une heure et demie. Elle fut interrompue par l'arrivée du bourreau qui parut sur le seuil, tenant sous son bras la chemise rouge des parricides, car Marat, en sa qualité de représentant du peuple, était considéré comme un des pères de la patrie.

Charlotte se laisse, sans mot dire, couvrir du vêtement sinistre, qui ajoute encore à l'éclat de sa beauté. Avant qu'on lui coupe les cheveux, elle en détache elle-même une mèche qu'elle offre au peintre qui vient d'ébaucher son portrait; puis, d'un pas assuré, elle sort et monte sur la fatale charrette.

A peine le funèbre cortége est-il en marche, qu'un coup de tonnerre éclate, et que la pluie tombe à torrents.

La foule qui encombre le Palais de justice, les ponts, les quais et les rues, ne prend pas garde à l'orage. Chacun veut voir cette jeune fille que l'on dit si belle et si courageuse. Les mégères qui ont pour mission d'injurier les condamnés sont à leur poste et hurlent leurs cris les plus sinistres, mais la plupart des assistants restent muets de stupeur et d'admiration.

Quelques fronts même se découvrent avec respect. Charlotte, calme et fière, semble insensible aux insultes

produisit sur ses ennemis l'héroïsme déployé par la vierge du Calvados.

des furies de la guillotine aussi bien qu'aux cahots de la fatale charrette. Le sourire est sur ses lèvres ; par la pensée, elle s'élance déjà dans un autre monde, où elle se voit réunie à tous ceux qu'elle a chéris, à ces Anciens dont elle s'est montrée la digne émule. Enfin on arrive à la place de la Révolution, juste au moment où le soleil disparaît derrière les arbres des Champs-Élysées. Charlotte descend de l'ignoble tombereau et gravit d'un pas léger les marches de l'échafaud. On dirait qu'elle franchit les degrés du temple de la gloire. Elle veut parler au peuple, mais on l'en empêche. Elle se livre au bourreau ; sa tête tombe ; un misérable valet de l'exécuteur, nommé Legros, s'en saisit, la montre à la foule et lâchement lui donne un soufflet[1].

Devant cet outrage fait à la mort, un frémissement d'horreur court dans l'assistance. Les spectateurs les plus proches croient avoir vu les joues de l'infortunée Charlotte s'empourprer d'une sainte pudeur. Ce bruit circule de bouche en bouche et augmente encore l'émotion de la foule. La place se vide lentement ; le silence n'est troublé que par les sourds roulements du tonnerre, qui n'a cessé de gronder pendant que le drame lugubre s'accomplissait.

Tous les historiens, à quelque nuance d'opinion qu'ils appartiennent, ont été d'accord pour honorer le courage de Charlotte Corday et pour déplorer l'usage qu'elle en

---

[1]. Il faut le dire pour l'honneur de l'humanité, l'action de Legros ne resta pas impunie. Les administrateurs de police lui infligèrent huit jours de prison.

fit. Nous nous associerons à ce jugement. L'assassinat politique doit toujours être flétri, si noble que soit le motif, si méprisable que soit la victime, si pur que soit le meurtrier. Rien ne peut absoudre celui qui, de sa propre autorité, se constitue juge et bourreau. La postérité, qui prononce l'impartial verdict, ne couronne pas indistinctement tous les héroïsmes.

A trois siècles de distance, deux femmes, deux vierges, se sont levées pour le salut de la France. Le même amour de la patrie enflamma leurs cœurs ; la même haine contre la tyrannie arma leur bras ; toutes deux ont été livrées au bourreau. Mais l'une a saisi le glaive des guerriers et l'autre a tenu le poignard des assassins. Cela suffit pour qu'à travers les âges l'histoire exalte, dans Jeanne d'Arc, la martyre et la sainte ; tandis que, dans le souvenir de Charlotte Corday, une tache de sang obscurcira éternellement sa gloire.

VI.

Marat, aux yeux de ses séides, était plus qu'un roi : c'était un dieu. Vivant, il avait eu ses adorateurs ; mort, il eut son culte expiatoire. Par une réminiscence de la barbarie avec laquelle on avait puni l'assassin de Louis XV, on alla jusqu'à demander des supplices nouveaux pour celle qui avait attenté aux jours de l'*Ami du peuple;* par une imitation des cérémonies de l'Église catholique, on érigea au misérable folliculaire un tombeau pareil à celui dont la piété des fidèles orne les lieux saints, dans la semaine du sacrifice. Les démagogues copiaient ainsi servilement tout ce que les philosophes du xviiie siècle, leurs oracles et leurs maîtres, avaient poursuivi de leurs sarcasmes les plus amers.

Le 14 juillet, Guiraut, l'apologiste des massacres de septembre[1], vint, à la tête d'une députation de la section du Contrat social, lire une adresse ainsi conçue : « Citoyens législateurs, décrétez contre le meurtrier de Marat le supplice le plus affreux ; il n'en est pas d'assez cruel pour venger notre perte. Anéantissez pour jamais la scélératesse et le crime. Apprenez aux forcenés ce que vaut la vie, et, au lieu de la trancher comme un fil, faites que les tourments qu'éprouveront les assassins de Marat puissent à jamais détourner les mains parricides qui menacent la tête de nos représentants[2]. »

Le même jour, la section du Théâtre-Français, à laquelle appartenait Marat, annonça qu'elle était dépositaire des restes précieux du martyr, et qu'elle avait cru entrer dans les vues de ses anciens collègues en n'épargnant rien pour les conserver[3]. Elle demanda à la Con-

---

1. Voir tome III, page 250, les paroles prononcées par Guiraut, à l'Assemblée législative, le soir même du 2 septembre 1792. Comme tous ses pareils, ce démagogue ne s'était pas oublié dans la distribution des emplois lucratifs et s'était fait nommer conservateur des arts et métiers.

2. Cette adresse est mentionnée au *Moniteur* du 16 juillet 1793, mais elle est tronquée. Nous avons retrouvé l'original écrit de la main de Guiraut. Au bas de la pièce se trouve l'approbation de la section, qui donne à sa députation l'ordre formel d'insister pour obtenir le nouveau supplice qu'elle demande.

3. Elle tint parole, mais envoya la note à payer au ministre de l'intérieur. La réclamation parut exorbitante, et nous donnons, aux *Pièces justificatives,* l'expertise qui fut prescrite à ce sujet.

vention d'assister en corps aux obsèques et celle-ci s'empressa d'obtempérer à cette requête. La cérémonie eut lieu en grande pompe le 17 juillet. Le corps fut déposé provisoirement dans le jardin du couvent des Cordeliers, au milieu des ombrages sous lesquels, dit l'arrêté de la section, l'apôtre de la Révolution se plaisait à instruire ses concitoyens. Dans l'église, on établit une chapelle ardente où des lampes brûlaient continuellement en l'honneur de la nouvelle divinité. Ce fut bientôt un lieu de pèlerinage ; on venait y réciter des litanies composées pour la circonstance et y invoquer, avec une pieuse ferveur, le cœur de Marat, ses plaies et son martyre.

VII.

Une renommée autrement durable attendait Charlotte Corday, et la Convention ne put en empêcher les manifestations immédiates. Nous n'en citerons que deux.

Le 20 juillet, trois jours après l'exécution, la population parisienne s'arrêtait devant un placard affiché sur tous les murs et dans lequel on proposait d'élever une statue à la condamnée, avec cette inscription : *Plus grande que Brutus*. Ce placard était signé Adam Lux, du nom d'un jeune Mayençais que ses compatriotes avaient envoyé demander à la Convention de réunir irrévocablement à la France leur ville, déjà assiégée par l'armée prussienne.

Adam Lux faisait connaître en ces termes les sentiments qui l'avaient agité lorsque, pour la première fois, Charlotte lui était apparue sur la fatale charrette : « Je m'attendais à voir cette fille incomparable montrer la même intrépidité que devant le tribunal. Mais quel fut mon étonnement, lorsque je vis cette douceur inaltérable, au milieu des hurlements barbares ; ce regard si doux, si pénétrant ; ces étincelles vives et humides qui éclataient dans ses beaux yeux et dans lesquels brillait une âme aussi tendre qu'intrépide : yeux charmants qui auraient dû émouvoir des rochers ! souvenir unique et immortel ! regards d'un ange qui pénétrèrent intimement mon cœur, qui le remplirent d'émotions violentes, inconnues jusqu'alors ; émotions dont la douceur égale l'amertume et dont le sentiment ne s'effacera qu'avec mon dernier soupir ! Pendant deux heures, depuis son départ jusqu'à l'échafaud, elle garda la même fermeté, la même douceur inexprimable sur la charrette. N'ayant ni appui, ni consolateur, elle était exposée aux huées continuelles d'une foule indigne du nom d'hommes. Ses regards, toujours les mêmes, semblaient quelquefois parcourir cette multitude pour chercher s'il n'y avait point un humain. Elle monta sur l'échafaud..... elle expira..... et sa grande âme s'éleva au sein des Caton et des Brutus. »

Au même moment, André Chénier, devançant le jugement de la postérité, consacrait une de ses plus belles odes à l'héroïne du Calvados. Elle est digne des *Iambes,* dans lesquels il avait flétri le triomphe des Suisses de Châteauvieux[1], et jamais le grand poète ne s'est élevé plus haut que dans la strophe célèbre :

---

1. Voir tome Ier, page 92.

La Grèce, ô fille illustre, admirant ton courage,
Épuiserait Paros pour placer ton image
Auprès d'Harmodius, auprès de son ami;
Et des chœurs sur ta tombe, en une sainte ivresse,
Chanteraient Némésis, la tardive déesse,
Qui frappe le méchant sur son trône endormi.

Le Comité de sûreté générale fit arrêter Adam Lux et l'envoya à la Force, le 28 juillet. Il languit plus de trois mois dans sa prison, car les démagogues, effrayés les premiers de l'effet produit par la mort de Charlotte Corday, évitaient avec soin tout ce qui pouvait raviver sa mémoire. Adam Lux réclama vainement son jugement à plusieurs reprises[1]. Il ne fut fait droit à sa demande que le 4 novembre. Sa condamnation était certaine d'avance, et il monta sans crainte sur l'échafaud qui, à ses yeux, « depuis le sang pur versé le

---

[1]. Nous donnons ici l'une de ces lettres dans laquelle Adam Lux s'est peint lui-même :

« *Au citoyen Foucauld, juge du Tribunal révolutionnaire.*

Aux prisons de l'hôtel de Force, le 7 septembre 1793 (an II).

« Citoyen,

« Dans deux petits écrits, comme vous le savez, j'ai publié mes opinions politiques, à cause desquelles je suis aux prisons depuis le 25 juillet. Ayant toujours sollicité mon jugement, je le désire encore plus ardemment depuis que je vois que des hommes, ou bien ou mal intentionnés, sans m'avoir jamais vu, me veulent faire passer pour un homme absolument fou. (Voyez par exemple le journal de la Montagne, n° 94.)

« D'avoir des opinions différentes de ceux qui gouvernent est peut-être un malheur; de les publier est peut-être une imprudence ou un crime ; mais serait-il une folie absolue de ne ressembler tout à fait

17 juillet, n'était plus qu'un autel sur lequel on immole les victimes ».

André Chénier attendit plus longtemps. On l'avait arrêté le 8 mars 1794, en raison du courage qu'il avait montré, à toutes les phases de la Révolution, pour la défense de la justice et de la liberté, et l'on inventa contre lui des crimes imaginaires. Il fut impliqué dans la conspiration des prisons et condamné à mort, avec ses prétendus complices, le 7 Thermidor.

Comme ces fleurs qui ne poussent que dans les cimetières, les témoignages d'admiration rendus à Charlotte Corday conduisaient au tombeau, mais aussi à l'immortalité.

à tout le monde? Puisque vous avez fait mon interrogatoire, vous jugerez sur une pareille imputation.

« Comme l'homme de bien ne connaît un bien plus précieux que son honneur; et comme le républicain ne connaît un malheur plus insupportable que celui d'être regardé comme un fardeau inutile à la République, je demande d'être jugé promptement, afin que le tribunal décide si je suis républicain ou contre-révolutionnaire, fou ou raisonnable, sage ou égaré, innocent ou coupable. Car tout me paraît préférable à l'opprobre injuste et immérité d'être nourri et enfermé comme inutile, pitoyable, méprisable. Par conséquent, citoyen, je vous prie instamment de décider bientôt s'il y a lieu d'accusation contre moi, oui ou non; et, dans le premier cas, de me faire juger.

« Quelle que soit la suite de ce jugement, croyez toujours que vous m'aurez infiniment obligé

« Adam Lux. »

LIVRE XLV.

LA RÉSISTANCE RÉPRIMÉE.

I.

Nous avons laissé la Vendée au moment où Henri de La Rochejacquelein se jetait dans la mêlée[1]. Une série de succès marque les premiers pas de ses héroïques paysans. Ils marchent au secours de l'armée d'Anjou, reprennent Bressuire et emportent Thouars[2].

1. Tome VII, page 96.
2. Le général Quétineau, qui commandait à Thouars, avait dû rendre la place, faute de forces suffisantes pour résister. Les Vendéens, qui le savaient suspect aux Jacobins, lui offrirent de rester parmi eux sans combattre. Quétineau, en homme de cœur, refusa. Dénoncé à la Convention par Tallien, poursuivi dans sa prison par le représentant Goupilleau (de Montaigu), il fut déféré au tribunal révolutionnaire de Paris, condamné à mort et exécuté le 26 ventôse.
Quétineau était allé se constituer prisonnier lui-même, ainsi qu'en fait foi le certificat que lui délivra Santerre.

« Au quartier général, à Tours, le 15 juin 1793,
2ᵉ de la République.

« *Le général de brigade Santerre, au président du Comité de salut public de la Convention nationale, à Paris.*

« Citoyen président, comme j'étais à l'entrée de la ville de Tours,

Un moment, la victoire semble déserter leurs drapeaux devant Fontenay ; mais ils ne tardent pas à prendre leur revanche avec Lescure et à s'emparer de cette ville. Ces triomphes répétés imposaient l'obligation d'une organisation régulière. Les chefs vendéens le comprirent et décidèrent, à la fin de mai, la création d'un *Conseil supérieur* dont les attributions, assez mal définies, consistaient à faire des proclamations, à prendre des arrêtés et à adresser des réquisitions pour le service des subsistances. Ce Conseil fut en partie composé d'ecclésiastiques, et c'était de bonne politique, car les prêtres avaient plus d'autorité que les chefs mêmes pour retenir, après le combat, les paysans toujours empressés de rentrer chez eux. L'abbé Guyot de Folleville, célèbre sous le faux titre d'évêque d'Agra, en reçut la présidence ; mais l'âme de l'assemblée était l'abbé Bernier, curé de Saint-Laud d'Angers, qui, dès le début, avait prêché avec ardeur les idées de résistance, et qui devait plus tard jouer un rôle si différent dans les négociations du Concordat.

Le Comité de salut public répondit à ces mesures

---

il s'est présenté à moi un particulier qui m'a dit être le citoyen Quétino *(sic)* et venir, après s'être échappé des prisons de Saumur, se rendre à ma discrétion. Je l'ai adressé à la commission centrale, qui lui a ordonné de se rendre à Paris accompagné d'un gendarme. Le citoyen Quétino désirant rester en état d'arrestation avec un gendarme à Paris, où il est envoyé, j'ai cru que je devais lui donner déclaration de la manière loyale et franche de sa conduite, afin que, comme il le désire, vous lui accordiez la permission de rester chez lui, sous la main de la justice, avec un gendarme.

« *Le général de brigade,*

« SANTERRE. »

d'ensemble par une plus grande concentration des troupes républicaines. Il en forma deux armées, celle des côtes de La Rochelle, dont le ressort d'action s'étendait de la Gironde à la basse Loire, et celle des côtes de Brest, qui avait son rayon militaire de Nantes à Saint-Malo. La première fut confiée à Biron, la seconde reçut pour chef Canclaux. Ils étaient tous deux officiers de l'ancien régime, et le dernier surtout jouissait d'une réputation justement méritée. Mais la faction montagnarde n'en était pas encore arrivée à proscrire les généraux qui avaient le tort grave de n'être point sortis de ses rangs. Elle se réservait seulement, en cas d'échec, la faculté de les rendre responsables de ses propres fautes et le soin de les déférer à la justice révolutionnaire.

Sur le papier, l'armée des côtes de La Rochelle comptait environ 40,000 hommes, mais Biron aurait pu en mettre à peine le quart en ligne. A l'exception de quelques compagnies d'élite, débris des anciens régiments de la monarchie, ses troupes ne comprenaient que des gardes nationaux dont le personnel et le nombre variaient à tout instant. Leur temps de service achevé, ceux qui avaient acquis quelque instruction militaire rentraient dans leurs foyers et cédaient la place à des bataillons de nouvelle réquisition sans cohésion, sans tenue, et souvent sans armes. Ces soldats improvisés, arrachés malgré eux à leurs travaux, étaient au moins honnêtes. Mais quelle confiance pouvait-on avoir dans les volontaires recrutés par la Commune, à prix d'argent, dans Paris et amenés en Vendée par Santerre, le général du 10 août? Ivrognes, lâches et pillards, véritable rebut de la population parisienne, ils ne surent mériter que le surnom dérisoire de *Héros à cinq cents livres.* Un autre corps auxiliaire les dépassa pourtant en atrocités et en brigandages; ce fut la *Légion germanique,* raccolée elle aussi dans la capitale, mais parmi les réfugiés allemands ou hollandais, dont le commandement avait été donné à Westermann [1].

Pendant que Biron cherchait à mettre un peu d'ordre dans ce chaos, les Vendéens reprennent l'offensive. Ils occupent successivement Cholet, Vihiers et Doué. Le 10 juin, ils attaquent Saumur dont les vieilles fortifications étaient plus imposantes que redoutables; mais il fallait monter à l'assaut, chose nouvelle pour de simples paysans. Pendant qu'ils hésitent, La Rochejacquelein, s'inspirant de Condé à Rocroy, jette son chapeau pardessus le retranchement en criant : « Qui va le chercher ? » et bientôt la ville est prise.

Le lendemain, on procéda à la nomination du généralissime et, dans cette guerre où tout était imprévu, la désignation de l'élu ne devait pas être moins extraor-

---

[1]. On avait incorporé de force dans la légion germanique les malheureux débris de la garde suisse échappés au massacre du 10 août. Elle était administrée à Paris par un conseil composé de révolutionnaires ardents et de membres de la Commune, dont Anacharsis Clootz avait été nommé président. Ils furent soupçonnés d'avoir détourné à leur profit une partie des fonds remis entre leurs mains pour l'équipement de la légion.

Minier, commissaire de la Commune dans la Vendée, rendant compte de sa mission au conseil général, le 15 juin 1793, dit textuellement : « Une de nos légions dite *germanique* se livre aux débauches et aux plus grands excès. Elle est suivie de quatre cents femmes. »
Moniteur du 18 juin 1793.

dinaire que le reste. L'armée ne manquait pas de chefs d'un grand courage et d'un grand talent. Les uns étaient doués des plus belles qualités du cœur et du caractère, comme Lescure et Bonchamp; les autres, des dons extérieurs les plus brillants, comme La Rochejacquelein. Certains s'étaient élevés de la condition la plus humble au premier rang, comme Stofflet, garde-chasse du comte de Maulevrier; comme Cathelineau, colporteur et voiturier au Pin-en-Mauge. Au lieu de s'adresser aux plus nobles, c'est parmi ces derniers que le Conseil, sur la proposition de Lescure, alla chercher le chef suprême. Cathelineau fut nommé, et tout le monde applaudit au choix de celui qui, par son éloquence naturelle, avait provoqué les premiers rassemblements et qui avait mérité, par son ardente piété, le titre glorieux de *Saint de l'Anjou*. Ce fut une nomination politique, ont écrit quelques historiens; c'était une nomination forcée, dirons-nous à notre tour, dans un pays où, pour défendre leur foi, les paysans avaient pris l'initiative de la résistance, et dans une armée où régnait une vraie et saine égalité.

La prise de Saumur marque l'apogée de la fortune des armes vendéennes. Jamais l'entente entre les chefs n'avait été plus complète et, du Bas-Poitou où jusqu'alors il avait opéré seul, Charette demandait à entrer dans l'action générale. Le premier résultat de cette union fut une expédition sur Nantes, grande mais dangereuse entreprise, dont le but était d'ouvrir la mer aux royalistes.

La situation de cette ville était critique : à l'intérieur, Nantes reproduisait l'image de l'Assemblée ; les girondins y représentaient le mérite et le nombre, les montagnards la violence et l'audace. Au dehors, les Nantais ne cessaient pas de réclamer des secours ; mais ils n'avaient plus l'oreille de la Convention épurée, et celle-ci ne voulut pas s'intéresser au sort d'une cité dont les autorités, le maire Baco et le représentant Coustard, tenaient toujours pour cette Gironde encore mal abattue. Le danger commun rapprocha les partis, et Nantes résolut de se sauver elle-même.

Cathelineau disposait à peine de 10,000 hommes. Les Vendéens comprenaient mal l'importance de cette expédition lointaine, et beaucoup d'entre eux s'étaient débandés sur la route. Seuls les soldats de Charette, désireux de prendre leur revanche des expéditions dirigées de Nantes contre le Bas-Poitou, étaient remplis d'ardeur. Les chances se trouvaient donc égales entre les assaillants, soutenus par leurs précédents succès, et les habitants combattant pour leurs foyers.

La lutte s'engagea, le 29 juin, avant l'aurore. Cathelineau menaçait Nantes, du côté de la terre ferme, par les trois routes de Paris, de Rennes et de Vannes, tandis que Charette s'avançait par la rive gauche de la Loire. Un moment la ville sembla perdue : Cathelineau se glissant, avec quelques hommes déterminés, au travers des ruelles et des jardins, était parvenu jusqu'à la place Viarmes. Là il s'arrête ; et, croyant la victoire assurée, il s'agenouille pour prier, son chapelet à la main. Au même instant, un coup de feu part de la lucarne d'un grenier et l'étend à terre mortellement blessé. Il ne fallait plus songer à s'emparer de Nantes, et les chefs vendéens donnent le signal de la retraite. Elle se fit dans un désordre tel que les généraux républicains ne pouvaient croire à l'étendue de leur succès[1]. Il était surtout gros de conséquences. Cathelineau représentait le génie populaire des campagnes. Il était l'âme du pieux et sombre Bocage, et le coup qui sauvait Nantes frappait la Vendée même.

La guerre n'était pas près de finir pour cela. Elle allait seulement changer de caractère et prendre des habitudes d'inhumanité dont la première responsabilité incombe à Westermann. Déjà célèbre par la façon dont il avait pillé et dévasté les églises de Belgique, ce général commandait à Saint-Maixent la légion germanique et rêvait de nouveaux exploits. Ami de Danton, convive habituel du banquier de Cock avec Hébert, Vincent et Ronsin, il était certain de ne pas être désavoué en terrorisant la Vendée.

Le 1er juillet, il se porte sur Amaillou. Sous prétexte de « venger les bons patriotes de Parthenay auxquels on n'a laissé que les yeux pour pleurer, et de leur remplacer les objets qu'ils ont perdus, » il livre ce village au pillage et y fait ensuite mettre le feu. Le lendemain, c'est le tour du château de Clisson, demeure de Lescure. « Il n'est pas resté une pierre sur l'autre, » écrit Westermann ; « partout les brigands fuient devant moi et j'irai les voir à Châtillon, après avoir brûlé le château de La Rochejacquelein. » Il ajoute

---

1. *Moniteur* du 7 juillet 1793.

comme dernier commentaire : « L'exécution terrible d'Amaillou et du château de Lescure a semé partout la terreur et, dans chaque commune, je déclare hautement aux habitants que je brûlerai tous les villages qui fourniront des hommes à l'armée des rebelles[1]. »

Le 3 juillet, les républicains occupaient Châtillon, malgré les efforts de La Rochejacquelein et de Lescure qui avaient inutilement tenté de défendre les hauteurs du Moulin-aux-Chèvres. C'était dans cette ville que les Vendéens avaient établi leurs magasins; ils regorgeaient de vin, de farines, d'eau-de-vie et, l'abondance succédant tout à coup aux privations d'une marche rapide, les Bleus perdent toute prudence et se livrent à mille excès. Au même moment, l'armée vendéenne, refoulée de Nantes, arrivait à Cholet. Westermann avait été prévenu et songeait à battre en retraite sur Bressuire; mais il était trop tard et, le 5 juillet, les Vendéens, fondant à l'improviste sur les avant-postes républicains, les surprennent les habits bas, le verre en main et les armes en faisceaux. Rien ne résiste à leur élan; l'artillerie est précipitée pêle-mêle avec la cavalerie et l'infanterie dans le ravin qui précède Châtillon, et le désordre prend de telles proportions, que c'est avec la plus grande peine que Westermann parvient à s'ouvrir un chemin du côté de Bressuire.

Dans sa retraite, il rencontre à Parthenay Bourdon (de l'Oise) et Goupilleau (de Fontenay), qui se ren-

---

[1]. Lettres du 2 juillet 1793 au général Biron. *Moniteur* du 7 juillet 1793.

daient à Châtillon. Les habitudes de pillage de la légion germanique et de son chef avaient depuis longtemps indisposé les représentants. Ces incendies allumés sans ordres, ces succès interrompus par une déroute sans exemple, n'étaient pas de nature à modifier leurs premières impressions. Séance tenante, ils écrivent au Comité de salut public pour demander la destitution de Westermann et la dissolution de ses volontaires. La Convention ajoute encore à ces rigueurs et enjoint à Westermann de se rendre à sa barre [1].

Pendant ce temps, la division de l'armée de Tours partie au secours de Nantes avait fait sa jonction à Angers avec Canclaux. Un moment il avait été question de continuer le mouvement commencé et d'occuper les deux rives de la Loire, afin d'assurer les communications de l'armée des côtes de La Rochelle avec celle des côtes de Brest. Le désir de rejoindre les royalistes fit préférer la marche sur Brissac d'où l'on pouvait tout à la fois surveiller les rassemblements qui se formaient à Vihiers et menacer Chemillé et Cholet. Vainqueurs à Martigné-Briant, le 15 juillet, les républicains, deux jours plus tard, sont battus à leur tour à Vihiers. Ce désastre empruntait une gravité exceptionnelle à cette circonstance que, les principaux chefs royalistes étant absents ou blessés, c'étaient les paysans seuls qui, sous la conduite des capitaines de paroisse, avaient remporté la victoire.

---

1. *Moniteur* du 12 juillet 1793.

II.

Ces alternatives de succès et de revers auraient dû ouvrir les yeux de la Convention. Elles confirmaient les plaintes des généraux et les rapports des représentants; elles montraient que l'insurrection vendéenne ne pourrait être réduite que par des troupes habituées au feu et à la discipline.

L'aveuglement du jour fit préférer aux mesures de prudence l'emploi des moyens révolutionnaires.

« Pourquoi, disait Barère dans la séance du 26 juillet, cette guerre extraordinaire s'est-elle composée jusqu'à ce jour de petites victoires et de très grandes défaites? C'est que vos généraux conservent les formes de l'ancien régime ; c'est que votre armée ressemble à celle d'un roi de Perse. Elle a cent soixante voitures de bagages, tandis que les brigands marchent avec leurs armes et un morceau de pain noir dans leur sac. Il est une vérité actuellement bien reconnue, c'est que jamais vous ne ferez la guerre avec avantage aux rebelles tant que vous ne vous rapprocherez pas de leur manière de la faire. Ils se cachent dans les bois, dans les haies, dans les ravins. Faites la récolte des brigands, portez dans leurs repaires le feu et des travailleurs qui aplanissent le terrain. »

Sous l'emphase de ces paroles retentissantes se cachaient une menace à peine voilée à l'adresse de Biron et une ardente flatterie pour les passions de la Convention.

L'une et l'autre étaient assurées d'un favorable accueil, et un décret ordonne qu'il sera formé sur-le-champ, dans l'armée des côtes de La Rochelle, vingt-quatre compagnies de pionniers et d'ouvriers pour les opérations extraordinaires de la guerre qui devra être faite contre les rebelles[1].

Le 1er août amène de nouvelles sollicitations et de nouvelles rigueurs. Cette fois le parti est pris et la mesure est terrible.

« L'organisation des compagnies d'ouvriers et de pionniers, dit la Convention, sera accélérée : ils seront choisis dans les communes les plus patriotes.

« Il sera envoyé par le ministre de la guerre des matières combustibles de toute espèce pour incendier les bois, les taillis et les genêts des pays insurgés.

« Les forêts seront abattues, les repaires des rebelles seront détruits, les récoltes seront coupées par les compagnies d'ouvriers pour être portées sur les derrières de l'armée, et les bestiaux seront saisis.

« Aussitôt que l'armée sera réorganisée et prête à marcher, les représentants du peuple s'entendront avec les administrations des départements voisins pour faire sonner le tocsin et faire marcher sur les rebelles tous les citoyens depuis l'âge de seize ans jusqu'à l'âge de soixante ans.

« Les femmes, les enfants et les vieillards seront conduits dans l'intérieur ; il sera pourvu à leur subsistance et à leur sûreté avec tous les égards dus à l'humanité. »

On se demande ce qu'on doit le plus admirer ici, du

---

1. *Moniteur* du 29 juillet 1793.

sang-froid avec lequel s'édictaient ces atrocités, ou de l'ironie qui inscrivait, dans de pareils actes, la mention des égards dus à l'humanité. Il est vrai que la philanthropie des démagogues avait une façon toute spéciale de s'exercer; elle consistait à entasser les femmes, les vieillards et les enfants dans des prisons dix fois trop étroites, où les maladies contagieuses les enlevaient par centaines, quand la fusillade ou la guillotine ne venait pas abréger leur supplice.

Sur la proposition de Thuriot, qui fit remarquer qu'il y aurait peut-être des citoyens patriotes et vertueux dont les propriétés seraient dévastées, on ajouta une dernière disposition digne des précédentes.

« Les biens des rebelles de la Vendée sont déclarés appartenir à la République. Il en sera distrait une portion pour indemniser les citoyens demeurés fidèles à la patrie des pertes qu'ils auraient souffertes[1]. »

Pour exécuter de pareils ordres, il fallait un chef de bandits et non un général. La Convention le rencontra dans Rossignol.

Nous avons déjà eu occasion de parler de ce sinistre personnage et de son rôle actif dans les prisons, les massacres des 2 et 3 septembre 1792[2]. Ces gages donnés à la révolution l'avaient rendu cher à la faction jacobine et, quand on organisa les bataillons de volontaires pour la Vendée, il reçut, avec le grade de lieutenant-

1. L'arrêté du Comité de salut public qui servit de base à ce décret est signé Couthon, Barère, Saint-Just, Thuriot, Hérault-Séchelles et Robespierre. Il inaugurait l'entrée de ce dernier au Comité.
2. Tome II, page 447, et tome III, page 265.

colonel, le commandement de la 35ᵉ division de gendarmerie à pied. Par cette sanglante ironie, le loup devenait berger; mais il gardait son caractère et devait être aussi fatal aux siens qu'à ceux qu'il avait mission d'exterminer.

Attaché à la division de Niort, moins pour se battre que pour surveiller Biron, Rossignol fut à Saint-Maixent ce qu'il avait été partout, un ivrogne, un indiscipliné, un vantard et un incapable. Il acquit de la sorte de nouveaux titres à la confiance des démagogues et se trouva naturellement indiqué au choix de la Convention, quand elle résolut de révolutionner la guerre elle-même. Il ne manquait à Rossignol que le grade. L'inepte Bouchotte le lui conféra en moins d'une semaine en le nommant colonel le 10 juillet, général de brigade le 12, et général de division le 15 du même mois. Comme on le voit, en matière de favoritisme, les jacobins laissaient bien loin derrière eux les ministres de Louis XIV et de Louis XV. Jamais, au temps de leur plus grande faveur, les Villeroi et les Soubise n'obtinrent des promotions pareilles à celles que l'on prodiguait à l'idole de la populace parisienne.

Rossignol, malgré tout, avait conscience de son incapacité et hésitait à accepter [1]. La pression des jacobins et l'intervention de Ronsin ne lui permirent pas de céder à ses scrupules. Comme son ami, Ronsin avait été fait général en trois jours [2]. C'était un auteur drama-

---

1. *Moniteur* du 30 août 1793.
2. 1ᵉʳ juillet 1793, capitaine au 13ᵉ régiment de chasseurs à cheval; 2 juillet 1793, chef d'escadrons; 3 juillet 1793, adjudant général chef de brigade; 4 juillet 1793, général de brigade.

tique fort obscur dont le théâtre n'avait pas récompensé les efforts et qui cherchait une revanche dans la politique. En 1792, pendant l'occupation de la Belgique, il avait été le fléau de l'armée du Nord; en 1793, il devint celui de l'armée des côtes de La Rochelle.

Au moment de l'envoyer en Vendée, Bouchotte l'avait pris pour adjoint. Il était arrivé à l'armée muni de pleins pouvoirs avec dix aides de camp, un essaim de filles publiques et un état-major de jeunes drôles plus disposés à parader avec leurs épaulettes qu'à marcher au feu. Quand, à quelques mois de là, il reçut un grade militaire, il n'en conserva pas moins ses fonctions d'adjoint au ministre de la guerre : il y joignit seulement le titre de *général ministre,* étrange cumul qui lui permettait de passer des revues, comme général, les jours de fête, et de rester en arrière, comme ministre, les jours de danger. En réalité, il ne songeait qu'à ses plaisirs ou à ses rancunes et, pendant qu'il accordait sa protection ouverte aux fournisseurs les plus véreux, il dénonçait les honnêtes gens qui ne voulaient pas plier devant lui. Le Comité de salut public appréciait tout particulièrement ce dernier genre de services et était disposé à pardonner beaucoup à ceux qui avaient le triste courage de les rendre. Il laissa donc, au grand scandale de tous, Ronsin acquérir, par ses excès mêmes, de nouveaux titres à sa confiance jusqu'au jour où, comme récompense, il lui commit, avec le commandement de tous les coupe-jarrets de la capitale, la direction suprême de l'armée révolutionnaire.

III.

Tels étaient les hommes qui allaient présider aux destinées de la Vendée. Il est vrai que Barère avait dit : « Ce qu'il faut pour réduire les rebelles, c'est moins du talent militaire que de l'audace révolutionnaire. »

Ce n'était point l'avis des représentants qui suivaient de près, sur les lieux, les péripéties de la lutte. La conduite de Rossignol ne tarda point à leur donner raison.

Un premier conflit éclate à l'occasion du général Tuncq, qui avait succédé à Sandoz dans le commandement de la division de Luçon. Ses succès sur les Vendéens, au Pont-Charron, le 25 juillet, et dans les environs de Luçon, le 30, lui avaient valu la protection des représentants. Il n'en fallait pas davantage pour le rendre suspect à Rossignol qui, sans prévenir personne, demande sa révocation et l'obtient. L'arrêté ministériel récompensant ainsi Tuncq d'avoir trop bien battu ses adversaires arriva au camp le 13 août, à onze heures du soir. A ce moment, les troupes républicaines étaient en présence de toute l'armée vendéenne, renforcée des bandes de Royrand et de Charette. La bataille était imminente, et les représentants n'hésitèrent pas à maintenir dans son commandement le général révoqué. Le lendemain Tuncq justifiait, par une éclatante victoire, la confiance de ses défenseurs. C'était la troisième en dix-huit jours et, en l'annonçant au Comité de salut public, Bourdon et Goupilleau purent lui dire :

« Tous les jours on accorde des brevets d'adjudants et de généraux à des hommes qui n'ont peut-être jamais monté la garde. Nous avons pris sur nous de nommer provisoirement le général Tuncq général divisionnaire, et nous espérons que la Convention voudra bien confirmer cette nomination [1]. »

Quelques jours plus tard, c'est avec Rossignol lui-même que la lutte s'engage au quartier-général de Tuncq, à Chantonnay. Rossignol faisait une tournée d'inspection, en compagnie du représentant Bourbotte. On était aigri de part et d'autre, et la délibération prit de suite un tour orageux. Bourbotte reproche à Bourdon de n'avoir pas encore appliqué le décret du 1er août. Bourdon riposte que ce décret renferme des dispositions atroces, qu'il ne le fera point exécuter et qu'il ne permettra pas qu'on l'exécute, quand bien même il devrait faire incarcérer son collègue au château de La Rochelle.

On se sépare au plus mal et Rossignol continue sa route dans la direction de Fontenay. Là, on lui donne pour logement la maison d'un riche habitant récemment passé aux Vendéens. Tous les meubles se trouvaient sous les scellés; mais le respect de la loi était le moindre souci de l'étrange état-major que Rossignol traînait après lui, et dans lequel l'imprimeur Momoro, délégué du département de Paris, coudoyait le comédien Grammont, métamorphosé en adjudant-général par la grâce de Ronsin. Sous prétexte que les biens des royalistes doivent être confisqués et constituent des pro-

---

[1]. *Moniteur* du 18 août 1793.

priétés nationales, on brise les scellés, on fouille les armoires et l'on se partage les vêtements, les bijoux et tous les objets de valeur qu'elles renferment. Le général en chef lui-même prend part à la curée. Il s'adjuge la voiture de son hôte et, joignant l'ironie au pillage, il écrit en partant au maire de Fontenay qu'il l'emmène pour le service de la République. Déjà le 21 août, en traversant Niort, Rossignol, non content de succéder à Biron, avait volé ses chevaux[1].

La municipalité de Fontenay ne pouvait pas rester inactive. Elle dresse un procès-verbal de ces actes de pillage et l'envoie à Chantonnay aux représentants Bourdon (de l'Oise) et Goupilleau. Ces derniers jugent l'affaire assez grave pour suspendre Rossignol de ses fonctions. De son côté, Bourbotte défend aux troupes d'exécuter les ordres de ses collègues et part en poste pour Paris, accompagné de Rossignol, après avoir confié à Santerre le commandement provisoire de l'armée.

La Montagne n'avait pas attendu l'arrivée de son favori pour faire de sa révocation une question de parti. A la première communication de l'arrêté de suspension,

1. C'est ce qui résulte du certificat suivant :

« Aujourd'hui, 22 août 1793, l'an II de la République, je soussigné, Jacques Jacob, piqueur du général Biron, certifie que le citoyen Rossignol, général en chef de l'armée des côtes de La Rochelle, s'est emparé hier de dix chevaux appartenant au général Biron, laissés à Niort; de même que de cinq autres chevaux que lui, déclarant, avait vendus au général de brigade Mieskowski; il certifie, en outre, qu'indépendamment des chevaux, le citoyen Rossignol s'est permis de s'emparer de toutes les selles, brides de voiture, etc., appartenant aussi au général Biron.

« En foi de quoi j'ai signé les présentes.   « J.-J. JACOB. »

Tallien s'était écrié, au milieu des murmures de la Convention[1] :

« Lorsque j'ai vu Rossignol nommé général en chef, j'ai été le premier à dire qu'il n'était pas capable de commander une armée de cette importance. Mais c'est un des vainqueurs de la Bastille; je sais que Biron ne pouvait pas souffrir l'âpreté du caractère républicain de Rossignol; il s'est toujours montré en héros. Eh! que m'importent à moi quelques pillages particuliers, je veux dire le pillage de quelques maisons d'aristocrates! Rossignol a la confiance de l'armée. Je demande que le Comité de salut public fasse demain son rapport sur cet arrêté. »

A la séance du 28 août[2], la discussion recommence plus animée et plus vive, en présence de Bourbotte et de Rossignol. Cette fois encore, personne ne s'occupe des faits imputés au général, et Bourbotte détourne l'attention de la Convention sur les causes présumées de sa destitution.

« — Il faut, dit-il, vous faire connaître les vrais motifs qui ont porté Goupilleau et Bourdon à de semblables dispositions. Goupilleau, envoyé en mission dans son propre département, a senti qu'il avait beaucoup à perdre dans l'exécution des mesures décrétées à l'égard des rebelles de la Vendée, et tout à craindre de la part d'un général qui n'avait que le salut public à consulter et qui avait manifesté hautement ses intentions à cet égard. »

1. *Moniteur* du 28 août 1793.
2. *Moniteur* du 30 août 1793.

— « Qui de nous, ajoute Drouet, n'a pas éprouvé le patriotisme de Rossignol? L'injustice dont il a été l'objet est évidente. Je demande que sa destitution soit levée et que Bourdon (de l'Oise) et Goupilleau soient rappelés pour rendre compte de leur conduite. »

« — Pourquoi, reprend un troisième membre, Goupilleau a-t-il eu la faiblesse de se rendre dans un pays où étaient ses propriétés, lorsqu'il savait que la résolution formelle des Français était de porter le fer et le feu dans les repaires des brigands? Était-il assez ferme pour exécuter une pareille mesure? Était-il un nouveau Brutus pour en ordonner l'exécution? Depuis les premiers jours de la malheureuse guerre de la Vendée, nous avons eu un grand nombre de commissaires et les affaires n'en ont pas été mieux. Choudieu n'a vu qu'Angers; Goupilleau n'a vu que la Vendée. Je demande le rappel de tous les commissaires qui sont dans ce pays. Ce sont tous des malheureux qui nous ont perdus. »

Cette proposition était trop libérale et provoque des murmures. Tallien en profite pour recommencer l'éloge de Rossignol.

« — On n'a pas rapporté contre lui, dit-il, un seul fait relatif à ses fonctions de général.

« — Qu'a-t-il fait pour être général? s'écrie une voix.

« — On demande ce qu'a fait Rossignol, reprend Tallien. Je répondrai : depuis le commencement de cette guerre, il s'est battu plus de cinquante fois à la tête de la 35e division de gendarmerie qu'il commandait. Comme général, il a trouvé une armée débandée et il l'a réorganisée. Pourquoi Rossignol ne trouverait-il pas de défenseur dans une assemblée où l'on a répondu de Beysser et de Westermann? Serait-ce parce qu'il est un véritable sans-culotte? Non, l'Assemblée sera plus juste; elle lèvera la suspension et il sera beau de voir Rossignol, sorti de cette classe tant dédaignée par la noblesse, succéder à *monseigneur* le duc de Biron. »

La Convention applaudit à ce dernier trait et Rossignol, réintégré dans ses fonctions, est admis aux honneurs de la séance. « J'ai juré, dit-il en remerciant, d'exterminer les brigands et de détruire leurs asiles; je le ferai. »

IV.

L'anarchie qui régnait parmi les républicains était faite pour relever le courage et la confiance des Vendéens.

Déjà ils avaient remplacé Cathelineau et élevé d'Elbée aux fonctions de généralissime. Dans les premiers jours de septembre, ils divisent le pays en cinq districts militaires et se préparent à reprendre l'offensive sur tous les points à la fois.

L'arrivée de la garnison de Mayence changea la face des choses. Elle avait dû, lors de la capitulation, souscrire l'engagement de ne pas porter les armes pendant un an contre les puissances alliées. Cette condition, en apparence si dure, en rendant à la défense intérieure 8,000 hommes de troupes exercées, était au contraire pour la Convention une chance inespérée de salut.

Le premier moment d'émotion passé, Barère fait voter un crédit de trois millions destinés à conduire en poste jusqu'en Vendée les héroïques défenseurs de Mayence. Le 17, un nouveau décret envoie les représentants Merlin (de Thionville) et Rewbell rejoindre leurs frères d'armes. Canclaux et Rossignol se disputaient ce précieux renfort; le Comité de salut public charge un conseil de guerre, composé de généraux et de représentants, de trancher la question et d'arrêter le plan de campagne.

Deux projets étaient en présence. L'un donnait l'initiative à l'armée des côtes de Brest. Il consistait à combiner, entre les deux divisions de Mayence et de Nantes et les troupes de Rossignol, un mouvement demi-circulaire et convergent, destiné à refouler les rebelles jusqu'au cœur du pays insurgé et à les écraser sous l'effort des deux armées réunies. Le second, beaucoup plus simple, se bornait à concentrer toutes les forces républicaines à Saumur, et à organiser une battue en ligne, de l'est à l'ouest, afin d'acculer les Vendéens entre la Loire et la mer.

Le Comité de salut public avait déjà donné son approbation au premier plan, dans la crainte de jeter la Vendée dans les bras de la Bretagne et de l'Angleterre. Ce fut également l'avis du conseil de guerre tenu à Saumur, le 2 septembre, où assistaient onze représentants et autant de généraux. L'armée de Mayence resta donc sous le commandement de Canclaux, pendant que Rossignol faisait sonner le tocsin et procéder à la levée en masse dans les départements limitrophes.

La campagne s'ouvrit par un revers. Le général Lecomte, qui remplaçait Tuncq malade, se laissa surprendre, le 5 septembre, à Chantonnay. Cet échec, qui n'avait rien d'irréparable, compromit tout le reste des opérations.

D'après le plan arrêté à Saumur, l'armée des côtes de Brest et celle des côtes de la Rochelle devaient se trouver réunies le 16 septembre devant Mortagne. Les troupes de Canclaux se mirent donc en marche dès le 9; mais Rossignol, soit crainte, soit dépit, n'apporta pas la même rapidité dans l'exécution du mouvement convenu. Le 17, la division de Saumur n'était encore qu'à Vihiers, pendant que Canclaux, obligé d'attendre, s'arrêtait à Clisson et apprenait que des ordres contradictoires avaient imposé aux divisions de Niort et des Sables des marches et des contre-marches inutiles.

Au milieu de ces hésitations, les Vendéens attaquent, les unes après les autres, ces troupes abandonnées à elles-mêmes sans cohésion et sans lien. Le 18 septembre, Santerre avec la division de Saumur est battu à Coron. Le 19, le chevalier Duhoux met en déroute, à Beaulieu, la division d'Angers commandée par son oncle, — les jeux de la fortune et de la guerre ! — Le même jour, l'avant-garde de l'armée de Mayence, malgré les efforts de Kléber, est écrasée à Torfou par les forces réunies de Bonchamp, d'Elbée, Charette et Lescure; le 21, ces deux derniers surprennent, à Montaigu, Beysser et la garnison de Nantes, et couronnent leur succès, le 23, en refoulant à Saint-Fulgent la division des Sables, dont le commandement venait d'être donné au général Mieskowski.

Jamais la cause vendéenne n'avait brillé d'un si vif éclat. Il ne fallait plus songer à rester dans un pays exalté par cinq victoires en six jours, et Canclaux se replia sur Nantes.

Comme l'on devait s'y attendre, chacun se renvoya la responsabilité de ces désastres. Deux hommes surtout tonnaient l'un contre l'autre et s'accusaient réciproquement de trahison. C'étaient le dantoniste Philippeaux, en qui s'incarnait la représentation de Nantes, et le général ministre Ronsin, qui personnifiait plus spécialement l'armée des côtes de La Rochelle. En réalité, personne n'avait trahi ; mais l'incapacité de Rossignol, la haine de Ronsin contre les militaires et la difficulté de concerter des mouvements précis entre des soldats improvisés et des troupes régulières avaient tout compromis.

Le Comité de salut public, ne sachant auquel croire, se tira d'embarras en frappant à droite et à gauche sur les généraux. D'un côté, il suspend Canclaux et rappelle Aubert Dubayet : de l'autre, il confie à Ronsin le commandement de l'armée révolutionnaire récemment organisée à Paris, et charge Rossignol de la direction de l'armée des côtes de Brest diminuée des divisions de la Loire. Le surplus des forces républicaines en Vendée reçoit pour chef, avec le titre d'armée de l'Ouest, un ancien maître d'armes de Saintes, nommé Léchelle, jacobin exalté, aussi poltron qu'incapable, qu'on ne vit jamais au feu et qui savait à peine signer son nom.

Cependant, après quelques jours de repos, Canclaux

avait quitté Nantes et repris la campagne. Comme la première fois, son objectif était Mortagne, et il avait besoin, pour l'atteindre, du secours des divisions de Chalbos et de Mieskowski. Le plan des opérations, communiqué à Saumur le 26 septembre, avait reçu l'approbation des représentants Choudieu et Richard, quand un conseil de guerre, tenu par ces derniers le 2 octobre, prescrivit à Chalbos de rétrograder sur Bressuire, et à Mieskowski de rester dans ses positions, pour défendre éventuellement Luçon. L'armée de Nantes restait encore une fois seule ; mais il était trop tard pour reculer, et Canclaux continua résolument le mouvement commencé.

Les Vendéens de leur côté marchaient à sa rencontre. Un premier combat s'engage, le 6 octobre, à la hauteur du village des Treize-Septiers, près de Saint-Symphorien. Kléber, à l'avant-garde comme toujours, brûlait du désir de prendre sa revanche. Dès le début de l'action, il fait charger à la baïonnette, et la lutte devient bientôt si serrée qu'il est impossible de part et d'autre de se servir de l'artillerie. A la fin, les royalistes sont obligés de plier, et quelques coups de canon, tirés à toute volée, achèvent leur déroute. L'échec de Torfou était réparé et la route de Mortagne se trouvait libre ; mais Canclaux n'eut pas le temps de profiter de sa victoire. La nouvelle de sa destitution venait d'arriver et, le soir même, il quittait l'armée en compagnie d'Aubert Dubayet. « Le sot et l'intrigant triomphent, écrivit à cette occasion Merlin (de Thionville) et, en attendant qu'on vienne prendre le commandement, j'ai tout réorganisé de manière qu'on ne sent plus le vide. » Il avait confié à Kléber la direction provisoire de l'armée.

Au même moment, Chalbos tentait une diversion sur Châtillon. Un combat heureux au Moulin-aux-Chèvres, le 9 octobre, lui livre cette ville ; mais quand il veut, le 11, continuer sa marche sur Mortagne, il se heurte au gros de l'armée vendéenne et est obligé de reprendre en désordre la route de Bressuire. L'imprudence de Westermann, acquitté à Niort et récemment réintégré dans son commandement [1], avait causé tout le mal. Furieux d'avoir été une seconde fois battu à Châtillon, il ne tarde pas à reconnaître le petit nombre de ceux qui le poursuivent, et conçoit le projet de faire volte-face et de reprendre la ville par un coup de main hardi. Il rallie donc quelques centaines de hussards et autant de grenadiers qu'il fait monter en croupe, renverse tout sur son passage et surprend à son tour les Vendéens assoupis et ivres d'eau-de-vie. Ce fut un horrible massacre, où l'on n'épargna ni les femmes, ni les enfants, et que l'incendie termina le lendemain.

Pendant que Châtillon brûlait, la division de Mayence reprenait sa marche et les Blancs évacuaient Mortagne, pour se masser à Cholet. Kléber et Lescure se trouvèrent de nouveau en présence, le 15 octobre, à la hauteur du château de la Tremblaye. On se battit de part et d'autre avec acharnement, et la victoire balança toute la journée ; mais vers le soir, Lescure ayant reçu une blessure mortelle à la tête, l'avantage resta aux Bleus.

Le moment était solennel. Par suite de nouveaux

---

1. Voir plus haut, page 176.

ordres, les divisions de Luçon et de Chalbos venaient d'arriver; les représentants Bourbotte, Choudieu, Fayau et Bellegarde étaient accourus de Saumur et s'étaient joints à leurs collègues Merlin (de Thionville), Turreau et Carrier. Tous prirent part au conseil dans lequel allait se décider le sort de la guerre. Les Blancs avaient fui jusqu'à Beaupréau. Les généraux de l'armée de Mayence étaient d'avis de les poursuivre jusqu'à la Loire, sans tarder, afin de les battre en route, s'ils se retournaient pour résister, ou de les noyer dans le fleuve, s'ils tentaient de le franchir. Chalbos ayant fait observer que ses troupes étaient trop fatiguées, la majorité préféra une attaque en masse sur Beaupréau.

Cet excès de prudence sauva les Vendéens. Eux aussi délibéraient. Fallait-il, comme le proposait Bonchamp, transporter sur la rive droite de la Loire le théâtre de la lutte? Valait-il mieux, suivant l'avis de d'Elbée, continuer dans le pays même une guerre désespérée de partisans? L'amour du sol natal prévalut et l'on convint de s'emparer de Varades, pour assurer la retraite en cas d'échec, et de tenter une dernière fois le sort des armes avant de traverser la Loire.

Bonchamp et d'Elbée revinrent donc, à la tête de 40,000 hommes, attaquer Cholet, le 17 octobre. Ils avaient disposé leurs soldats en colonne serrée, et les Vendéens marchaient pour la première fois en ordre de bataille. Le point faible de la ligne républicaine était à l'aile gauche, et c'est sur elle que se porte le premier effort des assaillants. Victorieux un moment, ils ne tardent pas à être repoussés et se rejettent sur le centre. Là, ils sont décimés par l'artillerie de la division de Luçon, que son chef démasque à l'improviste et qui les mitraille à bout portant. Soutenus par l'énergie du désespoir, les Vendéens reculent, mais reviennent à la charge. Enfin il faut céder et la déroute commence, impitoyable et sanglante. La nuit seule mit un terme à cette effroyable boucherie. De part et d'autre les pertes étaient immenses. Bonchamp et d'Elbée étaient frappés à mort et Kléber, dans sa seule division, avait vu tomber, le 15 et le 17 octobre, quatorze chefs de brigade, chefs de bataillon ou officiers d'état-major, ses amis et ses compagnons d'armes de Mayence. Il est vrai que l'honneur de la victoire revenait à lui seul. Les soldats de Chalbos avaient fui dès le commencement de l'action. Quant au général en chef Léchelle, on ne le vit qu'après le combat.

La question était tranchée : il fallait quitter la Vendée et, sans s'arrêter à défendre Beaupréau, les vaincus courent d'une seule traite à la Loire. Le 8 octobre, ils passent le fleuve à Saint-Florent, emmenant avec eux comme aux siècles d'invasion leurs chariots, leurs bœufs, leurs femmes, leurs enfants et leur Dieu. Lescure mourant avait été placé sur une barque ; La Rochejacquelein pleurait ; tous étaient animés des plus tristes pressentiments. La mort attendait les fugitifs sur ce rivage où ils croyaient trouver la délivrance. Comme Antée, l'armée vendéenne ne pouvait vivre qu'au contact du sol qui l'avait vue naître et, semblable à une bande d'oiseaux sous l'aile de l'autour, ce tourbillon humain allait s'élever, s'abattre, rebondir, retomber, se relever encore jusqu'à la chute finale qui devait les anéantir tous.

Ainsi finit victorieusement, mais sans gloire pour les armes républicaines, cette guerre de quelques mois. Il n'y en eut pas de plus cruellement et de plus maladroitement conduite. Une tourbe immonde d'intrigants, de pillards et de poltrons en retarda le succès et ne put l'empêcher. La Convention vainquit malgré elle et avec la seule aide de ces généraux qu'elle ne savait que soupçonner et proscrire.

Les représentants s'attribuèrent naturellement la victoire et, dans la joie du triomphe, écrivirent à Paris : « La Convention nationale a voulu que la guerre de la Vendée fût terminée avant la fin d'octobre ; nous pouvons lui dire aujourd'hui qu'il n'existe plus de Vendée. Une solitude profonde règne actuellement dans le pays qu'occupaient les rebelles. On ferait beaucoup de chemin dans ces contrées avant de rencontrer un homme et une chaumière, car nous n'avons laissé derrière nous que des cendres et des monceaux de cadavres[1]. »

Au même moment, dans un admirable élan de générosité et de miséricorde, Bonchamp, expirant sur les bords de la Loire, faisait grâce de la vie à 4,000 prisonniers républicains que les Vendéens traînaient après eux.

---

1. *Moniteur* du 24 octobre 1793.

V.

Le plan de résistance des Bordelais avait été bien combiné ; mais il avait besoin pour réussir de trouver, dans la Gironde, une direction énergique, et, au loin, un appui effectif dans la majorité des départements[1]. Cette double condition ne fut jamais remplie. A Bordeaux même, malgré la chaleur des discours et l'abondance des propositions généreuses, le recrutement de la force départementale rencontra mille difficultés et ne se fit qu'à prix d'argent par voie de remplacement[2]. Dans les départements, les délégués de la Commission populaire de salut public, précédés ou rejoints par les émissaires de la Montagne, revinrent en rapportant qu'ils n'avaient trouvé qu'hostilité ou qu'indifférence. La déroute de Pacy, en exagérant dans les esprits la force de la Convention, acheva de jeter le découragement parmi les plus vaillants. La Vendée, Marseille et Lyon restaient seuls en armes. Quel réveil après avoir rêvé le concours de soixante-huit départements ! Ne valait-il pas mieux, en présence d'un échec certain, essayer de fléchir, par une soumission volontaire, la faction triomphante ? Les Bordelais eurent un moment l'illusion de croire que cela serait possible et, le 2 août, la Com-

1. Voir plus haut, page 146.
2. Par un étrange retour des choses humaines, le bataillon formé pour renverser la faction jacobine fut, après la soumission de Bordeaux, envoyé dans la Vendée où il aida à défendre l'autorité de ceux qu'il avait eu mission de combattre.

mission populaire prononça elle-même sa dissolution.

Cette soumission était sans doute plus apparente que réelle, puisque chacun de ses membres, rentré dans le corps qui l'avait délégué, conservait sous un autre nom l'exercice des pouvoirs publics. Mais tous étaient prêts à se démettre sans réserve et, en présence de l'apaisement sincère des esprits, de grands malheurs pouvaient être évités. La Convention ne voulut écouter ni la voix de la raison, ni celle de l'humanité. A l'indulgence que conseillait la politique préférant les rigueurs que réclamaient les passions révolutionnaires, elle rendit, le 6 août, un décret terrible et mit hors la loi tous ceux qui avaient *provoqué* la création de la Commission populaire de salut public, *concouru* ou *adhéré* à ses actes [1].

En exagérant la répression, la Convention fit renaître la résistance.

Chacun, en effet, se sentait menacé par un décret

---

1. Le décret du 6 août 1793, sur les événements de Bordeaux, est ainsi conçu :

Art. 1er. Tous les actes faits par le rassemblement qui a pris à Bordeaux le titre de Commission populaire de salut public, sont anéantis comme attentatoires à la souveraineté et à la liberté du peuple français.

Art. 2. Tous les membres qui composent ce rassemblement, ainsi que tous ceux qui ont provoqué, concouru ou adhéré à ses actes, sont déclarés traîtres à la patrie et mis hors la loi. Leurs biens sont confisqués au profit de la République.

Art. 3. La commune de Bordeaux réintégrera, dans l'heure de la notification du présent décret, les 357,320 piastres enlevées à main armée, à l'hôtel de la monnaie, et qui étaient destinées au service de la marine.

Art. 4. Tous les dépositaires actuels de l'autorité publique, dans la ville de Bordeaux, répondent individuellement sur leur tête de la

qui confondait, dans la même proscription, les chefs et les soldats, les égarés et les coupables; chacun se demandait où s'arrêteraient les poursuites contre les adhérents dans une ville où tout le monde avait adhéré. L'émotion était à son comble quand, le 19 août, à sept heures du soir, les représentants Baudot et Ysabeau, chargés de l'exécution du décret, arrivent à Bordeaux. Dès leur première sortie, ils sont reconnus et poursuivis par les huées de la foule qui grossit sur leurs pas. Quelques personnes plus modérées se dévouent, les font monter dans une voiture et les conduisent à l'hôtel de ville. Là ils trouvent le conseil général en séance et prennent place aux côtés du maire. Pendant qu'on délibère, les sections, informées de la présence des représentants, envoient des députations pour réclamer le rapport ou tout au moins la suspension du décret du 6 août; mais Baudot et Ysabeau résistent et, après une longue dis-

somme de 357,320 piastres et des atteintes qui pourraient être portées à la sûreté des fonds et des caisses de la République.

Art. 5. La trésorerie nationale fera parvenir, dans le plus court délai, aux commissaires qui seront nommés par les sections de Bordeaux, la somme de deux millions dont le prêt a été décrété le 30 mars dernier pour pourvoir aux subsistances de cette ville; lesquels commissaires ne pourront être choisis parmi les membres des autorités constituées, ni parmi les citoyens qui ont coopéré ou adhéré aux actes liberticides et contre-révolutionnaires des individus composant le rassemblement connu sous le nom de Commission populaire de salut public.

Art. 6. Le présent décret sera porté sur-le-champ, par un courrier extraordinaire, aux représentants du peuple actuellement à Toulouse et à Montauban, qui demeurent chargés de prendre tous les moyens d'instruction et de force qu'ils jugeront convenables pour amener sa prompte exécution, faire respecter les lois et garantir les citoyens de l'oppression.

cussion, on les reconduit à leur hôtel sous bonne garde.

Le lendemain, les sollicitations recommencent au domicile des délégués de la Convention et sont repoussées, comme la veille, par un refus formel. Les deux représentants n'avaient plus qu'une pensée, celle de quitter une ville où ils se heurtaient à une aussi forte opposition. Sur leur réquisition écrite, la municipalité leur fournit des chevaux de poste, et ils partent, au milieu de la nuit, avec une escorte, pour se rendre à La Réole, petite ville fort républicaine où ils étaient certains d'être reçus avec empressement. Pendant la route quelques cavaliers ayant, à la faveur de l'obscurité, gratté, avec la pointe de leurs sabres, le bonnet de la liberté peint en guise d'armoiries sur les panneaux de la voiture, ce fut un nouveau grief à la charge des Bordelais.

De La Réole, Baudot et Ysabeau adressèrent au Comité de salut public un rapport rempli d'exagération. Feignant d'avoir couru un véritable danger de mort, ils reprochent à la municipalité de n'avoir rien fait pour les défendre; ils dénoncent les « riches égoïstes, les négociants cupides, les aristocrates connus qui remplissent les assemblées électorales, les sections populaires, les administrations locales » ; ils rappellent que « l'impunité accordée aux insultes faites à Treilhard et à Mathieu les a enhardis pour de nouveaux forfaits »; ils demandent justice « des jeunes gens très élégants et des messieurs à belles lévites et à grosses cravates qui les ont menacés ». Quant à la mission dont ils étaient chargés, le décret du 6 août paraissait à leurs yeux mêmes empreint d'une telle exagération, qu'ils sollicitent de la Convention l'autorisation d'en restreindre les effets aux membres de la Commission populaire et aux chefs de la faction. « Sans cela, disent-ils, cent mille personnes peut-être sont menacées, et il faut alors une armée de 20,000 hommes pour réduire tant de rebelles ». Dans leur bouche, cet aveu est précieux à recueillir [1].

La réponse de la Convention n'était pas douteuse. En l'attendant, les représentants chargent des agents sûrs d'occuper la citadelle de Blaye, la poudrière de Lormont, le fort Médoc, celui de Royan et le vaisseau stationnaire de l'embouchure de la Gironde. En même temps, pour réduire plus vite la population de Bordeaux en l'affamant, ils interceptent tous les convois de vivres dirigés sur cette malheureuse cité.

Les Bordelais se laissèrent bloquer sans résistance. Sûrs de l'ordre intérieur, avec la société populaire de la

---

[1]. Nous avons retrouvé les observations manuscrites adressées au Comité de salut public par Baudot et Ysabeau, en marge de la copie du décret du 6 août qui leur fut transmise. Elles prouvent, mieux que toutes les réflexions, combien ces représentants montrèrent peu de franchise en maintenant leurs exigences. Ils disaient :

Art. 1er. Cet article ne peut souffrir aucune difficulté dans son exécution.

Art. 2. Cet article a beaucoup servi aux vrais coupables, aux meneurs de la Gironde, pour faire embrasser leur parti par toutes les sections, en leur persuadant qu'elles étaient comprises dans le décret, et que les biens de toute la ville étaient confisqués pour avoir provoqué, concouru et adhéré. De là les hauts cris qu'on a jetés. Qui prouve trop ne prouve rien. Les commissaires demandent que les dispositions de cet article soient restreintes aux chefs de la faction dont ils ont la liste, aux membres de la Commission populaire, aux administrateurs, etc. Par ce moyen, il y aura jour à exécuter ce décret, ou plutôt le peuple de Bordeaux y concourra volontiers. Il nous suffira d'une lettre du Comité de salut public pour nous croire suffi-

jeunesse que présidait l'avocat Ravez et qui comptait dans ses rangs l'élite de la garde nationale, ils attendaient encore une fois, du temps, un secours que leur énergie seule aurait pu leur procurer. Ce blocus d'ailleurs était, au début, plus nominal qu'effectif et n'empêcha pas la majorité des députés réfugiés à Caen de se rendre dans la Gironde. Duchâtel, Meillan, Bergoing, Salles et Cussy débarquèrent les premiers. Ils ignoraient l'aveuglement et l'inertie de leurs amis et ne purent les déterminer à agir.

Cependant les mesures prises par Baudot et Ysabeau commençaient à porter leurs fruits. Les grains surtout étaient rares et, depuis le 15 août, chaque habitant de Bordeaux était réduit à 7 onces de pain par jour. De La Réole, les représentants exploitaient habilement cette

---

samment autorisés à agir contre les seuls meneurs, sans qu'il soit besoin d'un nouveau décret.

Art. 3. Les piastres sont réintégrées; mais nous pensons qu'il serait bon de les retirer promptement de Bordeaux. Nous nous sommes aperçus qu'elles étaient encore un objet de convoitise. Le numéraire est rare. Il ne faut pas exposer ces messieurs à une nouvelle tentation.

Art. 4. Nous découvrons tous les jours que les administrateurs du département se sont emparés des fonds qui leur étaient envoyés pour divers objets, tels que les routes, les piques, etc. Avis pour envoyer sobrement de nouveaux fonds à ces intrigants. Il vaut mieux les adresser directement aux districts qui sont bons en majeure partie.

Art. 5. Il y aurait un grand inconvénient à remettre les deux millions entre les mains des commissaires de toutes les sections, parce que la majeure partie est encore dominée par les factieux. Nous connaissons les citoyens sûrs et fidèles; c'est à eux que nous confierons le sort et le pain du peuple, et non aux insolents agioteurs qui le mangent.

C.-ALEX. YSABEAU.
M.-A. BAUDOT.

situation. Pendant qu'au dehors des commissaires, choisis parmi les plus fougueux jacobins, accumulaient aux portes de la ville les approvisionnements et les vivres, les révolutionnaires restés à l'intérieur parcouraient les quartiers pauvres, accusant les administrateurs en fonctions d'accaparer les grains et promettant que la disette cesserait le jour de l'entrée des délégués de la Convention. A la suite de ces excitations, un premier conflit éclate entre la Société de la Jeunesse et la section Franklin où dominait l'élément montagnard. Pour maintenir l'ordre, la municipalité est obligée de fermer les clubs; elle envoie, en outre, une députation à Paris renouveler l'offre de sa soumission.

« Citoyens législateurs, disait l'un de ses membres à la séance de la Convention du 30 août, l'objet de notre mission est de vous remettre une adresse de vingt-quatre sections[1] de la ville de Bordeaux, d'une commune dont vous avez si souvent loué le civisme, le zèle et les sacrifices pour la chose publique. Soyez indulgents pour la rédaction; que des mots ne vous fassent pas juger de leurs sentiments; qu'un seul instant d'erreur soit oublié. Il est si doux, pour les représentants d'une grande nation, de ne trouver dans les coupables que des frères égarés, que nous espérons de votre justice le rapport d'un décret qui a porté dans l'âme de tous les citoyens de Bordeaux la douleur la plus cruelle. Législateurs, qu'il nous soit permis de rappeler à cette

---

1. Bordeaux renfermait vingt-huit sections. La grande majorité appartenait, comme on le voit, à l'opinion modérée.

auguste Assemblée un fait très important qui peut appuyer notre demande. Le citoyen Barère qui vous faisait, il y a quelque temps, un rapport sur Bordeaux, vous a dit que le Comité avait décidé dans sa sagesse d'accorder un délai de six semaines pour permettre à la ville de revenir de son erreur. Il avait bien jugé de nos sentiments, il avait bien jugé de cette cité, puisque, le 2 août, tout était rentré dans l'ordre et que c'était seulement le 6 qu'expirait le terme qu'il nous avait accordé [1]. »

A ces mots, Chabot s'élance à la tribune. Déjà, le 6 août, il avait déclaré insuffisantes les mesures de répression proposées par le Comité de salut public. Il voulait que les biens des membres de la commission populaire fussent partagés entre les habitants de Bordeaux ayant moins de 300 livres de revenu, et c'est sur sa proposition, amendée par Couthon, que la confiscation, au profit de la République, avait été ajoutée au décret. Cette fois il est plus impitoyable encore[2]. « L'égarement des révoltés de Bordeaux, s'écrie-t-il, pouvait, avant l'acceptation de la constitution, avoir un prétexte; mais, depuis la journée du 10 août, les habitants de cette ville, qui se sont permis d'interroger sur la sellette des représentants du peuple, sont des scélérats, dont il faut punir l'audace. Citoyens, les scènes affligeantes qui se passent maintenant à Lyon et à Marseille sont l'œuvre des marchands de Bordeaux. Ils en at-

---

1. *Moniteur* du 8 août 1793.
2. *Moniteur* du 1ᵉʳ septembre 1793.

tendent le résultat afin de se découvrir et d'arborer l'étendard de la contre-révolution. Il y a dans Bordeaux des conspirateurs dont il faut se saisir et dont la tête doit tomber sur l'échafaud. »

Delacroix ajoute : « D'après le fait annoncé par Chabot, je ne conçois pas comment les sections de Bordeaux qui, il y a huit jours, méconnaissaient l'autorité de la Convention, osent vous envoyer aujourd'hui des commissaires pour implorer votre indulgence. Une ville ne doit point espérer de pitié tant qu'elle est en insurrection. »

Sur leur proposition, la pétition des Bordelais est renvoyée au Comité de salut public, et l'Assemblée passe à l'ordre du jour.

De leur côté, Baudot et Ysabeau écrivaient à la Convention : « Le peuple de Bordeaux n'a vu aucun grand mouvement de révolution, et il n'a pas l'activité nécessaire pour en faire une lui-même; mais, avec un petit peloton d'armée, tout se fera au gré de vos désirs. La garnison de Valenciennes, qui est à Tours, pourrait peut-être fournir ce contingent. » Elle était destinée à Lyon, et le Comité de salut public se contenta d'ordonner au ministre de la guerre d'expédier à La Réole et à Tonneins les objets d'armement et d'équipement nécessaires pour une armée de 4,000 hommes. Par le même arrêté, le général Brune, cher aux jacobins depuis sa participation aux affaires de Pacy, était envoyé dans la Gironde avec Tallien pour assister les représentants dans l'exécution des mesures militaires.

L'échec de la députation et les préparatifs de la Convention augmentaient dans Bordeaux l'audace des jacobins. Les ouvriers de l'atelier militaire du grand séminaire donnèrent le signal de la résistance ouverte en refusant de livrer les objets confectionnés par eux. Quelques jours plus tard, dans la matinée du 9 septembre, la section Franklin se présenta en masse à l'hôtel de ville et réclama l'exécution immédiate du décret du 6 août. Cette fois encore, la municipalité put résister ; mais la protestation désespérée qu'elle adressa le jour même à la Convention se terminait par ces paroles, indices d'une défaillance prochaine : « Si le vœu de nos concitoyens désigne des hommes qui leur soient plus agréables ou plus utiles que nous, qu'ils le remplissent ; ils n'éprouveront de notre part aucune résistance. » Pour conformer ses actes à ses paroles, elle prononçait la dissolution de la Société de la Jeunesse bordelaise, sa dernière ressource contre l'émeute.

« Il semble, dit Ysabeau en envoyant au Comité de salut public cette dernière proclamation, que l'esprit public veuille se réveiller à Bordeaux. Le blocus moral est fait complètement, et nous sommes assurés que plus de trois mille citoyens se joindront à nous, aussitôt que nous aurons un petit corps d'armée, et qu'il en sortira autant au moins des faubourgs de la ville..... Mon collègue Baudot est parti pour l'armée de la Vendée, afin de rechercher avec les généraux les moyens de détacher quelques troupes..... Nous faisons rassembler sur trois points différents la partie de la gendarmerie nationale qui n'est pas nécessaire pour le service public et, si nous pouvons venir à bout de réunir quelques bataillons, nous vous répondons que Bordeaux fléchira. »

Il n'en fallait pas tant pour réduire une population que les horreurs de la faim avaient pour un moment réunie dans une pensée commune de soumission. Sur un nouvel appel des représentants, les vingt-huit sections s'assemblent et désignent chacune deux commissaires destinés à former une municipalité provisoire ; le 19 septembre, les élus accompagnés d'une force imposante se rendent à l'hôtel de ville, où le conseil général remet sans combat ses pouvoirs entre leurs mains.

Une députation court aussitôt à Paris annoncer que Bordeaux s'est rendu. Elle apportait, avec la nouvelle de l'exécution du décret du 6 août, une proclamation du nouveau maire, l'horloger Bertrand, homme avide et cruel, dont ses complices devaient eux-mêmes faire justice quelques mois plus tard.

La victoire était complète et les jacobins ne cachèrent pas leur satisfaction. A la Convention, le président Cambon adresse aux délégués de Bordeaux ces paroles expressives : « Les principes ont enfin triomphé dans votre ville [1]. » A la Société des Jacobins, Desfieux, ancien marchand de vin à Bordeaux, annonce qu'il s'est entendu avec le Comité de salut public pour dénoncer par écrit les scélérats dont il est nécessaire de purger la ville [2]. La Commune de Paris délègue deux de ses membres, Violard et Dunouy, et les charge de remettre à ses frères de la Gironde, avec une médaille du 10 août,

---

1. *Moniteur* du 29 septembre 1793.
2. *Moniteur* du 4 octobre 1793.

l'une des écharpes portées dans les jours de cette glorieuse révolution [1].

Cependant le souvenir des difficultés de leur première mission pesait toujours sur l'esprit des représentants, et ils ne se pressaient pas de quitter La Réole. Leur défiance était même si grande que, le 9 octobre, Tallien écrivait à Pache « que la nouvelle municipalité contenait à peine douze patriotes énergiques sur cinquante-six membres, et que les hommes qui criaient aujourd'hui : Vive la Montagne! étaient les mêmes qui avaient voulu assassiner Baudot et Ysabeau, parce qu'ils étaient montagnards ». Il ajoutait : « Nous savons que nous sommes désirés à Bordeaux par les vrais sans-culottes; mais nous savons aussi que les aristocrates veulent nous y attirer pour nous harceler sans cesse d'affaires minutieuses et nous empêcher de nous occuper de l'objet le plus important de notre mission. Nous n'y entrerons qu'avec une force qui puisse imposer aux malveillants. » Il est aisé de voir ce que redoutait surtout cet intrépide jacobin ; il craignait que quelque généreux vengeur ne se levât dans Bordeaux, à l'exemple de Charlotte Corday, pour punir en sa personne les proscripteurs du 31 mai et du 2 juin.

Le Comité de salut public s'émut à la fin de tant de faiblesse, et Billaud-Varennes envoya l'ordre formel d'occuper immédiatement Bordeaux [2]. Il fallait obéir, et ces prudents vainqueurs se mirent en route. Brune menait

---

1. *Moniteur* du 30 septembre 1793.
2. La lettre du Comité de salut public, condamnation énergique

l'armée révolutionnaire réunie à La Réole, véritable ramassis de sans-culottes et de paysans prêts à tous les excès. Précédés par elle, les représentants entrèrent à Bordeaux comme en pays conquis, le 16 octobre, jour néfaste, marqué à Paris par l'exécution de la Reine. Dès le lendemain, on lisait avec stupeur, sur tous les murs de la ville, le programme du nouveau règne : l'arrestation des suspects, la création d'un tribunal extraordinaire et la contribution forcée sur les riches. Il n'était plus question des subsistances. Les délégués de la Convention avaient promis l'impartialité et l'abondance ; ils apportaient l'échafaud et laissèrent la famine.

de la conduite des représentants, porte la date du 22 du premier mois (13 octobre 1793), et est ainsi conçue :

« Nous vous adressons, citoyens collègues, le décret qu'a motivé la reddition de Lyon. C'est un exemple donné à toutes les villes rebelles et fédéralistes, qui doit devenir dans vos mains l'arme la plus puissante pour faire rentrer Bordeaux dans le devoir. Surtout que la faute commise par les représentants du peuple, qui ont conduit si lentement le siège de Lyon, ne devienne pas commune avec vous. Nous vous avouons avec franchise que nous trouvons que vous apportez beaucoup trop de retards dans vos mesures contre Bordeaux. Le moment est venu d'agir au lieu de délibérer éternellement. Vous avez des forces à votre disposition, un général digne de votre confiance. Une entrée prompte, à la tête d'une armée imposante, dans une ville plus qu'équivoque, est le seul moyen de l'assurer à la République et de prévenir les dangers d'un siège toujours à craindre, tant que vous ne serez pas dans les murs de Bordeaux. Que votre première opération soit un désarmement général et l'épurement complet de toutes les autorités constituées. Faites proclamer le décret relatif à Lyon ; faites en un mot tout ce que l'énergie, le zèle et l'amour de la liberté doit (sic) inspirer à des républicains comme vous.

« Salut et fraternité.

« COLLOT D'HERBOIS, BILLAUD-VARENNES. »

VI.

Les Marseillais n'avaient pas tardé à se remettre de leur émoi[1]. Ils avaient repassé la Durance et étaient rentrés dans Avignon décidés à attendre, à l'abri de ses remparts, le choc des troupes de la Convention. Carteaux arriva devant la ville le 27 juillet. Il ne se doutait guère que sa petite troupe comptait par hasard dans ses rangs le plus grand génie militaire du siècle, un jeune officier d'artillerie, que le soulèvement du Midi empêchait de rejoindre son poste à l'armée d'Italie.

Les assiégés avaient négligé d'occuper une éminence qui domine Avignon ; c'est sur ce point que se porte l'attention du capitaine Bonaparte. Pendant que les troupes républicaines, reçues par un feu de mousqueterie des plus vifs, se brisent contre les énormes remparts de la vieille cité papale, il installe deux pièces de quatre, de l'autre côté du Rhône, afin de battre la plate-forme où les Marseillais ont réuni leurs canons. Pointant lui-même, le futur empereur du premier coup démonte une pièce et du second abat un servant. Il n'en faut pas davantage pour jeter le désordre parmi les survivants. A l'aspect de ces fuyards, la panique gagne le gros de l'armée et jusqu'au conseil de direction qui, depuis la démission de Rousselet, exerçait le commandement. Au même moment arrivait de Marseille un courrier porteur d'instructions générales dans lesquelles

---

1. Voir plus haut, page 116.

on lisait qu'il faudrait, en cas d'insuccès, se replier sur la rive gauche de la Durance. Dans l'état d'effarement où se trouvent les esprits, on prend cet avis pour un ordre, et l'évacuation d'Avignon s'effectue si précipitamment, que les Marseillais s'éloignent de la ville au moment même où Carteaux, trouvant l'entreprise trop périlleuse, se préparait à donner le signal de la retraite.

La déroute d'Avignon était due surtout à l'incertitude du commandement; mais il restait à Marseille de grandes ressources en hommes, en matériel et en argent. De plus, Toulon venait de secouer le joug de la faction jacobine qui l'avait si longtemps opprimé, et promettait de joindre son contingent à l'armée départementale. Rien n'était donc compromis. La Commission centrale, un moment abattue, le comprit; et, pour réparer sa faute, s'empressa d'appeler à la tête des troupes un militaire éprouvé, le chevalier de Villeneuve-Tourette, ancien lieutenant-colonel du régiment d'Artois infanterie. En même temps, elle donna l'ordre d'exécuter les sentences capitales que le tribunal populaire avait prononcées, pour bien montrer qu'elle entendait rester ferme en face du péril et persévérer dans la résistance.

Cependant de part et d'autre personne ne se pressait de reprendre les hostilités. Villeneuve s'occupait de rallier les fuyards et d'organiser ses recrues; Carteaux voulait attendre à Avignon les renforts qui lui étaient promis de l'armée de Lyon. Tel n'était pas l'avis des commissaires de la Convention. Ils sollicitaient Carteaux d'agir et exposaient, au Comité de salut public, dans le langage emphatique du temps, les dangers de l'inaction et leurs efforts pour en sortir : « Nous sondâmes, disaient-ils, la Durance dans l'étendue de vingt-cinq lieues, et nous la trouvâmes guéable dans bien des endroits. Nous aperçûmes le Gard hypocrite, tout prêt à se venger de la frayeur qu'il avait éprouvée au Pont Saint-Esprit; les Bouches-du-Rhône empoisonnées et prêtes à vomir de nombreux rebelles; les Basses-Alpes dominées par Marseille et le Var, grossi d'un flot d'émigrés, dirigeant la contre-révolution contre les habitants des bords de la Seine. Nous aperçûmes surtout les pavillons anglais et espagnol prêts à profiter de nos divisions. » Ils auraient pu ajouter qu'ils avaient mis en réquisition les populations des districts pauvres de Carpentras et d'Arles, et qu'ils leur avaient promis le pillage.

Les représentants, dans leur impatience, avaient vu juste. Kellermann, déjà trop faible pour garder la frontière et réduire en même temps Lyon, n'envoya aucun secours, et Carteaux dut passer la Durance avec les seules forces dont il disposait. Les Marseillais au contraire avaient reçu de Toulon 800 hommes de troupes de ligne et un bataillon de garde nationale avec lesquels ils occupaient Salon et étendaient leurs avant-postes jusqu'à Lambesc. Le plan que se proposait Villeneuve consistait à tenter un mouvement tournant sur Apt, afin de placer les républicains entre deux feux. Les deux partis se rencontrèrent à Cadenet, et la lutte s'engagea d'abord avec une extrême vivacité. Mais le commandant des Marseillais étant tombé mortellement blessé dès le début de l'affaire, leur résistance ne tarda pas à faiblir. Comme à Avignon, Carteaux était maître des hauteurs qui entourent la ville. Pendant la nuit, il rapproche son artillerie et, au point du jour, les Marseillais sont foudroyés dans les rues de Cadenet. La confusion se met dans leurs rangs, et ils se retirent en désordre, semant sur la route leurs morts, leurs blessés, et laissant aux mains du vainqueur leur chef expirant, trois canons, leurs munitions et leurs vivres[1].

Il ne fallait plus songer à la diversion projetée. Le succès des armes de la Convention n'avait pourtant encore rien de définitif; les troupes de Villeneuve cantonnées à Salon étaient intactes et ses réserves, échelonnées de Lambesc à Aix, couvraient Marseille. Le véritable danger était dans les ordres rigoureux du Comité de salut public dont les représentants pressaient l'exécution. Ils étaient résolus d'en finir et ils donnèrent à Carteaux l'ordre de marcher sur Salon.

L'attaque eut lieu le 19 août. Le combat durait déjà depuis deux heures sans avantage marqué de part et d'autre quand, tout à coup, les bataillons marseillais, postés sur la route d'Avignon, sont saisis d'une folle panique. Villeneuve essaie vainement de les arrêter; sa voix est impuissante et il est obligé de donner le signal de la retraite. Les pertes des deux côtés étaient peu sensibles. Les Marseillais ne laissaient sur le terrain qu'une cinquantaine de morts, un canon et trois drapeaux; les républicains n'avaient eu qu'un homme tué et trois blessés; mais les conséquences de cette affaire étaient considérables, car la route de Marseille se trouvait

---

1. *Moniteur* du 29 août 1793.

ouverte et Carteaux pouvait communiquer avec l'armée d'Italie.

La déroute de Salon, coïncidant avec l'épuisement des vivres, jeta l'épouvante dans Marseille et rendit le courage aux jacobins. Ils se trouvaient en majorité, tout au moins en nombre, dans plusieurs sections, et commencèrent à insinuer que la proclamation de la constitution et la déchéance des administrations contre-révolutionnaires étaient les seuls moyens d'apaiser la Convention. Ce langage perfide était d'autant mieux fait pour monter les têtes qu'il semblait plus raisonnable à une population affolée par la crainte de la famine. En présence de ces excitations, la Commission départementale sentit qu'elle devait raffermir son autorité, et demanda aux sections de nommer un comité de sûreté générale composé de cinq membres et investi de pouvoirs illimités. La mesure aurait été excellente, si la Commission avait elle-même résigné son mandat; mais l'existence de deux conseils indépendants et rivaux, au moment où l'unité d'action devenait une impérieuse nécessité, créait comme à plaisir des occasions de récriminations et de conflits.

Le désaccord ne se fit pas attendre et l'audace des jacobins s'en accrut d'autant. Déjà ils avaient plusieurs fois parcouru les rues en armes, quand le bruit se répand, le 23 août, que le Comité de sûreté générale a ouvert des négociations avec le commandant de la flotte anglaise. Il s'agissait de demander la libre circulation des blés achetés à Gênes. Les partisans de la Montagne prétendent qu'on veut au contraire livrer la ville et, sous prétexte de la défendre, se réunissent au nombre de quatre ou cinq cents dans l'église des Prêcheurs avec deux pièces de canon. Il était facile de les en déloger, mais le premier jour on se contenta de les cerner. Le lendemain, la résistance continuant, le Comité de sûreté générale donna l'ordre de bombarder l'église. La chute de quelques pierres suffit à mettre les jacobins en fuite ; cependant ils réussissent à sortir de la ville et leur bataillon va porter à l'armée républicaine un nouvel élément de fureur et de vengeance.

Les sections étaient une fois encore maîtresses de la situation ; mais cette guerre des rues et ces deux jours d'émotions avaient épuisé ce qui restait d'énergie. De la ville, le découragement avait gagné le camp de Septèmes, où les soldats de Villeneuve se demandaient à quoi bon défendre une cité qui se déchirait elle-même en face de l'ennemi, et que les révolutionnaires du dedans menaçaient autant que ceux du dehors. Aussi, quand les troupes de la Convention paraissent en vue de Marseille, la garde nationale refuse-t-elle de marcher. De leur côté, les canonniers de l'armée départementale, craignant d'être écrasés entre deux feux, prennent la fuite en précipitant leurs pièces des hauteurs qu'elles défendent. Les soldats de ligne, envoyés de Toulon, achèvent de mettre le comble à la terreur générale en passant, tambours en tête, à l'armée de Carteaux. La résistance de Marseille était vaincue et Villeneuve se dirige désespéré vers Toulon, avec quelques débris ralliés à grand'peine.

Carteaux ne pouvait pas croire à son succès, et l'armée victorieuse ne fit son entrée que le lendemain, à neuf heures du matin, ayant à sa tête les représentants Albitte, Escudier, Gasparin, Nioche et Salicetti. Les sectionnaires chassés le 23 ouvraient la marche; les jacobins restés dans la ville se joignirent à eux, et tous défilèrent en commun. « Nous avons été reçus au milieu des plus vives acclamations, écrivaient les commissaires de la Convention... Il est midi. Nous embrassons nos collègues Bô et Antiboul qui ont couru les plus grands dangers[1]. Le peuple marseillais reconnaît dans les prétendus brigands les meilleures gens du monde[2]. »

Ce qui était vrai, c'est que la terreur régnait dans Marseille et, en l'organisant, les représentants ne firent que la rendre plus complète. Leur premier soin avait été de rappeler l'ancienne municipalité, de rétablir la Société populaire, d'ouvrir les prisons et d'ordonner un désarmement général, en annonçant d'avance qu'on rendrait les armes aux bons citoyens. Deux décrets de la Convention avaient mis hors la loi et puni de la confiscation de leurs biens les membres du Comité général des sections, les juges du tribunal populaire et tous ceux qui avaient conspiré contre la sûreté de la République. Pour en assurer l'application immédiate, Albitte, Gas-

---

[1]. Cette accolade fraternelle n'eut pas plus d'effet que le célèbre baiser Lamourette. Antiboul, accusé de faiblesse par ses collègues, fut déféré au tribunal révolutionnaire de Paris, et condamné à mort le 9 brumaire an II.

On trouvera aux *Pièces justificatives* le curieux interrogatoire que lui firent subir les autorités girondines de Marseille.

2. *Moniteur* du 2 septembre 1793.

parin et Salicetti instituèrent un tribunal révolutionnaire dont le président et l'accusateur public, incarcérés après le 31 mai, se trouvaient de la sorte avoir à juger leurs adversaires politiques. Un emprunt forcé de quatre millions frappant tous les commerçants formait le complément de ces actes de rigueur.

Ces mesures parurent encore trop douces à la Convention. « La nation, disait Danton dans la séance du 31 août, vient de donner une grande leçon à l'aristocratie marchande dans la personne des Marseillais. Il faut que cette leçon ne soit pas perdue; il faut que ceux qui ont conquis Marseille à la liberté soient récompensés; il faut que les commerçants, qui ont vu avec plaisir l'abaissement des nobles et des prêtres, dans l'espérance de s'engraisser de leurs biens, et qui aujourd'hui désirent la contre-révolution avec plus de perfidie, soient abaissés; il faut nous montrer aussi terribles envers eux qu'à l'égard des premiers[1]. »

Cette motion est accueillie par des applaudissements, et le Comité de salut public est chargé, séance tenante, de déterminer le mode de partage entre les patriotes de Marseille des biens des contre-révolutionnaires qui les ont opprimés[2]. C'était l'inauguration du système général

---

1. *Moniteur* du 2 septembre 1793.
2. Nous avons retrouvé l'original de ce décret, qui est ainsi conçu :

Art. 1er. Les commissaires de la Convention nationale dans le département des Bouches-du-Rhône prendront les mesures les plus promptes et les plus sévères pour faire punir les auteurs et complices de la rébellion des contre-révolutionnaires de Marseille, des violences

de répression récemment inventé par la Montagne et dont Bordeaux, Nantes et Lyon devaient être les plus lamentables victimes. A Marseille, l'ardeur des passions méridionales et le désir de venger la défection de Toulon en exagérèrent encore les odieux excès et la sanglante horreur.

VII.

Au moment où la Convention célébrait sa victoire sur Marseille, les Toulonais ouvraient leurs portes aux Anglais.

Comment cet acte de désespoir antipatriotique avait-il pu s'accomplir? L'étude de la situation intérieure de cette malheureuse cité va nous donner la clef de mystères qui, sans cela, seraient incompréhensibles et sembleraient contradictoires.

A la fin de 1792, un souffle insurrectionnel avait passé sur les principales villes du Midi. Toulon n'avait pas échappé à l'influence générale; le sang avait coulé dans ses rues, et neuf victimes, parmi lesquelles on

---

et des assassinats commis dans la personne des républicains de ces contrées.

Art. 2. Les biens des individus qui, à Marseille et dans les départements circonvoisins, ont levé l'étendard de la contre-révolution et de la révolte contre l'autorité nationale, sont confisqués et affectés spécialement aux indemnités dues aux patriotes opprimés de ces contrées.

Art. 3. Le ministre de l'intérieur disposera de la somme de 50,000 livres, mise à sa disposition pour fournir un secours provisoire aux veuves et enfants des citoyens de Marseille assassinés par les contre-révolutionnaires de cette ville.

comptait le procureur général syndic, étaient tombées sous les coups des démagogues. Les Toulonais se plaignirent à l'Assemblée [1]; mais la conspiration du 10 août était triomphante et les massacres recommencèrent [2]. L'impulsion partait de la Société populaire, que présidait un jacobin envoyé de Paris, et qui profitait de la complicité latente de la municipalité patriote. Peu à peu le club concentra tous les pouvoirs entre ses mains, grâce à la constitution d'un Comité central, composé de délégués des différentes associations démagogiques du département. L'armée, la ville et l'arsenal étaient soumis à sa censure, et l'on essaya vainement de résister. Le tribunal criminel subissait, comme les autres autorités, le joug de la faction montagnarde, et ceux que ne frappait pas la justice révolutionnaire étaient soumis à des contributions forcées.

A la crise politique s'ajouta bientôt la disette des subsistances. Le séjour prolongé de l'escadre dans le port et le passage des troupes destinées à l'armée d'Italie avaient absorbé les approvisionnements disponibles. Les assignats, trop nombreux, tombèrent dans le discrédit, et le prix des denrées s'éleva à des taux si exorbitants qu'il devint impossible aux ouvriers de vivre, bien que le prix de leurs journées eût été doublé.

Le malaise était à l'état aigu quand, dans le cou-

---

1. *Moniteur* du 9 août 1792.
2. C'est ce que Jean Bon Saint-André, dans son rapport à la Convention, le 9 septembre 1793, appelait « s'être distingué par ce patriotisme ardent qui, dans l'âme brûlante des habitants du Midi, devient une passion impétueuse et forte ».

rant du mois de mai, les meneurs du club, qui rejetaient comme d'habitude la responsabilité de leurs propres fautes sur les aristocrates et les riches, arrachèrent à la faiblesse des corps administratifs une nouvelle liste de proscription. Quatre-vingts citoyens, suspects pour leurs qualités morales et les services que plusieurs d'entre eux avaient rendus à la cité ou à l'État, furent enfermés au fort Lamalgue, et auraient péri sans l'énergie du commandant, qui refusa de les livrer à leurs bourreaux.

L'émotion produite par cet attentat durait encore quand les représentants Pierre Bayle et Beauvais, envoyés pour faire accepter la Constitution, arrivèrent à Toulon, le 28 mai. Ils n'étaient pas dans le secret des événements qui se préparaient à Paris et cherchèrent à calmer les esprits en ordonnant la mise en liberté des prisonniers[1].

L'ouverture des sections de Marseille rendit inutile cette tentative de conciliation. Les clubistes voulaient à tout prix empêcher Toulon d'imiter l'exemple de sa voi-

---

[1]. Voici en quels termes ils annonçaient cette mesure à la Convention :

« Toulon, le 4 juin 1793.

« Les représentants du peuple près l'armée d'Italie,

« *Au citoyen président de la Convention nationale.*

« Nous adressons à la Convention nationale, citoyen président, copie du procès-verbal de la séance des trois corps administratifs de la ville de Toulon, en date du 31 mai dernier, qui a ordonné l'élargissement des personnes détenues au fort Lamalgue, et réglé les conditions de leur sortie.

« Nous avons concouru par notre présence et nos avis à cet arrêté

sine et ils redoublèrent d'audace. La ville offrait à ce moment un spectacle étrange ; les administrations jacobines continuaient à y commander de nom, mais chacun sentait que le pouvoir allait leur échapper. La Société populaire précipita les événements en dressant une liste de suspects plus étendue que la première et en faisant la nuit, dans les rues, une manifestation armée. Déjà les maisons des victimes étaient marquées à la craie. En présence de ce péril imminent, les sections secouèrent leur torpeur et proclamèrent, le 14 juillet, la déchéance des autorités qui les opprimaient.

Les représentants Bayle et Beauvais, qui avaient vainement attendu à Toulon l'arrivée de la Constitution, durent sanctionner par leur présence le triomphe des sections. Le 18 juillet, jour où le Comité général entra en fonctions, on les conduisit processionnellement, un cierge à la main, de leur demeure à la principale église de la ville, pour assister au *Te Deum* chanté en signe de réjouissance ; mais on ne pouvait pas oublier non

---

sage qui a porté le calme et la consolation dans un grand nombre de familles plongées dans l'inquiétude et le chagrin.

« L'excès de la douleur eût peut-être servi de prétexte à quelques agitations qu'il nous a paru utile de prévenir. La surveillance la plus exacte sur toutes les personnes suspectes est sans doute nécessaire, et les mesures de précaution prises vis-à-vis d'elles sont un devoir ; mais les actes de vigueur qui vont au delà deviennent répréhensibles ; ils blessent l'humanité et la politique, et ce juste milieu qu'il faut tenir, et que, de part et d'autre, on ne se permet que trop souvent de méconnaître. — Vigilance et impartialité — est la règle de notre conduite, et nous ne nous en écarterons jamais.

« Le représentant du peuple,

« Pierre Bayle. »

plus qu'ils avaient prêté leur concours à la faction abattue et, dès le lendemain, ils furent jetés en prison[1].

La marine, bien qu'elle fût en général peu sympathique aux idées nouvelles, était restée étrangère au mouvement, et cet acte de vigueur avait été accompli au nom et au profit de la cause girondine. Le commandement continua donc à s'exercer au nom de la République, comme si rien n'eût été changé. Le sentiment général à cet égard était si nettement prononcé que, le 19 juillet, un canot anglais envoyé en parlementaire dut amener le pavillon blanc pour arborer le drapeau tricolore.

De leur côté, les administrateurs ne cessaient d'écrire et de répéter : « Nous voulons la République une et indivisible ; on ne voit chez nous aucun signe de rébellion ; mais aussi nous voulons la paix et que les vertus et les mœurs règnent dans nos villes à la place du crime et des vices..... Les représentants Barras et Fréron mentent honteusement en nous peignant comme des contre-révolutionnaires d'intelligence avec les Anglais et les fanatiques de la Vendée... Nous voulons une Constitution inspirée par la sagesse et l'amour de l'humanité, discutée sans aigreur, acceptée librement. » Pour conformer leurs actes à leurs paroles, ils ravitaillent l'armée d'Italie et partagent avec elle les fonds déposés dans les caisses de la marine.

---

1. Pierre Bayle se suicida dans sa prison ; Beauvais ne fut délivré qu'après la prise de Toulon. Il languit quelques mois et mourut, à Montpellier, sans avoir pu siéger de nouveau à la Convention.

Toulon et Marseille avaient sainement jugé les événements du 31 mai en s'opposant, au nom de la liberté, à la domination de la Commune de Paris ; mais leur cause était solidaire, et la chute de l'une des deux villes ne laissait à l'autre d'autre alternative que la soumission ou la ruine. Depuis le milieu d'août, cette vérité devenait chaque jour plus éclatante. L'armée de Carteaux avançait à grands pas, refoulant devant elle tous ceux qui n'appartenaient pas à la faction montagnarde. Toulon était le seul refuge qui leur restât ouvert, et ils se précipitaient dans ses murs, racontant les excès dont ils avaient été les témoins ou les victimes, et jetant par leurs récits l'alarme dans tous les cœurs. A la fin, c'est Villeneuve lui-même qui arrive, quand tout est consommé à Marseille, ramenant les plus compromis, leurs amis et leurs parents. Cette fois, il n'y avait plus d'illusion à se faire. La famine, avec ce surcroît de population, était inévitable ; les exécutions se succédaient à Marseille. Du même coup, la résistance apparaît impossible et la répression impitoyable.

L'amiral anglais qui commandait la croisière alliée devant Toulon exploita ces craintes avec une perfide habileté. Déjà il était entré en rapport avec les délégués de Marseille pour l'approvisionnement de la ville ; il les charge d'offrir les mêmes facilités aux Toulonais, s'ils consentent à se mettre sous sa protection. « Français, disait-il, vous êtes depuis quatre ans travaillés par une révolution qui a successivement amené sur vous tous les malheurs... Je viens vous offrir les forces qui me sont confiées pour rétablir l'harmonie et la tranquillité...

Comptez sur la fidélité d'une nation franche... Prononcez-vous, et je ferai succéder des années de bonheur à quatre années de servitude et de calamité. »

Le Comité général des sections prêta l'oreille à ces dangereux conseils et ratifia le traité qui lui était proposé[1]. Il était plus difficile de le faire accepter par la flotte. Trogoff se trouvait malade et le contre-amiral Saint-Julien, qui le remplaçait, prenait des dispositions pour s'opposer à l'entrée des Anglais. On promit aux équipages leur congé avec le payement de leur solde en numéraire, et Trogoff ayant pu reprendre son commandement, toute résistance cessa. Le 29 août, l'escadre alliée vint mouiller dans la rade et mit garnison dans les forts.

La pensée de justifier un appel à l'étranger ne sau-

---

1. Les propositions de l'amiral Hood comprenaient six articles que nous reproduisons textuellement :

« Les vaisseaux qui sont à présent dans le port de Toulon doivent être remis dans le port intérieur, pour faire assez de place pour le mouillage de la flotte anglaise, et tous les forts mis dans les mains de l'amiral et à sa disposition.

« Le commandant s'engage et garantit aux ports de Toulon et de Marseille des grains et autres provisions, en quantité suffisante pour les habitants, jusqu'à la paix, qui sera très prochaine.

« Le commandant garantit la propriété de tous les gens, qui seront protégés et sacrés dans leurs mains.

« Le commandant s'engage de rendre tous les forts, vaisseaux, équipages, la ville et tout ce qui aura été en sa possession, dès que la paix sera faite.

« Il s'engage de maintenir les officiers civils et militaires dans leur place, mais ils devront être sous ses ordres. Il s'engage encore à faire payer tout ce qui est dû aux équipages en numéraire.

« Le port de Toulon continuera d'arborer le pavillon tricolore, s'il veut, lui laissant la libre faculté à ce sujet. »

rait entrer dans une âme française. Qu'il nous soit permis cependant de rappeler que la résistance à l'oppression était considérée comme un droit par la Constitution elle-même et, qu'après avoir épuisé les voies légales, l'intervention anglaise était la dernière chance de salut des Toulonais. Il est certain, d'ailleurs, qu'ils n'auraient jamais ouvert leurs portes sans l'engagement écrit et répété de l'amiral Hood de rendre à la paix les vaisseaux et le matériel qu'on lui confiait. Les Toulonais furent imprudents, sans doute, de traiter avec un général sans mandat défini : coupables même de livrer, dans leur intérêt particulier, les forces qui leur avaient été remises pour la défense générale. Mais ils furent les premiers trompés et les premiers punis. Quant à la préméditation, elle n'a jamais existé; nous l'avons démontré. Si, au dernier moment, le drapeau de la monarchie couvrit la défection, on ne saurait oublier que les représentants autorisés des sections, librement consultées, avaient stipulé le maintien du drapeau tricolore.

VIII.

Dans les premiers jours d'août, les troupes de la Convention, rassemblées à Bourg, recevaient l'ordre de se mettre en marche sur Lyon. Les habitants de cette ville étaient prêts à résister, grâce aux remarquables travaux exécutés pour sa défense par un habile ingénieur, enfant du pays. Bordé par le Rhône, traversé par la Saône, Lyon est commandé de trois côtés par les collines qui l'environnent. Agnel de Chenelette, négligeant quelques restes de fortifications commencées sous François 1er, augmentées sous Louis XIII, abandonnées depuis plus d'un siècle, avait multiplié sur les hauteurs les ouvrages avancés et établi, aux abords de la place, des redoutes que protégeaient de profondes tranchées. Lyon se trouvait ainsi à l'abri d'un coup de main, sans être pour cela plus fortifié que Mayence par l'art et la nature, comme Dubois-Crancé devait le dire quelques mois plus tard aux Jacobins.

Pendant que les travailleurs affluaient aux retranchements, les fonderies destinées à fournir les canons entraient en activité et la Commission populaire votait une contribution de trois millions. Elle fut répartie et payée en quelques jours par les personnes dont le revenu dépassait trois mille livres. Des dons volontaires vinrent encore grossir cet emprunt, et ces sommes réunies avaient permis d'équiper 9,000 hommes d'infanterie, une compagnie de canonniers, une centaine de cavaliers et un corps de tirailleurs, pour le service des avant-postes. C'était peu, sans doute, pour la défense d'une aussi vaste enceinte; mais les habitants soutenaient les soldats, l'âme du peuple animait les combattants et l'on comptait sur le concours des villes voisines, de Montbrison surtout et de Saint-Étienne. D'ailleurs les forces républicaines n'étaient pas plus considérables.

Le Comité de salut public avait confié aux représentants Gauthier et Dubois-Crancé, en mission près l'armée des Alpes, le soin de rétablir l'ordre dans la ville de Lyon [1]. Pour se procurer les soldats qui leur manquaient, ils ne trouvèrent pas d'autre moyen que de demander à Kellermann un détachement de quelques milliers d'hommes. C'était dégarnir la frontière d'Italie en face de l'ennemi, et le général exigea, pour dégager sa responsabilité, un décret formel de la Convention [2]. A ce noyau de troupes régulières, Dubois-Crancé et Gauthier ajoutèrent, suivant l'usage révolutionnaire, un contingent de 9 à 10,000 hommes de réquisition, cohue de pillards, sans ombre de discipline et bonne tout au plus à former des lignes d'investissement. Le siège, en réalité, s'ouvrit avec douze bataillons de 400 hommes dont la majorité n'avait pas vu le feu, cinq escadrons de cavalerie, une centaine de canonniers et douze bouches à feu approvisionnées pour 2,000 coups à peine [3].

Avec d'aussi faibles ressources, il était impossible de combiner un véritable plan d'attaque. On pouvait seulement tenter un coup de force ou préparer une surprise, et, en cas d'échec, il fallait se résigner à attendre des renforts et à convertir le siège en blocus, sauf à bombarder la ville comme argument suprême. Surtout il était urgent de barrer la route à l'armée sarde, si elle tentait un mouvement pour secourir les assiégés. Cette dernière considération détermina Kellermann, qui avait suivi le détachement de ses troupes, et lui fit préférer comme point d'attaque le plateau de Montessuy aux hauteurs de Fourvières.

1. *Moniteur* du 15 juillet 1793.
2. *Moniteur* du 16 juillet 1793.
3. *Moniteur* du 19 octobre 1793.

Parties de Bourg le 6 août, les troupes républicaines étaient arrivées devant Lyon le 8 au matin. Le même jour, Dubois-Crancé et Gauthier intimèrent à ses défenseurs l'ordre d'ouvrir leurs portes sous une heure. Malgré sa modération apparente, la proclamation des représentants ajoutait encore aux rigueurs de la Convention[1], en punissant de la confiscation de ses biens « tout individu dont le fils, le commis, le serviteur et l'ouvrier d'habitude auraient porté les armes contre les soldats de la République ou contribué aux moyens de résistance[2] ». De telles mesures de proscription ne s'étaient vues que dans la Rome des Césars, où la loi de lèse-majesté frappait de mort le maître dont l'esclave avait pris part à un complot.

Ce délai dérisoire n'était pas encore expiré quand les hostilités commencèrent. Elles ne furent interrompues qu'un moment, le 10 août, à l'occasion de la fête de la Fédération, pour laquelle assiégés et assiégeants s'adressèrent des invitations réciproques. Peu importantes par elles-mêmes, ces escarmouches indiquaient de la part des Lyonnais la ferme volonté de se défendre et, après une dernière attaque infructueuse, le 15 août, Dubois-Crancé et Gauthier résolurent de recourir au bombardement.

Déjà, afin d'isoler les assiégés, ils avaient réuni au district de Vienne, dans l'Isère, le faubourg de la Guillotière, depuis longtemps hostile à l'agglomération lyon-

---

1. Voir plus haut, page 111, et *Moniteur* du 24 juillet 1793.
2. *Moniteur* du 12 août 1793.

naise, et formé, avec les districts de Montbrison, Roanne et Saint-Étienne, un nouveau département dont Feurs devenait le chef-lieu.

Pour exécuter ce dernier décret, il fallait soulever les campagnes, et refouler les garnisons que les Lyonnais avaient laissées à Montbrison et à Saint-Étienne. Javogues, Laporte et Reverchon se chargèrent de ce soin. Délégués en Saône-et-Loire dès le mois de juillet, ils avaient rejoint leurs collègues, au début du siège, avec un premier ban de réquisitionnaires. Ils retournèrent dans le Forez et y levèrent de nouvelles recrues. Si le contingent du Puy-de-Dôme eût montré la même diligence, le cercle d'investissement se serait trouvé fermé en août. Mais le général Nicolas, envoyé à sa rencontre, se laissa surprendre de nuit à Saint-Anthême, et les communications de Lyon avec le Forez restèrent libres jusqu'à la mi-septembre.

De leur côté, Dubois-Crancé et Gauthier ne perdaient pas de temps. Ils vidaient les places de Besançon, d'Embrun, de Gap, de Grenoble et étendaient leurs réquisitions jusqu'à soixante lieues. Cinq mille chevaux servirent à transporter un immense matériel de siège, qui fut successivement porté à cent trente pièces de gros calibre, quatorze mille bombes, trente-quatre mille boulets, sans compter la poudre et les cartouches.

Le 21 août, tout était prêt pour le bombardement, et le 22, à onze heures du soir, les bombes et les boulets rouges commencèrent à pleuvoir sur la ville. Dans cette première nuit, beaucoup de maisons furent endommagées et huit brûlèrent. Les Lyonnais avaient riposté en incendiant le faubourg de la Guillotière. Interrompu un instant le matin, le feu recommença avec une nouvelle violence le 23 et le 24.

La lutte pourtant n'avait pas encore perdu tout caractère d'humanité. Les assiégeants manquaient d'ambulances et avaient demandé aux Lyonnais de recevoir leurs blessés. Ceux-ci y consentirent et les déposèrent à l'Hôtel-Dieu pour les soigner avec leurs propres victimes. Il semblait que cet acte de générosité dût mettre le saint asile de la souffrance à l'abri des coups de l'armée républicaine. Un drapeau noir arboré, suivant l'usage, sur le dôme de l'hôpital, indiquait sa destination. Aussi quelle ne fut pas la stupeur des Lyonnais quand ils virent cet appel à la neutralité considéré comme un signe de rébellion et l'ambulance servir de cible aux canonniers de la Convention ! Le feu prit quarante-deux fois aux bâtiments dans la même nuit et, sans le dévouement de la population, l'édifice entier eût été réduit en cendres. A la fin, il fallut évacuer, au péril de leur vie, les malades et ceux qui les soignaient.

Dans la nuit du 24, l'arsenal saute. La Convention avait conservé des partisans dans la ville, et le feu avait été allumé par une femme affiliée aux jacobins. Elle fut bientôt découverte et fusillée ; mais la perte était irréparable.

La responsabilité de ces scènes d'horreur retombe de tout son poids sur Dubois-Crancé, qui dirigeait effectivement le siège en l'absence de Kellermann, momentanément rappelé à l'armée des Alpes par un mouvement offensif des Piémontais. Quand il revint, le 25, après avoir cerné l'armée sarde sur la Maurienne et la Tarentaise, les Lyonnais, exaspérés par l'atrocité de la répression, étaient déterminés plus que jamais à la résistance. Le bombardement reprit donc avec une nouvelle violence; mais, tandis qu'à Lyon les munitions et les ressources s'épuisaient avec rapidité, les troupes de la Convention recevaient chaque jour de nouveaux renforts.

Le plus utile fut la garnison de Valenciennes, obligée par traité à ne plus servir contre l'armée austro-prussienne. Elle arriva devant Lyon dans les premiers jours de septembre et y rendit les mêmes services que la garnison de Mayence dans la Vendée. A cette date, la disette commençait déjà à se faire sentir parmi les assiégés. Ils recevaient encore quelques vivres du Forez, mais le détachement laissé à Montbrison ayant été obligé de se replier, le blocus se trouva complet le 17. Le fléau de la famine se joint dès lors aux ravages de la canonnade et, pour en accélérer les effets, les représentants qui, depuis six semaines, accordaient quelques aliments aux ouvriers émigrés de Lyon avec leur famille, restreignent subitement leurs secours et essayent même d'intercepter toute sortie.

Ce n'était pas encore assez au gré du Comité de salut public. Il trouvait Kellermann trop mou et Dubois-Crancé trop lent. Accusé de trahison par Amar en pleine Convention [1], dénoncé aux jacobins comme conspirateur par Robespierre [2], Kellermann est sacrifié le pre-

---

1. *Moniteur* du 29 août 1793.
2. *Moniteur* du 11 septembre 1793.

mier et reçoit pour successeur Doppet, devenu subitement célèbre à la suite de l'expédition de Marseille. Quant à Dubois-Crancé, on hésitait encore à le remplacer, en raison de sa popularité à la Société des Jacobins ; mais ses collègues Couthon, Châteauneuf-Randon et Maignet, délégués dans les départements voisins de Rhône-et-Loire, ne devaient pas tarder à se faire les exécuteurs des défiances du terrible Comité.

En attendant, ils révolutionnaient le Puy-de-Dôme et cherchaient à instituer pour les besoins de leur cause une sorte de Jacquerie. « Le département s'est levé tout entier, écrit Couthon le 5 septembre [1] ; les hommes, les femmes, les vieillards, les enfants ont voulu marcher, et la seule peine que nous ayons eue a été de modérer l'ardeur de ces braves montagnards. Le district de Clermont-Ferrand seul a fourni de 8 à 10,000 hommes. Châteauneuf-Randon est parti avant-hier avec la première colonne, composée de près de 3,000 hommes ; son aide de camp s'est mis en route hier avec 12 à 1500 hommes. Maignet accompagne aujourd'hui la troisième colonne, forte à 2,000 hommes. Je reste pour faire partir le surplus. »

Quelques jours plus tard, il ajoute : « Nous avions mal calculé en comptant sur 25,000 hommes. Le Puy-de-Dôme fournira, je pense, plus de 50,000 hommes. Les départements de la Haute-Loire, de la Lozère, de l'Ardèche et de l'Allier enverront aussi beaucoup de monde. Nous avons accordé un secours provisoire aux

---

[1]. *Moniteur* du 9 septembre 1793.

pères, mères, épouses et enfants des citoyens qui marchent sur Lyon¹. »

Couthon n'exagérait rien. La prédication du redoutable paralytique avait suscité la croisade révolutionnaire : chaque vallée, chaque montagne fournissait son contingent pour la guerre sociale. Il vint jusqu'à des pâtres armés de piques et munis de sacs pour emporter le butin qu'on leur avait promis.

Ces hordes sauvages dont l'ensemble, au dire de Dubois-Crancé, ne valait pas six liards, permettaient du moins de disposer en toute liberté des troupes régulières. L'heure des engagements décisifs avait sonné. Le 21 septembre, le faubourg de Vaise est pris; une attaque générale est organisée pour le 29, et le soir même Dubois-Crancé écrit à la Convention : « Nous sommes aux Brotteaux, à Perrache, à Sainte-Foy. L'horizon est en ce moment chargé de flammes et de fumée. Tous les Brotteaux sont incendiés ; Perrache commence à brûler ; il fait grand vent. Vive la République² ! »

A ce moment, Couthon entre en scène, et ses premiers mots sont des paroles de surprise et de blâme. Il voulait qu'on donnât l'assaut le lendemain de son arrivée, et consentit à grand'peine à accorder deux jours de délai pour emporter les hauteurs de Fourvières. « La tactique, disait-il, est l'opium des insurrections populaires, et la vive force est le seul moyen

---

1. *Moniteur* du 15 septembre 1793.
2. *Moniteur* du 5 octobre 1793.

qui convienne à un peuple tout-puissant. » Couthon, en s'exprimant de la sorte, visait ses deux collègues Dubois-Crancé et Gauthier, dont le premier surtout était devenu suspect au Comité de salut public.

Billaud-Varennes se fit l'interprète de ces défiances, dans la séance de la Convention du 6 octobre, en voilant sous le masque de l'intérêt public l'intrigue ourdie dans le sein du Comité. « La députation, disait-il[1], qui se trouve à l'armée de Lyon, est composée de huit membres. Six ont constamment été d'avis d'attaquer cette ville de vive force ; Dubois-Crancé et Gauthier sont les seuls qui aient été d'un avis contraire. La Convention n'en sera pas étonnée, lorsqu'elle apprendra que Dubois-Crancé a réuni sur sa tête la qualité de représentant du peuple et celle de général, et qu'à ce dernier titre, plus la guerre sera longue, plus elle lui sera avantageuse. J'ajoute un autre fait. Le Conseil exécutif vous a annoncé, il y a quelque temps, la destitution du général Kellermann, qui a tant de fois trahi la patrie et qui remporte aujourd'hui des victoires pour détourner l'attention de la Convention sur sa conduite passée. Eh bien ! ces deux mêmes individus se sont permis de le maintenir dans le généralat. C'est une intrigue infernale. Il est temps que la justice soit égale pour tous, et je crois que la Convention ne doit pas balancer à faire rentrer dans son sein Dubois-Crancé et Gauthier. »

L'Assemblée, avec sa docilité ordinaire, rappelle les deux représentants. Mais déjà le Comité de salut public

---

1. *Moniteur* du 8 octobre 1793.

avait prévenu Couthon [1], et ce dernier, sûr de n'être pas désavoué, n'attendit pas l'avis officiel de la révocation de ses collègues pour concentrer tous les pouvoirs entre ses mains.

Dès le 7, il adresse aux assiégés une sommation pour leur notifier sa nouvelle autorité et leur accorder un dernier sursis. Depuis soixante-deux jours que durait le siège, l'artillerie républicaine n'avait pas lancé moins de 27,691 bombes, 11,674 boulets, 4,641 obus et 5,377 boîtes de mitraille; Lyon avait vu cette pluie de feu consumer ses plus beaux édifices. Ses défenseurs étaient réduits au nombre de 3,000 à peine et, depuis le 1er octobre, les combattants recevaient seuls quelques onces de pain d'avoine.

Tant de souffrances vaillamment supportées allaient être inutiles. Les troupes de la Convention occupaient les hauteurs et une partie des faubourgs. Aucune illusion n'était plus possible sur l'issue de la lutte. Les assiégés essayèrent néanmoins de négocier; mais la Convention ne voulait pas de conditions et, le 8 au soir, Couthon, après avoir repoussé les propositions que lui apportait une députation des trente-deux sections, donna l'ordre d'entrer dans la ville.

Pendant ce temps, Précy préparait une sortie nocturne. Il voulait essayer de remonter la Saône jusqu'à Trévoux, pour de là gagner le plateau de la Bresse et pénétrer en Suisse par le Jura. Quelque incertain que fût le succès, c'était la seule chance de salut qui restât,

---

1. *Moniteur* du 11 octobre 1793.

et les plus compromis parmi ceux qu'attendaient les rigueurs de la Convention prirent place au milieu des soldats avec leurs femmes et leurs enfants. Leur présence compliquait singulièrement la retraite, mais Précy ne veut laisser personne derrière lui. Il divise cette foule confuse en deux colonnes : à l'arrière, il place Virieu avec le trésor de l'armée et, prenant lui-même le commandement de l'avant-garde, il donne le signal du départ le 9 octobre, à six heures du matin.

La nécessité avait tracé d'avance la route à suivre, et les Lyonnais se dirigent en silence vers le faubourg de Vaize. Les assiégeants veillaient de leur côté et avaient pris leurs précautions pour qu'aucun des défenseurs de Lyon ne pût échapper. De forts détachements occupaient tous les passages avec de la cavalerie et du canon, et de nombreux espions informaient les représentants des moindres mouvements des Lyonnais. Ceux-ci apparaissent enfin et s'engagent dans le chemin creux de Saint-Cyr. Ils se croyaient sauvés, quand une effroyable décharge éclate tout à coup. C'était le feu de cinq batteries républicaines qui leur barraient le passage.

La colonne commandée par Précy, l'arrière-garde aux ordres de Virieu, sont successivement écrasées. Les survivants se dispersent dans toutes les directions ; mais où trouver un refuge ? Les paysans, dont on a excité d'avance les plus basses convoitises, sont en embuscade sur les routes, derrière les murs ou derrière les haies. Partout le tocsin sonne. Dans les champs comme dans les villages, on traque les fugitifs, on les poursuit jusque dans les bois, on les tue et on les pille. C'est une vraie chasse à l'aristocrate. Pour ces réquisitionnaires, venus des monts de l'Auvergne ou des plaines de la Bresse et du Beaujolais, s'enrichir des dépouilles de leurs victimes, c'était bien mériter de la patrie. Quelques-uns pourtant parvinrent à échapper aux fureurs de ces bêtes fauves. Précy fut de ce nombre. Quant à ceux de ses malheureux compagnons qu'épargna un reste de pitié, ils furent jetés sur des charrettes, pieds et poings liés, et conduits à Lyon, où le tribunal militaire se chargea d'en faire justice.

Le triomphe de la Convention était complet et, le 9 octobre, à neuf heures du matin, les troupes républicaines entrèrent dans Lyon par le faubourg Saint-Just. Pendant qu'elles défilaient, un morne silence régnait dans les rues. Vainement les soldats, émus de compassion, offraient comme des sauveurs leur propre pain ; chacun ne voyait en eux que des messagers de mort, et l'on eût dit que la grande cité, vaincue mais non découragée, se recueillait devant l'image des nouvelles horreurs qui allaient l'ensanglanter.

Instruite à la fois de la prise de Lyon et de la sortie de Précy, la Convention ressentit plus d'inquiétude que de satisfaction. « Depuis longtemps, s'écrie Bourdon (de l'Oise), vos commissaires vous ont écrit que Lyon était cerné. On vous apprend aujourd'hui que Lyon est pris, mais que tous les hommes armés en sont partis. Ils vont aller faire une Vendée dans la Lozère. Il vaudrait mieux que Lyon ne fût pas pris. »

« On s'est amusé trop longtemps à parlementer, ajoute Albitte. Je déclare qu'il y a ici une faute, je dis plus, un crime. Le Comité de salut public a été instruit de mon opinion sur Lyon. Je demande que ceux qui ont dirigé le siège viennent rendre compte de leurs opérations, car il y a ineptie ou trahison. »

« Il y a huit jours, reprend Osselin, que Dubois-Crancé et Gauthier sont rappelés. Ils ont reçu le décret et ne s'y sont pas conformés. »

« Le décret a été rendu le 6, réplique Clausel, et ils ne pouvaient pas le connaître le 8. »

Le Comité de salut public se hâte d'envoyer Barère pour fournir les explications qu'on réclame. « Le Comité, dit-il, n'est pas au-dessous de ce que vous deviez attendre de lui. Je vais vous lire sa correspondance. Il en résulte que, depuis le 24 septembre, il n'a pas cessé de presser les représentants de réduire Lyon par la force et d'y entrer la torche à la main, plutôt que de traîner le siège jusqu'à l'hiver. Il vient encore de leur ordonner de faire sonner le tocsin dans les campagnes afin que le peuple éveillé puisse exterminer tous les fuyards. »

On applaudit ; mais les soupçons de la première heure ont ému le Comité et Barère ajoute : « Mes collègues n'ont pas pensé qu'ils devaient se borner à communiquer leurs dépêches ; il faut un grand exemple, et je vous apporte un décret destiné à attester à la postérité le crime et la punition des ennemis de la liberté. »

Cet exemple, c'était la destruction de Lyon, mesure aussi absurde que monstrueuse, qui risquait de ruiner l'une des principales branches de l'industrie nationale. Mais à quelle époque les passions révolutionnaires ont-elles respecté les lois éternelles de la justice et de l'humanité ? La Convention, dans un mouvement d'enthousiasme frénétique, vote sans discussion le projet qui lui est soumis et aggrave, en l'appliquant à la seconde ville de France, le système de répression odieuse qu'elle a déjà inauguré dans la Vendée [1].

Le courrier qui portait à Lyon le décret du 12 oc-

---

1. Le *Moniteur* du 13 octobre 1793 donne, ainsi qu'il suit, le texte du décret :

La Convention nationale, après avoir entendu le rapport du Comité de salut public, décrète :

Art. 1er. Il sera nommé par la Convention nationale, sur la présentation du Comité de salut public, une commission extraordinaire composée de cinq membres, pour faire punir militairement, et sans délai, les contre-révolutionnaires de Lyon.

Art. 2. Tous les habitants de Lyon seront désarmés. Leurs armes seront distribuées sur-le-champ aux défenseurs de la République. Une partie sera remise aux patriotes de Lyon qui ont été opprimés par les riches et les contre-révolutionnaires.

Art. 3. La ville de Lyon sera détruite : tout ce qui fut habité par les riches sera démoli; il ne restera que la maison du pauvre, les habitations des patriotes égorgés ou proscrits, les édifices spécialement employés à l'industrie et les monuments consacrés à l'humanité et à l'instruction publique.

Art. 4. Le nom de Lyon sera effacé du tableau des villes de la République. La réunion des maisons conservées portera désormais le nom de ville affranchie.

Art. 5. Il sera élevé sur les ruines de Lyon une colonne qui attestera à la postérité les crimes et la punition des royalistes de cette ville, avec cette inscription : Lyon fit la guerre a la liberté; Lyon n'est plus. Le 18e jour du 1er mois de l'an II de la République, une et indivisible.

Art. 6. Les représentants du peuple nommeront sur-le-champ des commissaires pour faire le tableau de toutes les propriétés qui ont appartenu aux riches et aux contre-révolutionnaires de Lyon, pour être statué incessamment, par la Convention nationale, sur les moyens d'exécution du décret du 12 juillet 1793, qui a affecté ces biens à l'indemnité des patriotes.

tobre était également chargé d'un ordre d'arrestation contre Dubois-Crancé et Gauthier; mais les deux représentants étaient déjà partis, laissant le champ libre à Couthon. La lutte épistolaire n'en continuait pas moins entre eux. Le 9 octobre, Dubois-Crancé, en annonçant la reddition de Lyon, ajoutait qu'une partie des rebelles s'était échappée par le côté qu'on savait le plus favorable, ce qui impliquait la responsabilité de Couthon et motivait, de la part du représentant Dupuy, une demande de renvoi au Comité de salut public[1].

De son côté, Couthon écrivait le 11 : « Dubois-Crancé et Gauthier intriguent dans toute la ville pour que les citoyens réclament contre le décret qui les rappelle. Nous ignorons les motifs d'une conduite aussi étrange. Que feront les citoyens quand ils verront que les députés leur donnent un exemple aussi dangereux[2]? »

Cette lettre arrivait mal. La Convention avait hâte d'apprendre l'anéantissement des fugitifs et n'était que trop disposée à voir des coupables dans ceux qui paraissaient retarder ce moment. Plusieurs députés demandent qu'on décrète d'arrestation Dubois-Crancé et Gauthier. « L'ordre est donné, » répond Barère, désireux de faire confirmer, dans un moment d'émotion, la mesure dont le Comité de salut public avait pris l'initiative deux jours auparavant[3].

---

1. *Moniteur* du 15 octobre 1793.
2. *Moniteur* du 16 octobre 1793.
3. Du 21e jour de l'an II de la République française, une et indivisible (12 octobre 1793).
Le Comité de salut public arrête que les citoyens Dubois-Crancé

Il était difficile de tenir longtemps en suspicion un homme aussi populaire que Dubois-Crancé et, le 19, Barère annonce à la Convention que le Comité de salut public a trouvé la conduite des représentants irréprochable. Cela ne suffit pas à Dubois-Crancé : il veut encore glorifier ses actes. Plusieurs de ses collègues essaient de le soutenir, mais les partisans de Couthon interviennent.

— « Je ne m'oppose point à la levée du décret d'arrestation, objecte Clauzel, pourvu que Dubois ne soit entendu qu'après l'arrivée des autres commissaires. »

— « Je ne veux, répond Dubois-Crancé, accuser personne. Je dirai seulement, à l'égard de nos collègues absents, qu'arrivés les derniers, ils ont voulu avoir l'honneur d'avoir tout fait. La France entière me croit coupable ; il faut que je me justifie. Puisque la Convention ne veut pas entendre ma défense, je la prie d'ordonner qu'elle sera imprimée. »

Puis, de dénoncé se faisant dénonciateur, il ajoute : « J'apporte à la Convention une pièce bien importante, datée du 17 août, postérieurement au décret contre Lyon ; c'est un arrêté signé individuellement de 20,000 Lyonnais, qui prouve leur rébellion contre la Convention et contre la France entière. Tous les signataires sont les plus riches de Lyon. J'ai calculé que le

---

et Gauthier, représentants du peuple près de l'armée de la République, maintenant dans Lyon, seront mis en état d'arrestation et amenés à Paris. Les scellés seront mis sur leurs papiers.

Signé au registre : Billaud-Varennes, Barère, Hérault, Collot d'Herbois, Robespierre et Saint-Just.

séquestre des biens de ces traîtres donnerait à peu près pour deux milliards de propriétés à la nation. Je propose que ce monument de honte pour les Lyonnais soit déposé aux Archives, qu'il soit imprimé et les signataires poursuivis. »

Ces paroles achèvent la justification de Dubois-Crancé et produisent l'effet qu'il en attendait. « Je demande à Dubois-Crancé, interrompt Billaud-Varennes, s'il a laissé une copie de cette pièce aux représentants restés à Lyon, afin qu'ils puissent connaître les traîtres, les poursuivre et se saisir de leurs biens. »

— « Cette pièce m'a paru si importante, répond Dubois-Crancé, que je n'ai pas voulu m'en dessaisir. Durant le siège, je l'avais mise dans un lieu sûr afin que, dans le cas où j'aurais été tué, elle pût parvenir à la Convention. Au surplus, je demande, comme Billaud, qu'il en soit envoyé une copie à mes collègues qui sont à Lyon. » La Convention ne pouvait hésiter et, comme toujours, ce sont les vaincus qui sont destinés à payer les frais de la réconciliation de leurs persécuteurs[1].

Les plaintes du Comité de salut public avaient produit leur effet et, le 16 octobre, Couthon, Châteauneuf-Randon et Maignet lui écrivaient : « Nous vous avons mandé que les scélérats qui avaient tenté une sortie avaient presque tous été tués ou pris. Nous avons dit la vérité et nous ne voyons pas ce qui a pu vous faire croire qu'ils s'étaient portés vers la Lozère et sur Toulon.

---

1. *Moniteur* du 21 octobre 1793.

Ils n'en ont jamais pris la route. Soyez tranquilles, rassurez la Convention; ses principes sont les nôtres, sa rigueur est dans nos âmes[1]. »

Ils avaient en effet pris toutes les mesures que les passions révolutionnaires et les circonstances pouvaient exiger. Lyon avait été mis en état de siège, ses habitants étaient désarmés, la municipalité déchue au 29 mai venait d'être rétablie, et le club central des jacobins avait repris ses réunions. Quant aux coupables, une commission militaire, instituée pour juger les rebelles pris les armes à la main, deux commissions de justice populaire, chargées de statuer révolutionnairement, l'une à Lyon, la seconde à Feurs, sur le sort des autres criminels politiques, indiquaient assez haut, qu'au dedans comme au dehors, les vengeances des montagnards se trouvaient assurées. Une seule chose avait échappé aux représentants; ils n'avaient pas songé à détruire Lyon. Mais, comme ils l'écrivirent au Comité de salut public, la lecture du décret du 15 octobre les pénétra d'admiration.

Pour exécuter les ordres de la Convention, il fallait de l'argent et des bras. Les représentants frappèrent une contribution de six millions sur les riches, et chargèrent la municipalité de requérir, jusque dans les départements voisins, les ouvriers nécessaires. On vit alors revenir les pâtres de la Lozère et de l'Auvergne, armés cette fois de pioches au lieu de piques, mais toujours avec leurs sacs[2].

---

1. *Moniteur* du 28 octobre 1793.
2. Les sexagénaires, les femmes et les enfants prirent part à la

La démolition devait commencer par les maisons de la place Bellecour, « car ce sont celles, avait dit Couthon, qui annoncent le plus de faste et qui offensent le plus la sévérité des mœurs républicaines ». En effet le 26 octobre, à 8 heures du matin, Châteauneuf-Randon, Laporte et Maignet se réunissent pour inaugurer solennellement ces scènes de vandalisme. Six cents ouvriers, armés de pioches, marteaux, haches et autres instruments de destruction, les attendaient sur la place Bellecour. Le paralytique Couthon présidait la cérémonie, porté dans un fauteuil. Il frappa lui-même le premier coup de marteau, sur la plus belle maison, en prononçant cette courte et significative allocution : « Au nom de la souveraineté du peuple, outragée dans cette ville, en exécution du décret de la Convention nationale et de nos arrêtés, nous frappons de mort ces habitations du crime, dont la royale magnificence insultait à la misère du peuple et à la simplicité des mœurs républicaines. Puisse cet exemple terrible effrayer les générations futures et apprendre à l'univers que, si la nation française, toujours grande et juste, sait honorer et récompenser la vertu, elle sait aussi abhorrer le crime et punir les rebelles ! Vive la République ! » La foule répète ce cri et les ouvriers commencent leur triste besogne.

De la place Bellecour, les représentants se transportent au château de Pierre-Scize. Ils mettent en liberté les quelques prisonniers qui s'y trouvent et, montant sur le

destruction. — L'ouvrier valide était payé trois francs par jour, les vieillards recevaient trente-cinq sols, les femmes trente sols, les enfants vingt sols. Bientôt la dépense s'éleva à 400,000 livres par décade.

sommet de la tour, ils recommencent la cérémonie qui vient de finir. A ce signal, dit la relation officielle, avec le langage ampoulé du temps, « des milliers de bras se sont levés, pour écraser cet édifice hideux, dont l'existence fit frémir la nature, et ne fut pourtant qu'un des moindres crimes des rois ».

La mission des représentants semblait terminée, et ils demandèrent leur rappel. La Convention leur donna pour successeurs Collot-d'Herbois et Fouché, personnages sinistres, dont les atroces exploits devaient faire regretter la modération relative de leurs devanciers. Ce contraste peut-il modifier le jugement de la postérité? Pour notre part, nous ne croyons guère à la prétendue mansuétude de Couthon, et nous cherchons vainement, dans sa conduite, un moment où il ait obéi à un véritable sentiment d'humanité. L'ordre avec lequel l'armée victorieuse est entrée dans Lyon et la lenteur des tribunaux révolutionnaires à frapper les premiers coups de hache ne sauraient être des arguments en sa faveur; car on pouvait craindre un retour offensif chez les Lyonnais affolés, et il était indispensable de laisser aux pourvoyeurs de la guillotine le temps de dresser les listes des victimes. A défaut d'actes, peut-on au moins trouver dans les paroles de Couthon quelque signe d'hésitation ou de regret? Loin de là; nous le voyons demander aux Jacobins, le 13 octobre, quatre jours après la reddition de Lyon [1], des patriotes éprouvés, afin

---

1. Cette lettre est insérée dans le *Moniteur* du 21 octobre 1793. On y lit notamment ce qui suit :

« La ville de Lyon n'est plus au pouvoir des rebelles, mais le plus

de révolutionner le pays. Tout s'explique, au contraire, quand on songe aux infirmités physiques du sombre conventionnel et à sa conduite ultérieure dans le sein du Comité de salut public régénéré. Faible et impotent, Couthon se sentait incapable d'un effort continu et préférait, aux fatigues des missions, les travaux plus calmes des comités. Mais en devenant, à Paris, la troisième personne, avec Robespierre et Saint-Just, de cette impitoyable trinité qui couvrit la France entière de ruines et de sang, il a interdit lui-même à ses défenseurs le droit de prétendre qu'il se fût montré plus clément à Lyon, et qu'il eût reculé devant les excès des rigueurs qu'il avait préparées. Nous dirons donc qu'il entra autant de lassitude que de calcul dans la détermination de Couthon, et que son seul mérite, en s'éloignant de Lyon, fut de partir à temps.

difficile reste à faire. L'esprit public est perdu dans cette malheureuse cité. Les patriotes y sont dans une minorité effrayante. Nous vous demandons quarante hommes d'un républicanisme éprouvé, pour transplanter sur cette terre étrangère les principes révolutionnaires. Nous leur confierons les fonctions administratives et judiciaires. Qu'ils viennent se réunir à nous, et alors nous pourrons espérer faire une véritable révolution.

LIVRE XLVI.

LE COMITÉ DE SALUT PUBLIC ET LES GÉNÉRAUX.

I.

Au moment où les proscriptions de la majorité montagnarde allaient soulever dans les départements un vaste mouvement de résistance, les progrès de la coalition étrangère devenaient plus menaçants ; le péril s'aggravait de toutes parts sur les frontières, dans le Nord comme aux Pyrénées, aux Alpes comme sur le Rhin.

Nous savons déjà qu'à la mort de Dampierre[1] le Comité de salut public avait appelé Custine au commandement de l'armée du Nord. Quand il arriva des bords du Rhin, le camp de Famars venait d'être levé et les troupes républicaines s'étaient retirées à Bouchain, laissant Valenciennes et Condé complètement investis. Il était impossible de tenter un effort sérieux, pour dégager ces deux villes, avec des soldats découragés et mal armés. Custine, d'ailleurs, n'en eut pas le temps,

1. Tome VI, page 79.

ayant dû se rendre à Paris, au commencement de juillet, afin d'y répondre de sa conduite. Vaincue par la famine, la place de Condé succomba la première et ouvrit ses portes au prince de Cobourg, le 12 juillet. Le 28, Valenciennes capitule à son tour. Là, du moins, la résistance était glorieuse. Soixante-dix jours de blocus et quarante-trois jours de bombardement n'avaient pu abattre le courage de ses défenseurs; la garnison était réduite de moitié, quand elle mit bas les armes, sur la prière des habitants, au moment où deux larges brèches, pratiquées dans les remparts de la ville, rendaient une plus longue résistance impossible.

Dans ce temps de défiance aveugle, tout général vaincu était nécessairement suspect, et Ferrand, qui commandait la citadelle de Valenciennes, fut enfermé à l'Abbaye. Il n'en sortit qu'au bout de treize jours et obtint, à grand'peine, la faveur de demeurer en état d'arrestation à son domicile, sous la garde de deux gendarmes. Ce qui motiva cet adoucissement fut moins la valeur de sa conduite, que la recommandation du représentant Cochon, qui rappela fort à propos que son intervention l'avait empêché d'être arrêté, par Dumouriez, avec les autres commissaires de la Convention [1].

Après la prise de Condé et de Valenciennes, la position du camp de Bouchain n'était plus tenable. Pour échapper à un échec certain, le général Kilmaine, qui remplaçait provisoirement Custine, se replia derrière la

1. Tome VI, page 363, et *Moniteur* du 1er septembre 1793.

Scarpe, entre Arras et Douai, et laissa le duc d'York mettre le siège devant Cambrai. Cette manœuvre assurait les communications avec Lille, mais livrait sans défense la route de Paris. Il semblait que les Alliés allaient profiter de cette circonstance et marcher en avant; contre l'attente générale, ils revinrent sur leurs pas.

Les causes de cette inconcevable conduite sont aujourd'hui connues. Dans cette guerre entreprise en apparence pour un intérêt européen, chaque puissance poursuivait un but particulier. La Prusse convoitait Mayence et la Lorraine; l'Autriche revendiquait l'Alsace sur le Rhin, Lille et les autres villes déjà conquises dans le Nord; l'Angleterre désirait reprendre Dunkerque et s'assurer des compensations aux colonies. Afin de mettre tous les intérêts d'accord, ou plutôt pour empêcher qu'un des Alliés s'agrandît au préjudice des autres, on convint de laisser le duc d'York assiéger Dunkerque et de charger le prince de Cobourg de prendre Le Quesnoy, pendant que le duc de Brunswick et le reste des forces autrichiennes menaceraient l'Alsace.

Les cours alliées choisissaient ainsi, pour disséminer leurs forces, le moment où un effort combiné était le plus nécessaire. Au point de vue militaire, il était impossible de commettre une plus lourde faute. Au point de vue politique, ce sacrifice fait au désir de maintenir l'union entre les souverains, ne devait pas en assurer la durée. Trop de causes de jalousie tendaient à les séparer, pour que le rapprochement fût sincère. La coalition était déjà chancelante. Le second partage de la Pologne, comme une nouvelle pomme de discorde jetée au milieu de dissentiments péniblement dissimulés, allait bientôt amener des défections et rendre à chacun la liberté dans l'isolement.

Le plan des Alliés fut aussi mal exécuté qu'il avait été mal conçu. Le duc d'York s'attarda inutilement en route et n'arriva que le 24 août devant Dunkerque. Il s'était réservé l'attaque principale et avait chargé le général hanovrien Freitag de surveiller le camp français de Cassel. Quant au contingent hollandais, campé à Menin avec le prince d'Orange, il se trouvait à trois jours de marche et ne pouvait, en raison de la distance, être d'aucun secours. Le général Souham qui commandait dans Dunkerque, avec Hoche en sous-ordre, profita habilement de ces fautes accumulées. Il lève les écluses, inonde le pays et coupe par ce moyen les communications du duc d'York et de Freitag. Cela fait, il attend que l'armée du Nord vienne le secourir.

De grands changements s'étaient accomplis dans son sein. L'état-major avait été épuré, par l'expulsion des officiers nobles, et Kilmaine, suspect en raison de son origine étrangère, avait été remplacé par Houchard, commandant de l'armée de la Moselle. D'un autre côté, le Comité de salut public, jugeant avec raison le danger moins grand sur le Rhin, n'avait pas hésité à dégarnir la frontière de l'Est pour renforcer l'armée du Nord. Houchard disposait de la sorte de forces considérables et reçut l'ordre de sauver Dunkerque à tout prix. Le 6 septembre, il attaque Freitag à l'improviste et le refoule sur Hondschoote. Le surlendemain, un nouvel engagement est couronné d'un succès complet, et les

Hanovriens sont obligés de se retirer sur Furnes, par l'étroite chaussée qui sépare la mer des marais de la Grande-Moer. C'était également la seule ligne de retraite ouverte au duc d'York et il s'empressa, à la première nouvelle de la défaite d'Hondschoote, de lever le siège de Dunkerque.

Si Houchard avait continué sa marche en avant et occupé Furnes, les Anglais, resserrés entre l'Océan, les marais, Dunkerque et l'armée victorieuse, étaient écrasés ou obligés de se rendre. Mais le général républicain manquait du coup d'œil et de la décision qui caractérisent les véritables hommes de guerre. Il craignait, d'ailleurs, d'outrepasser les ordres du Comité de salut public et il préféra tourner ses efforts contre le camp de Menin, sauf à essayer ensuite de débloquer Le Quesnoy, si cela était possible.

L'attaque des lignes hollandaises était d'autant plus facile qu'elles étaient d'une longueur exagérée. Victorieux à Werwicq le 11 septembre, et à Menin le 13, Houchard avait une nouvelle occasion de terminer la campagne par un coup d'éclat. Pour cela il suffisait de porter la masse de son armée contre le prince de Cobourg qui venait de s'emparer du Quesnoy, et qui, par suite de la déroute des Hollandais et de l'affaiblissement des Anglais, se trouvait, malgré ce succès, dans un état d'isolement et d'infériorité numérique des plus dangereux. Là encore, Houchard pécha par excès de prudence. Il repassa la Lys et vint reprendre, dans les environs de Lille, ses anciens cantonnements.

La conséquence de cette erreur ne se fit pas attendre.

Surprise par le duc d'York, qui marchait à la rencontre du prince de Cobourg, l'arrière-garde, chargée de masquer la retraite, fut saisie de panique et évacua Menin dans le plus grand désordre. Deux jours plus tard, les Impériaux et les Anglais avaient opéré leur jonction. Malgré cet échec, la victoire d'Hondschoote conservait toute son importance, puisque Dunkerque restait libre. A un autre point de vue, ses résultats étaient immenses. C'était la première de l'année, la première aussi depuis Jemmapes et, en relevant la confiance du soldat en lui-même et sa valeur vis-à-vis de l'ennemi, elle avait peut-être sauvé la France du démembrement.

Jusqu'alors le Comité de salut public avait placé les généraux entre la crainte de l'échafaud et l'obligation de la victoire. L'armée du Nord allait inaugurer une nouvelle catégorie, celle des généraux destitués ou mis à mort pour n'avoir pas suffisamment battu l'ennemi. Sur cette liste funèbre, Houchard figure au premier rang[1]. On l'accusa d'avoir laissé échapper le duc d'York après Hondschoote, au mépris du plan arrêté par le Comité de salut public. En réalité, il n'avait fait que suivre les

---

1. Le général Houchard, après son arrestation, fut l'objet d'un traitement inique, dont il se plaignit en vain aux représentants du peuple. Nous transcrivons sa lettre.

« Il faut, citoyens représentants, que je sois bien coupable, puisque je suis traité comme un criminel qui a commis les plus grands crimes contre la patrie. On me loge ici dans un cachot, où il n'y a ni lit, ni de quoi me coucher. Avant que je sois criminel, je dois être traité comme un citoyen. Veuillez donner vos ordres pour que je sois traité avec plus d'humanité.

« Salut.

« HOUCHARD. »

instructions de Carnot, et son véritable crime était d'avoir résisté aux ordres, presque toujours contradictoires, des nombreux représentants en mission dans le Nord. Arrêté le 2 septembre, Houchard comparut le 15 novembre 1793 devant le tribunal révolutionnaire qui le condamna à mort. Jamais gouvernement tyrannique ne s'était montré aussi impitoyable dans l'application d'un système de rigueur qui n'avait même pas en sa faveur l'apparence de la raison d'État. Comme l'amiral Byng, Houchard mourut innocent; mais Byng avait été vaincu et de ces deux condamnations, que la postérité n'a pas ratifiées, la plus odieuse reste toujours celle qui frappa le général victorieux[1].

1. Le Comité de salut public reprochait à Houchard :

1° D'avoir marché trop tard au secours de Mayence, quand il commandait l'armée de la Moselle ;

2° D'avoir maintenu en fonctions, à l'armée du Nord, malgré les observations des représentants, un état-major d'hommes ineptes ou hostiles ;

3° D'avoir modifié le plan de campagne préparé par Carnot et remporté à Hondschoote une victoire de hasard dont il n'avait pas su tirer les conséquences ;

4° D'avoir entretenu une correspondance suspecte avec Cobourg et les autres princes étrangers.

En réalité les lettres incriminées n'avaient trait qu'à des affaires de service et n'avaient été échangées qu'avec l'autorisation des représentants et même du ministre ; mais il était dit qu'en dehors des défenseurs de la ville, la capitulation de Mayence devait entraîner la disgrâce et la mort de tous les généraux qui avaient été mêlés à cette affaire.

Devant le tribunal révolutionnaire, Levasseur pour l'armée du Nord et Maribon-Montaut, pour celle de la Moselle, renouvelèrent contre Houchard les accusations de leurs collègues Hentz, Peyssard et Duquesnoy, sans apporter aucune preuve à l'appui. L'infortuné général, comparé à Custine, n'en fut pas moins condamné « comme auteur ou

Maîtres de la vallée de l'Escaut par la prise du Quesnoy, les Autrichiens, conformément aux règles de l'ancienne stratégie, se tournèrent contre Maubeuge, qui dominait la vallée de la Sambre. Le prince de Cobourg en commença le siège le 29 septembre, et le périlleux honneur de la délivrer échut au général Jourdan, que sa brillante participation à la victoire d'Hondschoote avait désigné pour le commandement en chef de l'armée du Nord.

Cette seconde campagne ressembla beaucoup à la première. Comme à Dunkerque, le prince de Cobourg étendit démesurément sa base d'opérations et, comme Houchard avant Hondschoote, Jourdan, en voulant faire face partout à l'ennemi, immobilisa inutilement une partie de ses forces[1]. Cette dernière erreur était d'autant plus grave qu'à ce moment le désordre de l'administration militaire touchait à son comble et qu'avec une armée sans souliers, sans uniformes, sans armes et souvent sans pain, la seule chance de succès était d'écraser

---

complice des manœuvres ou intelligences pratiquées et ménagées avec les ennemis de la république, dans le but de faciliter leur entrée en France et de favoriser les progrès de leurs armées. »

La véritable cause de la mort d'Houchard fut tout autre. Sa destitution avait fourni un prétexte aux accusations des Dantonistes contre le Comité de salut public, et d'un général victorieux auquel on ne pouvait reprocher que son insuffisance peut-être, la passion politique fit un criminel et un traître.

1. Pour donner une idée de ce qu'étaient, à cette époque, les armées républicaines, il est intéressant de mettre sous les yeux du lecteur une lettre que le représentant Duquesnoy, frère du général qui s'intitulait lui-même le boucher de la Convention, écrivait de Guise le 9 octobre. Comme beaucoup d'autres, il croyait que tout était au mieux, lorsque les soldats avaient hurlé la *Carmagnole* et

l'ennemi sous le poids du nombre. Mais il fallait compter avec l'opinion publique, prompte à s'alarmer dès qu'elle croyait voir un point sans défense. Jourdan avait cependant conservé un noyau de troupes assez considérable et il put aborder le champ de bataille avec des forces supérieures. Parti de Guise le 12, il rencontra le 15 octobre les Autrichiens, commandés par Clerfayt, à la hauteur de Wattignies. Ce village était la clé de la position ennemie. Pris et repris plusieurs fois pendant les quarante-huit heures que dura le combat, il ne resta définitivement aux mains des Français que dans la soirée du 16. En présence de cet échec, le prince de Cobourg repassa la Sambre et la frontière se trouva dégagée, en même temps que Maubeuge.

Les lauriers de Wattignies devaient, comme ceux d'Hondschoote, être souillés du sang d'une innocente victime. La garnison de Maubeuge, dans la crainte d'être prise entre deux feux, n'avait pas tenté de diversion

---

le *Ça ira;* comme la plupart de ses pareils, il s'honorait en même temps de faire le métier de délateur.

« Citoyens mes collègues, trois divisions de notre armée sont arrivées ici; la quatrième et dernière arrivera demain. Nous espérons, sous peu de jours, danser la *Carmagnole* et le *Ça ira*. Je ne sais si l'ennemi a connaissance de la marche de notre armée et s'il se prépare à lever le siège de Maubeuge; mais, ce qu'il y a de vrai, c'est qu'il a diminué considérablement, depuis avant-hier, son feu sur cette place.

« Je viens d'apprendre que le maire de Gaverelle est un ci-devant et un aristocrate. Il se nomme de Bailleul. Je crois que vous ferez fort bien de le destituer et de le faire mettre en état d'arrestation.

« Salut et fraternité.

« DUQUESNOY. »

pendant la bataille. La responsabilité de cette faute, si c'en était une, incombait au commandant de la place. Le Comité de salut public la fit retomber sur le général qui occupait la ville avant le commencement du blocus. Ni ses services anciens, ni son énergie persistante durant le siège, ni son attachement éprouvé aux doctrines républicaines ne purent sauver Chancel [1]. Déféré au Tribunal révolutionnaire, il fut condamné à mort le 6 mars 1794, payant ainsi de sa tête une inaction dont il n'était point coupable [2]. On comprend qu'avec un pareil système, Kléber, Macdonald, Desaix, Jourdan et tant d'autres aient essayé de refuser les commandements qui leur étaient offerts, ou n'aient accepté que contraints par la menace d'une arrestation immédiate et d'un jugement sommaire.

1. Tome VI, page 579.
2. C'était encore le représentant Duquesnoy qui avait dénoncé Chancel. Dans une lettre de renseignements adressée à Fouquier-Tinville, il accusait le général « d'être resté inactif, à Maubeuge, avec 17,000 hommes, les 15 et 16 septembre 1793, alors qu'il pouvait, s'il eût fait usage de ses forces, couper la retraite à l'ennemi et même empêcher cette retraite, au moyen des écluses de la place ».

Chancel répondit qu'à cette époque Maubeuge n'était point menacée, qu'il ne commandait pas et n'avait pas reçu d'ordres pour attaquer l'ennemi. Il ajoutait qu'étant tombé malade, le 16 septembre, il n'avait repris son service qu'à la fin du mois, date à laquelle Maubeuge fut investie; et que le général Ferrand n'avait pas cessé d'exercer le commandement, depuis le 16 septembre jusqu'à la levée du siège.

Malgré cela, les jurés le trouvèrent coupable d'avoir conspiré contre la république, en refusant d'exécuter les plans formés, par les représentants du peuple, pour chasser les armées des puissances coalisées du territoire français.

II.

Sur la frontière de l'Est, le siège de Mayence, commencé dès le mois d'avril, allait bientôt se terminer par la prise de la ville[1]. Sa garnison comptait environ 22,000 hommes. C'étaient pour la plupart de jeunes recrues dont la discipline était loin d'égaler l'ardeur; mais elles avaient des chefs excellents et, avec des généraux tels qu'Aubert-Dubayet, Doyré, Kléber et Meunier, stimulés par les représentants Merlin (de Thionville) et Rewbell, la défense ne pouvait être que glorieuse et elle le fut en réalité.

Malheureusement les ressources des assiégés n'étaient pas à la hauteur des efforts des assaillants. Le roi de Prusse attachait une grande importance à la prise de Mayence. Il avait fait venir de Hollande un parc d'artillerie considérable et s'était installé, avec sa garde, sur la rive gauche du Rhin, pour mieux surveiller la marche des opérations. Dès la fin de juin, la position des assiégés était critique. Ils manquaient de boulets de calibre et de fourrage. La destruction des moulins du Rhin, en empêchant la mouture des grains, acheva de rendre la situation intolérable. Surtout, aucune nouvelle, aucun secours ne venaient du dehors. Beauharnais, à l'armée du Rhin, Houchard à celle de la Moselle, avaient dû avant tout réorganiser leurs troupes et, quand le premier se mit en

---

[1]. Tome VII, page 83.

marche, la résistance des défenseurs de Mayence touchait à son terme. Ils attendirent néanmoins que la prise des ouvrages extérieurs, en rendant l'assaut inévitable, ne laissât d'autre alternative que la captivité ou la mort.

Pendant le cours de cette lutte héroïque, les deux armées avaient pu s'apprécier, et l'on avait vu, lors des funérailles du général Meunier, une suspension d'armes réunir amis et ennemis dans les mêmes témoignages d'admiration et de regret. Cette estime réciproque facilita les négociations et, le 24 juillet, la garnison de Mayence sortit de la place, avec les honneurs de la guerre qu'elle avait si bien mérités.

Un traitement tout différent l'attendait de l'autre côté du Rhin. Il avait été stipulé, dans une pensée d'humanité, que les patriotes mayençais compromis par leur adhésion à la constitution républicaine seraient échangés, à la frontière, contre les otages allemands emprisonnés par Custine au début de la campagne. Le soin d'exécuter cette clause incombait aux représentants Maribon-Montaut et Soubrany, délégués près l'armée de la Moselle, dont l'inaction avait perdu Mayence. Ils refusent d'y souscrire et écrivent au Comité de salut public pour dénoncer les auteurs de « cette infâme capitulation ». Sur leur rapport, la Convention décrète, le 28 juillet, l'arrestation du général Doyré, commandant de Mayence, des officiers de son état-major et rappelle les représentants en mission dans cette ville. Doyré était resté prisonnier à Mayence, pour garantir de sa personne le remboursement du papier-monnaie émis pendant le siége; mais Aubert-Dubayet, Kléber et leurs compagnons avaient suivi l'armée. Ils sont arrêtés à Sarrelouis et se soumettent sans résistance.

Pendant ce temps, Merlin et Rewbell continuaient leur route sur Paris. Ils y arrivent le 4 août et, le même jour, Merlin, encore revêtu de ses habits de combat, monte à la tribune au milieu des applaudissements de la salle entière. Dans un discours énergique, il justifie les défenseurs de Mayence et rejette sur Custine la responsabilité de la capitulation. « Je laisse, dit-il en terminant, je laisse aux âmes sensibles à demander le rapport du décret rendu contre la garnison de Mayence. » Thuriot se charge de ce soin. « On nous a abusés, s'écrie-t-il, dans le rapport qu'on nous a fait sur la reddition de cette ville..... Chaque jour, la garnison donnait de nouvelles preuves de son courage. Elle a tué aux Prussiens et aux Autrichiens plus de 30,000 hommes. On a mangé à Mayence les rats, les souris et les cuirs. Les soldats sont comme des spectres. Il faut rapporter un décret qui lui enlève son honneur. » La proposition de Thuriot est adoptée sans discussion, et la Convention, revenant sur sa première décision, décrète que la garnison de Mayence a bien mérité de la patrie, ordonne la mise en liberté des généraux arrêtés et charge Merlin et Rewbell d'aller à Nancy exprimer sa satisfaction à l'armée.

Il ne restait plus du décret du 28 juillet que la mise en accusation de Custine. Son successeur à l'armée du Rhin n'attendit pas d'être dénoncé pour résigner son commandement. Depuis longtemps Beauharnais se sentait impuissant. A la nouvelle de la capitulation de

Mayence, il arrête la marche de ses troupes et, le 3 août, il dépose sa démission entre les mains des représentants. Ceux-ci refusant de l'accepter, Beauharnais rend sa détermination publique dans une proclamation à l'armée et s'adresse directement à la Convention[1]. A la fin, comme malgré son insistance la réponse du Comité de salut public n'arrivait pas assez vite, il se décide à remettre d'office ses pouvoirs au général Landremont. La Convention était incapable de comprendre tant de désintéressement et de grandeur. Innocent comme Custine, Beauharnais paya de sa tête, comme lui, le crime imaginaire d'avoir abandonné Mayence sans secours[2].

---

1. De courts extraits de la proclamation de Beauharnais feront mieux comprendre que de longs développements l'effarement des esprits et le découragement des âmes honnêtes, à cette époque de suspicion générale.

« Après avoir été honoré par le suffrage de mes concitoyens et le choix des représentants du peuple des premières fonctions civiles et militaires, j'attachais un grand prix à combattre à votre tête les ennemis de notre indépendance... mais... un vœu s'est manifesté dans quelques sociétés populaires, que ceux qui faisaient partie d'une classe ci-devant privilégiée soient éloignés des armées. Quoique cette mesure me paraisse injuste..... quoiqu'elle me paraisse impolitique...... il me suffit qu'une inquiétude atteigne une classe éteinte, mais dont j'ai fait partie..... pour demander ma propre exclusion..... C'est au jour heureux d'une paix établie sur notre indépendance reconnue que nous nous occuperons, dans nos sections respectives, à émettre nos vœux sur les lois et le gouvernement..... Jusqu'à cette époque....., combattons avec courage, et mourons, s'il le faut, avec joie. » *Moniteur* du 22 août 1793.

2. La conduite militaire de Beauharnais prêtait si peu à la critique, qu'au jour de la persécution, aucun grief particulier ne fut relevé contre lui. Beauharnais fut purement et simplement compris dans les poursuites relatives à la prétendue conspiration de la prison Saint-Lazare et condamné à mort le 5 thermidor.

Cette ville prise, l'Autriche demanda une compensation du côté de l'Alsace. Le roi de Prusse, qui avait supporté à peu près seul le fardeau du siège, était hostile à cette combinaison. On convint cependant, à titre de transaction, de bloquer Landau et d'occuper les sommets des Vosges; mais Wurmser ayant dépassé le point convenu, le duc de Brunswick s'arrêta sur les hauteurs de Pirmasens. La position était forte et les armées du Rhin et de la Moselle, combinant leurs mouvements, essayèrent vainement de l'emporter, le 14 septembre. Le Comité de salut public se montra, comme d'habitude, impitoyable pour cet échec. Un premier décret révoque les deux généraux en chef; Landremont, malgré ses succès; Schauembourg, à cause de sa défaite. Quelques jours plus tard, le chef de brigade Guillaume, sans doute plus coupable parce que sa colonne, prise en écharpe par l'artillerie prussienne, avait supporté le principal effort de l'ennemi, est emprisonné à la Force.

Personne ne voulut remplacer Landremont, jusqu'à l'arrivée de son successeur enfermé dans Landau, et l'on dut confier la direction suprême de l'armée du Rhin à un simple capitaine de dragons, du nom de Carlin, qui ne trouva rien de mieux que d'étager ses régiments, le long de la frontière, d'après leur ordre numérique. Landau semblait perdu; mais les dissensions des Alliés devenaient chaque jour plus profondes. Le roi de Prusse partit pour la Pologne et les Autrichiens restèrent, à leur tour, abandonnés à leurs propres ressources. Ils tentèrent néanmoins un nouvel effort et s'emparèrent, le 13 octobre, des lignes de Wissembourg. Ce fut leur dernier succès de la campagne. Pichegru et Hoche allaient entrer en scène et ramener la victoire sous les drapeaux des deux armées de la Moselle et du Rhin.

III.

La guerre avait été déclarée à l'Espagne, le 7 mars, avec autant de légèreté que d'imprévoyance. Non seulement elle aurait pu facilement être évitée, mais encore les troupes, chargées de protéger la frontière, étaient incapables de supporter le premier choc. Le jour même où la Convention dénonçait les hostilités, l'armée des Pyrénées réclamait vainement son artillerie et arrachait, par son état de dénûment, des cris de détresse à ceux qui avaient mission de l'approvisionner ou de la conduire[1]. Le désordre moral n'était pas moins grand que le désordre matériel. Les jeunes recrues, qui composaient la majorité des bataillons, se sentant inférieures

---

1. Lacuée, chef d'état-major de l'armée des Pyrénées, appréciait en ces termes, dans une lettre au commandant de la place de Bayonne, les soldats qu'on lui envoyait :

« Si vous saviez ce que c'est que des bataillons sales et déchirés à faire peur, et qui sont tout au plus de 400 hommes, et de la plus triste figure; au point que j'en ai vu, sans bas, se présenter à une représentation de danse, dans une ville; au point que j'ai honte, quand je les vois. »

Nion, commissaire ordonnateur en chef de l'armée, était encore plus explicite. Il écrivait de Toulouse au ministre de la guerre, le 17 mars 1793, cette phrase significative :

« Si, comme républicain, je suis enchanté de la déclaration de guerre au roi d'Espagne, comme administrateur, je ne suis pas sans inquiétude, car on manque de tout. »

en nombre à l'ennemi, se défiaient d'elles-mêmes et de leurs chefs. Quant à ces derniers, ils déclaraient que ce serait beaucoup si, avant le mois de septembre, on pouvait empêcher l'Espagnol d'entrer en France.

Dans ces conditions, il devenait urgent de restreindre un périmètre d'action beaucoup trop étendu, puisque l'armée des Pyrénées avait à la fois à défendre les montagnes de Collioure, et à couvrir les côtes de la Méditerranée, depuis le cap de l'Abeille jusqu'à Aigues-Mortes, et celles de l'Océan, de la pointe de Cabestan à l'embouchure de la Garonne. Le général Servan, qui la commandait depuis sa sortie du ministère, en octobre 1792, fut le premier à le comprendre et à proposer un démembrement, en deux corps distincts, avec le cours de la Garonne comme limite et Toulouse pour centre commun de ravitaillement. Servan offrait en même temps sa démission, et demandait Kellermann comme successeur; mais en créant le 30 avril, conformément à son avis, les deux armées des Pyrénées occidentales et des Pyrénées orientales, le Comité de salut public le laissa à la tête de la première, et confia la seconde au général de Flers.

A cette date, les hostilités, retardées par les rigueurs de l'hiver, étaient commencées depuis treize jours. Les Espagnols, comptant sur la complicité des habitants du Roussillon, avaient résolu de garder la défensive du côté de la Bidassoa et de porter la lutte dans les Pyrénées-Orientales. Perpignan surtout tentait leur convoitise, et le comte de Ricardos Castillo, qui commandait l'armée de Catalogne, mena vivement la campagne. Dès la fin de mai, il avait, dans une course hardie, emporté le camp du Mas-d'Eu, en vue de Perpignan et, à la fin de juin, il tenait entre ses mains les principales forteresses de la frontière d'Espagne.

De Flers, qui n'avait que 15,000 hommes à opposer à 40,000, se trouvait forcément condamné à l'inaction. C'était un général expérimenté, dont le portrait nous a été conservé par un de ces nombreux agents que le Conseil exécutif entretenait aux armées[1]. Il chercha avant tout à aguerrir ses troupes et à mettre Perpignan en état de défense. Cette prudence, qui aurait dû lui gagner la confiance des commissaires de la Convention, fut précisément ce qui le perdit; mais les causes de sa chute sont trop honorables pour être passées sous silence. D'ailleurs les successeurs de de Flers ne furent

---

1. Voici comment Comeyras, commissaire du Conseil exécutif près l'armée des Pyrénées-Orientales, dépeignait de Flers au ministre de la guerre, le 20 juillet 1793 :

« J'ai vu plusieurs fois, et plusieurs heures chaque fois, le général Flers. Il m'a paru toujours fort occupé de son affaire, et je ne serais pas étonné quand ce serait un officier d'un mérite supérieur. Hors de son métier, il cherche le mot et ne dit guère que des choses communes. Sur la guerre, il n'en est pas de même; son élocution est facile et rapide, ses idées sont nettes et bien enchaînées; il a ce complet, dans l'expression et dans la pensée, qui éclaire tous les objets dont on parle, et qui fait tant de plaisir aux auditeurs qui ont bon esprit. Je le croirais un homme de caractère. Il en a montré envers les donneurs de conseils de toute espèce qui surabondent à Perpignan. Il m'a dit que chacun avait voulu lui donner son plan de campagne, et que les plus ridicules étaient ceux qu'on lui pardonnait le moins de ne pas accepter..... Quand il vit que son armée n'était pas bonne en rase campagne, il reprit la position qu'il occupait devant Perpignan et s'y retrancha avec plus de soin... Il a sauvé cette ville. »

pas plus heureux que lui, et cette série de disgrâces nous servira à montrer, une fois de plus, à quel degré d'abaissement les représentants en mission entendaient réduire les généraux, et comment leurs prétentions rendaient impossible l'exercice du commandement.

Le Comité de salut public avait envoyé dans les Pyrénées-Orientales Cassanyès, l'un des députés de ce département, Bonnet, de l'Aude, Espert, de l'Ariège, Fabre, de l'Hérault, et Projean, de la Haute-Garonne. C'était une faute, car dans l'exercice du pouvoir la communauté d'origine et le voisinage engendrent d'ordinaire des préventions et des préférences. L'éloignement rendit le mal plus grave encore, en assurant aux représentants une plus grande indépendance, dont ils ne tardèrent pas à abuser, jusqu'à résister aux ordres mêmes de la Convention. Pour le moment, leur ambition se bornait à tenter une diversion en Espagne, afin d'obliger Ricardos à repasser la frontière. Aux observations de de Flers qui représentait les difficultés de l'entreprise, Espert et Projean répondirent en le signalant comme incapable de commander en chef. A la fin, il dut céder et attaquer, le 17 juillet, un des camps espagnols en avant de Perpignan.

Le succès qui couronna cette tentative augmenta les exigences des représentants. On se trouvait à l'époque de la moisson, et les hommes de réquisition rejoignaient en foule leurs foyers. Ces désertions deviennent le signal de nouvelles dénonciations, et cette fois de Flers est accusé de laisser fondre par son apathie une armée réunie à grand'peine. En même temps, les délégués de la Convention font arrêter son aide de camp, sous prétexte qu'il domine le général.

Il ne restait plus à de Flers, ainsi traqué de toutes parts, qu'à soumettre sa conduite militaire à des juges compétents. Il réunit donc à Perpignan, le 5 août, un conseil de guerre où il appelle, avec les représentants, les généraux de division et de brigade, le commandant de l'artillerie et le directeur des fortifications. Afin de rendre la décision plus solennelle, il demande à chacun de formuler isolément son opinion par écrit. Tous opinent pour le maintien du *statu quo* jusqu'à l'arrivée des renforts annoncés de Paris. L'un des généraux, celui-là même qui passait pour avoir l'oreille des commissaires de la Convention, avait commencé son avis en ces termes : « Les habitants du pays qui proposent d'attaquer le grand camp ennemi sont de bonne foi assurément, mais raisonnent, sans s'en douter, comme les Espagnols et les contre-révolutionaires. »

Le triomphe de de Flers était trop éclatant. Il fallait qu'il cédât la place ou que les représentants abandonnassent la partie. Ceux-ci préférèrent le suspendre, sous prétexte qu'il avait perdu la confiance des « citoyens soldats », ajoutant ainsi l'ironie à la persécution. Il est vrai qu'en opposition à la délibération du conseil de guerre, ils avaient pris la précaution commode de demander une dénonciation en règle contre de Flers au procureur général syndic du département[1].

L'amour de l'arbitraire ne pouvait produire que

---

1. Voir aux *Pièces justificatives*.

l'instabilité, et désormais les commandants en chef vont se succéder de mois en mois, quelquefois même à un moindre intervalle : Puget de Barbentane après de Flers, Dagobert après Barbentane, Turreau après Dagobert, d'Aoust après Turreau, tous dégoûtés ou brisés par les intrigues qui se croisent autour des commissaires de la Convention.

L'arrêté qui révoquait de Flers et lui donnait Barbentane pour successeur, chargeait en même temps Dagobert du commandement des troupes destinées à opérer en Espagne. Ce dernier se mit en campagne à la fin d'août et, après avoir chassé les Espagnols de leur camp du Mont-Libre, s'empara en quelques jours de Belvère et de Puycerda. Mais cette diversion, bonne pour inquiéter l'ennemi, était impuissante à arrêter la marche de Ricardos sur Perpignan. Pendant que Dagobert soumettait la Cerdagne, la situation dans les Pyrénées-Orientales s'aggravait au point d'obliger Barbentane à se retirer, avec son état-major et les services administratifs de l'armée, à Sijean, sur la route de Narbonne.

L'émoi était grand dans Perpignan, où le général d'Aoust était resté avec 9,000 hommes et Fabre, de l'Hérault. Les habitants s'attendaient tous les jours à être complètement cernés et, bien que Barbentane, après avoir offert de servir comme simple divisionnaire, n'eût quitté la ville que du consentement des délégués de la Convention, ceux-là mêmes qui avaient autorisé son départ furent les premiers à l'accuser de désertion. Barbentane s'émut de ces injustes accusations. Il n'était plus là pour se défendre et il envoya sa démission, tout en appelant du jugement des représentants assiégés à leur décision au jour de la liberté; mais, mieux inspiré que de Flers, il demanda à aller expliquer la situation au Comité de salut public.

Les succès de Dagobert l'obligèrent à accepter une succession que chacun commençait à redouter. Quand il arriva de la Cerdagne, la situation militaire s'était heureusement modifiée; d'Aoust avait forcé, le 17 septembre, le camp de Peyres-Tortes et s'apprêtait, pour compléter sa victoire, à marcher contre le grand camp du Mas-d'Eu. Les représentants approuvaient ce projet, mais Dagobert s'y opposa, afin d'attendre les renforts qu'il amenait du Mont-Libre. Ce retard parut préjudiciable aux vainqueurs de Peyres-Tortes. Ils aspiraient en secret à garder pour eux seuls l'honneur de cette journée, la plus complète de la campagne, et, quand Dagobert donna l'ordre de marcher, le 22 septembre, ses instructions furent mal exécutées. La panique d'une section du régiment de Vermandois, qui mit bas les armes, au milieu du combat, acheva de jeter la confusion dans les rangs, et le succès de l'entreprise se trouva définitivement compromis.

Dagobert, vétéran des guerres d'Allemagne et le meilleur général de l'armée des Pyrénées-Orientales, au dire de Turreau, n'était pas homme à supporter en silence un pareil affront. Dès le lendemain, il dénonce au Comité de salut public la coupable inaction du général Goguet, commandant de la cavalerie, qui n'a pas paru de toute la journée; il signale en termes indignés la fâcheuse partialité des représentants qui le soutiennent. « Si Goguet, disait-il, a eu le bonheur de devenir, en un an, de médecin général de division; si sa liaison avec Fabre doit le faire nommer commandant en chef, il était inutile de faire tant d'instances auprès de moi, pour me déterminer à accepter un poste où je ne suis arrivé que contre mon gré. » Quelques jours plus tard, il donne, comme Barbentane, sa démission. C'était tout ce que désiraient les représentants. Ils s'empressent de l'autoriser à retourner au Mont-Libre, et appellent d'Aoust à la tête de l'armée. Le commandement de Dagobert avait duré un peu plus d'une semaine.

Comme on le voit, le désordre était à son comble, et l'arrivée du nouveau général en chef ne devait pas le faire cesser. Presque tous les généraux se disputaient le commandement supérieur. Bonnet, Fabre et Gaston auraient voulu le voir confier à d'Aoust. La nomination de Turreau contrariait leurs projets : au républicain ils préféraient le marquis; et, après avoir informé le Comité de salut public que le premier aurait un apprentissage difficile à faire, ils s'arrangèrent de façon à ne lui laisser qu'un vain titre. En attendant, d'Aoust bénéficiait des circonstances favorables au milieu desquelles il se trouvait placé. Les Espagnols, effrayés de la résistance de Perpignan et des progrès de Dagobert, venaient de se retirer pour aller au secours de la Cerdagne. D'Aoust les poursuivit jusqu'au delà de Port-Vendres et, à la fin d'octobre, cette campagne, ouverte sous de si tristes auspices, se terminait avec une part égale de revers et de succès.

IV.

L'histoire de l'armée des Pyrénées occidentales, plus pauvre en faits de guerre, n'est pas moins riche en changements de personnes. Au point de vue militaire, la campagne peut se résumer en quelques mots. Pendant de longs mois, Espagnols et Français vont s'efforcer de transporter en France et en Espagne le théâtre de la lutte, sans jamais faire en pays ennemi d'établissement durable. Au point de vue politique, les mêmes passions y provoquent, avec plus d'exagération peut-être, les mêmes excès d'autorité.

La frontière française présentait de ce côté deux parties vulnérables, Saint-Jean-de-Luz et Saint-Jean-Pied-de-Port. Ces places forcées, Bayonne restait sans défense, et Servan dut s'attacher avant tout à remettre ses fortifications en état, tâche difficile s'il en fut, car l'armée des Pyrénées occidentales, de même que sa voisine, se trouvait dans le plus complet dénuement. Au Nord comme au Midi, on avait débuté par des revers. On prononçait même le mot de trahison et quand le 6 juin, après trois jours consécutifs de combats, le camp de Castel-Pignon, en avant de Saint-Jean-Pied-de-Port, fut emporté par les Espagnols, le général La Genetière, fait prisonnier les armes à la main, fut accusé d'avoir volontairement émigré.

Servan, compromis par ses relations avec le parti de la Gironde, ne pouvait échapper longtemps au soupçon. Vainement avait-il, dès la fin de juin, obligé à son tour les Espagnols à repasser la Bidassoa ; malgré ses efforts contre l'ennemi, il était chaque jour l'objet de dénonciations passionnées. On n'osait pas encore le sacrifier, mais sa révocation était résolue. Au commencement de juillet, les représentants Ysabeau et Ferraud l'envoyèrent à Toulouse, sous prétexte d'activer l'expédition du matériel nécessaire à l'armée, et, quand il fut ainsi séparé de ses troupes, le Comité de salut public le manda à Paris. A peine arrivé, Servan fut arrêté et passa en prison tout le temps de la Terreur.

Le général d'Elbhecq, désigné pour le remplacer, hésita longtemps avant d'accepter. C'était un vieillard usé par les fatigues de la guerre, démissionnaire pour raison de santé en 1792, bon officier du reste et que la pénurie de chefs militaires avait fait rappeler à l'activité à l'intérieur, au commencement de 1793. Dès son arrivée dans les Pyrénées, d'Elbhecq tomba malade et ne se releva plus. Les représentants en profitèrent pour prendre en mains la direction effective de l'armée, et sa mort devint le signal d'une véritable révolution.

Pendant que les généraux campés autour de Bayonne remportaient sur les Espagnols plusieurs succès dont le plus important leur livrait, le 23 juillet, près de Saint-Jean-de-Luz, le colonel du régiment de Léon, 13 officiers et 193 prisonniers, Garrau et ses collègues soulevaient le pays et préparaient la guerre révolutionnaire. C'est ce qu'il écrivait, le 2 septembre, à la Convention, en disant à l'occasion du décès de d'Elbhecq : « Tout nous présage de grands événements. La sainte insurrection est organisée ; le peuple est debout et la sans-culotterie va se porter en foule sur le trône des despotes et les satellites qui l'entourent. »

Ce n'était pas seulement contre les tyrans que tonnaient les foudres des délégués de la Convention. A la mort de d'Elbhecq, le général Déprez-Crassier avait pris le commandement, en qualité de plus ancien divisionnaire. On était alors occupé à faire l'amalgame des bataillons de volontaires avec les troupes de ligne, et cette opération rencontrait des difficultés à Bayonne, en raison de l'insuffisance des cadres de l'armée régulière et de l'attachement des officiers pour leur ancien uniforme.

Le commandant de la place, du nom de Laroche, jacobin exalté, loin de calmer les esprits, poussait au contraire les représentants dans la voie des rigueurs. La ville se trouvant en état de siège, on commença par suspendre les autorités civiles. Le tour des généraux ne se fit pas attendre, et le 4 octobre Déprez-Crassier et son camarade Willot, coupables « de tenir une conduite plus que suspecte et d'avoir perdu la confiance du soldat », étaient incarcérés à la citadelle. Le même arrêté appelait le général Muller au commandement provisoire et portait nomination de plusieurs généraux de division et de brigade.

Laroche triomphait. Il avait été choisi par Muller comme chef d'état-major et écrivait, le 3, au Comité de salut public : « La municipalité de Bayonne a été renouvelée par les représentants Monestier et Pinet aîné, ainsi que tous les comités qui en dépendaient. Il n'y a plus qu'une municipalité patriote, un comité de salut public républicain et un officier général vrai sans-culotte, vrai montagnard, qui maintiendra la paix et la tranquillité. »

Jusque-là, les représentants n'avaient pas dépassé les limites de leurs attributions ; mais, de son côté, le ministre de la guerre avait pourvu aux vacances, et bientôt les nominations arrivèrent à l'armée. Il est plus facile d'exciter les masses populaires que de les retenir ; on s'en aperçut à l'opposition que la société montagnarde de Bayonne apporta à la reconnaissance des nouveaux généraux. Muller était fort perplexe. Il devait obéissance au ministre de la guerre, et pourtant il était dangereux de résister aux représentants qui venaient, par leur arrêté du 24 octobre, de maintenir les nominations faites par eux et de suspendre celles du Conseil exécutif.

Il finit par opter pour ces derniers ; mais il n'était pas au bout de ses tribulations et le conflit allait renaître sur la question du commandement en chef. Les représentants, désireux de rester les maîtres jusqu'au bout, avaient appelé à leur aide leurs collègues des départements voisins. Le 30 octobre, Cavaignac, Dartigoyte, Garrau, Monestier et Pinet aîné, réunis en congrès, décidèrent que « Dumas, nommé général en chef par la Convention, n'ayant pas les connaissances locales nécessaires, pourrait, s'il le désirait, servir comme divisionnaire, mais que Muller conserverait provisoirement le commandement ».

Cette situation anormale se prolongea pendant plusieurs mois, et nous ne croyons pas qu'il soit possible de rêver un spectacle plus extraordinaire que celui qu'offraient à ce moment les deux armées des Pyrénées. Du soldat jusqu'au général, la confusion était partout et l'anarchie était provoquée par ceux-là mêmes qui avaient la mission de faire respecter la loi. Quelle source d'hésitations pour les généraux ! et chez les représentants, quel abus de pouvoir ! Pour vaincre dans de pareilles conditions, il a fallu vraiment que l'étranger fût bien aveugle et que Dieu protégeât la France[1].

V.

C'est surtout à partir du mois de juillet que le Comité de salut public applique aux généraux la politique de suspicion et de rigueur qui doit être la loi de

---

[1]. Nous n'avons pas consacré un chapitre spécial à l'armée des Alpes, parce que sa participation au siège de Lyon avait singulièrement rétréci sa sphère d'action à l'extérieur. Elle courut un moment un grand danger. Dans le milieu du mois d'août, les Piémontais s'étaient décidés à marcher au secours des Lyonnais et leur plan de campagne était si naturel et si simple, que son succès ne semblait pas douteux. Ce fut précisément le contraire qui arriva. La division du Mont-Cenis n'avait qu'à suivre, à travers les vallées de la Maurienne, le cours de la rivière de l'Arc, jusqu'à son confluent avec l'Isère, et à attendre, sur ce point, l'armée du duc de Montferrat, refoulant devant elle les troupes républicaines, chassées du camp de Saint-Maurice, au pied du mont Saint-Bernard. Mais le duc s'arrêta à moitié chemin, dans la vallée de La Roche-Cevins, et dépensa un temps précieux en escarmouches inutiles. Pendant qu'il s'attardait ainsi, Kellermann et son lieutenant Gouvion Saint-Cyr gagnaient, de proche en proche, toutes les crêtes dominantes ; quand les Piémontais s'aperçurent du danger de leur position, il n'y avait plus qu'à battre en retraite. Cet échec, dans la Tarentaise, entraînait comme conséquence l'évacuation de la Maurienne. Kellermann n'en fut pas moins arrêté, comme suspect, et resta en prison jusqu'à la chute de Robespierre.

son règne. Les plus en vue sont les premiers frappés, et en moins d'un mois, du 11 juillet au 9 août, les commandants en chef des trois principales armées de la République, Custine, Biron, Brunet, sont destitués et successivement déférés au Tribunal révolutionnaire. Au premier, on ne reprochait rien que ses échecs militaires, mais il fallait donner aux passions démagogiques une explication sanglante des revers de la frontière. Le second avait fait incarcérer Rossignol, l'un des coryphées de la populace parisienne ; c'était évidemment un crime irrémissible. La faute du dernier était plus grave encore ; il avait osé résister à des ordres illégaux, donnés par des représentants en mission. Ces prétendues trahisons réclamaient un châtiment exemplaire et la justice révolutionnaire ne trouva pas la peine de mort trop rude. Si, après de pareilles iniquités, les généraux n'ont pas été tentés de trahir réellement, c'est que la conscience de la France s'était réfugiée dans le cœur de l'armée.

Custine n'avait quitté qu'à regret l'armée du Rhin[1]. Il pressentait qu'après son départ ses actes seraient travestis, et que son échec de Landau serait exploité.

---

1. La lettre qu'il écrivit à cette occasion au Président de la Convention était ainsi conçue :

« Au quartier général, à Weissembourg, le 15 mai 1793,
l'an 2me de la République.

« *Le général Custine aux citoyens représentants du peuple.*

« En républicain, je ne sais que servir mon pays, partout où la confiance, qui seule doit dicter les choix, m'appelle et me juge utile. Mais je dois vous observer qu'autant ma présence pouvait l'être dans les départements du Rhin et de la Moselle, que je connais et

par ses calomniateurs. Il ne se trompait pas.. Gâteau et Garnerin, commissaires du pouvoir exécutif, l'accusèrent d'avoir déshonoré l'armée, en continuant à commander après avoir reçu l'avis de son changement.

De plus grandes difficultés l'attendaient à l'armée du Nord. Depuis que la défection de Dumouriez avait relâché dans ses rangs tous les liens de la discipline, la délation était à l'ordre du jour. Les soldats dénonçaient leurs officiers; les officiers, leurs généraux. Custine ne fut pas épargné dans les rapports secrets de ceux qui s'étaient arrogé la mission d'épurer à leur guise tous les états-majors. Celliez surtout, l'un des commissaires de Bouchotte, ne lui pardonnait pas de l'avoir fait arrêter, au moment où il distribuait aux soldats les exemplaires du *Père Duchêne* que le ministère de la guerre envoyait officiellement aux armées.

Custine, se sentant enserré dans un réseau de sourdes inimitiés, demanda au Comité de salut public l'autorisation de venir à Paris exposer ses plans de campagne. Il se berçait encore d'illusions et croyait pouvoir confondre ses détracteurs. En réalité, il était perdu le jour où

---

où j'ai toujours servi, depuis le commencement de cette guerre, autant mes services seront peut-être de peu d'effet dans des départements que je ne connais pas. Je pense donc que tout autre que moi serait plus utile à la place où l'on m'appelle. J'en déduis les raisons, auxquelles je crois devoir le secret, à votre Comité de salut public. Cependant je pars, pour vous prouver mon obéissance, et je passe par Paris, pour y prendre les notions qui me manquent sur les nouvelles fonctions qui me sont destinées.

« Le commandant en chef des armées du Rhin et de la Moselle,

« CUSTINE. »

il quitta l'armée. Le Comité de salut public avait déjà résolu sa destitution et hésitait seulement à le faire arrêter au milieu de ses soldats. Il s'empressa d'acquiescer à son désir et usa de diplomatie, en lui laissant le choix du moment [1].

Custine arriva, le 18 juillet, à Paris et se mit sur-le-champ aux ordres du Comité de salut public et de la Convention [2].

Malheureusement pour lui, les événements s'étaient précipités depuis le jour où il avait demandé à expliquer

---

[1]. Nous avons retrouvé, sur les registres du Comité de salut public, la délibération suivante, à la date du 5 juillet 1793 :

« Vu la lettre du général Custine, en date du 30 juin dernier, par laquelle il demande à se rendre auprès du Comité, pour lui donner le développement de ses plans militaires et insiste sur la nécessité de cette mesure ;

« Le Comité autorise le général Custine à venir à Paris, au moment qu'il jugera le plus opportun et sous sa responsabilité, après avoir pris toutes les précautions possibles pour que l'armée dont il a le commandement ne souffre point de son absence. »

[2]. Nous croyons devoir reproduire la lettre de Custine, pour donner une idée des rapports des généraux avec la Convention :

« Paris, le 18 juillet 1793, an II.

« *Le général Custine au Président de la Convention nationale.*

« Citoyen Président,

« Appelé par les ordres du Comité de salut public, je ne veux pas *exister* dans le lieu des séances de la Convention, sans lui offrir, par votre organe, l'hommage de mon respect, de mon obéissance aux lois qui constituent la République et de mon inviolable attachement à son unité et à son indivisibilité.

« J'ai l'honneur d'être, citoyen Président, avec des sentiments fraternels,

« Le général en chef des armées du Nord et des Ardennes,

« CUSTINE. »

sa conduite, et il semblait que la fatalité s'ingéniât à accumuler les griefs sur sa tête. Marat venait d'être assassiné, Condé avait dû se rendre aux Impériaux, et l'on désespérait de sauver Valenciennes et Mayence. Tous ces désastres étaient imputés à celui qui n'avait su ni sur le Rhin, ni dans le Nord, manœuvrer de façon à débloquer les places confiées à sa vigilance. Leur longue résistance était la preuve même de sa trahison. L'*Ami du Peuple* n'avait-il pas prédit que Custine serait un autre Dumouriez et qu'à son tour il trahirait la République? Le coupable venait de lui-même se livrer à ses juges. Il était naturel, maintenant que le prophète était passé Dieu, que la piété de ses adorateurs lui offrît en holocauste ce soldat qu'il avait frappé de son anathème.

Dès le lendemain de son arrivée, Custine fut l'objet d'une mesure qui caractérise bien cette époque d'anarchie monstrueuse, où tous les pouvoirs étaient confondus et où nul homme, revêtu de fonctions publiques, n'échappait au soupçon. On avait vu naguère deux ministres, Clavière et Lebrun, détenus dans leur hôtel, conserver l'exercice de leurs fonctions et se rendre, entre deux gardes, aux séances du Comité de salut public, pour y discuter les affaires de l'État. On vit de même, spectacle non moins étrange, un général en chef se promener dans Paris sous la surveillance d'un gendarme. Cette escorte d'honneur d'un nouveau genre le suivait jusqu'au théâtre; et partout, en manière de protestation, Custine était salué d'ovations bruyantes.

Ces témoignages d'intérêt redoublaient la rage de ses ennemis, et les meneurs de la Convention demandèrent qu'on mît fin à ce scandale. Bazire voulait qu'on arrêtât Custine, par mesure de sûreté générale; Danton ajoutait : « Condé a capitulé faute de vivres, Valenciennes est cerné; il faut que Custine soit jugé! » On l'arrêta le 22 juillet. Il n'était encore que suspect et put choisir le Luxembourg comme lieu de détention. Mais en temps de révolution les événements se succèdent avec rapidité et, le 26, Custine, transféré à l'Abbaye comme un criminel ordinaire, écrivait à la Convention : « Je suis arrêté depuis cinq jours et n'ai pas encore été interrogé ! Je demande à être jugé. » Malgré tout, on hésitait à frapper. Thuriot proposa même, « puisqu'il s'agissait d'un objet militaire et qu'il était inutile de surcharger le Comité de salut public, de renvoyer la lettre au Comité militaire »; mais Robespierre s'y opposa, en rappelant que Custine était accusé de conspiration avec l'étranger.

La capitulation de Mayence fit taire tous les scrupules. Nous avons déjà raconté l'émotion produite par cette nouvelle. Comme si l'on n'eût attendu que cette occasion d'accabler Custine, Billaud-Varennes mêle habilement son nom à ceux des généraux Doyré et Aubert-Dubayet et s'écrie, à la séance du 28 juillet : « Citoyens, telle est donc la destinée des républiques qu'elles ne peuvent se fonder qu'au milieu des orages et des trahisons. » Il ajoute que Custine n'a pas seulement préparé la ruine de Mayence, qu'il a encore trouvé sa chute trop lente, puisqu'il a écrit à Doyré, pendant le blocus, pour l'engager à capituler.

L'infortuné général ne pouvait échapper, du moment où l'on mettait en arrestation les défenseurs mêmes de la ville. Il est décrété d'accusation et Billaud-Varennes, reprenant la parole, lance un dernier commentaire. « Je demande, dit-il, qu'on s'occupe, toute affaire cessante, de juger ce grand criminel. Il faut que dimanche ce traître ait cessé de vivre. » On était au lundi. Le terrible proscripteur n'accordait qu'un répit de cinq jours; Fouquier-Tinville, plus généreux, en octroya dix-huit. Il est vrai qu'il ne put pas faire autrement, tant on avait accumulé de dénonciations et de pièces, dans le but de donner plus d'éclat à des débats qui embrassaient deux années et plusieurs campagnes.

Le procès de Custine est trop connu pour que nous ayons à en retracer le tableau. Cependant nous ne pouvons pas nous dispenser de le caractériser et de dire que, parmi les accusations, beaucoup étaient exagérées ou puériles, et qu'aucune ne fut suffisamment justifiée. Le seul grief d'apparence sérieuse était l'insuffisance des approvisionnements réunis dans Mayence; mais cette responsabilité n'incombait pas à Custine. Lorsqu'il avait quitté cette ville, le 18 février, il avait signalé la situation au ministre Pache et renouvelé ses instances auprès de son successeur Beurnonville. Des considérations politiques retardèrent le ravitaillement. On songeait, à ce moment, à désunir le faisceau de la coalition, et le Comité de salut public n'était pas éloigné de remettre Mayence entre les mains de la Prusse, en échange de sa neutralité. Custine fut même chargé par Lebrun de sonder le roi et se trouva, par voie de conséquence, déchargé du soin d'approvisionner une place qu'on était sur le point d'abandonner. De sorte qu'au lieu d'accuser

Custine d'avoir laissé Mayence sans vivres et sans secours, on eût dû plutôt lui reprocher d'avoir maintenu dans cette ville une garnison considérable, dont l'éloignement affaiblissait inutilement l'armée du Rhin.

En tout état de cause, le Tribunal révolutionnaire manquait des lumières suffisantes pour juger une affaire exclusivement militaire. Mais, comme il arrive toujours en pareille occurrence, les moins éclairés se montrèrent les plus ardents. Tandis que Merlin et Rewbell, les meilleurs appréciateurs de la conduite de Custine, cherchaient à l'excuser ou le chargeaient modérément, Vincent et Laveau, qui n'avaient suivi les opérations que dans les bureaux de la guerre, formulaient contre lui les accusations les plus passionnées. On vit ainsi, devant des juges incompétents, des témoins, pour la plupart incompétents eux-mêmes, se transformer en stratégistes, discuter la conduite d'un général et développer les plans les plus gigantesques.

Il est vrai qu'à la Convention on était moins exigeant encore et que le capucin Chabot s'écriait en pleine séance : « Quel est l'homme qui peut douter que Custine soit coupable ? Condé, Valenciennes, Mayence ne déposent-elles pas contre lui? » L'argument était sans réplique et, le 27 août, après douze jours de débats, Custine, « l'assassin du peuple français, » au dire de Robespierre, était condamné à mort[1].

---

1. Un des incidents les plus curieux du procès de Custine fut assurément l'arrestation de son confesseur, aussitôt après l'exécution, car la délation continuait son œuvre jusque sur les marches de l'échafaud. Le crime de l'abbé Lothringer, qui avait assisté Custine à ses derniers moments, était d'avoir montré trop de sympathie envers son

Il mourut avec courage, en recommandant à son fils de justifier sa mémoire, dans les beaux jours de la République, et de faire tous ses efforts pour le réhabiliter dans l'esprit de la nation. Ces beaux jours ne devaient pas venir ; et quant à la réhabilitation, sa mémoire n'en eut pas besoin. La mort de Custine fut une iniquité et l'opinion de l'histoire n'a changé ni sur sa personne, ni sur ses bourreaux. La République avait eu tort, au début, de voir un capitaine dans Custine ; plus tard, elle ne fut pas plus équitable, en affectant de le transformer en traître.

VI.

Biron avait commandé d'abord l'armée du Rhin et plus tard celle des Alpes-Maritimes. Le Comité de salut public, désireux de l'éloigner de Marseille, où était détenu le duc d'Orléans, avec lequel on le savait lié d'étroite amitié, l'appela, dans les premiers jours de mai, à la tête de l'armée des côtes de La Rochelle. Biron ne prévoyait que trop les difficultés qui l'attendaient dans la Vendée, et invoqua vainement l'état de sa santé pour s'y soustraire. Il fallut obéir et se rendre à Niort, où les troupes républicaines s'étaient réfugiées, après la déroute de Fontenay.

pénitent. Il eut à subir en conséquence un long interrogatoire dont nous donnons, à la fin de ce volume, les fragments les plus importants. Si de pareils faits n'étaient pas consignés dans des procès-verbaux authentiques, on se refuserait à y croire.

Quand Biron arriva dans cette ville, le 28 mai, le désordre était à son comble. Les soldats désertaient par compagnie et par bataillon ; ceux que la réquisition amenait à leur place logeaient, au hasard, chez les habitants et vivaient à leur guise, sans que personne soupçonnât leur présence. Le seul moyen de contrôle était de battre la générale, et cette ressource même était si précaire que, le jour de l'entrée de Biron, le tambour put à peine réunir le dixième de la garnison. A l'indiscipline des soldats s'ajoutaient l'inexpérience complète des officiers, les dilapidations éhontées des commissaires du pouvoir exécutif, les ordres contradictoires des représentants en mission.

Cette dernière cause eût suffi à engendrer la confusion et contribuait à l'entretenir. A ce moment, l'armée des côtes de La Rochelle ne comptait pas moins de quatre commissions, émanées directement de la Convention et agissant simultanément, avec des pouvoirs sans contre-poids et sans limites. Une siégeait à La Rochelle, une autre à Niort, la troisième à Poitiers, la quatrième à Tours.

La commission de La Rochelle et celle de Poitiers n'avaient qu'une délégation spéciale, la défense du littoral et du département de la Vienne ; tandis que celles de Niort et de Tours étaient chargées, d'une façon générale, de surveiller Biron et d'organiser les troupes dirigées sur la Vendée ; mais l'entente existait rarement entre elles. La commission de Tours surtout, plus rapprochée du centre révolutionnaire, avait des prétentions plus hautes et aspirait à prendre la direction générale des opérations.

Autour d'elle se groupaient des délégués de toute sorte, adjoints du ministre de la guerre, envoyés de la Commune de Paris et des sociétés populaires. Au milieu de ces contradictions perpétuelles, personne ne savait à qui obéir, et les généraux n'étaient pas moins embarrassés, pour commander à des soldats qui trouvaient constamment une oreille disposée à recueillir leurs dénonciations et leurs plaintes.

Afin de mettre un peu d'ordre dans ce chaos, Biron, d'accord avec la mission de Niort, commença par renvoyer les bouches inutiles et alla chercher à Saumur, auprès des représentants de Tours, le matériel qui lui manquait. Son premier soin, en arrivant, est de demander les états de situation de l'armée ; et, à Saumur de même qu'à Niort, on ne peut pas les lui fournir.

Les membres de la commission de Tours l'accueillirent avec défiance et provoquèrent la réunion d'un conseil de guerre. Le plan de Biron était déjà arrêté dans son esprit. Il voulait couper les communications des Vendéens avec la mer et les enserrer méthodiquement, dans un cercle de fer et de feu, pour les obliger à mettre bas les armes sans avoir à tirer, s'il était possible, un coup de fusil. Son avis prévalut ; mais l'entente n'était qu'apparente et chacun, en se séparant, conservait ses préventions et ses préférences. Les représentants ne pouvaient croire qu'un homme de la vieille cour, qu'un ancien ami de la reine et du duc d'Orléans, dût combattre avec bonne foi les Vendéens, qui réclamaient un roi. De son côté, Biron se demandait comment il assurerait le secret des opérations, avec des conseils où siégeaient seize membres, étrangers pour la plupart au service militaire.

Au lieu des secours qu'on lui avait promis, le général en chef reçut la nouvelle de la déroute de Doué et de la perte de Saumur. Rien ne faisait pressentir ces désastres, les échanges de communications devenant chaque jour de plus en plus rares entre Tours et Niort. Biron s'en plaignit amèrement au Comité de salut public. « Les causes de nos revers, disait-il, seront éternellement les mêmes, tant qu'on n'y apportera pas de remède : défaut d'organisation, d'instruction, de subordination. Obéir paraît si loin de l'égalité, que personne ne s'en impose le devoir..... Le métier de général est devenu impossible à faire. Je n'ai jamais manqué et je ne manquerai jamais au respect que je dois aux représentants du peuple ; mais mon devoir me commande impérieusement de déclarer que ces commissions se sont multipliées à tel point, qu'elles sont véritablement devenues nuisibles au service de la République. »

Cette lettre était motivée par les empiétements continuels de la commission de Tours. Dans un nouveau conseil de guerre, tenu en dehors du général en chef, le plan de campagne adopté à Saumur, huit jours auparavant, avait été entièrement modifié.

Jamais décision plus irrégulière n'avait été prise par assemblée plus singulièrement composée. Elle comprenait sept représentants, qui avaient été primitivement envoyés dans différentes directions, pour activer la levée des volontaires, et que le mouvement rétrograde des troupes républicaines avait obligés de se concentrer sur les derrières de l'armée. C'étaient Choudieu, Bodin, Richard, Ruelle, Bourbotte, Delaunay et Tallien : six jurisconsultes et un journaliste. A côté d'eux, siégeaient les deux commissaires du pouvoir exécutif. L'un, Lachevardière, ancien vice-président du Directoire de Paris, homme relativement modéré, tenait ses pouvoirs du conseil des ministres; l'autre était Parein, avocat sans causes, pour le moment chef de bureau au ministère de la guerre et délégué du ministre, dont toute la carrière militaire devait consister dans la présidence des commissions de justice de Saumur et de Lyon. Les généraux se trouvaient en minorité, quatre contre neuf.

Des sept représentants, quatre appartenaient aux départements que menaçait directement la prise de Saumur. Bodin et Ruelle étaient d'Indre-et-Loire, Choudieu et Delaunay de Maine-et-Loire. Naturellement ils ne devaient guère hésiter à sacrifier Niort, La Rochelle et le littoral, alors qu'ils espéraient sauvegarder leurs concitoyens, leurs amis, leurs propres biens peut-être. Ils avaient en outre des rancunes personnelles à satisfaire. Choudieu, originaire d'Angers, se plaignait de ses compatriotes, et aucun d'eux n'avait oublié la froideur de l'accueil qu'ils avaient reçu à Nantes. C'étaient autant de raisons pour abandonner à elles-mêmes des villes où « l'esprit public était tellement gâté, qu'on y parlait hautement de composition avec les brigands ».

Quant aux généraux, leur rapprochement n'était pas moins bizarre. Menou, suspect de royalisme pour avoir essayé de défendre les Tuileries au 10 août, coudoyait dans le conseil Santerre, qui avait, dans la même journée, commandé l'insurrection triomphante. Duhoux comptait son neveu dans les rangs de l'armée vendéenne et Berthier, ancien chef d'état-major de Rochambeau et de Luckner, avait à remplir la délicate mission de donner une forme régulière aux conceptions stratégiques des représentants et des commissaires.

Choudieu avait apporté lui-même la délibération, afin d'enlever plus facilement le consentement de Biron. Ce dernier répondit en convoquant à son tour une réunion des officiers généraux et des représentants présents à Niort. A ce moment, les troupes de Biron manquaient de vivres et de moyens de transport. Le général n'eut pas de peine à démontrer que, dans ces conditions, il serait imprudent d'abandonner les postes de ravitaillement et de se porter en masse, à la recherche de l'ennemi, vers un point idéal. Il demanda le maintien du plan primitif et le conseil partagea son sentiment.

En notifiant, le 15 juin, cette décision au général Duhoux, à Tours, Biron expliquait ainsi la pensée qui l'avait inspirée : « Je ne suis pas d'avis, disait-il, que l'armée doive, sans se diviser, s'éloigner des côtes pour agir en masse. Je sais bien que cette disposition paraît généralement désirée et peut permettre des succès brillants ; mais il faut avoir le courage si peu commun de la sacrifier à la véritable utilité... Il ne s'agit pas d'acquérir journellement de la gloire en continuant la guerre... L'avantage d'éteindre huit jours plus tôt la guerre civile est inappréciable. Nous n'en hâterons pas la fin, si nous nous contentons de battre les brigands et de les chasser devant nous, et si nous ne parvenons pas à les entourer et à les anéantir. »

La Commission de Tours ne tint pas plus de compte de cette seconde délibération que de la précédente. La première fois, il n'était question que de sacrifier les villes aux campagnes. Le 25 juin, un troisième conseil de guerre, tenu d'urgence sous prétexte de voler au secours de Nantes, arrête au contraire de porter sur Angers toutes les forces disponibles, en chargeant Biron de garder les magasins de Tours. Par extraordinaire, l'élément militaire s'était trouvé le plus nombreux; mais, comme le 11, les représentants, le général ministre Ronsin, les deux commissaires du pouvoir exécutif Lachevardière et Dumas, avaient délibéré avec les généraux et dicté la décision. Il devenait évident qu'en laissant au général en chef la responsabilité apparente, les représentants entendaient exercer, sous son nom, le commandement effectif. Biron ne s'y trompa pas. Il autorise le mouvement proposé et offre sa démission.

Le Comité de salut public s'émut de ce conflit et trancha d'abord le différend en faveur de Biron. Ce fut même un triomphe sans exemple à cette époque, tant le blâme était énergique et la confiance manifeste.

Dans la matinée du 28 juin, Guyton et Berlier écrivent à Biron : « La Commission centrale, établie par les représentants du peuple à Tours, s'est écartée de l'instruction décrétée par la Convention nationale. Les officiers généraux de l'armée ont été égarés par les dangers de la ville de Nantes et par le concours des circonstances. L'adjoint du ministre de la guerre, les commissaires nationaux ont manqué essentiellement à leur devoir. C'est à vous, général, à réparer tant d'erreurs et de fautes.

Le soir, le Comité lui-même déclare : 1° que le conseil de guerre a été tenu d'une manière irrégulière et avec une sorte de publicité dangereuse pour l'exécution des meilleures conceptions ; 2° qu'on a eu tort de vouloir influencer le général, en ne lui laissant d'autre liberté que celle d'approuver le projet proposé ; 3° que Biron, étant investi de la confiance de la nation, doit diriger sans influence secrète ou publique toutes les opérations militaires. Comme sanction, les représentants étaient invités à rejoindre leur poste à la Convention, et il était enjoint à Bouchotte de rappeler Ronsin et ceux des commissaires nationaux dont la présence était une occasion de trouble dans la Vendée.

Quarante-huit heures plus tard, les choses avaient changé de face. Choudieu était arrivé à Paris. Il court au Comité de salut public et se fait communiquer la correspondance de Biron. Celui-ci n'y ménageait guère l'ingérence des représentants et l'ineptie des commissaires du pouvoir exécutif. A cette lecture, la colère de Choudieu redouble ; il se récrie, s'indigne, accuse à son tour. Le crime de la commission, c'est d'avoir voulu sauver Nantes ; comment appellera-t-on l'inertie de Biron ?

Ce thème était habile et le Comité de salut public prend, à la date du 30 juin, un nouvel arrêté qui, sous prétexte d'expliquer celui du 28, en bouleverse toute l'économie. C'était en réalité un premier arrêt contre Biron, puisque le Comité déclarait que la Commission de Tours s'était proposé non d'entraver, mais d'accélérer l'activité du général en chef. Sur un autre point, le succès de Choudieu était plus grand encore. Ronsin et ses acolytes conservaient leurs fonctions, et les pouvoirs des représentants mieux définis leur assuraient une véritable prépondérance.

Biron apprit à Saumur, où il s'était rendu pour se porter de sa personne au secours de Nantes, qu'il avait perdu la confiance du Comité de salut public. Il n'y avait plus qu'à se retirer; et le général l'eût fait sur-le-champ, si la gravité des circonstances ne lui avait pas imposé le devoir de rester à la tête de l'armée. La levée du siège lui rendit sa liberté et, avant de retourner à Niort, où le rappelait une panique, il envoya d'Angers sa démission motivée sur le mauvais état de sa santé.

Un nouveau grief allait bientôt être relevé contre lui et consommer sa perte. Biron, dans l'intervalle, avait osé faire arrêter à Saint-Maixent, pour insubordination, l'un des favoris du parti montagnard, le fameux Rossignol[1], lieutenant-colonel de la 32e division de gendarmerie.

Les faits étaient patents. Rossignol n'avait pas craint de dire, dans le conseil de guerre du 13 juin, que sa troupe ne marcherait plus, sans être certaine d'être au moins six contre quatre. Le conseil était indigné, mais les représentants intervinrent et le coupable ne fut pas puni. Fort de cette faiblesse, Rossignol continua ses propos et ses menées. Il alla même, à la fin du mois, jusqu'à exiger de ses soldats le serment de ne pas obéir

---

1. Voir plus haut page 180.

au général en chef, parce que c'était un ci-devant et un traître.

Il était impossible de fermer les yeux plus longtemps, et Westermann donna l'ordre de le conduire devant l'accusateur public à Niort. Rossignol s'adressa alors à Biron, pour réclamer sa mise en liberté. Le général n'avait rien fait pour venger une injure personnelle ; il ne voulut pas davantage arrêter le cours de la justice. La Commission de Tours n'eut pas les mêmes scrupules. A la première nouvelle de l'arrestation, Choudieu, Richard, Ruelle et Tallien se réunissent et ordonnent de surseoir à toute poursuite et même à toute instruction jusqu'à décision contraire de la Convention. Cette dernière n'y mit pas plus de formes. Rossignol était un patriote connu, un véritable républicain. Pourquoi aurait-on exigé des témoignages et des preuves? Son chef, au contraire, était un ex-noble, un ex-conspirateur, comme disait Thuriot ; il fallait examiner sa conduite incivique. Dans la séance du 10 juillet, la Convention décrète que Rossignol sera rétabli dans ses fonctions et renvoie l'examen de l'affaire au Comité de salut public. Bouchotte ajoute, le 11, en envoyant le décret à Biron : « Cette justice rendue à un patriote pur jette un grand blâme sur la conduite qui a été tenue en cette occasion. »

Cependant le Comité de salut public était fort embarrassé pour prendre une mesure de rigueur contre un général auquel il prodiguait, quelques jours auparavant, les plus grands éloges. Jean-Bon-Saint-André se fit, à la séance du 11 juillet, l'interprète de ces hésitations : « Il n'y a pas, disait-il, d'accusation positive contre

Biron ; mais on lui reproche de n'avoir pas développé toute l'activité nécessaire... Gasparin, pendant sa mission, a appris que ses fréquentes incommodités le rendaient peu propre aux fonctions importantes dont on l'a chargé... Puisque Biron reconnaît lui-même son insuffisance, le Comité propose de décréter son rappel et son remplacement immédiat[1]. »

Ronsin et Parein se chargèrent de fournir les griefs dont on avait besoin. Depuis qu'ils avaient eu connaissance des plaintes portées contre leurs honteuses dilapidations, ils brûlaient du désir de se débarrasser d'un surveillant si incommode et ne négligeaient aucune occasion de le perdre. Pendant que l'un accusait Biron de ne rien faire à Niort, l'autre lui reprochait sa présence à Angers. Le premier voulait qu'on le destituât sans retard, dans la crainte de le voir suivre l'exemple de Dumouriez et de Wimpfen ; le second ajoutait qu'il fallait en outre le livrer au glaive de la loi. Ils ne s'entendaient que sur un point, l'inutilité des attaques partielles, et reprochaient au général, qui avait tenté tout le contraire, d'avoir voulu détruire en détail une armée assez forte pour exterminer les brigands en huit jours.

Biron avait les mains pleines de preuves pour sa jus-

---

1. Le rappel fut prononcé dans les termes suivants :

« La Convention nationale, après avoir entendu son Comité de salut public, décrète :

« Le ministre de la guerre rappellera Biron, général en chef de l'armée des côtes de La Rochelle, et proposera, dans le jour, à la Convention nationale, le général qui devra le remplacer.

« Le général Biron se rendra sur-le-champ à Paris, pour rendre compte de sa conduite au Conseil exécutif.

tification et quitta Niort sans inquiétude. Mais, en arrivant à Paris, il retrouva Custine, et le vent de persécution qui soufflait sur les généraux les emporta tous les deux[1]. Biron, toutefois, attendit longtemps son jugement. Pendant cinq mois, le Comité de salut public resta sourd à ses demandes d'explication, et ne consentit à l'entendre que le jour où les arrêts d'accusation étaient devenus des arrêts de mort. Cette longue détention n'avait rien révélé et, devant le Tribunal révolutionnaire, Choudieu et son collègue Richard, de la commission de Tours, renouvelèrent leurs éternels reproches d'inertie dans la conduite des opérations, de résistance à l'autorité des délégués de la Convention et de persécution des patriotes. La décision ne pouvait être douteuse, et Biron entendit, avec la fermeté d'un homme habitué à exposer sa vie et l'insouciance du plus brillant courtisan de l'ancienne cour, le

---

[1]. On lui accorda d'abord un répit, ainsi que le constate la délibération suivante :

« CONSEIL EXÉCUTIF PROVISOIRE.

« Séance du 20 juillet 1793.

« Le général Biron s'est présenté au Conseil, pour rendre compte de sa conduite, et a demandé un délai de quelques jours, pour se préparer. Le Conseil le lui a accordé.

« DEFORGUES, DESTOURNELLES, J. BOUCHOTTE, DALBARADE. »

Mais Biron fut arrêté quelques jours plus tard, en vertu d'un arrêté pris le 28 juillet 1793 par le Comité de salut public, qui chargeait le ministre de la guerre et le maire de Paris de se concerter, pour mettre sur-le-champ en état d'arrestation dans une maison de sûreté les généraux destitués et suspendus, soit par décret, soit par arrêté des représentants du peuple près des armées, soit par arrêté du conseil provisoire ou par le ministre de la guerre.

jugement qui le condamnait à mort. Le lendemain, dernier jour de l'année 1793, sa tête tombait sur la place Louis XV. Il n'avait que quarante-six ans.

Biron avait cherché, comme Custine, à régler le mouvement révolutionaire et échoua, comme lui, dans ses efforts pour conserver l'indépendance nécessaire à un commandant d'armée. Tous les deux tombèrent victimes de leur amour pour la discipline, et leur condamnation est également inique. Celle de Biron offre cependant un sujet de méditation de plus. En se ralliant à la République, Custine s'était abrité sous les plis du drapeau national pour combattre l'ennemi du dehors et défendre le sol sacré de la patrie. Biron avait fait en avant un pas plus décisif et accepté, à l'intérieur, un rôle incompatible avec l'illustration de son origine et les passions de la démagogie. Quand il reconnut sa faute, il ne lui restait plus qu'à tourner la difficulté en grand seigneur, en offrant sa vie pour empêcher l'extermination de la Vendée. Mais il était trop tard, et sa résistance ne fit que précipiter sa chute. Dans tous les temps, la révolution, comme Saturne, a dévoré ses adeptes et sacrifié, le lendemain de la victoire, ceux dont la complicité avait assuré son triomphe, mais dont la conscience désapprouvait ses excès [1].

---

[1]. Nous avons retrouvé un grand nombre de lettres et de documents relatifs à l'armée de la Vendée. Nous les donnons aux pièces justificatives.

VII.

Brunet avait succédé, le 26 mai, à Biron dans le commandement de l'armée d'Italie. Il était loin d'être sans talent et ses succès, contre les Sardes, lui avaient mérité les éloges du Comité de salut public. Quelques jours avant sa nomination, Collot d'Herbois s'était même étonné, à la tribune de la Convention, que l'on n'eût pas encore reconnu ses services par un poste important, et avait été de la sorte l'un des auteurs de son élévation.

Malgré ces antécédents et bien qu'il ne fût jamais sorti de son rôle militaire, la position du nouveau général ne tarda pas à devenir difficile. L'armée d'Italie n'occupait qu'une faible partie du comté de Nice. Menacée par devant par les Piémontais et par derrière par la flotte anglo-espagnole de la Méditerranée, elle était exposée, au moindre échec, à se voir rejetée de l'autre côté du Var. La retraite elle-même pouvait se trouver compromise par la scission de Marseille et de Toulon, après le 31 mai, et l'influence que leur exemple était de nature à exercer sur des troupes recrutées en grande majorité dans la Provence.

Brunet n'hésita pas et commença par demander une diversion aux hasards de la guerre. Il voulait refouler les Piémontais sur les hauteurs des Alpes; mais, après un engagement indécis, le 8 juin, et un échec définitif, le 12, il dut rentrer dans ses cantonnements et se borner à les mettre, par des retranchements, à l'abri d'un coup de main.

Quant aux difficultés intérieures, son parti était non moins nettement arrêté. Fidèle à son passé, Brunet était résolu à ne pas se prononcer entre la Montagne et la Gironde, et comptait sur la mobilité des populations méridionales, pour faire tomber la résistance, le jour où elle apparaîtrait inutile. Cette conduite pleine de prudence, en le mettant en conflit avec les commissaires de la Convention, entraîna sa perte.

Six représentants se trouvaient à ce moment dans le Midi. Quatre, Barras, Pierre Bayle, Beauvais et Despinassy, étaient spécialement attachés à l'armée d'Italie; les deux autres, Fréron et Roubaud, avaient reçu une mission spéciale, pour le recrutement, dans les départements des Hautes et des Basses-Alpes. En prévision des troubles qui pouvaient, d'un moment à l'autre, couper les communications avec Paris, ces six commissaires s'étant trouvés réunis à Toulon prirent, à la date du 4 juin, un arrêté autorisant Fréron et Roubaud à se joindre provisoirement à l'armée d'Italie.

C'était une atteinte indirecte aux prérogatives de la Convention qui, seule, avait le droit d'étendre ou de modifier les attributions conférées par elle à ses membres. Brunet s'en émut et, avant de rendre publique la première dépêche où Fréron avait agi de concert avec Barras, il crut devoir écrire à ce dernier que, d'après l'opinion générale de l'armée, son collègue n'avait pas de pouvoirs auprès d'elle.

Pour dissiper ces scrupules, les quatre représentants dont l'autorité n'était pas contestée rendirent à Nice, le 26 juin, un nouvel arrêté qui, plus explicite que le premier, conférait à Fréron et à Roubaud le droit de prendre et de signer toutes les mesures nécessaires au salut public. Cette fois, l'usurpation était flagrante, et Brunet renouvela ses protestations. Mais les événements avaient marché. Despinassy, compromis par ses relations avec les Girondins, avait dû se cacher; Roubaud était retourné à Paris ; Pierre Bayle et Beauvais venaient d'être arrêtés à Toulon ; et Barras, échappé à grand'peine avec Fréron à la poursuite des Toulonais, commençait à s'irriter de la résistance du général. Il lui adressa, le 20 juillet, une lettre qui n'admettait pas de réplique.

« Général, disait-il, je crois vous parler en républicain. Vous savez que deux représentants du peuple sont absents, que deux autres viennent d'être arrêtés à Toulon..... Comment, dans le moment où les besoins s'accumulent et où l'attentat le plus sacrilège du fédéralisme se commet presque sous vos yeux, pouvez-vous, vous, général de la République une et indivisible, contester à un membre de la Convention le droit et les pouvoirs de s'occuper du soulagement de l'armée, de la sûreté de nos frontières et du salut de l'État ? Par l'absence effective de trois de mes collègues, je réunis à moi seul tous les pouvoirs qui leur étaient délégués. Fréron a déjà été adjoint par un arrêté saisi à Toulon ; je l'associe à mes travaux et assume toute la responsabilité, certain d'être avoué hautement par la Convention nationale. »

Malgré leur ton d'assurance, les représentants

n'avaient qu'une médiocre confiance dans la légitimité de leurs pouvoirs et ils s'empressèrent d'annoncer au général, quelques jours plus tard, que la Convention envoyait à l'armée d'Italie Robespierre jeune et Ricord. Mais on ne les vit point paraître. La route était coupée à Avignon, et ils s'y attardèrent jusqu'à la prise de Marseille.

Brunet cependant ne voulut pas paralyser le service et finit par céder, tout en réservant sa liberté d'action pour le jour où la gravité des intérêts engagés justifierait une résistance ouverte. Cette occasion ne se fit pas attendre.

Quand Carteaux eut franchi la Durance, Barras et Fréron, qui jusqu'alors avaient usé de temporisations, requirent le général en chef, « au nom du salut public, au nom de la loi et de la souveraineté du peuple, » de faire marcher sur Aix cinq bataillons avec l'artillerie et les dragons nécessaires. Dans des circonstances analogues, Kellermann, pour couvrir sa responsabilité, avait exigé un décret de la Convention, avant de marcher sur Lyon[1]. En présence de l'incompétence de jour en jour plus manifeste des représentants, Brunet se retrancha derrière les raisons de légalité qu'il avait déjà fait valoir.

D'un côté, il informe le Comité de salut public qu'il suspend l'exécution de la réquisition, parce qu'elle exposerait l'armée à être refoulée en France ou à se voir renfermée dans le comté de Nice. De l'autre, il accourt près de Barras; il lui représente qu'aux termes de la loi

---

1. Voir plus haut, page 227.

du 30 avril 1793 il ne peut délibérer seul; que vainement il excipe de l'adjonction de son collègue Fréron ; que, depuis sa nomination, est intervenue la loi des 15 et 19 juillet, dont l'article 3 interdit aux représentants en mission de déléguer leurs pouvoirs; qu'on sait enfin que la Convention a nommé des commissaires près l'armée d'Italie. Il n'y avait rien à répondre à une argumentation si péremptoire. Barras se laisse convaincre et signe sa démission provisoire jusqu'à l'arrivée de Robespierre.

Cette abdication contrariait singulièrement les appétits des volontaires que les représentants avaient réunis, pour marcher au pillage de Marseille. Brunet avait à peine quitté Nice que le bataillon du Beausset essaie de se mutiner. Fréron, plus emporté que son collègue, profite de l'incident et reproche à Barras son inconcevable faiblesse. Par ses soins, la société républicaine de Nice se réunit et, invoquant « le salut du peuple comme la suprême loi », invite les représentants à rentrer en fonctions et à suspendre le général. Barras, toujours irrésolu, cède à la pression de la foule, comme il avait cédé à celle de Brunet. Il retire sa renonciation, et les deux représentants adressent au commandant du camp de Biot, l'un des deux rassemblements de l'armée d'Italie, la réquisition directe de se replier sur Nice.

Malgré son étonnement, Brunet voulut encore tenter un dernier essai de conciliation. Il rappelle aux représentants la conversation qu'il a eue avec eux, la veille, et les promesses qui lui ont été faites. C'est la nécessité des opérations militaires et le soin de sa responsabilité personnelle qui motivent sa résistance ; mais il n'oubliera jamais le caractère sacré dont ils sont revêtus et il continuera, comme par le passé, à leur fournir une garde d'honneur et des escortes.

Soutenu par Fréron, Barras cette fois reste inébranlable. La rupture était complète, et Brunet n'avait plus qu'à demander justice à la Convention. En attendant, il enjoint, le 8 août, au commandant du camp de Biot de retourner à son poste, et au commandant de la place de Nice de signifier à Barras ainsi qu'à Fréron les décrets qui suspendent leurs pouvoirs. Le même jour, il les prévient lui-même que, s'ils persistent, il sera obligé de les dénoncer comme rebelles aux lois. Le lendemain, il met à l'ordre de l'armée que les seuls commissaires accrédités près d'elle sont les représentants Barras, Robespierre jeune, Beauvais et Bayle, et que l'obéissance n'est due qu'aux réquisitions signées par deux d'entre eux.

Brunet, à cette date, se trouvait sans commandement. Dès la veille, Barras et Fréron avaient tranché eux-mêmes la question de compétence et lancé contre lui un arrêté de suspension ; mais l'opinion s'était si manifestement prononcée contre eux, qu'ils jugèrent prudent d'annoncer, dans leur proclamation à l'armée, qu'ils avaient agi d'après les ordres de leurs collègues, Robespierre et Ricord, rendant par ce subterfuge un dernier hommage au respect de leur victime pour la légalité.

Entre un général suspect de modérantisme et deux montagnards soutenus par la tourbe jacobine, le Comité de salut public ne pouvait pas hésiter. Déjà, dans les premiers jours d'août, il avait reçu des mains d'un affidé de Fréron une dénonciation furibonde. A cette seconde accusation, il répond en ordonnant au ministre de la guerre de remplacer Brunet et de le faire transférer à Paris.

Il était difficile de poursuivre un général coupable d'avoir résisté, la loi à la main ; mais il restait la ressource du crime de haute trahison. Brunet, dans sa correspondance, n'avait pas cessé de prêcher la modération ; il avait soutenu qu'une rigueur intempestive pourrait jeter Marseille et Toulon dans les bras des Anglais ; il avait même correspondu, de l'aveu toutefois des représentants, avec les autorités de ces deux villes pour assurer les subsistances de l'armée. La défection annoncée s'était produite. N'était-il pas supposable que celui qui l'avait si bien prédite devait l'avoir connue, peut-être même l'avoir favorisée ? La Convention déclara que le crime était évident et renvoya Brunet devant le Tribunal révolutionnaire, sous l'accusation d'avoir été, avec Trogoff, l'âme de la trahison de Toulon. La condamnation ne se fit pas attendre, et l'infortuné général monta sur l'échafaud, le 14 novembre 1793, la veille du supplice d'Houchard, coupable comme lui d'avoir trop bien servi son pays[1].

---

[1]. Nous avons réuni à la fin de ce volume toutes les pièces de cet incident fort peu connu jusqu'ici.

VIII.

La figure de Beysser paraîtra sans doute bien pâle à côté de Custine et de Biron. Cependant elle est nécessaire pour compléter le tableau, car c'est celle d'un officier de fortune qui servit successivement tous les partis et qui, victime de ses propres intrigues, périt précisément parce qu'il avait accepté une mission de police indigne d'un général.

Beysser avait débuté, à l'âge de seize ans, comme simple soldat dans les dragons du régiment de Lorraine. Douze années plus tard, il était chirurgien-major, avec rang de capitaine, dans un régiment suisse au service de la Hollande. A partir de cette date, sa vie se passe aux colonies. On le trouve en 1783 au cap de Bonne-Espérance et, de 1784 à 1788, à l'île de France ou dans l'Inde. Rentré en Europe en 1788, il était retourné à son régiment en Bretagne, au commencement de juillet 1789, quand éclatèrent les premiers troubles de cette province. Élu à cette occasion major et bientôt après lieutenant-colonel des dragons nationaux de Lorient, Beysser prit part à toutes les affaires et échangea, en 1791, ce dernier grade contre une commission de capitaine de gendarmerie dans le Morbihan. Il appartenait désormais à l'armée régulière et avança rapidement, grâce à la protection des représentants Billaud-Varennes et Sevestre qui l'avaient vu à l'œuvre, en mars et avril 1793, lors de la répression de l'insurrection sur les deux rives de la Vilaine. A ce moment, la fortune de Beysser touche à son apogée. Au mois de juin, il prend part à la défense de Nantes contre les Vendéens et reçoit comme récompense, le lendemain de la mort de Cathelineau, le brevet de général de brigade.

Les Nantais, tout occupés du péril qui menaçait leurs portes, n'avaient guère eu le temps de songer aux événements qui s'étaient accomplis à Paris ; mais, les Vendéens repoussés et la sécurité revenue, ils n'hésitèrent pas à adhérer aux résolutions déjà prises par les villes de Rennes, de Brest et de Quimper. Beysser s'associa à la protestation. Il suivait alors deux intrigues ; en province, il faisait la guerre à la Montagne, et traitait avec elle à Paris. Canclaux, plus honnête, refusa sa signature, et les représentants Gillet, Cavaignac et Merlin (de Douai) s'empressèrent de dénoncer l'arrêté de résistance, avec d'autant plus de vivacité qu'ils avaient eux-mêmes à se faire pardonner une lettre, légèrement empreinte de fédéralisme, qu'ils avaient eu l'imprudence d'adresser, quelque temps auparavant, à la Convention[1].

---

1. Cet arrêté avait été délibéré, le 5 juillet, dans une assemblée générale des corps administratifs de Nantes, auxquels s'étaient réunis les administrateurs des districts de Clisson, Ancenis et Machecoul, réfugiés dans la ville, depuis l'occupation de leur territoire par les royalistes.

L'assemblée déclarait : 1° qu'elle considérait la Convention nationale comme n'ayant pas été libre, dans ses délibérations, depuis le jour où elle s'était laissé arracher la mise en liberté d'Hébert, la suppression de la commission des Douze et l'arrestation de plusieurs de ses membres ;

2° Qu'elle enverrait, sur Paris, une force départementale destinée à se réunir aux bons citoyens, pour écraser les anarchistes et rétablir

La démonstration des Nantais était tardive. Il y avait longtemps que les principales villes de la Normandie, de la Bretagne et du Midi avaient jeté le gant aux vainqueurs du 2 juin; déjà même les ardeurs de la résistance commençaient à s'éteindre et, de tous côtés, soit lassitude, soit faiblesse, de nombreuses rétractations arrivaient à la Convention. Quant à Beysser, un décret du 12 juillet venait de lui conférer le commandement en chef de l'armée des côtes de La Rochelle, en remplacement de Biron.

Cette défection de la dernière heure n'en fut que plus sensible au Comité de salut public. Dans le premier mouvement de colère, il propose à la Convention, le 17 juillet, de mettre hors la loi Beysser et ses complices; mais, le lendemain, il se ravise et se borne à faire mander à la barre le général et les autres signataires de l'arrêté du 5 juillet[1].

le respect des lois, depuis si longtemps méconnu par une faction scélérate et si profondément perverse;

3° Qu'elle refuserait de recevoir désormais dans son sein les délégués de la Convention, car leur mission est attentatoire à la souveraineté nationale, les députés ayant charge de faire les lois et non de les exécuter; de voter une constitution et d'ordonner les pouvoirs publics, non de les confondre et de les exercer eux-mêmes; d'exprimer la volonté du peuple sur la paix ou la guerre, non de commander et de diriger les armées; de protéger et de contenir les pouvoirs intermédiaires que le peuple délègue, non de les envahir et de les annuler.

1. Ce premier décret était ainsi conçu :

COMITÉ DE SALUT PUBLIC.
Séance du 17 juillet 1793.

Présents : Couthon, Hérault, Prieur, Gasparin, Saint-Just, Barère et Thuriot.

Le projet de décret suivant a été arrêté:

« La Convention nationale décrète que le général Beysser et les

La députation de Nantes se présenta, le 2 août, ayant à sa tête Baco, maire de la ville. Ce dernier annonce que la constitution montagnarde a rencontré l'adhésion unanime du peuple nantais. C'était un désaveu implicite de la délibération incriminée; mais Baco ajoute qu'il est nécessaire de renfermer dans des limites plus étroites l'autorité des comités et des commissaires, et qu'il est à désirer que l'Assemblée, ayant terminé sa tâche, remette les rênes du gouvernement dans des mains plus heureuses.

La Montagne s'indigne de ce fier langage. Thuriot et Chabot s'écrient qu'il faut chasser les pétitionnaires de la barre : Dartigoyte ajoute qu'il faut mettre le maire en arrestation.

Baco demande à se défendre.

— « Il est douloureux, dit-il, quand on peut montrer les cicatrices des blessures reçues en combattant les insurgés de la Vendée, d'avoir à se justifier du crime de rébellion. Pourquoi parle-t-on de m'emprisonner, moi qui ai refusé de signer l'arrêté du 5 juillet; moi qui ai blâmé Beysser de l'avoir fait; moi qui viens vous offrir le baiser fraternel? »

— « Un baiser fraternel ne se donne pas en injuriant », réplique Collot d'Herbois.

— « Baco, répond Fayau, est le chef des contre-ré-

administrateurs du département de la Loire-Inférieure qui ont signé l'arrêté dénoncé par les représentants du peuple Cavaignac, Merlin et Gillet, en date du 4 de ce mois; et Coustard, député, qui a refusé de se rendre à la Convention sont mis hors la loi, et qu'il est enjoint à tous généraux, officiers et soldats de la République et à tous les bons citoyens de leur courir sus. »

volutionnaires nantais. Oui, continue-t-il en interpellant directement le maire, tu savais que, dans une maison dont les fenêtres n'ont pas été ouvertes pendant le siège, il y avait douze cents couverts préparés pour les rebelles. »

— « Tu en as menti », s'écrie Baco, incapable de se contenir à cette indigne calomnie.

Danton, du haut du fauteuil de la présidence, rappelle à l'ordre l'audacieux qui se permet de répondre à un membre de la Convention; mais Legendre trouve qu'il faut un châtiment plus sévère et demande le renvoi des pétitionnaires au Comité de sûreté générale et l'arrestation de leur interprète. L'Assemblée approuve et Baco, convaincu d'outrage envers la représentation nationale, est envoyé à l'Abbaye[1].

Beysser avait eu l'habileté de ne pas accompagner la députation chargée de demander sa réintégration. Il la suivit de près et, le 7 août, il adressait au président de la Convention une lettre, dont le ton d'humilité contraste singulièrement avec la mâle énergie de ses défenseurs.

« Citoyen président,

En exécution du décret de la Convention qui me mande à la barre, j'arrive à Paris. Je suis prêt à paraître

---

1. Nous avons retrouvé la minute du décret rendu le 2 août contre Baco; il est ainsi conçu :

« La Convention nationale décrète que le citoyen Baco, maire de Nantes, qui, étant à la barre, a outragé la représentation nationale, dans la personne d'un de ses membres, en lui disant *tu en as menti*, sera sur-le-champ mis en état d'arrestation à l'Abbaye. »

devant la Convention. Je compte trop sur sa justice pour n'être pas sûr que, dès qu'elle m'aura entendu, toutes les préventions qui auraient pu s'élever sur mon compte seront dissipées.

« Je suis, avec respect, le citoyen

« J.-M. Beysser ».

Cette lettre fut renvoyée au Comité de salut public, qui accepta les explications de Beysser et lui rendit même toute sa confiance. Au prix de quelles promesses le général était-il rentré en grâce ? C'est ce que l'arrêté suivant va nous apprendre.

« Sur l'avis donné au Comité de salut public de la retraite des ci-devant députés mis hors la loi dans les départements de la ci-devant Bretagne et de l'effet dangereux que produit leur présence dans ces pays;

« Vu la nécessité de dissiper le noyau de la force armée des rebelles qui subsiste encore dans ces départements;

« Attendu l'inexécution constante des décrets de la Convention de la part des autorités constituées, surtout des administrateurs de ces départements;

« Le Comité a chargé le général de brigade Beysser de surveiller l'exécution des décrets rendus contre les ci-devant députés mis hors la loi et les administrateurs mis en état d'arrestation et décrétés d'accusation. Il est autorisé également à dissiper le reste de la force armée des rebelles à la loi, à en arrêter les chefs et à prendre tous les moyens qui seront en son pouvoir, pour faire traduire à Paris les conspirateurs qui se sont refusés à l'exécution de la loi dans la ville de Rennes₁. »

Comme on le voit, il s'agissait bien moins d'une expédition militaire que d'une mission politique, et ce soldat brillant, que sa belle figure, sa grande taille et son courage au feu avaient jusqu'alors entouré d'une auréole martiale, acceptait de rendre des services qu'on n'obtient jamais d'un général.

S'il pouvait rester quelques doutes à cet égard, ils seraient levés par le second arrêté qui, à huit jours d'intervalle, suivit celui que nous venons de rapporter[2]. Le Comité de salut public approuvait cette fois « le parti pris par le ministre de la justice d'employer, sur les fonds à sa disposition, une somme de cent mille

---

1. Cet arrêté avait été pris dans la séance du 20 août 1793 où siégeaient Barère, Couthon, Hérault, Prieur, Robespierre et Thuriot.

2. Ce second arrêté est ainsi conçu :

COMITÉ DE SALUT PUBLIC
Séance du 28 août 1793.

Présents : Barère, Carnot, Hérault, Jean Bon-Saint-André, Prieur (de la Côte-d'Or), Prieur (de la Marne), Robespierre et Thuriot.

Le Comité de salut public, après avoir entendu le rapport du ministre de la police sur l'état actuel des départements de la ci-devant Bretagne, convaincu de la nécessité de prendre des mesures promptes, pour prévenir les troubles dont cette partie de la République est menacée, et arrêter les députés rebelles et conspirateurs qui s'y sont réfugiés;

Approuve le parti qu'a pris le ministre de la justice d'employer, sur les fonds qui sont à sa disposition une somme de cent mille livres, et de remettre cette somme au général Beysser chargé spécialement de cette mission par le Comité de salut public;

Arrête que les citoyens Hérault et Héron se rendront auprès de Beysser, pour concourir à ses opérations, et enverront tous les jours le journal de leurs actes au ministre de la justice, qui en rendra compte au Comité.

livres destinée à être remise au général Beysser, chargé d'arrêter les députés rebelles et les conspirateurs réfugiés dans les départements de la ci-devant Bretagne ». En même temps, le Comité, fidèle à son système de surveillance et de délation mutuelles, plaçait auprès du général deux commissaires, les citoyens Hérault et Héron, avec mandat de concourir aux opérations et d'envoyer tous les jours un compte rendu au ministre de la justice.

Le 31 août[1], un nouveau surveillant, Guermeur[2], fut adjoint aux deux premiers. Tous les trois étaient

[1]. Le Comité de salut public attachait une grande importance à la réussite de la mission de Beysser. Cette nouvelle délibération, à trois jours d'intervalle, en donne la preuve.

« Sur la déclaration du ministre de la justice que, sur les cinq cent mille livres mises à sa disposition pour dépenses secrètes, il a donné cent mille livres au général Beysser, pour être déposées dans la caisse du payeur du département d'Ile-et-Vilaine, afin de fournir aux dépenses que les pouvoirs qui lui ont été donnés par le Comité de salut public peuvent exiger; et sur la proposition dudit ministre d'adjoindre à ce général des citoyens patriotes, pour l'accompagner et le seconder dans les mesures d'exécution, pour parvenir à arrêter les députés conspirateurs qui se sont réfugiés dans les départements d'Ille-et-Vilaine, Côtes-du-Nord, Finistère, Morbihan et autres départements circonvoisins;

« Le Comité de salut public de la Convention nationale autorise le ministre de la justice à envoyer les citoyens Hérault, Héron et Guermeur près du général Beysser, pour le seconder dans la mission qui lui a été confiée, concerter et exécuter avec lui toutes les mesures nécessaires pour la faire réussir.

Arrête que le ministre de la justice rendra compte au Comité des opérations journalières desdits commissaires. »

Cet arrêté porte la signature de Barère, Hérault, Jean Bon-Saint-André, Prieur (de la Côte-d'Or), Prieur (de la Marne) et Thuriot.

[2]. Voir tome IV, pages 436 et suivantes, le rôle déjà joué par Guermeur en Bretagne.

les plus fins limiers et les agents habituels du Comité de sûreté générale.

Il est difficile de raconter exactement ce que fit Beysser; mais il est permis de tout supposer de la part d'un homme qui avait le cynisme de dire aux représentants de la Convention « qu'ils étaient les commissaires des scélérats et que, s'il avait dix mille hommes à ses ordres, il les culbuterait; qu'en attendant, puisque cela n'était pas, il voulait bien de nouveau prendre de l'emploi[1]. » Ce qui est certain, c'est qu'il avait accepté une mission, au-dessus de ses forces comme au-dessous de ses fonctions, et qu'il ne put remplir les promesses qu'il avait faites au Comité. Le châtiment ne se fit pas attendre.

Le 19 septembre, un mois à peine après avoir été investi de ces pleins pouvoirs, Beysser était destitué et décrété d'accusation, sur le rapport des agents chargés de l'assister[2]. Pour prix de leur dénonciation, Guermeur et Hérault restèrent seuls à la gloire et au profit. En leur continuant la honteuse mission qui convenait mieux à leur caractère, le Comité de salut public les autorisa

---

1. Mémoires de Pétion, édition Dauban.

2. COMITÉ DE SALUT PUBLIC

Séance du 19 septembre 1793.

Présents : Barère, Carnot, Hérault, Jean Bon-Saint-André, Prieur (de la Côte-d'Or) et Prieur (de la Marne).

Le Comité de salut public arrête que le ministre de la guerre rappellera sur-le-champ le général Beysser et le fera mettre en état d'arrestation.

à toucher les 40,000 livres qui n'étaient pas encore dépensées[1].

Beysser arriva à Paris, le 28 septembre, et fut écroué à l'Abbaye. Le même jour, Carrier était envoyé à Nantes[2]. Pour éviter tout nouveau mécompte, le Comité de salut public avait choisi, parmi les plus fougueux montagnards, celui qui devait faire expier à cette malheureuse cité ses velléités girondines. Il ne fut que trop bien servi.

La détention de Beysser dura plus de six mois. Il pouvait se croire oublié, mais on se souvint de lui quand

1. COMITÉ DE SALUT PUBLIC
Séance du 21 septembre 1793.

Présents : Barère, Billaud-Varennes, Collot d'Herbois, Prieur (de la Côte-d'Or), Prieur (de la Marne) et Saint-Just.
Le Comité de salut public de la Convention nationale, considérant que la mission donnée à Beysser, le 20 août 1793, pour l'arrestation des députés conspirateurs, a dû lui être retirée, charge de cette mission les citoyens Hérault et Guermeur, précédemment envoyés par le ministre de la justice pour seconder le général dans l'exécution de ladite mission, et autorise le ministre de la justice à leur faire remettre les 40,000 livres déposées par Beysser dans la caisse du payeur du département de la Loire-Inférieure.

2. COMITÉ DE SALUT PUBLIC
Séance du 29 septembre 1793.

Présents : Barère, Carnot, Billaud-Varennes, Hérault, Prieur (de la Côte-d'Or) et Prieur (de la Marne).
Le Comité de salut public, d'après les renseignements qu'il a reçus des représentants du peuple envoyés près de l'armée des côtes de Brest, a arrêté que le citoyen Carrier, représentant du peuple dans le département d'Ille-et-Vilaine, se rendra sur-le-champ à Nantes, pour l'exécution des mesures prescrites par le décret du 5 août dernier, concernant les divers membres des autorités constituées à destituer et pour y prendre, conformément aux pouvoirs qui lui son délégués, toutes les mesures de salut public.

fut inventée la fameuse conspiration des prisons. Des généraux sacrifiés par la Révolution, le seul qui eût avili son épée périt sur l'échafaud avec Gobel, l'évêque apostat, l'extravagant Chaumette, le malheureux Dillon et la veuve de Camille Desmoulins. Son histoire présente un grand enseignement. Elle montre qu'à une époque où la démagogie semblait priser la soumission comme la première vertu d'un chef militaire, cette criminelle défaillance était impuissante elle-même à assurer une entière sécurité. Beysser ne put échapper à la proscription, quoiqu'il eût eu la faiblesse de servir les proscripteurs.

IX.

Comme tous les gouvernements qui cachent, sous le despotisme de la forme, la fragilité de leur nature, le Comité de salut public n'admettait pas qu'on résistât à ses volontés; mais, ce qu'il redoutait le plus, c'était la résistance des commandants d'armée. Créé le lendemain de la défection de Dumouriez, avec la mission de prévenir le retour d'événements heureusement fort rares pour notre honneur militaire, il devait, par la loi même de sa constitution, considérer la moindre omission, la moindre négligence, la moindre faute comme autant de crimes qu'il fallait impitoyablement réprimer. Parmi les généraux, ceux qui avaient commencé leur carrière sous la monarchie étaient les plus suspects et furent les premiers atteints. Le Comité se rendait parfaitement compte que le dévouement suppose une personne envers laquelle on s'oblige, et qu'un pouvoir collectif et renouvelable, comme le sien, ne pouvait pas prétendre au même respect qu'un souverain, représentant à la fois la patrie et la continuité. Après la révolution du 2 juin, la situation devint encore plus aiguë. Wimpfen avait accepté le commandement de l'armée levée pour venger la Gironde; à l'est, à l'ouest, dans le Midi, la Convention n'était plus obéie; il fallait à tout prix empêcher le pouvoir de tomber dans les camps. Les poursuites contre les généraux recommencèrent, et des exécutions répétées apprirent à ceux qui ne savaient ni vaincre, ni plier devant les délégués du Comité que celui-ci serait sans pitié.

Nous venons de raconter l'histoire des plus célèbres victimes de cette terrible politique. Il nous reste à en montrer les conséquences. Elles furent néfastes pour le pays et pour l'armée.

Les gouvernements, comme les individus, n'ont que les serviteurs qu'ils méritent. Quand la délation prend la place de la discipline; quand le commandement est donné au démagogue le plus exalté et non pas au soldat le plus éprouvé; quand, sous prétexte de surveillance, les représentants de l'autorité civile dirigent eux-mêmes les opérations militaires; quand, en un mot, du haut en bas de l'échelle, la responsabilité morale n'est pas là où se trouve l'exercice réel du pouvoir, on ne peut rencontrer, pour accepter des fonctions ainsi déshonorées, que des incapables, dont la servilité même est un danger de plus. Le Comité de salut public en fit la triste expérience avec Rossignol, Santerre, Léchelle, Carlin, Carteaux, Doppet et tant d'autres que nous pourrions citer.

Dans ce premier moment, l'heure est aux nullités. Personne ne doit dépasser le niveau commun, et si parfois, en frappant du pied, la Révolution, comme Cadmus, fait sortir des entrailles de la nation un général vraiment digne de ce nom, il n'est pas mieux traité que ses nobles devanciers. Sur la liste des proscrits, Houchard et Hoche prennent la place des Custine et des Biron.

Mais on n'étouffe pas longtemps le génie d'un peuple, et de la masse en fermentation allait bientôt sortir une glorieuse génération de guerriers. Kléber, Moreau, Jourdan, Kellermann vont entrer en scène et, tantôt acceptés et tantôt poursuivis, finiront par s'imposer par l'autorité du talent. De pareils hommes ne pouvaient être ni des complaisants, ni des comparses. Ils obéissent, mais chacun d'eux sent qu'il est fait pour commander et, dans la lutte encore latente qui se prépare entre l'autorité d'une assemblée et le mérite personnel de héros, on peut déjà prévoir que la balance fléchira du côté des hommes couronnés par la victoire. Le Comité de salut public cherchera vainement à conjurer le danger; plus il atténuera sa suprématie, plus il rendra la réaction inévitable. C'est lui qui, par l'abus de son pouvoir sur les généraux, est le véritable auteur du despotisme du plus illustre d'entre eux. Quand, de ses mains sanglantes, le gouvernement aura passé dans les bras débiles du Directoire, le souvenir de sa domination, au moins autant que l'impuissance de ses successeurs, jettera la France dans la dictature militaire.

LIVRE XLVII.

L'ORGANISATION DE LA TERREUR.

I

Une véritable anarchie de quelques mois annonce le règne prochain de la Terreur. Fondé sur la violence, le gouvernement issu du coup d'État du 2 juin ne pouvait vivre que par elle. La Convention, mutilée, réduite à de vaines agitations, divisée contre elle-même, n'était plus capable d'opposer une résistance efficace, et les Montagnards, obligés pour triompher d'accepter le concours des démagogues exaltés, devaient au lendemain de la victoire se trouver en présence des exigences de leurs complices. En réalité, la lutte n'est que déplacée par la chute de la Gironde et les hostilités vont continuer, aux dépens de la justice et de la modération, entre les influences rivales qui se disputent le pouvoir, — les Jacobins, où dominent les politiques de la Montagne, et les Cordeliers, qui obéissent à la Commune, à Hébert et à ses adeptes.

Véritables pionniers de la Révolution, les Cordeliers avaient toujours dépassé les Jacobins en audace et trouvaient la victoire du 2 juin trop clémente. Leurs plaintes furent portées à la Convention par Jacques Roux[1], prêtre apostat et sans-culotte fougueux, qui appartenait, avec Leclerc et Varlet, à la fraction du club dont les membres s'étaient décerné à eux-mêmes le titre d'*Enragés*. Le 25 juin, il se présente à la barre, au nom d'une députation de cette fameuse section des Gravilliers, qui avait offert, le 31 mai, trente mille bras armés pour défendre les Jacobins.

Dans son discours, virulente diatribe contre la nouvelle Constitution et ses auteurs, il reproche aux mandataires du peuple de n'avoir rien fait pour diminuer les calamités dont il souffre.

« Vous qui habitez la Montagne, dignes sans-culottes, s'écrie-t-il, resterez-vous toujours immobiles sur le sommet de ce rocher immortel ? Prenez-y garde, les amis de l'égalité ne seront pas les dupes des charlatans qui veulent les assiéger par la famine, de ces vils accapareurs dont les magasins sont des repaires de filous... Le peuple veut la liberté ou la mort... Le but des agioteurs est de le jeter dans les bras du despotisme. Jusqu'à quand souffrirez-vous que ces riches égoïstes boivent encore dans des coupes dorées le sang le plus pur du peuple ?... Il ne faut pas craindre d'encourir la haine des riches, c'est-à-dire des méchants, il faut tout sacrifier au bonheur du peuple... Sans doute, il est des maux inséparables des grandes révolutions, et notre in-

---

1. Voir tome III, page 420.

tention est de faire tous les sacrifices nécessaires au maintien de la liberté; mais le peuple se ressouvient qu'il a déjà été trahi deux fois par deux législateurs. Il est temps que les sans-culottes qui ont brisé le sceptre des tyrans, terrassent toute espèce de tyrannie... Députés de la Montagne, fondez les bases de la prospérité de la République, ne terminez pas votre carrière avec ignominie! »

Cette harangue passionnée, où les accapareurs et les agioteurs sont dénoncés à la fureur populaire, excite un tumulte d'autant plus violent que Jacques Roux est accusé, par un des membres de la députation, d'avoir inexactement rapporté la pétition à laquelle la section des Gravilliers a donné son adhésion. On réclame l'arrestation immédiate de l'orateur; mais, sur l'observation de plusieurs députés, qui veulent respecter en sa personne le droit de pétition, on lui laisse la parole. Il en profite pour vociférer ces menaces, en manière de conclusion :

« Les sans-culottes opprimés des départements vont arriver; nous leur montrerons ces piques qui ont renversé la Bastille; ces piques qui ont dissipé la faction des hommes d'État; ces piques qui ont détruit la putréfaction de la Commission des Douze; alors nous les accompagnerons dans le sanctuaire des lois, et nous leur montrerons le côté qui voulut sauver le tyran, et celui qui prononça sa mort. »

Thuriot bondit sous l'insulte et, à son tour, accuse Roux d'être un agent de Cobourg et de vouloir déshonorer Paris. Il lui reproche son caractère de prêtre, et le compare aux fanatiques de la Vendée. « Vil orateur de l'anarchie, s'écrie-t-il, dis donc aussi au peuple qu'il faut que le fils égorge son père, et que la mère plonge un poignard dans le sein de sa fille ! »

Robespierre et Billaud-Varennes joignent leurs protestations à celle de Thuriot. « Je demande que cet homme soit chassé, ajoute Legendre; il y a des patriotes dans sa section, ils en feront eux-mêmes justice. » Cette proposition est adoptée et Jacques Roux est obligé de se retirer.

Mais il ne se tint pas pour battu. Le surlendemain, il se rendait au club des Cordeliers, où il se plaignit amèrement qu'on lui eût « fait boire à longs traits le calice d'amertume ». Il dénonçait particulièrement Legendre, qui avait provoqué son expulsion. La société approuva à l'unanimité la démarche de Roux, adopta ses principes et déclara, aux applaudissements des femmes révolutionnaires, que la pétition lue le 25 juin serait imprimée et distribuée. Il était impossible de protester plus audacieusement contre les actes de l'Assemblée. Leclerc trouva pourtant le moyen de s'élever contre Danton, qu'il accusait de modérantisme, et contre Legendre dont il demandait, par représailles, l'exclusion de la société. Mais cette motion parut exagérée et l'on se borna à décider que ce dernier serait invité à venir rendre compte de sa conduite.

Entre ces deux dates, des rassemblements tumultueux s'étaient formés, dans Paris, à l'occasion de l'arrivée, au port Saint-Nicolas et à la Grenouillère, de bateaux chargés de savon. La foule réclamait la livraison de cette marchandise au-dessous du cours fixé. La Commune s'émut de ces désordres, qui compromettaient les approvisionnements de la capitale, et lança un arrêté énergique pour en prévenir le retour. Malgré tout, les troubles continuèrent et quinze femmes furent emprisonnées à la Force. Déjà, au mois de février précédent, Jacques Roux avait été convaincu d'avoir fomenté l'émeute contre les épiciers[1]. Cette coïncidence d'un nouveau pillage avec le discours dans lequel il venait de dénoncer les accapareurs à la Convention, était au moins étrange ; elle offrait un moyen de ruiner l'influence désastreuse des Enragés et de les convaincre d'anarchie ; les Jacobins saisirent avec empressement cette occasion de les frapper.

Jacques Roux essaya de payer d'audace ; il se présenta à la Commune, avec la pétition de la section des Gravilliers et la ratification du club des Cordeliers. Mais les circonstances étaient changées et de violents murmures éclatent à sa vue. Chaumette l'accuse d'avoir, par sa pétition, « sonné le tocsin du pillage et de la violation des propriétés » ; Guyot ajoute « que les choses les plus dangereuses et les plus inciviques *interpolaient* cette dénonciation » ; d'autres membres le signalent comme l'auteur des troubles et demandent son exclusion du Conseil. On lui accorda vingt-quatre heures pour se défendre, et Jacques Roux n'ayant pas reparu, le Conseil lui retira la rédaction des affiches de la Commune.

Ainsi abandonné de tous et signalé aux colères de

---

1. Voir tome VI, page 54.

la populace, il cessait d'être dangereux. Mais les Montagnards tenaient à étouffer dans leur germe ces tentatives de résistance, et Robespierre, accompagné de plusieurs de ses amis, se rendit, le 30 juin, aux Cordeliers. Il avait commencé par écraser Jacques Roux aux Jacobins, en l'accusant de dénoncer les patriotes de concert avec les Autrichiens. Aux Cordeliers, il déclara qu'il venait éclairer le club « sur les manœuvres que quelques individus avaient mises en usage pour l'égarer ».

Malgré leurs tendances différentes, les deux sociétés conservaient une certaine affinité, en raison de l'affiliation commune d'une grande partie de leurs membres. Il eût été dangereux d'ailleurs de se séparer, sur une pareille question, d'alliés aussi redoutables, et les Cordeliers s'empressèrent d'imiter l'exemple des Jacobins. Accusé par Hébert, Collot d'Herbois et Legendre de scélératesse, de fanatisme et de perfidie, Jacques Roux fut accablé de moqueries et chassé du club. Leclerc eut le même sort et fut également honteusement expulsé « comme un échappé de Coblentz, un stipendié de Pitt et des intrigants de Paris ». Quant à Varlet, on déclara qu'après avoir subi un temps d'épreuve, il serait soumis à un scrutin épuratoire, et qu'en attendant, il ne pourrait pas assister aux séances. La société décida en outre qu'elle irait à la Convention désavouer la pétition des Enragés et reconnaître solennellement que la Montagne n'avait pas cessé de bien mériter de la patrie.

Jacques Roux n'était pas au bout de ses épreuves. Le 1er juillet, le Conseil général de la Commune « considérant qu'il avait insulté la Convention dans l'adresse perfide qu'il lui avait présentée, et que ses opinions anarchiques l'avaient fait chasser des sociétés populaires et du corps électoral, » déclarait à l'unanimité qu'il avait perdu sa confiance. Nous le retrouverons encore, dans le cours de ce récit[1], tantôt incarcéré sur la demande de sa section, tantôt réclamé par elle, jusqu'au jour où, renvoyé au Tribunal révolutionnaire, il se frappera lui-même de cinq coups de couteau.

La tentative des Enragés avait échoué, mais les anarchistes n'avaient pas disparu. Selon l'énergique expression de Michelet, Paris les vomit en Vendée où, avec les grasses sinécures et les missions lucratives, ils eurent la dictature et le pillage.

II.

Cependant une misère effroyable régnait à Paris. Nous avons déjà parlé[2] longuement de l'établissement du maximum. Créé dans le but d'entretenir l'abondance dans la capitale, il n'avait abouti, au contraire, qu'à ruiner le reste de la France, sans assurer l'approvisionnement du marché parisien. Pour faire face aux nécessités de la situation, la Convention dut recourir à de nouveaux expédients, et accumuler décrets sur décrets, au risque d'user plus rapidement les dernières ressources du pays.

---

1. Voir aux pièces justificatives.
2. Tome VII, pages 172 et suivantes.

L'accaparement et l'agiotage étaient les craintes du moment et, dans la séance du 26 juillet [1], Collot d'Herbois apporte à la Convention un rapport destiné à réprimer ces « fléaux dont les ravages se multiplient de la manière la plus effrayante ». Il rappelle qu'ils ont naguère menacé la jeune République américaine; il propose une loi pour les poursuivre, sous toutes leurs formes, et faire participer aux confiscations les citoyens indigents, car « ce sont ceux auxquels les accapareurs ont causé le plus de mal, et ce don est une véritable restitution à leur faire. »

Les propositions de Collot d'Herbois furent adoptées, et la Convention rendit, séance tenante, un décret prononçant la peine de mort sans appel contre tous les accapareurs [2]. Étaient déclarés coupables d'accaparement ceux qui, ayant acheté des marchandises ou denrées de première nécessité, les dérobaient à la circulation en les tenant renfermées, ou les laissaient périr volontairement, au lieu de les mettre en vente journellement et publiquement. Le décret énumérait longuement les citoyens qui, de façon ou d'autre, tombaient sous l'application de cette loi draconienne. Les fausses déclarations, les suppositions de noms, de personnes ou de propriétés entraînaient la peine capitale, à laquelle étaient

---

1. *Moniteur* du 27 juillet 1793.

2. Étaient réputées, d'après le décret, denrées et marchandises de première nécessité : le pain, la viande, le vin, les grains, les farines, les légumes, les fruits, le charbon, le bois, l'huile, l'eau-de-vie, le savon, le suif, le chanvre, la laine, les cuirs, le fer, le cuivre, les draps, la toile et généralement toutes les étoffes, les soieries exceptées. *Moniteur* du 28 juillet 1793.

également soumis les fonctionnaires publics et les commissaires convaincus de prévarications dans l'exécution de la loi.

Suivant le système révolutionnaire, la délation était encouragée ; le dénonciateur recevait, pour salaire, le tiers du produit des confiscations, dont le reste devait être partagé entre les indigents et l'État.

Cette mesure visait principalement les cloîtres et les autres maisons conventuelles, que Collot d'Herbois avait représentés dans son rapport comme les centres principaux d'accaparement.

Mais il se trouvait toujours à la Convention des membres disposés à poursuivre, jusqu'à leurs dernières conséquences, les propositions dont l'initiative avait été prise par d'autres. Dès qu'il entend parler d'agiotage et d'accaparement, Delaunay (d'Angers) se lève, et dénonce les manœuvres de la Compagnie des Indes, qu'il accuse de retenir, dans ses magasins de Lorient, pour plus de quinze millions de marchandises de toute sorte.

« Par une criminelle spéculation, ajoutait-il, elle les refuse au commerce, et les a fait retirer de ses dernières ventes, dans l'espoir du discrédit progressif des assignats, qu'elle provoque elle-même par le jeu effréné de l'agiotage dont elle est le premier et le plus dangereux artisan. » Sur la demande de l'orateur, l'Assemblée décide que les scellés seront apposés sur les magasins de la Compagnie, et qu'on cherchera le moyen de lui faire payer en nature le montant des droits d'enregistrement qu'elle pourrait avoir fraudés, ainsi qu'une part de contribution à l'emprunt forcé.

Le décret sur l'agiotage avait établi en même temps des commissaires aux accaparements, place fort lucrative quant aux gages, plus lucrative encore par les bénéfices illicites que l'on y réalisait. Il faudrait remonter à l'administration qui précéda les réformes opérées par Colbert, pour constater une semblable multiplicité d'offices.

A ces lois diverses correspondaient autant de groupes d'agents pour les appliquer. A côté des commissaires aux accaparements, il y eut les commissaires aux subsistances, les commissaires aux habillements, les commissaires à la réquisition des chevaux de luxe[1], sans compter les commissaires aux biens nationaux provenant de la dépouille des émigrés et des condamnés, dont on avait fait une administration spéciale, distincte de celle des biens nationaux ordinaires[2].

Mais ce n'était pas assez de décréter un prix maximum pour les denrées, sans s'inquiéter de la ruine du producteur; ce n'était pas assez de signaler à l'animadversion publique tous ceux qui, prévoyant l'avenir,

---

1. A l'occasion du décret par lequel la Convention mit en réquisition tous les chevaux de luxe, il s'éleva un débat assez piquant, entre la commune de Paris et un député montagnard, l'ex-marquis de Châteauneuf-Randon, qui s'était fait délivrer le brevet de général de brigade. Il avait sept chevaux dans ses écuries. Les commissaires préposés *ad hoc* voulurent les saisir; mais le général *in partibus* argua aussitôt de son grade dans la hiérarchie militaire, pour réclamer une exception en sa faveur. Nos lecteurs trouveront, à la fin du volume, une note concernant ce républicain farouche, qui sut plus tard se plier au despotisme de Napoléon Ier, comme il s'était plié à celui de Robespierre et du Comité de salut public.

2. *Almanach* de 1793, pages 401 et 512.

gardaient dans leurs greniers de quoi assurer l'existence de leur famille; il fallait aller plus loin dans la voie de l'arbitraire et condamner toute une classe de citoyens au travail forcé. Par un décret rendu dans la séance du 16 septembre, les municipalités furent chargées de pourvoir à la culture des terres laissées en friche, à un titre quelconque, ou dont la réquisition avait dispersé les colons. Le labeur devait être réparti sous forme de prestation en nature; la résistance des journaliers ou manœuvres requis de se louer aux laboureurs était punie de trois jours de prison, pour la première fois, et de trois mois en cas de récidive; les coalitions entraînaient la peine des fers pour deux ans; le refus d'animaux, d'instruments aratoires exposait à une amende. En cas d'insuffisance du produit de l'exploitation pour payer les dépenses, le déficit restait à la charge de la nation [1].

Au moment où l'on usait d'arbitraire pour mettre les terres en valeur, on prétendait, par une singulière contradiction, arrêter l'essor des capitaux. Le 8 octobre, Delaunay (d'Angers), après un verbeux rapport hérissé d'erreurs historiques, proposa à la Convention la suppression de la Compagnie des Indes, la confiscation de toutes ses propriétés et, par surcroît, l'abolition de toutes compagnies financières, quelle que fût leur dénomination.

« Détruisez dès à présent, s'écriait-il, ces agrégations de richesses qui se consomment dans une activité

---

[1]. *Moniteur* du 22 septembre 1793.

stérile; ordonnez à ces capitaux amoncelés de se diviser, et ils iront se verser sur vos champs, pour les fertiliser, et dans vos ateliers, pour les vivifier ; ils iront créer des armes et du pain, les deux seuls besoins d'un peuple libre. » Fabre d'Églantine appuya les propositions de son collègue, et après une courte discussion de détail entre Cambon et Robespierre, au sujet de la vente des marchandises de la Compagnie, le projet présenté par Delaunay fut adopté avec ses divers amendements [1].

La Convention disposait de la sorte de la fortune publique sous toutes ses formes et prétendait régir l'agriculture, le commerce et l'industrie, comme elle avait essayé de décréter la victoire. Le premier effet de ces erreurs économiques avait été la disparition du peu d'argent monnayé qui restait encore dans la circulation ; le second fut l'arrêt de toute industrie et de tout commerce. Producteurs et marchands préféraient un chômage absolu à la perte certaine que devait entraîner pour eux la vente d'objets livrés à vil prix. Bientôt, il n'y eut plus de proportions entre l'offre et la demande et, sous l'empire de la dépréciation croissante des assignats, les denrées de première nécessité atteignirent des prix exorbitants. Dans ce désastre universel, l'agriculture seule survécut, sous l'empire de la nécessité, et au prix des plus grands sacrifices.

Mais qu'importait aux hommes de parti qui tenaient dans leurs mains les destinées de la France? Ils n'avaient

---

[1]. *Moniteur* du 10 octobre 1793.

d'autre objectif que de caresser la faction dont ils dépendaient et d'obtenir, par ces flatteries intéressées, qu'une tranquillité relative régnât dans Paris, où le gouvernement vivait sous la menace perpétuelle de l'émeute. Tel était leur unique but; et, pourvu qu'il fût atteint, ils ne se préoccupaient nullement du reste de la France.

Il faut néanmoins le constater, ces concessions serviles manquaient leur effet; c'est en vain qu'on jetait, dans le gouffre parisien, une avance de cent dix millions pour les subsistances; ce n'était pas encore assez, au dire d'Hébert, qui se plaignait que l'on affamât la capitale[1]. Le peuple, que rien n'assouvissait, voulait rejeter sur d'autres les épouvantes qui l'assiégeaient. Il avait commencé par dépouiller l'Église, par poursuivre la noblesse et renverser le trône; maintenant que l'aristocratie et les privilèges étaient abattus, il s'en prenait à tous ceux qui possédaient, financiers, industriels ou commerçants. La terreur engendrant la misère, et la misère engendrant la terreur, nul à ses yeux n'avait plus le droit de détenir ce dont il était privé, sans être suspect d'accaparement, sans mériter la mort. Les revendications brutales se produisaient au grand jour et un orateur disait publiquement aux Jacobins : « Si vous ne nous faites pas justice des riches, nous nous la ferons nous-mêmes. »

1. Séance des Jacobins du 26 août 1793.

III.

La Convention tournait dans un cercle vicieux. En cherchant, par l'emploi des moyens révolutionnaires, à combattre la grève de l'argent, elle augmentait tout à la fois la crise monétaire et la dépréciation des assignats. Cette question du papier-monnaie était l'objet de ses constantes préoccupations, et les empiriques ne manquaient pas pour proposer leurs remèdes.

Dans la séance du 31 juillet[1], Chabot prend la parole et déclare que le décret rendu contre les accapareurs a redoublé la fièvre de l'agiotage, que le but de la mesure n'est pas atteint, que le peuple est seul à souffrir du prix exorbitant des denrées.

« Les assignats à la face du tyran, dit-il, gagnent dix pour cent chez les messieurs de Lyon, de Bordeaux, de Marseille, de Paris. Je viens vous proposer de les punir, par où ils ont péché envers la République. Il faut décréter que les assignats royaux, de la valeur de 50 livres et au-dessus, ne seront reçus qu'en payement des biens nationaux. Au mois de janvier, tous les assignats royaux seront annulés. La mesure que je vous propose bonifie de moitié les assignats en circulation, sans aucune injustice, car entre les mains de qui sont ces assignats royaux? C'est dans les mains des aristocrates, des Autrichiens, et de tous ceux qui espèrent

---

[1]. *Moniteur* du 1er août 1793.

le rétablissement de la royauté. L'échange se fait sans injustice, puisque vous donnez des biens territoriaux en retour. Je sais bien que les agioteurs feront perdre sur ces assignats; mais le peuple n'en souffrira pas, parce que cette perte sera compensée par la diminution du prix des denrées, qu'amènera nécessairement la diminution de la masse des assignats en circulation. »

Cambon combat la proposition de Chabot. « Il y a, dit-il, pour 1,700 millions environ d'assignats royaux en circulation, et tous ne sont pas dans les mains des aristocrates; il s'en trouve de 50 livres dans celles des artisans. D'ailleurs, on n'a pas d'assignats de la république à échanger contre les assignats royaux de 5 livres, de 15 sous et de 10 sous. Il faudrait donc, pour éviter une obstruction dangereuse, faire servir ces assignats au payement des 4 ou 5 millions de contributions arriérées. »

C'est aussi l'avis de Lecointe-Puyraveau. Il fait observer que la mesure proposée par Chabot est une prime offerte à l'agiotage, qu'elle frappe l'ouvrier et le commerçant aussi bien que le riche. L'artisan, le cultivateur, qui auront travaillé pendant quatre ans pour faire un profit de 100 écus ou de 500 livres, ne pouvant acheter un bien national avec cette somme, se verront contraints, pour ne pas perdre leur assignat, à le vendre au riche. Le commerçant, qui ne pourra au contraire user de ses assignats que pour acheter des biens nationaux, fermera boutique; on aura ainsi ôté le pain des mains à une infinité de personnes.

Basire ajoute une dernière considération, fondée

sur l'imprudence d'annuler, sans discussion, pour 1,700 millions de valeurs. Il demande comme conséquence qu'aucune proposition financière ne soit votée dans la séance où elle a été faite.

Mais Danton intervient à son tour dans le débat, pour repousser la question préalable réclamée par Bazire :

« — Il faut, dit-il, que les grosses fortunes payent la dette nationale. Frappez ! Que vous importent les clameurs des aristocrates ! Soyez comme la nature, qui voit la conservation des espèces, jamais celle des individus. Je ne me connais pas grandement en finances, mais je suis savant dans le bonheur de mon pays. Les riches frémissent de ce décret ; et je sais que ce qui est funeste à ces gens est avantageux pour le peuple. Le renchérissement des denrées vient de la trop grande masse d'assignats en circulation. Que l'éponge natiotionale épuise cette masse, l'équilibre se rétablira. »

De vifs applaudissements accueillent cette métaphore ; l'Assemblée, toute prête à se payer de mots, comme l'orateur, n'en demande pas davantage. Cependant Basire proteste : il fait observer que la démonétisation des assignats à empreinte royale n'est autre chose qu'une banqueroute partielle. « On a parlé, ajoute-t-il, de tomber sur les riches ; je regarde cette proposition comme une simple déclamation, et je réponds que la base de la législation doit être la justice. L'anéantissement des assignats royaux n'aura d'autre effet que de discréditer les autres. » L'orateur ajoute, au milieu des murmures de la Montagne : « Je sens combien il est défavorable de parler après Danton ; je me borne donc à demander l'ajournement. »

Garnier (de Saintes) et Bréard le remplacent à la tribune. Éclairés, par ce qui vient de se passer, sur les dispositions de l'Assemblée, ils reprennent la proposition de Chabot et la soutiennent, au nom des principes révolutionnaires, en disant qu'elle nuira seulement aux Vendéens, qui n'acceptent que des assignats à face royale, et aux Anglais qui, sur le conseil de Pitt, en ont acheté pour 25 millions. Enfin, la Convention se rallie au projet de Cambon et adopte un décret ainsi conçu :

« Les assignats à face royale continueront à être reçus en payement des contributions, des biens nationaux, en acquisition des créances nationales provenant de la vente desdits biens, dans l'emprunt forcé, et en payement de tout ce qui est dû à la nation.

« Au fur et à mesure de leur rentrée, ils seront annulés et brûlés. »

Fonfrède veut présenter une observation ; on ne l'écoute pas : Basire avait raison, la banqueroute partielle était décrétée, en attendant la banqueroute générale [1].

---

[1]. Il convient de faire observer ici que la responsabilité de l'effrayante banqueroute de l'an VI, dont on impute généralement la faute au Directoire, doit peser en réalité sur les Montagnards. Elle fut amenée par la multiplication énorme des assignats et par les décrets ultérieurs et rétroactifs qui, en discréditant tout le système des finances, rendirent la catastrophe inévitable. Il est malheureusement notoire qu'en pareille matière, le vrai coupable, aux yeux du vulgaire, est celui qui constate en quelque sorte la ruine, et non pas celui qui l'a préparée.

IV.

Cette pensée de frapper les riches, qu'elle confondait dans sa haine avec les aristocrates, apparaît à chaque pas dans les débats de la Convention, mais elle n'éclate nulle part avec plus de clarté que dans la discussion de l'emprunt forcé.

La grande erreur de l'Assemblée était sa tendance à proclamer un principe, sans en calculer les conséquences, et, de même que l'impôt progressif, l'emprunt forcé naquit d'un incident. On était au 20 mai, au milieu de ces luttes ardentes qui allaient se terminer par l'arrestation des Girondins, quand Ramel vint, au nom du Comité des finances, proposer la répartition progressive d'une taxe de guerre sur les revenus supérieurs à 600 livres [1]. Ce projet souleva de nombreuses objections et Cambon émit pour le remplacer une idée qui semblait plus simple.

« Je voudrais, dit-il, qu'imitant le département de l'Hérault [2], la Convention ouvrît un emprunt civique

---

1. *Moniteur* du 21 mai 1793.
2. L'incident rappelé par Cambon s'était produit à la séance du 27 avril 1793.
Les administrateurs du département de l'Hérault, en annonçant le départ de cinq mille réquisitionnaires pour l'armée des Pyrénées, avaient ajouté que ce contingent, à la différence des levées précédentes, était formé presque en entier de remplaçants achetés à prix d'argent. Ils en concluaient que le prochain appel éprouverait des difficultés, et que les pauvres seraient en droit de répondre qu'ils

d'un milliard qui serait rempli par les égoïstes et les indifférents. Les assignats nous font une guerre désastreuse. Cet emprunt les fera rentrer et attachera tous les citoyens à la République, puisqu'ils recevront en échange une reconnaissance admissible dans l'acquisition des biens d'émigrés... N'oublions pas que nous avons dépensé pour la guerre 270 millions le mois dernier. »

En donnant son adhésion, Lanjuinais réclame en même temps contre la distinction qu'on veut établir entre les citoyens, et demande que les sans-culottes, aussi bien que les riches, contribuent à cet acte patriotique.

Marat veut, au contraire, que l'emprunt porte seulement sur les ennemis de la Révolution... « sur les généraux mêmes dont l'incivisme est reconnu. »

Barbaroux proteste en vain contre la précipitation avec laquelle on examine des questions aussi importantes; quand il descend de la tribune, la séance devient orageuse; de violentes rumeurs se font entendre, ainsi que les cris répétés de : *A bas! A bas!* L'agitation continue, et Larivière demande qu'on lève la séance « pour constater le défaut de liberté. »

---

avaient supporté seuls le fardeau de la guerre. Pour obvier à cet inconvénient, les administrateurs proposaient la création d'un Comité de salut public local chargé de désigner, par voie de réquisition directe, les soldats appelés à partir et de lever, sur les riches, un emprunt forcé de cinq millions, destiné aux dépenses de l'armée et au soulagement des patriotes indigents.

Cette proposition avait été accueillie avec enthousiasme et insérée au procès-verbal, pour être envoyée aux départements. Il en est souvent question dans les motions révolutionnaires.

Moniteur du 28 avril 1793.

— « Oui, nous ne sommes pas libres ici », répètent plusieurs membres.

Au milieu de ce tumulte croissant, la voix aiguë de Marat se fait entendre : « L'opposition à l'emprunt forcé, dit-il, vient de ce que l'on n'a pas excepté les membres de l'Assemblée! »

Ces désordres étaient la conséquence de la politique de violences adoptée par la Montagne, depuis l'ouverture des débats sur la constitution, et n'avaient d'autre but que d'empêcher la Gironde de conduire son œuvre à terme. A partir de ce moment les débats s'égarent. Vergniaud, Robespierre et Basire se renvoient mutuellement les accusations d'entraves à la liberté et d'excès de licence. De guerre lasse, on finit par confier au Comité de législation le soin de compléter le règlement de la police intérieure de la salle.

A la suite de ces émotions, la discussion ne pouvait être ni sérieuse, ni approfondie, et les orateurs se succèdent en confondant tour à tour, avec la taxe de guerre, l'impôt progressif ou l'emprunt forcé.

Dans ce désarroi général, Varnier essaie inutilement de démontrer qu'avant d'emprunter il est préférable de vendre, et qu'il reste deux milliards de biens nationaux. C'était précisément cette question de la réalisation des biens confisqués qui préoccupait les révolutionnaires, et après des répliques de Mathieu, de Thuriot et de Cambon, la Convention décrète qu'il y aura un emprunt forcé d'un milliard sur les riches, et que les reconnaissances seront admises en payement des biens d'émigrés.

Est-il étonnant que, né ainsi dans une tempête, l'emprunt forcé ait grandi et vécu au milieu des orages?

Le 9 juin, une semaine à peine après le coup d'État qui avait transféré le pouvoir aux mains de la Montagne, la question était remise à l'ordre du jour. La Convention demandait au Comité des finances un rapport immédiat; mais s'il était facile de voter, il était moins aisé de répartir.

Frapperait-on le capital ou simplement le revenu? Que fallait-il entendre par ces mots : citoyens riches? Où commence le superflu? Où finit le nécessaire? Le Comité était fort embarrassé lui-même, et Réal vint répondre, en son nom, qu'il n'avait pas eu le temps de préparer un décret, mais qu'il proposerait sans doute d'exempter le capital, de réserver au contribuable la somme indispensable pour l'entretien de sa personne et de sa famille, et d'attribuer l'excédant au Trésor. Réal terminait en demandant à la Convention de trancher la question entre le capital et le revenu, et de définir la richesse. L'Assemblée indécise se borna à renvoyer la discussion au mardi suivant et à faire déposer, à la tribune, les différents projets sur la matière [1].

Quand le débat s'ouvrit, à la séance du 22, les idées s'étaient sensiblement modifiées. Les protestations contre le 2 juin affluaient de toutes parts; on ne songeait plus, comme la première fois, à poursuivre le double but d'intéresser les riches à la révolution et de prévenir de nouvelles émissions d'assignats; on cherchait

---

1. *Moniteur* du 11 juin 1793.

une combinaison qui, en respectant le décret du 20 mai, évitât de jeter l'inquiétude dans les esprits.

Le Comité des finances avait persisté dans son projet primitif et divisé les revenus en nécessaires, abondants et superflus. Les premiers étaient affranchis de l'emprunt, et les seconds en supportaient progressivement la charge, jusqu'au maximum constitutif du superflu, qui restait acquis à l'État en totalité. Mais Réal avait le soin d'ajouter que « la nécessité de se procurer un milliard était bien moins pressante que celle de maintenir la tranquillité publique, et que le mode le plus doux, celui qui affranchissait de l'emprunt une grande masse de citoyens, devait être préféré ».

Cette pensée domine toute la discussion, et Génissieux est le seul qui soutienne la taxe sur le capital. Aussi quand il vient dire à la tribune : « En décrétant l'impôt forcé d'un milliard, vous avez voulu un milliard, et vous ne l'aurez pas si vous ne prenez pas cette somme sur les capitaux », Mallarmé demande-t-il qu'on le rappelle à l'ordre, comme provoquant à la guerre civile. Sur la proposition de ce dernier, la Convention s'empresse de restreindre le principe de l'emprunt aux revenus fonciers, mobiliers et industriels. A cette déclaration, Thuriot, Chabot, Jean Bon-Saint-André ajoutent à leur tour que toute manière irritante de percevoir l'emprunt serait infiniment dangereuse, et qu'on veut atteindre seulement ceux qui s'engraissent de la substance de la République. La Convention elle-même adopte, presque à l'unanimité, le décret qui exempte de l'emprunt forcé les personnes mariées, dont le revenu net est au-dessous de 10,000 livres, et les célibataires, dont le revenu ne dépasse pas 6,000 livres [1].

Deux mois plus tard, la situation changeait encore de face et s'aggravait cette fois des rigueurs que le triomphe de la Convention et le développement des fureurs démagogiques entraînaient à leur suite. Toute l'économie du système adopté le 22 juin résidait dans le mode de répartition. La loi du 3 septembre se chargea de lui donner son véritable caractère révolutionnaire, en en comblant les lacunes et en en changeant les bases [2].

Sous prétexte que les terres en jachère payent l'impôt, Ramel, au nom de la commission dont il est le rapporteur, commence par faire décréter que les capitaux improductifs, volontairement ou non, seront taxés comme s'ils rendaient un revenu de cinq pour cent. Malgré cette ressource, il n'évaluait pas à plus de 200 millions le produit de l'emprunt, en raison de la division des fortunes et du chiffre trop élevé du minimum de faveur. Ramel proposa donc de réduire l'exemption de 6,000 à 1,000 livres pour un célibataire, et celle de 10,000 à 1,500 livres pour les veufs avec enfants, en ajoutant un accroissement de 1,000 livres pour la femme et pour chaque tête supplémentaire à la charge de la famille.

Dans son système, les revenus de 1,000 à 9,000 livres supportaient une taxe variable et progressive, suivant qu'il s'agissait de célibataires ou de gens

---

1. *Moniteur* du 25 juin 1793.
2. *Moniteur* du 30 septembre 1793.

mariés; au-dessus de 9,000 livres, tout l'excédant était versé dans la caisse du Trésor. Ramel en donnait pour raison qu'il s'agissait non d'un impôt permanent, mais d'un emprunt accidentel, dont le créancier pouvait obtenir le remboursement, en achetant un bien national. Il est vrai qu'on ajoutait immédiatement que les quittances de l'emprunt forcé pourraient être utilisées, de la sorte, deux ans seulement après la paix.

A cette époque, les cotes de 1,000 livres constituaient plus de la moitié des rôles, et l'on décrétait ainsi l'égalité dans la misère. Mais ce qui achevait de rendre la réforme véritablement odieuse, c'est qu'à la formalité de la déclaration des revenus, votée le 22 juin, la loi du 3 septembre ajoutait l'institution d'un jury domestique, chargé dans chaque commune d'en vérifier la sincérité [1]. On sait de quoi sont capables, en temps de crise, de pareils surveillants. Le moment approchait où la loi des suspects allait remettre la liberté des citoyens aux mains des Comités révolutionnaires. Les Commissions de l'emprunt forcé se montrèrent dignes d'eux et vidèrent les caisses, pendant qu'ils remplissaient les prisons.

---

1. La loi du 3 septembre 1793 eut pour complément deux autres décrets du 14 du même mois.

Le premier, rendu sur la proposition de Chabot, enjoignait aux Comités révolutionnaires d'envoyer, sous huitaine, à l'administration des domaines nationaux, l'état détaillé des biens des émigrés de leur section. L'administration des domaines était tenue, à son tour, d'envoyer, dans la huitaine suivante, à la Convention, l'état général des biens situés en France.

Le second, rendu sur la proposition de la Commission des finances et du Comité d'aliénation, réglait les modes d'achat et de vente, et édictait toutes les mesures propres à accélérer l'opération.

V.

L'une des principales sollicitudes des gouvernements révolutionnaires, qui tremblent sur leurs bases au milieu des débris du passé, est de chercher à s'assurer la perpétuité et à préparer l'avenir. C'est par l'éducation et l'instruction de la jeunesse que la Révolution essaie de former des générations imprégnées de son esprit et de ses principes. Elle veut assujétir les âmes et les corrompre par un enseignement uniforme, sans Dieu, sans foi, sans religion, n'ayant pour base que cette morale naturelle, qui conduit si rapidement les hommes à l'indifférence et au matérialisme.

La Convention nationale montre une ardeur passionnée pour ce travail énorme de la transformation d'un pays monarchique ; malgré les orages qu'elle traverse, elle revient constamment sur cette question, que les sombres discussions et les violents épisodes des journées de lutte relèguent souvent au second plan.

Parmi les Comités créés au sein de l'Assemblée, il y en avait un, celui de l'instruction publique, dont un membre, Lakanal, s'était donné la mission spéciale de suivre l'évolution intellectuelle et d'aider au mouvement scientifique et littéraire que la Révolution prétendait jeter dans une voie nouvelle. Il se mêle rarement aux discussions politiques, mais il ne manque jamais d'apparaître à la tribune, quand il s'agit de développer des spéculations humanitaires.

Il y montait le 26 juin [1], pour soumettre à la Convention un projet d'éducation nationale, dont voici les principales dispositions.

Cette éducation est à la fois intellectuelle, physique, morale et industrielle. C'est une institutrice qui enseigne d'abord la lecture et l'écriture. L'instituteur vient ensuite apprendre aux élèves l'arithmétique « l'art de se servir des dictionnaires, la géométrie, la physique, la géographie, la morale et l'ordre social. »

Dix-sept articles sont consacrés à déterminer la méthode et le programme d'enseignement, dont l'économie pédagogique est assez sommairement indiquée. En revanche, les rêveries sentimentales y tiennent une large place.

Ainsi les garçons sont astreints aux exercices militaires, que préside un officier de la garde nationale, désigné par le district; les écoliers doivent visiter, plusieurs fois pendant l'année, sous la conduite d'un magistrat du peuple, les prisons et les hôpitaux les plus voisins.

Ces mêmes jours, ils aident, dans leurs travaux domestiques ou champêtres, les pères et les mères de famille, que leurs infirmités ou leurs maladies empêchent de s'y livrer.

Il est ordonné de les conduire souvent dans les manufactures et les ateliers, où l'on prépare des marchan-

---

[1]. *Moniteur* du 6 juillet 1793.

dises d'une consommation commune, « afin que cette vue leur donne quelque idée des avantages de l'industrie humaine. »

Dans chaque école, les élèves des différentes sections forment des sociétés séparées, modelées à peu près sur le plan de la grande société politique et républicaine.

Enfin l'instituteur devait, aux termes de l'article 16, porter dans l'exercice de ses fonctions et aux fêtes nationales une médaille, avec cette inscription :

Celui qui instruit est un second père.

Le projet de Lakanal est bien l'image de l'emphase puérile et de la sensibilité niaise de l'époque ; c'est l'œuvre d'un idéologue qui se croit révolutionnaire, et qui n'est que ridicule. Les rares mesures pratiques édictées par le décret sont noyées dans la phraséologie d'une idylle.

C'est dans la même note, bucolique et tendre, que Lepelletier Saint-Fargeau avait conçu son plan d'éducation, et s'il l'agrémente de tableaux champêtres, de descriptions imagées, il ne le fait que par une concession aux goûts du temps. En revanche, l'idée révolutionnaire le guide et le domine. Ce qui le prouve, c'est que Robespierre lui-même vient lire à la Convention le manuscrit posthume de Lepelletier, dans cette séance du 13 juillet où l'on annonce la mort de Marat, et qu'il se fait le champion de ce projet, alors qu'il avait dédaigné celui de Lakanal.

---

1. *Moniteur* du 17 juillet 1793.

Lepelletier demandait, en effet, la gratuité de l'instruction pour tous les enfants; de cinq ans jusqu'à douze ans, pour les garçons; jusqu'à onze ans, pour les filles. Tous devaient être logés, élevés, nourris et vêtus de la même façon, comme dans un immense phalanstère, afin d'échapper à l'influence de la famille, et de ne subir que celle de maîtres patriotes.

Lepelletier voulait encore « l'instruction obligatoire », sous peine de privation des droits civiques et d'une amende équivalente au total des contributions payées par le délinquant, avec cette restriction toutefois que l'obligation ne serait imposée qu'au bout de quelques années, quand la nation aurait acquis « la force et la maturité républicaines »; mais, ce dont il ne voulait pas, c'était de l'enseignement religieux, quelle que fût sa forme, les principes de la morale universelle suffisant à l'enfant, pendant le cours de son éducation.

« — Je propose, ajoutait le rapport de Lepelletier, que, dans chaque canton, la dépense de la maison d'instruction publique, nourriture, habillement, entretien des enfants, soit payée par chaque citoyen du canton, au prorata de sa contribution directe. J'évalue, par aperçu et au plus, la taxe pour l'éducation des enfants, à une moitié en sus de la contribution directe. L'homme aux trois journées de travail paiera, pour la taxe des enfants, 1 livre 10 sous; le citoyen qui a 1,000 livres de revenu contribuera pour 100 livres, et celui qui est riche à 50,000 livres de rente mettra, pour sa part dans la taxe, 5,000 livres. J'ose le demander, où sera maintenant l'indigence? Une seule loi bienfaitrice l'aura fait disparaître du sol de la France. »

Lepelletier avait toutefois la condescendance de laisser l'enfant aux soins de sa mère jusqu'à cinq ans, pour obéir au vœu de la nature; à cet âge, on l'arrachait impitoyablement de la maison paternelle et, afin de mieux assurer l'exécution d'une loi si contraire à la liberté, on promettait une prime d'argent aux mères qui auraient ainsi donné quatre enfants en pâture au minotaure républicain.

Comme on le voit, le système est complet. L'uniformité, l'obligation, l'impôt progressif, la gratuité, l'absence de religion, tout ce qui est nécessaire en un mot à la tyrannie révolutionnaire est prévu et imposé. Du premier bond le but est atteint, et la démagogie ne trouvera jamais une meilleure formule.

Malgré son amour de l'antiquité, la France n'avait pas encore acquis *la maturité républicaine* nécessaire pour goûter de pareilles thèses; et, dans la séance du 30 juillet, Grégoire combattit le projet de Lepelletier Saint-Fargeau.[1] « Il ne suffit pas, dit-il avec une mordante ironie, qu'un système se présente escorté de noms illustres ; qu'il ait pour patrons... Minos, Platon, Lycurgue, et Lepelletier. » Puis faisant ressortir l'utopie de l'habitation en commun, il signale la différence entre Sparte, peuplée de 25,000 habitants, et un pays qui en renferme 25 millions. Il objecte l'énormité de la dépense, qu'il estime à 325 millions, sans calculer les frais de premier

---

1. *Moniteur* du 11 août 1793.

établissement. Il rappelle que les enfants sont une richesse pour le manouvrier, le laboureur, le vigneron, auxquels ils rendent une foule de services qu'on payerait trop cher à des serviteurs adultes. Il s'élève avec force contre la désorganisation de la famille que produirait l'adoption du projet. « En rompant le contrat habituel des individus de la même famille, s'écrie-t-il, vous flétrissez ce qu'il y a de plus beau dans la nature; en atténuant les affections sociales, vous décomposez la société. » Il termine en disant : « Faites, si vous le voulez, des maisons d'orphelins, mais laissez aux parents la faculté de nourrir et de recevoir leurs enfants. »

La Convention, fidèle à son habitude de scinder les débats, ne reprit la discussion que le 13 août[1]. Malgré les excitations du moment, les sentiments de la majorité n'avaient pas changé et, en raison de son intérêt, nous allons essayer d'esquisser la physionomie de cette importante séance.

C'est Lacroix qui, le premier, prend la parole : « L'éducation peut être commune, dit-il, c'est même une dette nationale; mais je ne crois pas qu'elle doive être forcée. »

« — On n'agite que des questions accessoires, répond Robespierre. Le plan de Lepelletier a réuni tous les suffrages. Je demande pour lui la priorité. »

Raffron, Jay Sainte-Foy, Gaston, Léonard Bourdon et Romme se succèdent à la tribune, et tous, formellement ou implicitement, se prononcent en faveur de

---

1. *Moniteur* du 15 août 1793.

la liberté. Le plus affirmatif est Gaston, mais personne n'égale l'énergie de Bréard. Après avoir démontré, comme Grégoire, ce que le système des maisons nationales, destinées à remplacer la famille, a d'impraticable et d'injuste, il résume son opinion par ces paroles significatives : « Je vois moins de danger à laisser les enfants entre les mains d'un père patriote qu'entre celles d'un instituteur corrompu. »

Danton essaie de tout concilier. « Si l'amour paternel, dit-il, s'oppose au plan de Lepelletier, il faut respecter la nature même dans ses écarts. Mais si nous ne décrétons pas l'éducation impérative, nous ne devons pas priver les enfants du pauvre de ce bienfait... après le pain, l'éducation est le premier besoin du peuple... Peu importe le prix de la semence... Décidez qu'il sera formé, aux dépens de la nation, des établissements où chaque citoyen aura la faculté d'envoyer ses enfants, pour recevoir l'instruction publique. »

« — Ces établissements sont inutiles, réplique Guyomard. Le lien le plus sûr des Républiques est l'attachement des enfants pour leur père. »

Robespierre reste seul sur la brèche; mais sa confiance n'en est pas ébranlée. Dévoilant avec cynisme la pensée secrète de la Révolution, il s'écrie : « Le but du projet est de saisir les enfants, au moment où ils reçoivent les impressions décisives, pour préparer des hommes dignes de la République... Jusqu'ici, je n'ai entendu plaider que la cause des préjugés contre les vertus républicaines. Je vois d'un côté la classe des riches qui repousse cette loi, et de l'autre le peuple qui la demande. Je n'hésite plus, elle doit être adoptée. »

Du moment où la Convention n'acclamait pas son idole, la cause était perdue. Danton veut au moins sauver une épave; il remonte à la tribune et réclame l'institution de quelques-unes de ces maisons nationales, qui doivent donner l'enseignement uniforme, si cher à la démagogie. De sa voix ardente, il s'écrie : « C'est au siècle de Louis XIV que nous devons la vraie philosophie; c'est aux Jésuites que nous sommes redevables de ces élans sublimes qui font naître l'admiration. Allons donc à l'instruction commune, car tout est restreint dans l'éducation domestique; mais ne contraignez pas les pères de famille. » Cette diversion produit son effet, et la Convention décrète qu'il y aura tout à la fois des établissements nationaux, où les enfants seront instruits, nourris et logés gratuitement, et des classes où les citoyens, qui voudront garder chez eux leurs enfants, pourront les envoyer s'instruire.

Grâce à cette transaction, la liberté avait remporté un triomphe de principe, victoire éphémère, du reste, que la loi organique de l'instruction publique allait bientôt changer en défaite. En demandant aux instituteurs, comme premier titre, la production du certificat de civisme approuvé par les comités révolutionnaires, et en imposant aux parents la déclaration du nom du maître qu'ils avaient choisi et l'obligation de l'assiduité de leurs enfants à l'école, la Convention retira en réalité d'une main la concession qu'elle avait faite de l'autre. Elle n'en avait pas moins reculé devant la pensée d'interdire ouvertement le droit sacré d'enseigner, et la loi qui devait consacrer sa tyrannie hypocrite débutait en ces termes : « l'enseignement est libre. »

En même temps l'éducation publique voyait menacer ses établissements les plus utiles. Le 15 septembre, Dufourny[1], au nom d'une députation des sections et des sociétés populaires de Paris, venait, sous prétexte d'aristocratie, réclamer la suppression des facultés de droit, de théologie et de médecine, et la réduction à dix des collèges de la capitale. Il demandait d'établir à leur place trois degrés d'instruction. La proposition fut adoptée, mais son exécution fut suspendue presque aussitôt pour un projet plus radical.

Les doctrines encore récentes de Rousseau, en matière d'éducation, avaient laissé dans les esprits une empreinte trop profonde pour qu'on ne fût pas tenté d'en faire l'essai. L'occasion semblait favorable aux réformateurs de la Montagne. A un nouvel ordre de choses, à une nation revenue à l'état de nature, que fallait-il, sinon un plan naturel, simple et facile à exécuter? Une république surtout n'a besoin, pour prospérer, que d'hommes robustes, laborieux, sachant travailler de leurs mains, et en même temps éclairés sur leurs droits et leurs devoirs. Or, pour acquérir cette connaissance, les séances des corps constitués ou des sociétés populaires ne sont-elles pas des écoles suffisantes? Accueillies comme autant de vérités, ces rêveries allaient être mises en pratique et conduire la nation à l'ignorance.

---

1. *Moniteur* du 19 septembre 1793.

La Convention échoua donc dans sa tentative de former des générations à son image. Toutes les tyrannies ont poursuivi cet idéal, et par une juste punition de leur vice d'origine, leurs efforts ont toujours été impuissants. Avec la Révolution, ces essais sont particulièrement odieux, en ce qu'ils impliquent la négation de Dieu. Avec le despotisme qui dissimule sa domination sous le masque de l'ordre public, ils ne sont pas moins haïssables, car ils sont alors la négation de la liberté. Le monopole a été appliqué sous ces deux régimes et l'opinion publique l'a réprouvé. Si l'on tentait jamais de le rétablir, cette entreprise serait condamnée d'avance, car elle a contre elle la conscience et la liberté.

VI.

Les sectaires auxquels la France, dans un moment d'égarement, avait laissé prendre la direction de ses destinées, ne se contentaient pas de dominer dans l'ordre matériel. Ils prétendaient encore étendre leur ingérence dans le domaine de l'ordre intellectuel et façonner l'esprit public à leur guise, de gré ou de force. Maîtres des journaux et des clubs, ils n'avaient plus contre eux que la résistance des théâtres. Ils vont entreprendre de les réduire et d'en faire un des éléments de l'éducation jacobine; tentative habile, car le peuple des grandes villes est avide de spectacles, et c'est là qu'il vient chercher, avec les émotions du moment, le modèle ou la satire de ses mœurs.

Déjà, à la suite de l'impression produite par l'*Ami des lois*, la Commune avait mis tout en œuvre dans le but d'empêcher des représentations dangereuses pour la politique de la faction montagnarde[1]. Restée maîtresse du terrain, elle continua ses empiétements et revendiqua hautement la police théâtrale. Quand, au bout de six semaines, Laya voulut faire reprendre sa pièce, le Conseil général opposa une seconde fois son *veto*, et masqua sa résistance en adressant à la Convention un projet d'arrêté, destiné tout à la fois à demander la censure du Comité d'instruction publique sur le répertoire des théâtres et à proposer la création d'un spectacle populaire[2].

Cette requête resta sans réponse et les meneurs de l'Hôtel de Ville n'obtinrent satisfaction que le 3 août. A l'approche de la fête de la fédération, le Comité de salut public sentait le besoin de réchauffer le zèle des masses populaires, et avait fait prendre par la Convention le décret suivant :

« Art. 1er. A compter du 4 de ce mois et jusqu'au 1er septembre prochain, seront représentées trois fois la semaine, sur les théâtres de Paris qui seront désignés par la municipalité, les tragédies de *Brutus, Guillaume Tell, Caïus Gracchus* et autres pièces dramatiques retraçant les glorieux événements de la Révolution et les vertus des défenseurs de la liberté. Une de ces représentations sera donnée, chaque semaine, aux frais de la République.

---

1. Voir tome V, page 365.
2. *Moniteur* du 2 avril 1793.

« Art. 2. Tout théâtre, où seraient représentées des pièces tendant à dépraver l'esprit public, ou à réveiller la honteuse spéculation de la royauté, sera fermé et les directeurs seront arrêtés et punis suivant la rigueur des lois.

« La municipalité est chargée de l'exécution du présent décret [1]. »

La réalisation de cette dernière menace ne se fit pas attendre. François de Neufchâteau, ancien membre de l'Assemblée législative, avait donné au théâtre de la Nation, aujourd'hui l'Odéon, une pièce, *Paméla ou la Vertu récompensée*, pastiche de Goldoni et de la *Nanine* de Voltaire. Les corrections exigées par la censure avaient été faites; mais la pièce, par ses principes, se rapprochait des tendances de l'*Ami des lois*, de Laya; l'auteur ne combattait point assez vivement « le préjugé de la naissance », et son œuvre ne fut pas trouvée suffisamment civique. Un vers surtout exaspérait les Jaco-

---

[1]. Elle n'avait pas attendu pour agir la proclamation officielle de son droit. Des plaintes ayant été portées contre l'administration du théâtre de l'Opéra, qui refusait de jouer une pièce soi-disant patriotique, *le Siège de Thionville*, la Commune avait pris, le 18 juin, une délibération ainsi motivée :

« Le Conseil général considérant que, depuis longtemps, l'aristocratie s'est réfugiée chez les administrateurs des différents spectacles;

« Considérant que ces *Messieurs* corrompent l'esprit public par les pièces qu'ils représentent;

« Considérant qu'ils influent d'une manière funeste sur la Révolution;

« Arrête que *le Siège de Thionville*, pièce vraiment patriotique, sera représentée gratis et uniquement pour l'amusement des sans-culottes qui, jusqu'à ce moment, ont été les vrais défenseurs de la liberté et les soutiens de la démocratie. »

bins, en raison des manifestations dont il était le signal :

Le parti qui triomphe est le seul légitime.

Aussi le 2 septembre, aux Jacobins, Robespierre dénonça-t-il avec une vive indignation le modérantisme suspect de ce drame, auxquels faisaient un succès les applaudissements des aristocrates et des feuillants.

Ce n'était pas assez, et l'affaire fut portée jusque devant la Convention, où Barère vint dire, au nom du Comité de salut public : « Le théâtre de la Nation, qui n'était rien moins que national, a été fermé... La pièce de *Paméla* a fait époque sur la tranquillité publique. On y voyait non la vertu récompensée, mais la noblesse... On y entendait l'éloge du gouvernement anglais, dans le moment où le duc d'York ravage notre territoire... Le Comité, ajoutait-il, s'est rappelé l'incivisme marqué dans d'autres occasions par les acteurs de ce théâtre, soupçonnés d'entretenir des correspondances avec les émigrés ; il a considéré que le principal vice de la pièce de *Paméla* était le modérantisme ; il a cru qu'il devait faire arrêter les acteurs et les actrices du théâtre de la Nation, ainsi que l'auteur de *Paméla*. Si cette mesure paraissait trop rigoureuse à quelqu'un, je lui dirais : les théâtres sont les écoles primaires des hommes éclairés et un supplément à l'éducation publique. » L'Assemblée applaudit à ce discours emphatique, et approuva les mesures prises par le Comité de salut public[1].

1. *Moniteur* du 5 septembre 1793.

Une fois lancés sur cette pente, les Jacobins multiplièrent les dénonciations, pour réprimer ce qu'ils nommaient un nouveau genre de contre-révolution. Une pièce intitulée *Adèle de Sacy*, qu'on jouait au théâtre du Lycée, établi dans le Palais-Égalité, excita les colères du club sans-culotte. A la séance du 4 septembre, au lendemain de la diatribe de Barère, un orateur demanda que les musiciens fussent arrêtés en même temps que les comédiens : « Car ceux-là sont du complot, fit-il observer, qui se plaisent à racler des airs chers aux ennemis du peuple. »

Rousselin renchérit en termes cyniques sur cette motion virulente. « Les crimes des *comédiens ordinaires du roi*, s'écria-t-il en parlant du Théâtre-Français fermé par un décret de la veille, ne datent point d'aujourd'hui ; ils sont de l'origine la plus vieille et la plus gangrenée. Mâles et femelles, tous ont, depuis la Révolution, conspiré contre la liberté. Il ne faut point d'exception. Les femmes sont *bonnes*, quand elles sont *patriotes* ; mais elles sont *atroces*, quand elles sont aristocrates... Je demande que tous les pensionnaires du ci-devant *veto* soient, attendu leur qualité bien notoire de gens suspects, détenus tous sans exception, jusqu'à la paix, dans des maisons de force, et jetés à cette époque sur les plages de quelque pays despotique, où ils porteront leur talent monarchique et efféminé, que la République eût déjà dû proscrire à jamais de son sein ; je demande que pour purifier ce local infecté depuis si longtemps par les gens du *bon ton*, il y soit établi un club où les sans-culottes des faubourgs Saint-Antoine et Saint-Marceau feront entendre les accents purs de la liberté. »

On le voit, le citoyen Rousselin était, par son éloquence, à la hauteur de la mission qu'il avait reçue du Comité de salut public, de rédiger un journal républicain, conçu dans les vrais principes révolutionnaires [1].

Il obtint d'ailleurs gain de cause, car les acteurs du théâtre de la Nation, après quatre mois d'emprisonnement, adressaient, le 5 nivôse, à la Convention, une pétition pour solliciter leur mise en liberté. Ils exposaient qu'on n'avait rien trouvé chez eux qui pût les compromettre, et qu'ils avaient attendu bien longtemps, avec une respectueuse résignation, la décision de l'Assemblée. Mais la misère, où leur captivité réduisait leurs familles, les obligeait à implorer leur élargissement, et ils s'estimeraient heureux si l'on confiait à leur talent « le soin de propager dans tous les cœurs les principes républicains et l'amour de la liberté ». Cette pétition fut

---

[1]. Voici la teneur de l'arrêté qui avait établi Rousselin en co-redresseur de l'esprit public :

COMITÉ DE SALUT PUBLIC.

Séance du 8 août 1793.

Présents : Couthon, Barère, Thuriot, Hérault.
« Le Comité de salut public, considérant qu'il est urgent de rétablir le cours de l'opinion publique, si perfidement dépravée par une multitude de journaux contre-révolutionnaires ou au moins inexacts et insignifiants ;
« Ajoutant à son arrêté du 3 août 1793, par lequel il a établi un journal républicain, arrête que le citoyen Garat est chargé de la rédaction de ce journal avec le citoyen Rousselin, lequel est autorisé à acquérir, pour le citoyen Garat, les soumissions des journalistes qui offriront leurs correspondances. »

renvoyée au Comité de sûreté générale, qui relâcha les comédiens, en les engageant à se moraliser [1].

Les artistes de l'Opéra, qui tremblaient de subir le même sort que leurs infortunés camarades, se hâtèrent de venir protester à la Commune de leur dévouement aux institutions républicaines [2]. Ils déclaraient à la séance du 7 septembre que, loin de s'opposer à la représentation des pièces patriotiques, ils les avaient toujours bien accueillies, et qu'ils avaient même engagé des auteurs à composer des ouvrages favorables à la liberté et à l'égalité.

Le procureur de la Commune, sans se laisser gagner par ces protestations intéressées, fit observer que l'Opéra avait été longtemps un foyer de contre-révolution, non pas à cause des artistes, dont le patriotisme n'était pas suspect, mais à cause des sentiments aristocratiques des administrateurs. Il condescendit néanmoins à reconnaître qu'il fallait encourager l'Opéra qui « fait fleurir des arts agréables »; et il requit l'insertion aux affiches de l'adresse des artistes, avec mention civique de leur conduite, et promesse de la part du conseil de les protéger, tant qu'ils seront patriotes, contre les persécutions de leurs ennemis [3].

1. *Moniteur* du 26 décembre 1793.
François de Neufchâteau, moins bien traité, ne recouvra la liberté qu'après le 9 thermidor.
2. La soumission des artistes de l'Opéra s'explique, par cette circonstance qu'ils avaient obtenu la continuation de la subvention de 150,000 livres que leur servait l'ancienne liste civile, par délibération du Conseil exécutif, en date du 3 juillet 1793, signée Destournelles, Dalbarade, Bouchotte et Deforgues.
3. *Moniteur* du 10 septembre 1793.

Jaloux de mériter encore plus les bienfaits et les éloges de la Commune, les artistes de l'Opéra s'empressèrent de fonder un prix de 1,200 livres destiné à l'auteur dont l'ouvrage, en trois actes au moins, aurait été jugé le meilleur et le plus républicain [1].

Cette invasion de la politique dans l'art le moins fait pour la comprendre, était la ruine de l'Opéra, et les directeurs déclarèrent qu'ils allaient fermer. La Commune les fit arrêter comme suspects, et saisissant en même temps leur matériel, autorisa les artistes à s'administrer provisoirement [2].

Dès lors, toute résistance cesse et dans chaque théâtre, sur l'affiche journalière, les titres les plus étranges remplacent les chefs-d'œuvre de l'ancien répertoire. Ce qu'on demande, c'est moins la satisfaction de l'esprit que le plaisir des yeux, et la première condition de l'admission, comme celle du succès, est l'exagération des doctrines républicaines. Sur ce point, la censure est inflexible et personne, fût-il même représentant du peuple, n'échappe à ses arrêts. Bientôt les pièces reçues au début de la Révolution sont taxées de modérantisme; le *Caïus Gracchus* de Chénier, acclamé en 1793, est interdit en 1794, et le *Timoléon* du même auteur est brûlé par les ordres du Comité de sûreté générale, comme jadis les livres dangereux par la main du bourreau. Dans son désir de régénération, la dictature avait voulu élever le théâtre jusqu'aux plus hauts sommets de l'art;

---

1. *Moniteur* du 13 septembre 1793.
2. *Moniteur* du 19 septembre 1793.

par l'abus de sa domination, elle le fit tomber dans les bas-fonds de la médiocrité.

VII.

La fête nationale consacrée à l'inauguration de la Constitution eut lieu le 10 août. Toutes les assemblées primaires de la France avaient envoyé à Paris des délégués, chargés de transformer sur l'autel de la patrie, dit le procès-verbal de la cérémonie, les acceptations particulières en une grande acceptation générale [1]. Les vainqueurs du 2 juin avaient pris d'avance leurs mesures, pour qu'aucune note discordante ne troublât le concert de la journée. Le Comité de salut public avait rendu, le 7 août, l'arrêté suivant :

« Considérant que, dans ce moment, où les ennemis de la liberté et de l'égalité osent tout tenter pour empêcher la proclamation de l'acceptation de la Constitution populaire décrétée par la Convention nationale et soumise à l'acceptation du peuple, il importe de fournir au commandant de la force armée de Paris de grands moyens, afin de déjouer les manœuvres liberticides qu'on emploie dans le but de rétablir la tyrannie sur les ruines de la République,

« Arrête que le ministre de l'intérieur remettra au

---

[1]. Ce procès-verbal officiel se trouve dans l'*Histoire parlementaire*, tome XXVIII, page 436 et suivantes ; il porte les signatures de Hérault-Séchelles, président, Amar, Léonard Bourdon, Payan, Audouin, Thirion et Dartigoyte, secrétaires.

commandant général de Paris la somme de trois cent mille livres, destinée à subvenir aux dépenses qu'il jugera à propos de faire pour maintenir l'ordre, déjouer les complots et assurer le triomphe de la liberté. »

La fête s'ouvrit, aux premiers rayons du jour, par une sorte d'invocation à une statue colossale de la Nature, élevée sur la place de la Bastille, et se termina, au Champ de Mars, par d'autres hymnes.

L'ordonnateur de cette pompe, à la fois païenne et bucolique, était David. L'épisode antique de Cléobis et de Biton y figurait l'hommage rendu à l'agriculture. L'éloquence républicaine ajouta ses sonores déclamations à cette cérémonie, qui prétendait rappeler, dans toute leur simplicité et leur innocence, les premiers âges du genre humain. Le président de la Convention, Hérault-Séchelles, prononça successivement six discours, aux diverses stations que fit le cortège.

Jamais, depuis les beaux temps de la Grèce, on n'avait vu tant d'allégories et de simulacres mythologiques; par malheur, tout cela venait étrangement dans ces jours de sang et de misère. En signe de l'indivisibilité de la République, un ruban aux couleurs de la nation réunissait, en un seul faisceau, les piques des 87 commissaires des départements. Un immense bûcher avait été dressé sur la place de la Révolution; Hérault-Séchelles lui-même y mit le feu, pour que le peuple pût acclamer le spectacle d'un gigantesque auto-da-fé dévorant tous les insignes de la royauté, « livrées odieuses du despotisme ». Puis l'acte constitutionnel fut solennellement déposé dans une arche, placée sur l'autel de la patrie, avec le recensement des votes de la nation.

Il semblait que la Convention fût arrivée à sa dernière étape. Elle-même, dans un décret du 24 juin, avait promis de convoquer les assemblées primaires et de se dissoudre, une fois que la Constitution aurait été acceptée. C'était même sur la foi de cet engagement que beaucoup de villes, notamment Lyon, Nantes, Bordeaux, avaient souscrit à la Charte nouvelle. Il était donc nécessaire de paraître tout au moins disposé à tenir la parole donnée. Lacroix se chargea de ce soin et vint, dans la séance du 11 août au matin, déclarer que la mission de la Convention était terminée, puisque Louis Capet avait été jugé et puni, et que la Constitution avait été élaborée et acceptée par la nation. Il proposait, en conséquence, afin de répondre aux accusations des fédéralistes, de prendre les mesures préparatoires à de nouvelles élections. La Convention se rangea à cet avis, et décréta sans discussion le recensement électoral [1].

Mais le soir, au club des Jacobins, Robespierre prononça le célèbre manifeste, qui est le véritable point de départ du gouvernement terroriste.

---

1. Buchez et M. Louis Blanc voient, dans la proposition de Lacroix sur le cantonnement et sur les circonscriptions électorales, un acte de défaillance de la Convention, une velléité de se dissoudre. Nous ne saurions partager cet avis ; cette motion équivalait, au contraire, à un ajournement indéfini, puisqu'aux termes de la constitution montagnarde, qui accordait dorénavant un député à chaque groupe de quarante mille âmes, il fallait procéder à un nouveau recensement de toute la population. Ce n'était, il est vrai, qu'un prétexte, car l'Assemblée possédait assez d'éléments statistiques sur chaque département et sur chaque district, pour que le comité de division, avec un peu de bon vouloir, s'acquittât du travail en quarante-huit heures.

« Si la Convention, s'écriait-il, existait encore telle qu'elle était il y a quelques mois, la République serait perdue. Il faut que nous fassions un feu roulant sur nos ennemis extérieurs, et que nous écrasions ceux du dedans. »

Robespierre fit ensuite allusion à la motion formulée par Lacroix, le jour même, et il ajouta : « J'ai entendu, j'ai lu une proposition qui a été faite ce matin à la Convention, et je vous avoue qu'à présent encore il m'est difficile d'y croire. Je ne croupirai pas membre inutile d'un comité ou d'une Assemblée qui va disparaître. Je saurai me sacrifier au bien de mon pays. Si ce que je prévois arrive, je déclare que je me sépare du Comité, que nulle puissance humaine ne peut m'empêcher de dire à la Convention toute la vérité, de lui montrer les dangers du peuple, de lui proposer les mesures qui, seules, peuvent les prévenir ou en empêcher l'effet. Je déclare que rien ne peut sauver la République, si l'on adopte la proposition qui a été faite ce matin, si la Convention se sépare et est remplacée par une Assemblée législative. »

A ces paroles, un tumulte inexprimable se produit dans l'Assemblée; de toutes parts les cris : Non! Non! se font entendre. L'un des commissaires envoyés par les départements s'empare de la parole et déclare au milieu des applaudissements : « Nous avons juré de ne pas nous séparer avant que la Convention ait décrété des mesures de salut public. » Un autre propose que l'Assemblée reste en fonctions jusqu'à la fin de la guerre.

« Je n'ai aucune raison pour éterniser l'Assemblée

actuelle, répond cauteleusement Robespierre, qui jouit de son triomphe, mais ne veut pas laisser éclater sa joie. Tous ceux qui me connaissent savent que je désire ardemment déposer le fardeau d'une administration qui, depuis cinq ans, pèse sur mes épaules; car, je l'avouerai franchement, il dépasse toutes les forces humaines. Mais la proposition insidieuse que je combats ne tend qu'à faire succéder, aux membres épurés de la Convention actuelle, les envoyés de Pitt et de Cobourg [1]. »

L'influence de Robespierre était trop considérable pour que les effets de son manifeste se fissent longtemps attendre. On en eut la preuve dès le lendemain [2]. Les envoyés des Assemblées primaires avaient été invités à assister à la séance de la Convention et, pour leur faire honneur, le côté droit de la salle avait été mis à leur disposition. Barère profita de la circonstance et fit en leur présence un exposé général de la situation, terminé par cette véhémente déclaration : « On est indigne d'être républicain, si l'on croit tout perdu, parce que l'ennemi s'est emparé d'un coin du territoire. L'année dernière, il avait pénétré jusqu'à Soissons. Le roi était alors en prison ; il n'y avait point de Constitution. Aujourd'hui vous avez un gouvernement, et les 8,000 commissaires qui vous écoutent vont aller dans les départements ranimer le courage des patriotes. N'en doutez pas, les ennemis seront anéantis. »

---

1. Ce discours, dont la fin ne nous a pas été conservée, se trouve dans le *Républicain Français,* n° 271, et dans le *Journal de la Montagne,* n° 172.

2. *Moniteur* du 14 août 1793.

— « Il n'est plus temps de délibérer, il faut agir, répond un des délégués. Arrêtez tous les suspects; faites un appel à la nation; qu'elle se lève en masse. Les tyrans coalisés contre la liberté du peuple français s'évanouiront devant lui comme un songe. »

— « Les députés des Assemblées primaires, s'écrie à son tour Danton, viennent d'exciter parmi nous l'initiative de la terreur contre les ennemis de l'intérieur... Point d'amnistie à aucun traître! Signalons la vengeance populaire par le glaive de la loi sur les conspirateurs de l'intérieur. » L'ardent montagnard se range ensuite à l'avis de Barère qui veut faire, des huit mille commissaires des Assemblées primaires, des espèces de représentants du peuple chargés d'exciter l'énergie des citoyens pour la défense de la Constitution. Il propose de les investir de la qualité nécessaire pour adresser cet appel au peuple, et de leur confier la mission d'établir, par toute la France, l'inventaire des munitions, des armes et des chevaux, avec le pouvoir de requérir les hommes appelés à fournir le recrutement extraordinaire.

« C'est à coups de canon, ajoute-t-il, qu'il faut signifier la Constitution à nos ennemis. » Les commissaires se lèvent en criant qu'ils apporteront leur concours à l'œuvre nationale, et Danton reprend : « C'est l'instant de faire ce grand et dernier serment, que nous nous vouons tous à la mort, ou que nous anéantirons les tyrans. » A ces mots, un cri unanime retentit : « Nous le jurons! » Les chapeaux volent en l'air, les applaudissements éclatent dans toutes les parties de la salle, et les mesures proposées sont votées par acclamation.

Il ne restait plus qu'à régler le mode et l'étendue de la réquisition. C'est encore le club des Jacobins qui prend l'initiative et le 14 août, Royer, curé de Châlon-sur-Saône, demande que tous les citoyens soient armés, et que, enchaînés six par six, les aristocrates soient mis au premier rang.

Le 16, à la suite d'une nouvelle séance, une adresse des envoyés des départements, réunis aux commissaires des quarante-huit sections de Paris, est portée à la barre de la Convention. « Les demi-mesures, y est-il dit, sont toujours mortelles dans les dangers extrêmes. La nation entière est plus facile à ébranler qu'une partie de la nation. Si vous demandez cent mille hommes, peut-être ne les trouverez-vous pas ; si vous demandez des millions de républicains, vous les verrez se lever pour aller écraser les ennemis de la liberté. Le peuple ne veut plus d'une guerre de tactique, où des généraux traîtres et perfides sacrifient impunément le sang des citoyens. Décrétez que le tocsin de la liberté sonnera dans toute la République à une heure donnée. Qu'il n'y ait d'exception pour personne. Que le cours des affaires soit interrompu. Que la grande et universelle affaire des Français soit de sauver la République[1]. »

La Convention ordonne le renvoi de cette pétition au Comité de salut public, et à la fin de la séance, Barère monte à la tribune, pour faire une déclaration des plus belliqueuses. « Les généraux français, dit-il avec le ton superbe qui convient à de si hardies métaphores,

---

1. *Moniteur* du 17 août 1793.

ont méconnu jusqu'à présent le véritable tempérament national. « L'irruption, l'attaque soudaine sont les moyens qui lui conviennent. L'inondation de la liberté, qui couvre du flot bouillonnant du courage et du patriotisme les hordes ennemies, et renverse en un instant les digues du despotisme, telle est l'image de la guerre républicaine... L'impétuosité française fera tomber ce colosse de la coalition des puissances. Quand un peuple veut être libre, il l'est, pourvu que son territoire lui fournisse les métaux avec lesquels on forge les sabres et les piques. »

Un projet de loi suit cette harangue emphatique; on applaudit, et la Convention vote le décret suivant :

« Le peuple français déclare, par l'organe de ses représentants, qu'il va se lever tout entier pour la défense de son indépendance, de sa liberté, de sa Constitution, et pour délivrer son territoire de la présence des despotes et de leurs satellites. »

Le Comité de salut public avait été chargé d'organiser ce grand mouvement national. Là était la difficulté, car on ne pouvait pas évidemment songer à mettre en mouvement quinze millions de Français à la fois. Le comité hésitait. Il sentait les dangers des concessions faites aux exigences des délégués des Assemblées primaires, dont on avait imprudemment surexcité les passions, et le 20 août, Barère signalait, en ces termes, son embarras. « Nous avons gémi, disait-il, de la manière accélérée dont on nous a harcelés, pour nous faire présenter nos moyens... Si la Convention veut bien laisser le Comité à sa raison, il lui apportera des plans mieux combinés. »

— « Il vaut mieux souffrir quelques moments et ne pas paralyser l'énergie nationale, répond Danton. Je demande qu'on décrète et qu'on agisse, sans plus tarder. »

Le 23 août, Barère dépose enfin le projet si impatiemment attendu. Un long rapport, au style ampoulé, l'accompagne. L'orateur ordinaire du Comité de salut public commence par déclarer que « la liberté est la créancière de tous les citoyens. Les uns lui doivent leur industrie, les autres leur fortune, ceux-ci leurs conseils, ceux-là leurs bras, chacun le sang qui coule dans ses veines. » Mais il ajoute immédiatement, « si tous sont requis, tous ne peuvent pas faire la même fonction »; il en conclut qu'il suffira, pour respecter la loi votée, de poser le principe de l'appel général et de convoquer seulement les jeunes gens de 18 à 25 ans, sauf à réunir, en cas de besoin, le second ban de 25 ans à 30, et même les classes suivantes.

La Convention s'empresse de sanctionner le compromis et adopte, séance tenante, un décret dont voici les principales dispositions :

« A partir de ce moment, jusqu'à celui où les ennemis auront été chassés du territoire de la République, tous les Français sont en réquisition permanente pour le service des armées.

« Nul ne pourra se faire remplacer dans le service pour lequel il sera requis.

« La levée sera générale ; les citoyens non mariés

ou veufs sans enfants, de 18 à 25 ans, marcheront les premiers.

« Chaque bataillon portera une bannière avec cette inscription : *Le peuple français debout contre les tyrans.*

« Les envoyés des Assemblées primaires sont invités à se rendre dans leurs cantons respectifs, pour remplir la mission civique qui leur a été donnée par le décret du 14 août.[1] »

La plupart des historiens de l'école révolutionnaire ont célébré, sur le mode lyrique, le mouvement forcé de 1793, et ils en ont conclu que la réquisition sauva la France. Nous ne saurions partager leur avis. Entre 1792 et 1793, il y a toute la différence des entraînements de la liberté à la contrainte de l'obligation. Comme le dit éloquemment M. Michelet, et son aveu est précieux à recueillir, « Le beau nom de 1792, c'est celui de libre départ, celui de volontaires. Le nom de 1793, grave et sombre, est réquisition. »

La vérité, c'est que la levée en masse ne produisit tout d'abord qu'un amas confus d'hommes indisciplinés, dont un grand nombre étaient impropres au métier des armes. Au départ, sans doute, l'enthousiasme embrasait tous les cœurs; mais, au milieu des fatigues de la route, le découragement ne tardait pas à éteindre ce beau feu, et trop souvent, à l'arrivée, la désertion avait réduit les contingents des trois quarts [2].

1. Ce décret est de la main de Carnot, avec des additions et modifications de celle de Barère.
2. M. Camille Rousset, dans son livre *Les Volontaires,* cite une lettre, du 24 septembre 1793, du représentant Isoré au Comité de

La vérité, on l'ignore généralement, c'est qu'une multitude de femmes et d'enfants se précipitèrent à la suite des réquisitionnaires, pour profiter des vivres qui leur étaient distribués.

La vérité enfin, c'est que les deux victoires décisives remportées dans le Nord, à Hondschoote et à Wattignies, furent dues à des troupes régulières, formées des débris d'anciens régiments, où l'élément des réquisitionnaires n'entrait que pour une partie.

Les Jacobins, dans leur désir de soustraire la nation au joug de l'armée, ont toujours poursuivi la chimère d'absorber l'armée dans la nation. Notre génération, malheureusement, a pu voir ce que valent de pareilles tentatives. Ces prises d'armes instantanées d'une nation entière, dont les enfants n'ont pas été, au préalable, soumis au régime militaire, sont essentiellement aléatoires et dangereuses. Peut-être la France l'eût-elle appris, à ses dépens, un siècle plus tôt, si en 1793 les coalisés avaient agi avec plus d'activité et déployé plus d'énergie.

---

salut public, dans laquelle on lit textuellement : « Les districts de Laon et de Vervins avaient fait partir des masses indistinctes de tous les hommes, jusqu'à l'âge de cinquante ans. Tout est déserté, de manière que le département de l'Aisne, qui devrait avoir fourni de 12 à 15,000 hommes, n'en a qu'environ 1,200. »

VIII.

Cependant la crise des subsistances devenait chaque jour plus intense et les mesures prises par la Commune étaient impuissantes à la conjurer.

C'est en vain que le corps municipal se faisait rendre compte, tous les quinze jours, de l'état des arrivages en blés et en farines ; c'est en vain que les règlements de police les plus sévères contrôlaient la distribution du pain à la porte des boulangers [1], et obligeaient ces derniers à inscrire sur des registres *ad hoc* les noms de leurs chalands. Ces précautions minutieuses n'empêchaient ni la panique dans les esprits, ni le désordre dans la rue.

Le 7 août, Barère est obligé de dénoncer à la Convention, au nom du Comité de salut public, le caractère inquiétant que prennent les rassemblements populaires. Il se plaint que des citoyens et des citoyennes, sous prétexte de s'assurer leur place dans la foule, à la porte des boulangers, y passent la nuit et se livrent à de véritables saturnales ; des hommes déguisés en femmes se glissent dans ces groupes ; de fausses patrouilles pénètrent la nuit, dans certaines rues, avec des mots d'ordre qui ne sont point ceux de l'état-major.

Sur sa proposition, la Convention décrète que tout

---

1. Par un arrêté du Conseil général de la commune, il avait été interdit aux boulangers de commencer les distributions de pain avant cinq heures du matin.

citoyen surpris en fausse patrouille, et tout homme déguisé en femme, saisi dans un rassemblement, seront punis de mort[1].

Le 26 août, de nouvelles plaintes amènent de nouvelles résolutions et une commission composée de Jay-Sainte-Foy, Chabot, Coupé, Boucher-Saint-Sauveur, Danton et Merlino, est chargée de s'occuper sans délai d'un projet de loi définitif sur les subsistances.

Mais ce n'était pas avec des décrets qu'on pouvait guérir la misère. A Paris, le nombre des familles indigentes, dont les armées dévoraient les membres valides, s'accroissait dans une proportion effrayante, et il fallait, comme au temps de la Fronde, poser des sentinelles en armes devant les boutiques des boulangers, assiégées par la foule. Des malheureux luttaient jusqu'à la mort pour conserver le morceau de pain qu'ils étaient parvenus à se procurer.

Le 3 septembre, sur une motion de Danton, la Convention essaie encore de remédier à cette horrible situation, en fixant uniformément, à 14 livres par quintal, le prix du froment dans toute l'étendue de la République.

Malgré cette concession, le lendemain, dès cinq heures du matin, des rassemblements d'ouvriers, principalement de maçons, se forment dans la rue du Temple; des mouvements se manifestent sur les boulevards, aux environs de la maison de la guerre, et bientôt des groupes nombreux se précipitent sur la place de

---

[1]. Ce décret, dont nous avons l'original sous les yeux, est de la main de Couthon.

Grève, en criant : *du pain ! du pain !* Une pétition demandant la formation d'une armée révolutionnaire, destinée à favoriser l'arrivage des blés, est signée en plein air et portée à l'Hôtel-de-Ville, envahi aux mêmes cris.

Chaumette court à la Convention rendre compte de ce qui se passe. Il cherche à rassurer l'Assemblée et accuse les contre-révolutionnaires. Mais pendant son absence l'émeute a grandi ; pour calmer cette foule en délire, il est obligé de requérir de la Municipalité le transport à la halle des farines nécessaires à la consommation du lendemain, et de prendre l'engagement d'appuyer, auprès de la Convention, la création de l'armée révolutionnaire.

A huit heures et demie du soir, le Conseil général entre à son tour en séance. La foule est toujours là. On lui jette en pâture les anciens administrateurs aux subsistances, y compris l'ex-ministre Garat[1], placés sous la garde de sans-culottes, aux gages de cinq livres par jour. Au milieu de la discussion survient une députation de la société des Jacobins. Elle assure que, dès le lendemain, les députés montagnards feront décréter par la Convention les différentes mesures proposées par le peuple, de concert avec ses magistrats. On arrête alors, que le lendemain, à onze heures, tous les citoyens présents se réuniront à la maison commune et accompagneront le Corps municipal à la Convention, pour présenter l'adresse relative à l'armée révolutionnaire. A dix heures du soir

---

1. Les autres étaient Cousin, Bidermann, Filleul, Garin et Defavanne.

enfin, la foule, apaisée par ces promesses, se retire.

La fameuse séance du 5 septembre à la Convention s'ouvrit sous la présidence de Robespierre. On lut d'abord plusieurs pétitions relatives au grand problème du jour, celui qui tenait anxieux tous les esprits, la question des subsistances. Le cri de la veille : *du pain! du pain!* résonnait encore, comme une menace, aux oreilles des Montagnards. Aussi chacun d'eux était-il prêt à faire assaut de popularité, car tous se sentaient en péril devant la faim, une fureur qui ne raisonne pas. Robespierre lui-même, le pur des purs, était devenu suspect. presque autant que les Girondins. Chaumette était insulté, en pleine rue, par les meneurs de la multitude. Toutes les idoles de la veille chancelaient sur leur piédestal.

Il fallait aviser au plus vite et s'abandonner au courant, puisqu'on ne pouvait pas le remonter. Merlin (de Douai) commence par proposer une nouvelle organisation du Tribunal Révolutionnaire, afin d'accélérer la rapidité de ses décisions.

Sur ces entrefaites on apporte au bureau une lettre de Sierck. Elle annonce que les Autrichiens ont surpris un détachement de soldats républicains, qu'ils les ont mutilés d'une manière atroce, arrachant les langues, coupant les pieds et les mains. C'était une de ces fables absurdes, qui ne trouvent que trop aisément créance aux époques de trouble et de calamité. La dépêche déchaîne les colères, déjà toutes prêtes à gronder.

On attendait le peuple; il ne tarde pas à paraître, sous la forme d'une députation, ayant à sa tête le maire

Pache et Chaumette, le procureur de la Commune. Elle est introduite dans la salle.

« Citoyens législateurs, dit Chaumette, les tyrans de l'Europe, les ennemis domestiques de l'État persistent avec atrocité dans leur affreux système d'affamer le peuple français, pour le vaincre et le forcer à échanger honteusement sa liberté, sa souveraineté, contre un morceau de pain, ce qu'il ne fera assurément jamais... »

« Non! non! » s'écrie-t-on d'une voix unanime.

L'orateur continue : « Où est-il, l'être fort qui écrasera tous ces reptiles?... Ils ont jeté le gant au peuple, le peuple le ramasse... Aujourd'hui la masse du peuple doit les écraser, sans ressource, de son poids et de sa volonté.

« Et vous, Montagne, à jamais célèbre dans les pages de l'histoire, soyez le Sinaï des Français!... Montagne sainte, devenez un volcan, dont les laves brûlantes détruisent à jamais l'espoir du méchant, et calcinent les cœurs où se trouve encore l'idée de la royauté. Plus de quartier aux traîtres! »

« Non! non! s'écrie-t-on de nouveau dans toutes les parties de la salle.

« Si nous ne les devançons pas, ils nous devanceront; jetons, entre eux et nous, la barrière de l'éternité. »

A ce mot, les applaudissements éclatent. Ils redoublent, quand Chaumette demande que l'armée révolutionnaire forme au plus vite son noyau à Paris, et qu'elle parcoure les départements, « suivie d'un tribunal incorruptible et redoutable, et de l'instrument fatal qui tranche, d'un seul coup, les complots et les jours de leurs auteurs ».

Le rire se mêle souvent aux larmes, et le ridicule est parfois bien voisin du sublime. Chaumette introduit l'élément comique dans cette lugubre séance, où l'existence de tout un peuple est discutée par d'implacables rhéteurs. Il termine sa harangue par une proposition inattendue : celle de transformer le jardin des Tuileries en potager, d'y planter des herbes et des légumes. « Il a calculé qu'en abattant ces beaux ombrages, sous lesquels prend ses ébats l'enfance folâtre, on aurait de quoi offrir un déjeuner à la dixième partie des indigents de Paris. »

A ce trait final, l'enthousiasme de l'Assemblée ne connaît plus de bornes. Le président, au nom de la Convention, invite aux honneurs de la séance les députés de la Commune, et l'on décide que la pétition sera imprimée. Une foule immense d'hommes et de femmes envahit aussitôt la salle, au cri de *vive la République!* elle brandit des écriteaux avec cette inscription : *guerre aux tyrans! guerre aux aristocrates! guerre aux accapareurs!*

A partir de ce moment, les motions les plus violentes se succèdent sans interruption. Les Montagnards sentent sur eux l'œil de ce peuple qu'ils ont déchaîné et dont ils ont peur à présent; pour lui faire leur cour, ils renchérissent servilement les uns sur les autres. Moyse Bayle, Raffron, Dussaulx demandent que les mesures proposées par les pétitionnaires soient immédiatement converties en décret. Billaud-Varennes déclare que le temps des délibérations est passé, qu'il faut organiser, séance tenante, l'armée révolutionnaire, et procéder, le jour même, à l'arrestation de tous les suspects.

Basire réclame la publication du décret qui déclare que la France est en révolution. Qui donc en pouvait douter? Léonard Bourdon ajoute que l'armée révolutionnaire devra ouvrir les magasins et être soldée aux dépens des riches.

Quelques membres, Romme, Jean Bon-Saint-André, sans repousser ces propositions, demandent néanmoins la question préalable. Ils voudraient qu'on laissât aux législateurs un peu de temps pour réfléchir, avant de se prononcer sur ces graves questions. « Si je vous proposais, dit Saint-André, de différer d'un jour, vous auriez le droit de nous accuser de lenteur; mais le Comité de salut public délibère en ce moment même; le rapporteur va paraître dans une heure; ce n'est pas un retard bien long. »

— « Non! non! répond d'un ton farouche Billaud-Varennes; point de délibération, il faut agir, agir sur-le-champ. »

Basire, à son tour, risque une objection; il supplie l'Assemblée de ne point se laisser emporter par un enthousiasme irréfléchi : « Ce serait, dit-il, le moyen de tout perdre. Le Comité a d'importantes révélations à faire; qu'on lui accorde, non pas une heure, comme demandait Jean Bon-Saint-André, mais seulement une demi-heure de répit. » Cette timide observation ne fait qu'exciter des murmures; comme Gaston venait de le dire, on était dans une salle d'armes, il n'y avait plus à temporiser.

A ce moment, Danton monte à la tribune. Dès qu'il paraît, les applaudissements éclatent de toutes parts et l'empêchent quelque temps de parler. Chacun se demande quel discours, en cette heure grave et sombre, va sortir de la bouche de l'homme qui, le premier, a lancé la révolution sur la pente terrible où nulle main ne saurait plus la retenir? Depuis quelque temps, le personnage de Danton avait, aux yeux de la foule, quelque chose d'étrange et d'énigmatique. Les uns l'accusaient de reculer, d'avoir peur; les autres prétendaient que cette âme à demi fermée couvait en silence de nouveaux éclats et des audaces singulières. Les incertitudes allaient cesser.

« Je pense, comme Billaud-Varennes, s'écrie le farouche montagnard, qu'il faut savoir mettre à profit l'élan du peuple ; qu'il n'est pas besoin de prendre d'autres mesures que celles qu'il présente lui-même. Je pense qu'il faut décréter à l'instant même une armée révolutionnaire. »

On applaudit ; il reprend :

« Élargissons, s'il se peut, ces mesures. Ce n'est pas assez d'une armée révolutionnaire, soyez révolutionnaires vous-mêmes. Les hommes industrieux qui vivent du prix de leurs sueurs ne peuvent aller aux séances des sections : décrétez que l'artisan qui y assistera recevra, pour son temps perdu, une indemnité de 40 sols par réunion. Décrétez que les fabriques d'armes devront travailler nuit et jour, jusqu'à ce que chaque sans-culotte ait son fusil. Décrétez enfin un terme aux lenteurs du Tribunal Révolutionnaire : il faut que, tous les jours, un aristocrate, un scélérat, paye de sa tête ses forfaits. »

Ce discours s'achève au milieu des acclamations universelles. Tous les citoyens qui remplissent la salle et les tribunes se lèvent par une même impulsion ; on agite les mains et les chapeaux ; c'est un enthousiasme qui tient du délire. Les propositions de Danton sont immédiatement votées par acclamation.

Basire, qui tient à racheter par quelque motion audacieuse la proposition de temporisation qu'il a formulée un moment auparavant, demande de nouveau la parole. Il se fait un grand silence de curiosité.

« Jusqu'alors, dit-il, les mesures décrétées contre les gens suspects n'ont toujours reçu qu'une exécution incomplète. Je demande qu'on définisse catégoriquement ce mot de suspect et qu'on dresse des listes à cet effet. « Il n'y a pas que les ci-devant nobles, les prêtres, les émigrés qui soient des suspects ; les autres classes de la nation, commerçants, agioteurs, procureurs, hommes d'affaires, boutiquiers même, renferment leur contingent d'ennemis de la République. Il y a aussi les hurleurs de section, il y a les Feuillants, il y a les Brissotins, il y a encore les hypocrites. Je demande qu'on les arrête tous et, pour cela, il faut une opération préliminaire ; elle consiste à épurer les Comités révolutionnaires des sections, sur-le-champ, d'ici à demain. Cette épuration sera faite par le Conseil général de la Commune. On peut en avoir fini dans vingt-quatre heures : il suffit que, dans chaque section, un Comité révolutionnaire patriote ait le mandat d'amener, le droit de visite domiciliaire et de désarmement.[1] »

Cette motion, par laquelle Basire « élargissait » à son tour les mesures réclamées par Danton, est soutenue énergiquement par Léonard Bourdon et Billaud-Varennes.

A ce moment, Thuriot remplace un instant Robespierre au fauteuil de la présidence, et l'on annonce une députation des sections de Paris et de la Société des Jacobins. Elle vient réclamer le prompt jugement des Girondins incarcérés. Thuriot promet que justice sera faite, et que « tous les scélérats périront sur l'échafaud ». Puis la députation est introduite et défile au bruit des applaudissements.

Des délégués de la section de l'Unité se présentent ensuite à la barre; ils sont chargés de demander qu'on réprime l'agiotage, et qu'on en finisse sans retard avec tous les contre-révolutionnaires. La Convention, en veine de promesses, renvoie encore ces pétitionnaires avec de

---

1. Cette proposition fût sanctionnée le même jour par le décret suivant :

Séance du 5 septembre 1793.

La Convention nationale décrète :

Art. 1er. — Il sera présenté, dans ce jour même, par les Comités de salut public de Paris, la liste de leurs membres au Conseil général de la Commune, qui est autorisé à les épurer et à en nommer d'autres provisoirement.

Art. 2. — Seront exclus de ces Comités tous les ci-devant nobles et les prêtres non mariés.

pompeuses paroles. Drouet va même jusqu'à s'écrier, dans un accès de zèle : « C'est le moment de verser le sang des coupables... Soyons brigands pour le bonheur du peuple ! »

Malgré l'exaltation révolutionnaire du moment, cette parole cynique provoque dans l'Assemblée des murmures et des cris de rappel à l'ordre. Il faut le dire à l'honneur de Thuriot, il eut, en cette circonstance, un de ces nobles mouvements qui doivent, aux yeux de l'historien, racheter bien des fautes. Il s'élance à la tribune et proteste contre le hideux langage de Drouet :

« Citoyens, dit-il, ce n'est point pour le crime que se font les révolutions, c'est pour le triomphe de la vertu... Loin de nous l'idée que la France soit altérée de sang; elle n'est altérée que de justice. Armons-nous pour la liberté; mais que la loi marche toujours avec nous. »

Et le stupide Drouet de s'écrier : « Je demande alors qu'on ne puisse assommer un Prussien que la loi à la main. »

Barère se chargea de présenter le résumé de la séance. Son rapport n'est remarquable que par des éclats de violence inouïe. Évidemment le menteur patenté du Comité de salut public a voulu se mettre au niveau des fureurs du moment; son éloquence atteint presque aux notes aiguës familières à l'*Ami du peuple*. « Plaçons, dit-il, la terreur à l'ordre du jour. Les royalistes veulent du sang; eh bien, ils auront celui des conspirateurs, des Brissot, des Marie-Antoinette. Ils veulent faire périr la Montagne; eh bien, la Montagne les écrasera. Que faut-il pour mettre un terme aux complots? Une armée révolutionnaire qui balaie les conspirateurs. »

Quand le rapporteur annonce puérilement, en terminant, qu'un neveu de Pitt a été trouvé caché à Dinan, et mis en état d'arrestation, des transports de joie folle éclatent dans toute la salle. L'Assemblée décide que le neveu de « l'ennemi du genre humain » sera transféré à Paris. Puis elle rend les décrets suivants[1] :

1° Les Comités révolutionnaires seront épurés, et les membres de ces Comités recevront une indemnité de trois livres par jour;

2° Une indemnité de 40 sols par séance est allouée à chaque travailleur qui assistera aux Assemblées des sections.

---

1. Voici le texte de ces deux décrets; la rédaction définitive du second ne fut votée que le 9 septembre.

Séance du 5 septembre 1793.

La Convention nationale décrète :
ART. 1er. — Il sera accordé une indemnité de trois livres par jour aux membres des Comités de salut public.
ART. 2. — Les fonds nécessaires à ces indemnités seront fournis par une contribution établie sur les riches.

Séance du 9 septembre 1793.

La Convention nationale, après avoir entendu le rapport du Comité de salut public, décrète :
ART. 1er. — Il y aura désormais, dans les sections de Paris, deux séances seulement, le dimanche et le jeudi.
ART. 2. — Les citoyens qui n'ont d'autre ressource pour vivre que le travail journalier de leurs mains, pourront réclamer une indemnité de quarante sous par séance; elle ne sera payée qu'à ceux qui seront présents à la séance, qui commencera à cinq heures et finira à dix.
ART. 3. — La somme nécessaire au payement de cette indemnité

Ainsi, on allait dorénavant salarier le patriotisme des sans-culottes; on revenait à ces beaux temps de la démagogie athénienne, où l'on payait trois oboles à chaque citoyen qui voulait bien se rendre aux séances de l'Agora. Mais il fallait bien, au risque de grever encore de charges nouvelles le trésor épuisé et dilapidé, remplir les salles désertes des sections, donner des comparses aux hurleurs de clubs, créer, à prix d'argent, l'autorité résultant du prestige fallacieux des foules.

Un troisième décret portait création d'une force armée destinée à comprimer les contre-révolutionnaires, à exécuter les mesures de salut public décrétées par la Convention, et à assurer les subsistances [1].

---

sera perçue sur les contributions et sous additionnels, et avancée par le trésor public. La trésorerie nationale tiendra en conséquence ladite indemnité à la disposition du ministre de l'Intérieur, jusqu'à concurrence de la somme de cent vingt mille livres, pour être avancée à la municipalité de Paris.

Art. 4. — Des commissaires, nommés dans les sections, certifieront l'état de besoin des citoyens compris dans l'art. 2, et constateront la présence dans les séances des sections.

Art. 5. — Les percepteurs des contributions directes de Paris acquitteront, chacun dans leur arrondissement, le montant de l'indemnité, sur les certificats donnés par les commissaires des sections; la somme répartie sur les sous additionnels sera versée dans le trésor public, à mesure des perceptions.

1. Le décret d'organisation est inséré au *Moniteur* du 8 septembre 1793. Il avait été précédé le même jour d'un autre décret ainsi conçu :

La Convention nationale décrète :

Art. 1er. — Qu'il sera formé une armée révolutionnaire.

Art. 2. — Le Comité de salut public présentera, séance tenante, le mode d'organisation de cette armée.

IX.

Le décret qui instituait l'armée révolutionnaire fixait son effectif à 6,000 hommes et à 1,200 canonniers; mais, en réalité, elle ne compta jamais plus de 4,000 soldats. Il fallut même, pour lui permettre d'atteindre ce chiffre, que la Convention revînt sur la mesure qui fixait de 25 à 40 ans l'âge des volontaires, et autorisât, sur la proposition de Jean-Bon-Saint-André, l'enrôlement sans condition de tous ceux qui se présenteraient, en justifiant de leur santé et de leur patriotisme [1].

Carnot avait consenti à prêter le concours de son expérience militaire à la création de cet instrument de despotisme, de même que Merlin devait, à quelques semaines de distance, définir, avec sa précision de juriste, les caractères auxquels on pouvait reconnaître un suspect. Aux termes de son projet, le soin de dresser la liste des candidats incombait, dans chaque section, aux Comités révolutionnaires, dont une Commission de douze membres, pris par moitié dans le Conseil de la commune et dans le Directoire du département de Paris, révisait le travail et arrêtait souverainement les choix. Quant aux officiers, la nomination de l'état-major général était réservée au Conseil exécutif, et l'élection déterminait la composition des

---

[1]. *Moniteur* du 16 septembre 1793.

cadres de compagnie; les uns et les autres n'étaient nommés que pour un an, et pouvaient être réélus[1]. On était sûr, de la sorte, d'entretenir leur zèle et d'avoir une garde prétorienne digne de la tâche qui lui était réservée.

Ces garanties, dans une cause qui en comportait si peu, avaient paru suffisantes pour les soldats. Le noyau de l'armée révolutionnaire se recruta, en effet, parmi les vétérans de l'insurrection, les vagabonds, les déclassés et tous les hommes de sac et de corde qui traînent péniblement, dans les bas-fonds des capitales, leur misérable existence. Pour les chefs on se montra plus exigeant, et on les obligea à affronter l'épreuve publique du scrutin épuratoire, à la Société des Jacobins. Léonard Bourdon définissait dans les termes suivants le but et l'utilité de cette mesure.

« Je demande, disait-il, que les candidats se présentent en personne, afin qu'en appliquant leur nom à leur figure, chacun puisse dire ce qu'il sait sur leur compte. Je demande, en outre, que ceux qui les connaissent attestent qu'ils sont bons citoyens, car ce n'est pas assez de n'être pas réputé pour un mauvais patriote; il faut encore de bonnes raisons, pour faire présumer qu'on est capable et digne d'occuper une semblable place. »

Deux séances furent consacrées à cette importante opération[2]. Bouchotte avait confié le commandement en

---

[1]. *Moniteur* du 12 septembre 1793.
[2]. *Moniteur* des 2 et 4 octobre 1793.

chef à Ronsin, avec deux généraux de brigade sous ses ordres. Tous les trois furent acceptés sans réclamation; mais la discussion s'engagea sur les autres officiers.

Ces enquêtes pouvaient retarder la constitution de l'armée, et Robespierre s'éleva avec énergie contre des vérifications inutiles. « Les ajournements, ne cessait-il de répéter, ont toujours perdu la chose publique... On a attendu assez de temps pour faire justice des brigands qui désolent le territoire français. Il faut en finir... L'armée révolutionnaire est le moyen par lequel les lois vont être mises à exécution... Qu'on passe par dessus tous ceux qui paraissent suspects; il en est d'autres, et la société doit s'empresser de contribuer à mettre cette armée en exercice. »

On finit par ratifier, à quelques noms près, les choix du Conseil exécutif; mais, malgré toute la diligence apportée à leur organisation, les bandes de Ronsin ne furent en état de marcher qu'à la fin d'octobre. La Con-

---

1. Les principaux chefs de l'état-major proposés par le ministre de la guerre, dans la séance du Conseil exécutif du 30 septembre, étaient Ronsin, général de division à l'armée de la Vendée, commandant supérieur; Boullanger, général de brigade à l'armée des côtes de Cherbourg, Parein, général de brigade à l'armée de la Vendée, commandants en second; Mazuel, adjudant général chef de brigade, Houssaye, adjudant général chef de bataillon à l'armée du Nord, et Mauban, adjudant général chef de bataillon, adjudants généraux.

Il est intéressant de rechercher quelle fut leur destinée, pendant la Terreur, ou après la chute de Robespierre.

Des trois généraux, deux périrent sur l'échafaud.

Nous avons déjà eu occasion de parler de Ronsin et de l'avancement scandaleux que lui donna Bouchotte, dans le courant du mois de juillet 1793. (Voir plus haut, page 181). Nous compléterons ses états de service militaires par l'indication de ses premiers grades. Né le

vention eut les honneurs de leur premier défilé, et le président Charlier les accueillit par ces paroles significatives : « Guerre aux aristocrates, aux modérés ; paix et

1er décembre 1751 à Soissons, et fils d'un maître tonnelier, Charles-Philippe Ronsin s'était engagé comme simple soldat au régiment d'Aunis, le 7 octobre 1768, et avait acheté son congé, dans le courant du mois de mai 1772. Capitaine de la garde nationale de Paris, le 11 juillet 1789, commissaire des guerres le 15°novembre 1792, commissaire ordonnateur huit jours après, il n'avait jamais commandé une troupe régulière. Poussé par son ambition, son esprit d'intrigue et son amour de l'argent, Ronsin se jeta dans les bras des Hébertistes. Décrété d'accusation, le 17 septembre 1793 sur la dénonciation de Fabre d'Églantine, il fut relâché le 2 février suivant, sur la réclamation de Danton ; mais il ne jouit pas longtemps de sa liberté. Arrête de nouveau le 14 mars 1794 avec Hébert, Vincent et Momoro, il comparut avec eux devant le Tribunal Révolutionnaire et s'entendit condamner à mort le 24 du même mois.

Gervais Baudouin Boullanger, né à Liège, était venu chercher fortune à Paris. Il avait commencé par exercer la profession d'ouvrier bijoutier, de même que Rossignol et beaucoup d'autres révolutionnaires. L'exagération de ses principes démagogiques le fit nommer commandant en second de la section de la Halle au Blé et le désigna au choix de la Commune pour le commandement général de la garde nationale parisienne, quand Santerre partit pour la Vendée, le 19 mai 1793. Mais plusieurs sections protestèrent et Boullanger fut obligé de donner sa démission. Après le 2 juin, il se fit la créature de Robespierre et devint l'un de ses principaux agents. Il le servit notamment dans l'affaire des Hébertistes et le suivit à la Commune, quand il jeta le gant à la Convention. Boullanger, de même qu'Henriot, prit une part active au mouvement insurrectionnel et fut décrété d'accusation le 9, mis hors la loi le 10 et exécuté le 11 thermidor.

Parein seul survécut à la tourmente révolutionnaire. Il avait eu la prudence de se cantonner dans la présidence des commissions militaires de Saumur et de Lyon, et échappa de la sorte à la réaction provoquée par les excès de l'armée révolutionnaire. Avocat avant la révolution, Pierre Mathieu Parein n'avait d'autre titre militaire que celui d'avoir servi, comme officier, dans la compagnie des volontaires de la Bastille en 1789, ce qui ne l'empêcha pas d'être nommé commissaire des guerres le 1er août 1793, général de brigade le 2 oc-

protection aux patriotes : voilà l'objet de votre institution. Vous atteindrez le but que la Convention s'est proposé ; vos vertus et votre civisme lui en sont de sûrs garants. »

tobre et même général de division, à titre provisoire, par les représentants Fouché, Laporte et Méaulle, le 3 mars 1794, à Lyon. Après le 9 thermidor, Parein continua ses relations avec le parti jacobin et prit part à plusieurs conspirations, notamment à celle de Babœuf. Acquitté par la haute-cour de Vendôme et réintégré dans son grade, il demanda à Fouché, son ancien protecteur, de l'employer dans la police, et fut admis plus tard à la retraite, par décret du 6 juin 1811.

Les adjudants généraux eurent le même sort que leurs chefs directs et deux sur trois furent condamnés à mort.

Mazuel, natif de Lyon, s'était préparé à la vie publique par les professions successives de cordonnier et de dessinateur en broderie. Avant de venir à Paris, il avait été condamné correctionnellement à Montpellier. Pour donner le change sur cet antécédent fâcheux, il se posait en victime de l'aristocratie et affectait un patriotisme exagéré. Bouchotte l'avait pris pour aide de camp et il s'était donné à lui-même la mission d'organiser un corps de cavalerie. Mazuel, en apprenant sa nomination, refusa d'abord, afin de rester à Paris, où sa présence et son indiscipline étaient un objet perpétuel de scandale ; mais il accepta plus tard, quand on lui donna le commandement de la cavalerie de l'armée révolutionnaire. A Beauvais, où il fut envoyé en détachement, il se signala par ses excès. Comme son chef, Mazuel appartenait au parti des Hébertistes et périt avec eux le 24 mars 1794.

Houssaye était un protégé de Xavier Audouin, le gendre de Pache. Ouvrier bijoutier, il s'était jeté dans le mouvement révolutionnaire et avait mérité le surnom caractéristique de *Pas-de-bon-Dieu*. Quand l'armée révolutionnaire fut licenciée, à la fin du mois de mars 1794, Houssaye s'emporta en propos violents et publics contre la Convention. Le Comité de salut public le fit arrêter et le Tribunal révolutionnaire le condamna à mort, le 20 mai 1794.

Nous n'avons pas de renseignements particuliers sur Mauban. C'était un démagogue obscur, dont la candidature avait été ajournée un moment à la Société des Jacobins, en raison de ce qu'il n'était pas suffisamment connu. Il avait été présenté par Henriot et ses titres reposaient sur la publication d'écrits révolutionnaires.

On était loin de la proposition formulée par Chaumette. La question des subsistances, qui avait été l'occasion de l'établissement de l'armée révolutionnaire, était reléguée au second plan, et la chasse aux suspects devenait désormais le but principal de son institution. De cette double mission, Ronsin n'accepta que la seconde, et s'en acquitta en conscience. Les riches furent terrorisés et pillés, mais les pauvres ne furent ni plus tranquilles, ni mieux nourris. L'intérêt général n'était là qu'un prétexte pour déguiser les spoliations et les vols. En poussant ses réquisitions jusqu'à trente lieues de Paris, et en obligeant les possesseurs de grains à ouvrir leurs greniers, l'armée révolutionnaire ne fit qu'élargir le cercle de ses exactions; les chevauchées de Ronsin, impuissantes à approvisionner la capitale, achevèrent d'y établir la famine.

X.

Il ne restait plus qu'à régulariser la proposition de Basire sur les suspects. La loi du 17 septembre se chargea de ce soin, et couronna dignement l'œuvre d'iniquité.

Le mot de suspect n'était pas nouveau dans le langage révolutionnaire, mais il n'avait jamais été exactement défini, et l'équivoque même avait été habilement maintenue, afin de faciliter les mesures de violence dont l'histoire de la Révolution est pleine. Au commencement de 1793, les suspects sont encore les robins, les nobles,

les financiers, les banquiers, les prêtres, tous les modérés en un mot, et l'on se contente de prendre leurs armes, pour les confier aux défenseurs de la patrie [1], Quand l'étranger avance, quand les Vendéens menacent, les exigences augmentent avec les désastres dont la détestable politique de la Convention est la cause. Ce n'est pas assez de lutter contre les ennemis du dehors et de combattre la résistance intérieure ; il faut arrêter les suspects, les garder comme otages, leur faire payer une partie des frais de la guerre. Cette fois le sens du mot s'élargit, et les suspects sont ceux que les municipalités et les Sociétés populaires ont déclarés tels [2].

On comprend tout ce qu'entraînaient d'abus de pareils principes professés, du haut de la tribune, par des

---

1. Décret du 26 mars 1793.

Ce décret avait été rendu sur une pétition de la section de la Réunion, qui demandait la confirmation, par la Convention, de l'arrêté pris pour désarmer les suspects de sa circonscription.

Sur la proposition de Génissieu, la mesure fut étendue à tout le territoire de la République.

C'est toujours ainsi que procède la Révolution. Elle commence par rendre la résistance impossible, afin d'agir ensuite sans danger.

Nous ne citerons que deux articles. Aux termes du premier, la Convention décrète que les ci-devant nobles, les ci-devant seigneurs, autres que ceux qui sont employés dans les armées de la République, ou comme fonctionnaires publics, civils ou militaires ; les prêtres autres que les évêques, curés, vicaires qui servent dans les armées, seront désarmés, ainsi que les domestiques et agents des ci-devant nobles, ci-devant seigneurs et prêtres.

Art. 3. — Les personnes désignées par la présente loi et reconnues comme suspectes qui, après avoir été désarmées, seront trouvées nanties de nouvelles armes, seront de nouveau désarmées et punies de six mois de détention.

2. *Moniteur* du 10 et du 13 mai 1793.

orateurs comme Robespierre et Collot d'Herbois. Les prisons se remplissaient d'innocents arrêtés : celui-ci parce qu'il avait porté une lettre, dont le souscripteur et le destinataire n'étaient nullement inquiétés ; celui-là parce qu'il refusait d'aller à la messe d'un prêtre assermenté ; beaucoup pour satisfaire des vengeances ou des convoitises privées ; tous sur le moindre soupçon.

Au mois de juin, le mal avait pris de telles proportions que Ramel proposa, au nom du Comité de législation, « l'institution d'une sorte de Commission paternelle, » composée de membres des administrations, des Conseils généraux des communes et des sociétés populaires, et destinée à prononcer sur la conduite des personnes détenues, à leur rendre la liberté, si elles sont innocentes, et à les livrer aux tribunaux, si elles paraissent coupables [1]. Mais la Convention, qui venait de voter l'emprunt forcé sur les riches, n'était guère disposée à la clémence. Un grand nombre de membres réclament l'ajournement, jusqu'à la paix ; d'autres, parmi lesquels Jean Bon-Saint-André, font observer qu'il s'agit d'une mesure de sûreté générale, pour laquelle le Comité est suffisamment armé et seul compétent. Finalement le projet de Ramel est écarté par la question préalable et, à partir de ce moment, on ne s'occupe plus des suspects que pour les frapper.

Dans ce champ ouvert à toutes les exagérations, chacun cherche à dépasser son voisin. On propose tour à tour d'incarcérer les suspects, de les envoyer à la frontière, de les placer au premier rang, afin de les obli-

---

1. *Moniteur* du 25 juin 1793.

ger à combattre pour la liberté, s'ils ne veulent pas périr. On va même jusqu'à demander qu'on puisse les arrêter, sans avoir à donner de motifs, et au besoin les massacrer, si la liberté est en péril. L'arbitraire n'avait plus de bornes et devenait un danger public. La loi du 17 septembre lui substitua le pire des despotismes, la tyrannie légale.

Si l'on compare ce décret avec les dispositions antérieures sur la matière, on est frappé de la précision effrayante avec laquelle il est conçu. Tout est étudié, tout est prévu. Les vagues énoncés de principe ont disparu et, à leur place, se déroulent des formules pratiques contre ceux qu'on soupçonne d'entraver, d'une façon quelconque, la marche de la Révolution. S'il en est ainsi, c'est que la loi est l'œuvre d'un véritable jurisconsulte. Merlin (de Douai) a dû mettre son expérience au service de la Montagne, pour se faire pardonner d'être un savant, — car la science était aussi une marque d'aristocratie, — et d'avoir servi l'ancien régime, deux crimes également irrémissibles.

Aux termes de la loi, on est réputé suspect pour relations, propos ou écrits entachés de royalisme ou de fédéralisme. On l'est encore, si l'on ne peut justifier de ses moyens d'existence, si l'on n'a pas de carte de civisme, si l'on a émigré entre le 1er juillet 1789 et le 8 avril 1792. La suspicion atteignait, par extension, les membres de la famille et les serviteurs du ci-devant noble ou du fonctionnaire destitué de son emploi; elle frappait même l'étranger qui ne pouvait pas présenter ce qu'on appelait le certificat d'hospitalité. Tous ceux qui rentraient dans les catégories ci-dessus relatées devaient être immédiatement incarcérés, et le soin de dresser les listes, de décerner les mandats et de faire apposer les scellés était confié aux Comités de surveillance, chacun dans son arrondissement. Mais l'article le plus terrible était le dernier. « Les tribunaux civils et criminels, disait-il, pourront, s'il y a lieu, faire retenir en état d'arrestation, comme gens suspects, et envoyer dans les maisons de détention, les prévenus des délits à l'égard desquels il serait déclaré n'y avoir pas lieu à suivre, ou qui seraient acquittés des accusations portées contre eux. »

Par un reste de pudeur, Merlin n'avait pas osé développer les motifs du décret qu'il présentait à la sanction de la Convention. Pourquoi, d'ailleurs, aurait-il donné les raisons de dispositions aussi faciles à comprendre, plus faciles encore à appliquer? La Convention est convaincue d'avance, et ses agents sont prêts à frapper. Le procureur de la Commune en fournit immédiatement la preuve.

Le meilleur, le seul moyen d'échapper à la suspicion était la production d'un certificat de civisme. Chaumette, interprétant l'article 2 de la loi du 17 septembre, s'empressa d'énumérer, dans un réquisitoire de règlement, le 10 octobre, les caractères auxquels on pouvait reconnaître un bon citoyen. Il procédait par voie d'exclusion, et la liste était longue de ceux à qui l'on devait refuser un certificat de civisme. Elle comprenait :

Ceux qui, dans les assemblées du peuple, arrêtent son énergie par des discours astucieux, des cris turbulents et des menaces ;

Ceux qui, plus prudents, parlent mystérieusement des malheurs de la République, s'apitoient sur le sort du peuple, et sont toujours prêts à répandre de mauvaises nouvelles, avec une douleur affectée;

Ceux qui ont changé de conduite et de langage, selon les événements; qui, muets sur les crimes des royalistes ou des fédéralistes, déclament avec emphase contre les fautes légères des patriotes; qui affectent, pour paraître républicains, une austérité, une sévérité étudiées, et qui cèdent, aussitôt qu'il s'agit d'un modéré ou d'un aristocrate;

Ceux qui plaignent les fermiers et les marchands avides, contre lesquels la loi a été obligée de prendre des mesures;

Ceux qui, ayant toujours les mots de liberté, République et patrie sur les lèvres, fréquentent les ci-devant nobles, les prêtres contre-révolutionnaires, les aristocrates, les Feuillants, les modérés, et s'intéressent à leur sort;

Ceux qui n'ont pris aucune part active dans tout ce qui intéresse la Révolution, et qui, pour s'en disculper, font valoir le payement des contributions, leurs dons patriotiques, leur service dans la garde nationale, par remplacement ou autrement;

Ceux qui ont reçu avec indifférence la Constitution républicaine, et qui ont fait part de fausses craintes sur son établissement et sa durée;

Ceux qui, n'ayant rien fait contre la liberté, n'ont aussi rien fait pour elle;

Ceux qui ne fréquentent pas leur section, et qui

donnent pour excuse qu'ils ne savent pas parler, ou que leurs affaires les en empêchent;

Ceux qui parlent avec mépris des autorités constituées, des signes de la loi, des sociétés populaires et des défenseurs de la liberté;

Ceux qui ont signé des pétitions contre-révolutionnaires, ou fréquenté des sociétés et clubs anticiviques;

Les partisans de Lafayette et les assassins qui se sont transportés au Champ de Mars.

Après la loi du 17 septembre, la plupart des Français pouvaient être arrêtés comme suspects; après le commentaire de Chaumette, personne, à l'exception des représentants déclarés inviolables par la Constitution, ne pouvait se flatter d'être à l'abri du soupçon.

S'inspirant de Suétone et de Tacite, Camille Desmoulins, dans un pamphlet resté justement célèbre, a flétri, comme elle le méritait, cette politique aveugle de défiance et de haine. Nous n'essayerons pas, après lui, de montrer ce que la délation avait fait de la Rome des Césars, et ce qu'elle devait faire de la République. Mais nous devons tirer de ces horreurs l'enseignement qu'elles renferment. Il n'y a pas deux morales, de même qu'il n'y a pas deux justices, et la raison d'État ne saurait légitimer dans un gouvernement ce que la conscience réprouve dans la vie privée. Sans doute la violence peut parfois primer le droit; elle est sans force pour le fonder et la punition de celui qui l'emploie est la durée éphémère de son triomphe. Les révolutionnaires de 1793 n'ont pas échappé à cette loi de nature. Leurs excès n'ont créé que des ruines, et leurs apologistes eux-mêmes sont obligés de désavouer les crimes commis et d'en reconnaître l'inutilité. Quand on songe qu'il a fallu, pour arriver à l'impuissance comme terme final, violer toutes les règles de la justice et de l'humanité, la postérité ne peut juger trop sévèrement les hommes qui ont sacrifié la France à leurs passions et l'histoire doit les mettre au pilori de l'opinion publique, afin d'empêcher le retour de pareilles infamies.

LIVRE XLVIII.

LES INSTRUMENTS DU GOUVERNEMENT RÉVOLUTIONNAIRE.

I.

La démagogie, pour établir et conserver sa suprématie, n'eut besoin de rien innover. Quand elle arriva au pouvoir, il y avait de longs mois déjà que la Convention, poussée par elle, avait décrété l'établissement du Comité de salut public, du Comité de sûreté générale et du Tribunal révolutionnaire. De ces trois institutions si simples, la faction montagnarde sut faire de redoutables instruments de règne. Pour cela, il lui suffit de quelques modifications, dont nous allons étudier le développement successif. Nous montrerons, en même temps, à quel degré de régularité et de précision mathématiques étaient arrivés ces rouages du régime révolutionnaire, pendant les derniers mois qui marquèrent son existence.

Le Comité de salut public avait été créé le 7 avril, au lendemain même de la défection de Dumouriez[1]; il

---

1. Voir tome VII, page 67.

était composé d'abord de neuf membres : Barère, Delmas, Bréard, Cambon, Danton, Guyton-Morveau, Treilhard, Lacroix et Robert Lindet. Le 30 mai, l'Assemblée lui adjoignit cinq autres représentants, chargés spécialement de la rédaction du nouveau plan de constitution : ce furent Hérault-Séchelles, Mathieu, Ramel, Couthon et Saint-Just. Par un décret ultérieur, il fut décidé qu'ils siégeraient, au même titre que les membres primitifs, et prendraient part à toutes les délibérations ; le nombre des membres du Comité fut ainsi porté un instant à quatorze.

Le 5 juin, Bréard, malade, se retira : le 17 et le 22, Treilhard et Mathieu furent envoyés en mission à Bordeaux ; ils furent remplacés par Berlier, Gasparin et Jean Bon-Saint-André [1].

Le 10 juillet, Camille Desmoulins attaqua très vivement le Comité de salut public : il lui reprocha de n'avoir pas utilisé les talents du seul général capable, selon lui, de sauver la République, Arthur Dillon, devenu son ami et pour ainsi dire son commensal; il rendit le Comité responsable de tous les désastres qui, depuis trois mois, avaient accablé les armées républicaines, en Vendée et sur la frontière du Nord; il l'accusa enfin de vouloir s'ériger « en Chambre haute », et de « royaliser ses fonctions et ses actes ». Jean Bon-Saint-André, Lacroix,

---

1. Le 4 juillet, à la suite d'une discussion assez vive sur l'insurrection normande, la Convention adjoignit au Comité de salut public Duroy et Francastel, pour concerter avec les autres membres les moyens d'étouffer les troubles de l'Eure ; mais cette adjonction n'eut pas de suite ; Duroy et Francastel ne siégèrent pas un seul jour au Comité.

Bréard, prirent vainement la défense du Comité. Après une assez longue discussion, il fut décidé que celui-ci, qui comptait trois mois d'existence, serait renouvelé et réduit à neuf membres; ses pouvoirs devaient être ceux dont la Convention l'avait investi primitivement. Le soir même, dans une séance extraordinaire, eut lieu, par appel nominal et à haute voix, l'opération du renouvellement. Le résultat n'en fut pas tel qu'avait pu l'espérer Camille Desmoulins, car ses deux amis les plus intimes, Danton et Lacroix, se virent exclus.

Jean Bon Saint-André avait réuni.	192 voix
Barère.	192 —
Gasparin.	178 —
Couthon.	176 —
Hérault-Séchelles.	175 —
Thuriot.	155 —
Prieur (de la Marne).	142 —
Saint-Just.	126 —
Robert Lindet.	100 —

Ainsi, parmi les futurs dictateurs de la France, ceux qui avaient obtenu le plus de suffrages représentaient à peu près un quart des membres de l'Assemblée; ceux qui en avaient obtenu le moins tenaient leur mandat d'un septième environ de leurs collègues.

1. Le nouveau comité comptait donc deux membres seulement de la première création, Barère et Robert Lindet; cinq de l'organisation intermédiaire, Jean Bon-Saint-André; Gasparin, Couthon, Hérault-Séchelles et Saint-Just; deux nouveaux élus, Thuriot et Prieur (de la Marne). Par contre, sept membres en étaient exclus définitivement, Cambon, Delmas, Danton, Lacroix, Guyton-Morveau, Berlier et Ramel.

Le lendemain, 11 juillet, Cambon vint lire le testament de l'ancien Comité. Son compte rendu offre d'étranges disparates. Il commence par des considérations d'un caractère assez élevé et finit par des puérilités.

Après avoir énuméré les difficultés de toute sorte que le Comité a dû vaincre, pour maintenir l'unité de la République, organiser les armées, assurer la défense des frontières, Cambon consacre toute la dernière partie de son rapport à son apologie personnelle et à la dénonciation d'un prétendu complot. Le coupable, suivant lui, était ce même Dillon, en faveur duquel Camille Desmoulins avait fait une si vigoureuse sortie. Il ne se serait agi de rien moins que d'enlever du Temple le jeune Capet, et de le proclamer roi aux Tuileries. Pour sauver la République, ajoutait Cambon, le Comité a cru qu'il était indispensable, après avoir arrêté Dillon et ses complices, de séparer, du reste de la famille royale, celui sur qui reposait l'espoir des conjurés. Au moment où parlait le rapporteur, ces deux mesures avaient déjà reçu leur exécution. La Convention n'eut donc qu'à sanctionner, par son vote, l'arrêté qui arrachait un malheureux enfant des bras de sa mère et le livrait sans défense aux brutalités du cordonnier Simon. Seul, Camille Desmoulins avait protesté en entendant accuser Dillon; il avait même insisté pour réfuter cette « fable absurde »; mais ses amis, effrayés de son imprudence, lui avaient aussitôt fermé la bouche, lui reprochant, au milieu des murmures déjà soupçonneux de quelques membres de la gauche, de vouloir se déshonorer, en prenant la défense d'un aristocrate tel que Dillon[1].

II.

Le nouveau Comité de salut public se composait presque entièrement de Montagnards, marchant sous le drapeau de Robespierre; il était naturel qu'ils tinssent à posséder leur chef parmi eux. Gasparin s'étant retiré le 24 juillet, pour cause de maladie[2], Jean Bon-Saint-André proposa le 27 à l'Assemblée de remplacer le membre démissionnaire par le grand-prêtre de la démagogie. On avait si bien compté d'avance sur l'assentiment de la Convention que, dès le 26, avant même d'avoir sa nomination officielle, Robespierre siégeait au Comité.

Son entrée dans le sanctuaire fut le signal d'un redoublement de rigueurs. Le 28 juillet, Saint-Just présentait, au nom de ses collègues, un décret qui mettait hors la loi seize députés et qui en renvoyait neuf autres au Tribunal révolutionnaire. Trois jours après, le 1er août,

---

1. Cette prétendue conspiration de Dillon, qui servit de prétexte à une si terrible aggravation de rigueurs contre la famille royale, était si peu prouvée, 1° qu'on laissa Dillon tranquille en prison, pendant plus de neuf mois, et que les démagogues ne songèrent à l'envoyer au Tribunal révolutionnaire qu'après la mort de Camille Desmoulins ; 2° que plusieurs des individus désignés par Cambon comme les complices de Dillon, furent relâchés quelques jours après leur arrestation.

2. Il mourut six mois après dans le Midi, où il avait demandé à être envoyé en mission.

Barère, au nom du même Comité, faisait adopter deux autres décrets plus terribles encore : l'un autorisait d'avance toutes les atrocités que Rossignol et ses acolytes allaient bientôt commettre en Vendée [1] ; l'autre ordonnait : 1° que Marie-Antoinette serait sur-le-champ traduite au Tribunal révolutionnaire ; 2° que tous les autres Bourbons [2] qui n'étaient pas sous le glaive de la loi, seraient déportés ; 3° que la dépense des deux orphelins du Temple serait réduite au strict nécessaire pour l'entretien et la nourriture de deux personnes ; 4° enfin, profanation abominable ! que les tombeaux et mausolées des ci-devant rois, élevés, soit dans l'église de Saint-Denis, soit dans tout autre lieu, seraient détruits, le 10 août, jour anniversaire de la chute de la royauté.

A l'occasion de ce même rapport, où Barère fulminait contre les menées de l'étranger et surtout contre les manœuvres de l'Angleterre, Danton proposa de donner une extension considérable aux pouvoirs du Comité de salut public. Il demandait que le Conseil exécutif, établi depuis la journée du 10 août, fût supprimé comme un rouage inutile. A sa place le Comité érigé en gouvernement provisoire aurait les ministres comme commis ; en outre, un crédit de 50 millions serait mis à sa disposition, quand bien même, ajoutait Danton, il devrait les employer tous en un seul jour.

1. Voir page 179.
2. Chose remarquable, à cette époque, on reculait encore devant l'idée de faire tomber la tête de Mme Élisabeth. L'article 7 du décret présenté par Barère disait : « Élisabeth Capet ne pourra être déportée qu'après le jugement de Marie-Antoinette. » Le crime qu'on jugeait impossible, le 1er août 1793, fut accompli le 10 mai 1794.

Un pareil langage, chez Danton, ne cachait-il pas une arrière-pensée? On le voit, il est vrai, à deux reprises différentes, protester de son absolu désintéressement dans la question : par deux fois, il déclare à la tribune qu'il s'est juré à lui-même de ne faire désormais partie d'aucun comité de gouvernement. Mais, malgré cette affectation de sincérité, la suite de ses actes autorise à croire qu'il entendait reprendre, à son profit, le jeu que Mirabeau avait joué jadis à l'égard de Necker et de Montmorin : il voulait faire conférer à ses adversaires la plus complète omnipotence, afin de les mieux accabler plus tard, sous le poids d'une écrasante responsabilité.

Quoi qu'il en soit, Robespierre et ses amis éventèrent le piège tendu par Danton. Ils repoussèrent sa proposition, qui fut au contraire appuyée par Cambon et Lacroix, deux autres victimes du scrutin du 10 juillet. Sur leur demande, l'Assemblée prononça le renvoi à l'examen du Comité, donnant ainsi d'avance gain de cause au parti de la résistance.

Le lendemain, Hérault-Séchelles déclarait modestement que ses collègues refusaient les nouveaux pouvoirs qu'on leur offrait; de tous les présents qu'on leur voulait faire, ils ne désiraient retenir qu'une seule chose, l'allocation des 50 millions. La Convention décida que la Trésorerie nationale mettrait cette somme à la disposition du Comité.

La proposition de Danton, du reste, tendait plutôt à établir un nouveau titre qu'à créer une fonction nouvelle ; ce qu'il désirait voir ériger en droit n'existait-il pas déjà en fait? La machine politique ne marchait-elle pas avec toute l'énergie, avec toute l'activité que les démagogues autoritaires pouvaient désirer? Nul frottement ne gênait l'action souveraine du Comité. Les ministres, quoique responsables et délibérant en commun, n'avaient plus qu'une ombre de pouvoir; ils n'étaient en réalité que de très humbles serviteurs, des exécuteurs d'ordres sans réplique, les instruments muets et dociles d'un autre Conseil des Dix, mille fois plus inquisitorial et plus tyrannique que celui qui avait si longtemps tenu Venise dans sa main.

Cette organisation, dont la base était un mensonge à peine déguisé, subsista sept mois encore, jusqu'au 12 germinal an II (1er avril 1794), jour de l'arrestation de Danton et de ses amis. Ce rapprochement est significatif: on n'avait plus à craindre un de ces retours d'audace et de sauvage éloquence, auxquels le redoutable tribun avait habitué ses amis comme ses ennemis; le titan, fatigué de son rôle amoindri, n'était plus là pour chasser du Comité les pygmées qui avaient pris sa place et s'étaient partagé ses dépouilles.

III.

Le 14 août, Carnot et Prieur (de la Côte-d'Or) furent adjoints au Comité de salut public, pour y remplacer provisoirement Jean Bon-Saint-André et un autre membre envoyés en mission. Le 29, Billaud-Varennes se plaignit de la négligence que l'on apportait à mettre en vigueur les décrets de la Convention; il proposa de nommer une commission spéciale chargée de contrôler sur ce point la conduite du pouvoir exécutif. Cette motion fut combattue, à des points de vue différents, par Robespierre et par Danton. Le premier déclara n'y voir que la suite d'un système perfide, tendant tout ensemble à paralyser l'action du Comité de salut public et à dégrader le pouvoir exécutif; il demanda la question préalable. Danton prit un moyen terme : il proposa, au lieu de créer, comme le voulait Billaud-Varennes, une nouvelle commission, de porter de neuf à douze le nombre des membres du Comité, en confiant expressément aux trois délégués adjoints le soin de surveiller l'exécution des lois et décrets.

La motion, ainsi amendée par Danton, fut renvoyée à l'examen du Comité qui, renouvelant adroitement sa tactique du 2 août, s'appropria la mesure et la fit tourner à son profit. Au bout de huit jours, le 6 septembre, Barère vint exposer le résultat des méditations de ses collègues; ils avaient, disait-il, reconnu l'utilité de s'adjoindre trois nouveaux membres, et ils proposaient au choix de l'Assemblée Billaud-Varennes, Collot d'Herbois et un député fort obscur, du nom de Granet. La Convention rendit, sans débat, un vote conforme à ces conclusions; mais, malgré le texte formel du décret, Collot d'Herbois et Billaud acceptèrent seuls le mandat; Granet, pour sa part, en déclina l'honneur.

Grâce à cet expédient, le Comité avait échappé au péril de voir son rôle amoindri par un partage de pouvoirs. Il réussit également à se tirer sain et sauf de l'assaut que lui livrèrent, un mois après, les Dantonistes, furieux d'être exclus de plus en plus de toute participation au gouvernement. Cet assaut fut le dernier et le plus rude qu'eut à subir le Comité de salut public; aussi est-il nécessaire d'en raconter tous les incidents.

Le prétexte de l'attaque était l'arrestation du vainqueur d'Hondtschoote. Dans une séance de nuit, le Comité de salut public avait, en quelques heures, destitué les généraux en chef des armées du Nord, du Rhin et de la Moselle. Bouchotte, chargé de notifier ces décisions à la Convention, n'ayant donné aucune raison à l'appui d'aussi graves changements, sa lettre excite dans la séance du 24 septembre les plus vives réclamations. A la fin, sur la demande de Duhem, l'Assemblée riposte en renvoyant les propositions de Bouchotte au Comité de salut public, avec injonction de formuler son avis dans les vingt-quatre heures.

Les circonstances favorisaient singulièrement la tentative. On venait d'apprendre : dans le Nord, l'échec de Menin : en Vendée, la défaite de la division de Mayence, à Torfou; de toutes parts on se plaignait du désordre qui régnait dans la direction des armées. La séance du 25 septembre s'ouvrit néanmoins d'une manière paisible.

On s'occupait de l'instruction publique et des subsistances, quand tout à coup Thuriot demande la parole[1].

---

1. Thuriot était entré au Comité de salut public le 14 juillet; le 20 septembre, il avait donné sa démission, un peu contraint et forcé peut-être par ses collègues. Il attendait une occasion de se venger; elle ne se fit pas attendre, car cinq jours seulement s'écoulèrent entre sa sortie du comité et son attaque contre ses anciens collègues.

Son discours est le chef-d'œuvre du genre qu'on appelle amphigourique ; toutes les questions s'y enchevêtrent : celle des grains avec celle de l'instruction publique, celle des armées avec celle de la presse; mais le sentiment qui perce sous chaque mot, c'est une ardente animosité contre les hommes qui détiennent le pouvoir et prétendent confisquer la Révolution à leur profit.

« Nous avons, s'écrie Thuriot, renversé les intrigants qui voulaient rétablir la royauté ; eh bien ! nous renverserons aussi le parti des coquins et des scélérats. Oui, la liberté est l'ouvrage de la morale, elle ne peut être conservée que par elle. Loin donc de ses autels, les hommes qui n'ont d'autre hommage à lui présenter que du sang ! Il faut arrêter ce torrent impétueux qui nous entraîne à la barbarie; il faut arrêter les succès de la tyrannie. »

De nombreux applaudissements accueillent cette sortie. On demande l'impression du discours de Thuriot, l'insertion au bulletin, l'envoi à chaque municipalité, voire même à l'Europe entière. Tous les amis de Danton, tous les commissaires aux armées qui ont eu maille à partir avec le Comité, sont à leurs bancs; ils se sont donné rendez-vous, pour secouer de leur torpeur ou de leur lâcheté les indifférents et les pusillanimes, pour les ameuter contre Robespierre et ses collègues.

Duhem, Goupilleau, Duroy, Fabre d'Églantine, Charlier, Briez, étalent tour à tour à la tribune leurs griefs contre les dominateurs du jour. On lit des lettres de représentants en mission auprès des armées, qui toutes s'accordent à imputer les désastres au manque d'ordre et d'organisation. On se plaint des destitutions arbitraires prononcées par le Comité ; on signale l'impéritie et la lâcheté de Rossignol, son favori. On s'excite enfin les uns les autres à briser le joug auquel on semblait déjà se faire. Chacun sent que, la bataille ainsi engagée, il faut à tout prix la gagner, sous peine de retomber plus bas encore après la défaite.

Les adversaires sont absents ; c'est le moment de les accabler. Dans leur audace, les Dantonistes vont jusqu'à demander que Briez soit adjoint au Comité qu'il a dénoncé ; on ne pouvait pas lui faire une injure plus sensible ; aussi le décret est-il rendu, sur-le-champ, par acclamation.

Billaud-Varennes, Barère, Prieur (de la Marne), avertis du danger, accourent à la Convention et se succèdent à la tribune, pour parer en toute hâte les coups terribles qu'on leur porte, à eux et à leurs collègues. A l'amertume, à l'âpreté de leurs discours, on sent combien est vive et profonde la blessure faite à leur amour-propre.

« Je ne crains pas de le dire, s'écrie Billaud, la discussion que vous venez d'entendre est le plus grand triomphe que les ennemis de la République aient pu remporter. Votre Comité de salut public frémit, depuis quarante-huit heures, de l'horrible coalition formée par tous les intrigants qui veulent anéantir la République et la Convention nationale ; il faut déchirer le voile ; le Comité, malgré son énergie et sa vigueur, ne peut se charger seul d'une si terrible responsabilité ; il faut que cette responsabilité pèse sur toutes les têtes et que la Convention réponde en masse du salut public. »

Barère dénonce également le complot organisé contre le Comité, par ce qu'il appelle une secte de petits ambitieux, par des intrigants qui veulent se dégager d'une surveillance importune. Il adresse une mise en demeure à la Convention; il lui déclare que si le Comité, grâce aux calomnies dont on l'abreuve, a perdu la confiance de l'Assemblée, ses collègues et lui sont prêts à reprendre leurs sièges de députés, la tête haute, car ils ont fait leur devoir.

Prieur, à son tour, lit quelques lettres de représentants, qui lui semblent de nature à corriger l'effet des messages communiqués un instant auparavant par les adversaires du Comité. Mais la Plaine est encore indécise; plusieurs membres de la droite, Pelet (de la Lozère), Delaunay jeune, d'autres encore paraissent disposés à soutenir Thuriot et ses adhérents. Le moment est suprême : Robespierre paraît et se dirige lentement vers la tribune. Il débute en ces termes, au milieu du plus profond silence.

« Si ma qualité de membre du Comité de salut public doit m'empêcher de m'expliquer avec une entière indépendance sur ce qui s'est passé, je dois l'abdiquer à l'instant; et, après m'être séparé de mes collègues, que j'estime et que j'honore (et l'on sait que je ne suis pas prodigue de ce sentiment), je vais dire à mon pays des vérités nécessaires.

« Depuis longtemps, le Comité de salut public soutient la guerre que lui font quelques membres, plus envieux et plus prévenus que justes. Quand il s'occupe, jour et nuit, des grands intérêts de la patrie, on vient apporter ici des dénonciations écrites, présentées avec astuce; serait-ce donc que les citoyens, voués par vous aux plus pénibles fonctions, auraient perdu le titre de défenseurs imperturbables de la liberté, parce qu'ils ont accepté ce fardeau? Ceux qui les attaquent sont-ils plus patriotes, parce qu'ils n'ont pas reçu cette marque de confiance? Il n'y a que la plus extrême ignorance, que la plus profonde perversité qui puissent se faire un jeu cruel d'avilir ceux qui tiennent le timon des affaires, d'entraver leurs opérations, de rabaisser leur conduite. »

Robespierre entre ensuite dans de longues explications sur les actes du Comité, sur les motifs qui l'ont porté à destituer certains généraux, suspects d'incivisme; puis il reprend le cours de ses tirades agressives. « Ah! cette journée a valu à Pitt, j'ose le dire, plus de trois victoires. A quel succès, en effet, peut-il prétendre, si ce n'est à anéantir le gouvernement national établi par la Convention, à nous diviser, à nous faire déchirer de nos propres mains? Si nous passons dans l'Europe pour des imbéciles ou des traîtres, croyez-vous qu'on respectera davantage la Convention qui nous a choisis, qu'on sera même disposé à respecter les autorités que vous établirez par la suite?

« Le Comité a des droits à la haine des rois et des fripons. Si vous ne croyez pas à son zèle, aux services qu'il a rendus à la République, brisez cet instrument; mais auparavant, examinez dans quelles circonstances vous êtes. Ceux qui nous dénoncent sont eux-mêmes dénoncés au Comité; d'accusateurs qu'ils sont aujourd'hui, ils vont devenir accusés. »

L'Assemblée jusque-là était restée muette et embarrassée. Elle n'osait se prononcer, entre ceux qui détenaient le pouvoir et ceux qui l'ambitionnaient. Mais à ce langage impérieux, elle sent que Robespierre et ses amis sont les véritables maîtres de la situation, qu'ils ont derrière eux la Commune et les Jacobins, et que si l'on n'apaise pas à l'instant le tigre, par une aveugle soumission, un peu plus tôt, un peu plus tard, on sera dévoré par lui. Des applaudissements, d'abord assez timides, accueillent l'orateur du Comité; mais bientôt, la contagion de l'exemple aidant, l'assentiment devient universel. Nul n'a le courage d'affronter le courroux d'une puissance qui tient encore dans ses mains la liberté et la vie de tous les membres de la Convention; nul ne se soucie d'être mal noté par ce terrible inquisiteur qui, du haut de la tribune, promène un regard froid et glacial sur toutes les parties de l'Assemblée. Robespierre, s'adressant au côté droit, laisse tomber une à une ces paroles pleines de menaces :

« Il est donc vrai que la faction n'est pas morte; qu'elle conspire du fond de ses cachots; que les serpents du marais ne sont point encore tous écrasés! »

Puis il se retourne vers le groupe des Montagnards, amis de Danton, et désignant, par des allusions à demi voilées, certains représentants aux armées, qui se sont compromis dans leur mission et dont le rappel a été prononcé par le Comité, il flétrit hautement leur conduite; il leur reproche d'avoir criminellement poussé la faiblesse jusqu'à livrer, ou vouloir livrer, aux ennemis une portion du territoire de la République. Il termine en demandant que l'on renouvelle le Comité de salut public, puisque celui-ci n'a plus la confiance « illimitée » de la Convention.

« Non! non »! s'écrie d'une voix unanime l'Assemblée, qui veut se faire absoudre des velléités de résistance qu'elle a manifestées un moment.

Robespierre descend de la tribune, au milieu d'une ovation où la crainte et le repentir de chacun se déguisent sous la forme de l'enthousiasme.

Briez, que Robespierre vient d'accuser, assez clairement, d'avoir rendu Valenciennes aux Autrichiens, se hâte de prendre la parole et de se disculper de toute intention perfide à l'égard du Comité de salut public; il décline l'honneur qu'on lui a fait, en l'adjoignant aux hommes éminents qui le composent, et déclare qu'il ne se reconnaît pas les talents nécessaires pour siéger parmi eux.

L'Assemblée s'exécute, à son tour, et rapporte le décret dont Briez ne se croit pas digne.

Après Briez, c'est Duroy qui vient faire acte de contrition. Il pousse l'abnégation jusqu'à remercier le Comité de salut public de l'avoir rappelé. Cependant, beaucoup de membres ont hâte de voir se clore un débat qui, en se prolongeant, menace de mettre en pleine lumière leur pusillanimité et leur servilisme. Aussi, après de nouvelles explications, non moins hautaines, données au nom du Comité par Jean Bon-Saint-André et Billaud-Varennes, on réclame de plusieurs côtés, l'ordre du jour ; l'Assemblée paraît disposée à le voter. Mais une pareille solution n'était pas de nature à satisfaire l'orgueilleux tribun qui, une heure durant, avait tenu sous ses pieds la représentation nationale ; il voulait que la défaite de ses ennemis fût complète et décisive.

« Passer à l'ordre du jour, s'écrie Robespierre, quand il s'agit de blâmer ou d'approuver les opérations du gouvernement, c'est exposer la chose publique. Les membres du Comité de salut public ont eu l'air de défendre leur cause, et vous n'avez rien prononcé ; c'est donner encore l'avantage aux hommes qui l'ont calomnié, non pas toujours ici, mais secrètement, d'une manière d'autant plus perfide qu'ils semblent l'applaudir devant vous, quand il fait ses rapports. Je vous le déclare, le plus pénible sentiment que j'aie éprouvé pendant cette discussion, c'est d'avoir vu applaudir Barère par ceux-là mêmes qui n'ont cessé de calomnier tous les membres du Comité, par ceux-là mêmes qui voudraient peut-être nous voir un poignard dans le sein. Citoyens, je vous ai promis la vérité toute entière ; je vais vous la dire. Dans cette discussion, la Convention n'a pas montré toute l'énergie désirable. On vous a fait un rapport dont le but apparent était de vous instruire de toutes les circonstances de la reddition de Valenciennes, mais dont l'objet réel était d'inculper le Comité de salut public. Pour prix de ce faux zèle et de ces accusations vagues, l'auteur de ce rapport a été adjoint au Comité qu'il dénonce. Eh bien ! je vous le déclare, celui qui était à Valenciennes lorsque l'ennemi y est entré, n'est pas fait pour être membre du Comité de salut public; ce membre ne répondra jamais à cette question : êtes-vous mort? Si j'avais été à Valenciennes dans cette circonstance, je n'aurais jamais été dans le cas de vous faire un rapport sur les événements du siège; j'aurais voulu partager le sort des braves défenseurs, qui ont préféré une mort honorable à une honteuse capitulation... »

Cette leçon d'héroïsme était assez singulière dans la bouche d'un homme qui, de sa vie, n'avait jamais vu le feu, et qui s'était tenu prudemment caché, toutes les fois que ses partisans montaient à l'assaut de la royauté; mais l'Assemblée n'y regarde pas de si près. Des salves réitérées d'applaudissements saluent l'orateur. L'enthousiasme redouble lorsque Robespierre ajoute : « Je me résume. Je dis que toutes ces explications sont insuffisantes, si elles ne donnent pas un résultat. Nous pouvons mépriser les calomnies, mais les agents des tyrans nous entourent, nous observent, et recueillent avidement tout ce qui peut avilir les défenseurs du peuple. C'est pour eux, c'est pour prévenir leurs impostures, que la Convention nationale doit proclamer qu'elle conserve toute sa confiance au Comité de salut public. »

Le grand-prêtre de la démagogie avait parlé; il n'y avait plus qu'à courber la tête. Ce fut Basire qui se chargea de faire amende honorable, au nom de ses collègues, et d'obtenir du Comité le pardon des applaudissements intempestifs et des votes imprudents qui avaient signalé le commencement de la séance. « Robespierre, dit-il, a-t-il donc besoin de se justifier devant la Montagne? En adoptant la proposition qu'il a faite, la Convention s'honorera elle-même, car celui qui n'a pas souffert, pendant cette misérable discussion, n'a pas de vertus civiques. »

Le signal était donné; chacun s'empresse de le suivre. Par un mouvement spontané, l'Assemblée se lève en masse, et déclare que le Comité a toute sa confiance et qu'elle approuve toutes les mesures prises par lui.

C'en était fait, la Convention venait de river sa chaîne de ses propres mains. La puissance du Comité est désormais dictatoriale. Il viendra chaque mois, pour la forme, solliciter de l'Assemblée la prorogation de ses pouvoirs, et chaque fois cette prorogation sera votée sans ombre de discussion[1]. La Convention n'est plus qu'une chambre d'enregistrement, qui homologue silencieusement les volontés souveraines de Robespierre et de ses amis. Elle écoute passivement la lecture de la correspondance des généraux et des commissaires; elle applaudit

---

[1]. Des douze membres du grand Comité de salut public, sept avaient été nommés au scrutin le 10 juillet : Jean Bon-Saint-André, Barère, Couthon, Hérault-Séchelles, Prieur (de la Marne), Saint-Just, et Robert Lindet; cinq autres avaient obtenu leur mandat, sur la simple présentation du Comité : c'étaient Robespierre, Carnot, Prieur (de la Côte-d'Or), Billaud-Varennes et Collot d'Herbois, entrés successivement du 27 juillet au 6 septembre. A partir de cette dernière date, la seule modification subie par le Comité résulta de la disparition d'Hérault-Séchelles, que ses collègues firent arrêter, le 15 mars 1794, et guillotiner. Il ne fut pas remplacé. Le Comité se trouva de la sorte réduit à onze membres, pendant les quatre derniers mois de son existence.

aux rapports dithyrambiques de Barère, à ces fameuses *carmagnoles* qui font les délices des masses ignorantes et surexcitées; elle vote au pied levé, et pour ainsi dire sans savoir ni ce qu'on lui demande, ni ce qu'elle accorde, tous les projets émanés de ses comités.

Comment d'ailleurs pourrait-elle résister? De même qu'un de ces troupeaux destinés à la boucherie, où la main du maître vient chaque matin trier les victimes de la journée, elle s'est laissée décimer, en baissant la tête. Elle n'est plus que l'ombre d'elle-même, et l'on dirait qu'elle a perdu la conscience de ce qui se passe autour d'elle. Le vide a commencé par les bancs de la droite, dépeuplés par la fuite ou par la prison; puis la désertion a gagné les bancs de la gauche, où le Comité de salut public recrute exclusivement les proconsuls qu'il envoie aux armées et dans les départements. La Plaine seule est restée, pour faire nombre, comme ces bandes serviles dont parle Tacite. Ils sont là deux ou trois cents, tous plus obscurs les uns que les autres, approuvant tout haut, par peur, les excès qu'ils condamnent tout bas. Ils ne retrouveront, dans leur frayeur, un reste de courage que le jour où personnellement menacés par les maîtres indignes qu'ils ont donnés à la France, ils devront les renverser ou périr.

IV.

L'histoire du Comité de sûreté générale offre moins d'incidents que celle du Comité de salut public, et cela se comprend. Simple agent d'exécution, il a moins une action propre à imprimer qu'une impulsion extérieure à recevoir. C'est par conséquent dans le choix de ses membres, dans leur communauté de sentiments ou leur opposition d'idées avec les maîtres du jour, que réside le principal intérêt de son étude.

L'élection du 23 janvier avait remis la majorité entre les mains de la faction montagnarde[1]. Par suite, le Comité ne sut, ni ne voulut entraver la conjuration du 9 mars. En revanche, il était toujours prêt à croire aux complots imaginaires que la Montagne voyait partout, et dont elle se servait pour entretenir l'agitation parmi les masses populaires.

Dans la séance du 25 mars, Garnier (de Saintes) se fit l'interprète de ces craintes chimériques. « J'ai, dit-il, des éclaircissements à donner au Comité de sûreté générale, sur un commencement de conspiration ourdie à Paris, et d'où dépend la sûreté de cette ville. Mais le Comité n'est pas en nombre, par suite du départ de plusieurs de ses membres, qui ont accepté des missions. Je demande qu'on s'occupe à l'instant de le renouveler. »

La proposition semblant naturelle, la Convention confie à son bureau le soin de désigner les six membres qui manquent.

« Du reste, ajoute Ingrand, qui craint d'impressionner trop vivement l'Assemblée, Garnier a parlé d'une grande conspiration. Il n'y a rien d'alarmant; ce n'est qu'une simple mesure de police à prendre. »

1. Voir tome VI, page 10.

A ces mots seulement, la Gironde soupçonne le piège tendu à sa bonne foi, et demande à son tour le rapport du décret qui vient d'être rendu, afin d'avoir le temps de préparer sa liste; mais il était trop tard, on oppose la question préalable, et quelques instants après, le président Jean Debry proclame membres du Comité, Osselin, Alquier, Méaulle, Garnier (de Saintes), Camus et Lecointe-Puyraveau [1]. De cette façon, Garnier avait reçu la récompense de son intrigue, et la Gironde avait laissé échapper l'occasion de reprendre, dans le Comité, la majorité qu'une première faute lui avait fait perdre.

L'envoi de Maribon-Montaut et de Ruamps aux armées de la Moselle et du Rhin, rendit bientôt nécessaires de nouvelles nominations. On se trouvait à cette sombre époque de la trahison de Dumouriez. L'irritation était grande et l'inquiétude générale; la Convention siégeait en permanence, nuit et jour, depuis le 3 avril; les rumeurs les plus contradictoires circulaient à tous moments, et chacun proposait les mesures qui lui semblaient les plus propres à assurer le salut public.

Dans la séance du 9 au matin, Doulcet annonce que, au premier bruit d'une descente des Anglais sur les côtes du Calvados, les communes de ce département se sont réunies au chef-lieu et ont juré de mourir en défendant la République. Aussitôt Carrier, dont le nom n'avait pas encore acquis sa sanglante notoriété, propose de remplacer les deux membres absents et d'adjoindre au Comité quatre suppléants, afin de lui

---

1. *Moniteur* du 26 mars 1793.

permettre de mieux répondre aux exigences du moment. Il propose Brival, Cavaignac, Lanot, Leyris et Maure.

La Convention les nomme et l'envoie lui-même siéger au Comité[1].

La Gironde s'était désintéressée de l'élection. En prévision des dangers qui la menaçaient, elle allait bientôt placer les Comités de salut public et de sûreté générale sous la surveillance d'une commission spéciale de douze membres, dont nous avons déjà raconté l'existence éphémère[2], et qui ne put la défendre contre le coup d'État du 2 juin.

Le lendemain du triomphe de la Montagne, le Comité de sûreté générale perdait une partie de son importance, et beaucoup de ses membres préférèrent, au labeur quotidien des bureaux, les honneurs plus éclatants des missions. Il fallut donc le renouveler ; on commença par le réduire à neuf membres et, dans la séance du 16 juin, Dumont (de la Somme), Legendre (de Paris), Méaulle, Amar, Bassal, Guffroy, Laignelot, Lavicomterie et Pinet aîné[3] furent appelés à en faire partie.

---

1. *Journal des Débats* et *Moniteur* du 11 avril 1793.
2. Tome VII, page 244.
3. Suivant l'usage, neuf membres suppléants furent adjoints au Comité. C'étaient Bernard (de Saintes), Rougier, Pons (de Verdun), Peyre, Jean Debry, Cavaignac, Vardon, Lacrampe et Delaunay aîné. Comme on le voit, cette liste renfermait beaucoup de noms obscurs.

Les choix avaient été si peu raisonnés, qu'un des élus était un des signataires de la protestation collective du 6 juin 1793, contre les événements du 31 mai. Peyre croyait, il est vrai, que la pièce, par lui signée, avait été détruite ; mais il se constitua volontairement

Depuis cette époque jusqu'au mois de septembre, les changements survenus dans la composition du Comité ne présentent plus de caractère déterminé. Ils se produisent sous l'impulsion de besoins intérieurs ou d'événements particuliers.

Ainsi, dans la séance du 3 août, à la suite d'un rapport de Chabot sur les troubles de l'Aveyron, Roux-Fazillac demande que, dans un moment où les ennemis du bien public lèvent la tête avec plus d'insolence que jamais, on redouble de surveillance. Sur sa proposition appuyée par Bréard, la Convention charge le Comité de sûreté générale de présenter lui-même la liste des six membres qui devront le compléter, et nomme, séance tenante, Dartigoyte, Michaud (du Doubs), Bernard (de Saintes), Jay de Sainte-Foy, Dupuis (de Rhône-et-Loire) et Moyse Bayle.

Mais rien n'use comme l'exercice du pouvoir, et la corruption, en temps de révolution, est un dissolvant plus énergique encore. Le Comité de sûreté générale,

---

prisonnier, quand il apprit l'arrestation de ses collègues, à la suite du rapport d'Amar.

Le procès-verbal de l'élection confirme, par le petit nombre de votants, la justesse de nos observations. Il attribue à

Dumont (de la Somme).	113 voix	Bernard (de Saintes)...	40 voix
Legendre............	113	Rouzet...............	34
Meaulle.............	113	Pons (de Verdun)......	34
Amar................	109	Peyre.................	30
Bassal...............	102	Jean Debry...........	27
Guffroy..............	96	Cavaignac............	26
Laignelot............	95	Vardon...............	26
Lavicomterie.........	85	Lacrampe.............	24
Pinet................	43	Delaunay aîné........	22

que ses fonctions mettaient en rapport direct avec les personnes, ne tarda pas à en faire l'expérience et à en fournir la preuve. Les abus s'étaient multipliés à l'infini et les dénonciations se produisirent publiquement.

Le 8 septembre, aux Jacobins, Maure attaqua le Comité en masse. Il reprochait à tous ses membres de céder trop fréquemment à un genre particulier de séduction, l'abondance des dîners, qu'ils ne savaient pas refuser; mais chacun comprit que l'accusation avait une portée plus étendue, et que là ne s'étaient pas bornés les actes de faiblesse ou de transaction.

Robespierre assistait à la séance; peut-être même avait-il provoqué les dénonciations; en tout cas, il s'empressa d'en profiter. « Il ne suffit pas, dit-il, de montrer le mal, il faut encore indiquer le remède. Maure fait partie du Comité[1]; c'est à lui qu'il appartient d'en réclamer la dissolution. »

Effectivement, à la séance de la Convention du lendemain, Drouet et Maure demandent la parole pour une motion d'ordre. « Le Comité de sûreté générale, déclare le premier, ne peut, constitué comme il l'est, remplir les intentions de l'Assemblée. Il faut le réorganiser, le réduire une fois encore à neuf membres et décider que chaque fois qu'une vacance se produira dans son sein, il sera immédiatement procédé au remplacement. »

---

[1]. Maure était entré au Comité, le 9 avril, comme suppléant. Il semble qu'il en soit sorti le 16 juin. Nous n'avons pas pu retrouver à quel titre il siégeait encore le 8 septembre.

« J'appuie cette motion, ajoute Maure; le Comité est trop vieux, il est sans cesse entouré de corruption, on doit l'en défendre. »

Julien (de Toulouse), tout en se ralliant à l'opinion du fougueux représentant, fait observer « que ce ne sont point ceux qui ont constamment la main à la charrue qui viennent dénoncer leurs collègues ». Cependant, il ne s'oppose pas à la prise en considération.

L'élection n'eut lieu que le 11 septembre et appela au Comité régénéré Panis, Lavicomterie, Guffroy, Chabot, Alquier, Lejeune (de l'Indre), Basire, Garnier (de Saintes) et Julien (de Toulouse). Moïse Bayle, Lebon, Drouet, Lebas et Gaston devaient le compléter au besoin comme suppléants[1].

Trois jours plus tard, par une de ces évolutions si fréquentes dans l'histoire de la Convention, le Comité subissait un nouveau renouvellement. Ce brusque changement était dû à des causes diverses. Le moment approchait où les Girondins allaient être décrétés d'accusation. Le rôle du Comité de sûreté générale, à qui in-

---

1. Cette élection est la dernière où la Convention ait usé de son droit de nomination directe et mérite à ce titre d'être signalée. Les votants du reste ne sont pas plus nombreux qu'aux scrutins précédents, et c'est toujours la même minorité qui domine l'Assemblée. Les suffrages s'étaient répartis ainsi qu'il suit :

Panis	108 voix.	Garnier	68 voix.
Lavicomterie	102 »	Julien	66 »
Guffroy	92 »	Bayle	63 »
Chabot	86 »	Lebon	56 »
Alquier	83 »	Drouet	54 »
Lejeune	82 »	Lebas	53 »
Basire	80 »	Gaston	52 »

combait le soin de présenter le rapport, empruntait à cette circonstance une importance exceptionnelle, et Robespierre, déjà maître du Comité de salut public, désirait étendre au Comité de sûreté générale son influence prépondérante. De son côté Danton, en lutte contre cette extension de pouvoir, depuis le commencement d'août, cherchait à écraser ses adversaires sous le poids d'une responsabilité indéfinie. La discussion relative à la commission des marchés lui fournit une nouvelle occasion d'offrir ses perfides présents.

L'incident se produisit à la séance du 3 septembre. Après le dépouillement de la correspondance des représentants en mission, Danton se lève et formule en ces termes ses accusations : « Nos frères de l'armée du Nord viennent de rétablir l'honneur français; c'est au moment où ils vont être encore secourus que nous devons nous occuper d'eux. Il existe un Comité qui ne fait qu'entraver la marche des opérations; c'est celui de l'examen des marchés. Nous nous sommes convaincus qu'il a tout paralysé, et si nous ne nous hâtons pas de le détruire, au commencement de l'hiver, nos soldats manqueront de tout, comme l'année dernière. Le Comité de salut public est composé d'excellents patriotes; il faut lui donner l'initiative de la présentation des membres qui doivent former la nouvelle commission. Il ne s'agit pas ici de consulter son goût privé; il faut que tout se dirige en vue du bien général, il faut que tout marche, il faut que les défenseurs de la liberté soient bien vêtus et bien nourris.

« Je réclame donc la destitution des membres de

l'ancien Comité des marchés; et je demande que le Comité de salut public présente la liste de ceux qui composeront le nouveau, *ainsi que tous les autres comités*, dans lesquels il se trouve encore des membres dont les opinions touchent au moins au fédéralisme. Je ne suis point suspect, je ne veux être membre d'aucun comité; mais je serai l'éperon de tous[1]. »

Les propositions de Danton sont adoptées, au milieu des applaudissements, et le Comité de salut public se trouve investi, sans l'avoir demandé, du droit de présenter les membres des divers comités, au fur et à mesure des renouvellements.

Les mêmes accusations de vénalité couraient sur plusieurs des nouveaux membres du Comité de sûreté générale. Elles devaient, en éclatant plus tard, produire un immense scandale et rendaient pour le moment une épuration nécessaire. Le 14 septembre, alors que la Convention est encore sous l'impression des révélations de la veille, une motion d'ordre invite le Comité de salut public à user de la faculté qui lui a été concédée et, à la fin de la séance, la liste qu'il propose est adoptée sans discussion.

---

1. *Moniteur* du 15 septembre 1793.
Cette motion, dont nous avons retrouvé l'original, est ainsi conçue :

La Convention nationale décrète que tous les Comités, à l'exception de celui de salut public, seront renouvelés; charge son Comité de salut public de lui présenter une liste de candidats pour chacun d'eux.

DANTON.

Elle éliminait Chabot, Basire, Julien (de Toulouse) , avec trois autres de leurs collègues, et le Comité rétabli au nombre de douze se trouvait composé de Vadier, Panis, Lebas, Boucher-Saint-Sauveur, David, Guffroy, Lavicomterie, Amar, Ruhl, Lebon, Voulland, et Moïse Bayle [2].

Sa constitution est désormais définitive; le Comité est sorti des hésitations qui ont marqué ses commencements et ses transformations successives. Façonné à l'image du Comité de salut public, il va marcher du même pas que lui et, comme son modèle, il n'éprouvera plus, jusqu'au 9 thermidor, que des changements sans importance [3].

V.

Le Comité de sûreté générale, à son origine, avait eu pour mission principale le soin de surveiller dans Paris les ennemis de la chose publique, de poursuivre les contrefacteurs d'assignats et d'arrêter les agents de l'étranger.

---

[1]. Chabot et Basire, accusés d'agiotage et de falsification des décrets relatifs à la compagnie des Indes, furent arrêtés en novembre 1793 et condamnés à mort par le Tribunal révolutionnaire le 5 avril 1794. Julien, poursuivi avec eux, échappa au même sort par la fuite.

[2]. Cette liste avait été arrêtée dans la séance du Comité de salut public du 13 septembre, par Billaud-Varennes, Carnot, Collot d'Herbois, Prieur, Robespierre et Thuriot.

[3]. Occupés dans les missions, Lebas et Lebon ne firent que passer au Comité de sûreté générale et furent remplacés, ainsi que Boucher-Saint-Sauveur, par Dubarran, Jagot et Louis (du Bas-Rhin).

Le développement logique des événements révolutionnaires étendit peu à peu sa compétence à la France entière, et lui attribua, d'une façon indéfinie, le mandat de veiller à la sûreté de l'État. Des pouvoirs aussi vastes confinaient à ceux du Comité de salut public. Ils pouvaient amener des conflits entre deux autorités placées au début sur le même plan, et séparées depuis par la marche ascendante du Comité de salut public, arrivé successivement à attirer à lui la direction effective des affaires. Un règlement d'attributions devenait de jour en jour plus nécessaire. Le partage se fit sur la base des institutions et des personnes.

Dans la séance du 10 octobre, la Convention, sur le rapport de Saint-Just, avait suspendu l'exercice de la Constitution et proclamé le gouvernement révolutionnaire. Billaud-Varennes, développant la même pensée, vint le 18 novembre proposer, au nom du Comité de salut public, de convertir en actes les principes adoptés le mois précédent. Voici comment, dans le langage à antithèses et à double sens qui lui était familier, il exposait les règles fondamentales du nouveau régime.

La Convention est « le centre unique de l'impulsion du gouvernement ». A ce titre, elle conserve seule le droit d'interpréter les lois et de nommer les généraux en chef des armées de terre et de mer ; à la fin de chaque mois, les Comités de salut public et de sûreté générale doivent lui rendre compte des résultats de leurs travaux ; mais ces Comités sont les véritables maîtres du pouvoir.

Au premier appartient le gouvernement, c'est-à-dire

l'inspection immédiate des corps constitués et des fonctionnaires publics, spécialement du conseil exécutif et des ministres. Au Comité de sûreté générale est délégué tout ce qui est relatif aux personnes et à la police. La surveillance de l'exécution et de l'application des lois révolutionnaires devient de la sorte le principal attribut de ses fonctions. Cette surveillance s'exerce, dans les départements, au moyen des districts, qui sont chargés de lui rendre compte tous les dix jours. Ces derniers contrôlent à leur tour les municipalités et les Comités révolutionnaires, à qui appartient l'application.

A Paris, par une exception dont le but est de ne pas entraver l'action de la police, les Comités révolutionnaires correspondent directement avec le Comité de sûreté générale; mais partout, il est interdit aux autorités intermédiaires de prononcer l'élargissement des personnes arrêtées.

Il ne restait plus qu'à assurer l'unité dans la direction, de même qu'on avait établi l'indépendance dans l'action. Ce résultat fut atteint par des réunions plénières, où le Comité de sûreté générale et le Comité de salut public délibéraient en commun, une fois par semaine, sur les mesures destinées à assurer la tranquillité publique.

Cette organisation, à la fois si simple et si puissante, enserrait la France comme dans les replis d'un vaste filet. Rien ne pouvait échapper à ses mailles étroites et, des institutions révolutionnaires, aucune ne fut plus despotique que le Comité de sûreté générale. Son histoire, qui n'est écrite nulle part, est inscrite partout.

A la différence du Comité de salut public, où la nature et la gravité des questions débattues entretenaient une ampleur de vues qui n'était pas sans grandeur, la mission du Comité de sûreté générale, restreinte aux questions de personnes, ne pouvait développer que les instincts bas et cruels de l'humanité. Occupés chaque jour à recevoir des dénonciations, vivant dans l'atmosphère des prisons, commandant au Tribunal Révolutionnaire, investis de pouvoirs sans contrôle et sans limite, ses membres ne tardèrent pas à couvrir leurs préventions et leurs excès du manteau commode de la raison d'État.

Ces hommes impitoyables ont été peints de main de maître par un de leurs contemporains. « Leur teint et leur physionomie étaient flétris, dit Dussaulx [1], sans doute par le genre de travaux pénibles et nocturnes auxquels ils se livraient. L'habitude et la nécessité du secret avaient imprimé sur leur visage un sombre caractère de dissimulation. Leurs yeux caves, ensanglantés, avaient quelque chose de sinistre. Le long exercice du pouvoir avait laissé sur leur front et dans leurs manières, je ne sais quoi d'altier et de dédaigneux. »

On avait tremblé devant eux, pendant l'exercice de leur redoutable dictature ; on tremblait encore à leur vue, quand ils comparurent devant le Tribunal Révolutionnaire.

---

[1]. *Fragment pour servir à l'histoire de la Convention nationale.*

VI.

Les principaux agents, les plus utiles auxiliaires du Comité de sûreté générale furent les Comités de surveillance, plus connus sous le nom de Comités révolutionnaires, que la loi des suspects avait substitués aux administrations municipales pour la recherche des personnes à incarcérer. C'était la récompense de l'activité implacable qu'ils avaient montrée contre les étrangers, cause première de leur institution.

L'article 3 de la loi du 17 septembre conférait, en effet, aux Comités établis par la loi du 21 mars[1], ainsi qu'à ceux qui leur avaient été substitués, soit par les arrêtés des représentants du peuple envoyés aux armées, soit par des décrets particuliers de la Convention, le pouvoir de dresser, chacun dans son arrondissement, la liste des gens suspects, de décerner contre eux des mandats d'arrêt et de faire apposer les scellés sur leurs papiers. Il était enjoint, sous peine de destitution, à tous les commandants de la force publique de mettre ces mandats à exécution sur-le-champ.

A Paris, chaque section avait son Comité révolutionnaire. Les grandes villes imitèrent cet exemple, et la plus petite commune en posséda au moins un. En quelques mois, près de quarante mille Comités, dont l'organisation et le fonctionnement coûtaient plus d'un

---

[1]. Voir tome VI, page 284.

demi-milliard, couvrirent la France d'un réseau de despotisme. Recrutés en général parmi les plus fougueux démagogues, leurs membres composaient une armée formidable dont le dévouement à la cause de la Révolution était d'autant plus absolu, qu'en servant leurs haines personnelles, ils s'abritaient d'instinct sous cette maxime de toutes les tyrannies, que Napoléon devait formuler, plus tard, en disant que les crimes collectifs n'engagent personne.

Les Comités révolutionnaires devinrent en peu de temps des instruments si énergiques, que la Convention s'émut de leurs empiétements et se préoccupa de réprimer leur ardeur.

Le 18 octobre, un mois à peine après l'extension de leurs pouvoirs, Lecointre (de Versailles) se fit à la tribune l'interprète des plaintes qui s'élevaient, de toutes parts, contre la façon vraiment abusive dont ils appliquaient la loi des suspects.

« Les prisons, les maisons d'arrêt regorgent, disait-il, de patriotes victimes des haines et des vengeances particulières, parce que la loi qui ordonne l'envoi au Comité de sûreté générale du procès-verbal d'arrestation des citoyens incarcérés n'est point exécutée. »

Il ajoutait : « Le zèle infatigable de votre Comité de sûreté générale est paralysé, faute de recevoir ces procès-verbaux importants; pendant ce temps les citoyens éplorés réclament inutilement justice. Votre Comité n'a point de pièces pour rejeter ou faire droit sur les réclamations. En vain, les citoyens s'adressent au Comité de surveillance qui a ordonné l'arrestation, pour obtenir le procès-verbal d'incarcération; *il leur est refusé.*

« Malgré l'attention qui a été portée dans le choix de ces Comités de surveillance, quelques membres, le cœur rempli d'aristocratie, lorsqu'au dehors ils manifestent les sentiments du patriotisme le plus exalté, ne donnent même aucun motif de l'arrestation de malheureux pères de famille incarcérés sans que l'acte d'écrou indique le fait incriminé. »

A l'appui de ses dires, Lecointre cite les noms de plusieurs citoyens victimes de cette incroyable tyrannie; puis il propose à l'Assemblée d'ajouter à la loi du 17 septembre trois dispositions complémentaires destinées à prévenir le retour de pareils abus. Ces propositions sont adoptées sans discussion et la Convention décrète : 1° les Comités de surveillance seront tenus de délivrer, au moment de l'arrestation, à chaque citoyen incarcéré, copie du procès-verbal et des motifs pour lesquels il est arrêté; 2° les mêmes mentions seront inscrites sur les registres d'écrou; 3° dans le délai de trois jours, les procès-verbaux des arrestations déjà effectuées, avec les causes de ces mesures, seront tous transmis au Comité de sûreté générale[1].

Mais, malgré leur sagesse, ces faibles garanties parurent excessives au Comité de sûreté générale, qui entendait conserver la pleine liberté de ses actes. Dans la séance du 24 octobre, Louis vint, en son nom, réclamer contre le décret obtenu par l'éloquence indi-

---

1. *Moniteur* du 20 octobre 1793.

gnée de Lecointre, et proposer de rapporter les dispositions prescrivant aux Comités révolutionnaires de donner les *motifs écrits* des arrestations opérées par leurs ordres. De leur côté, Lecointre et Phélippeaux réclament énergiquement le maintien des mesures de précaution votées quelques jours auparavant.

La Convention semblait disposée à leur donner raison, quand Robespierre demande la parole à son tour, et fait observer qu'il faut sans doute respecter la liberté individuelle; « mais, ajoute l'hypocrite orateur, s'ensuit-il qu'il faille, par des formes subtiles, laisser périr la liberté publique? Le décret qu'on vous a fait rendre a porté le découragement chez tous les citoyens généreux, qui avaient le courage de s'exposer à toutes les fureurs de l'aristocratie. Ces hommes simples et vertueux, qui ne connaissent pas les subtilités de la chicane, voyant opposer à leurs travaux cette astuce contre-révolutionnaire, ont laissé ralentir leur zèle... Lorsque la notoriété publique accuse un citoyen de crimes dont il n'existe point de preuves écrites, mais dont la preuve est dans le cœur de tous les citoyens indignés, ne va-t-on pas rentrer dans l'ordre judiciaire avec le premier décret? N'anéantit-on pas totalement la sagesse des mesures révolutionnaires?... L'humanité veut encore que les patriotes opprimés par l'erreur des mesures révolutionnaires soient secourus et délivrés. Mais n'allez pas réduire au découragement les amis de la patrie... »

Puis, cachant la rigueur du fond sous la sensibilité de la forme, Robespierre soutient le projet de suppression présenté par le Comité de sûreté générale, et conclut en ces termes : « Soyez doux, humains pour l'innocence et le patriotisme; mais soyez inflexibles pour les ennemis de la patrie. Votre ancien décret vous présente tous les moyens nécessaires et raisonnables. J'en demande donc le maintien, et le rapport de celui qu'on vous a fait rendre. »

Ce langage était habile et la Convention, qui ne demandait qu'un prétexte pour être convaincue, s'empressa d'annuler le décret adopté par elle six jours auparavant.

Les Comités révolutionnaires triomphaient et les arrestations recommencèrent plus nombreuses que par le passé. Ces excès mêmes sont leur raison d'être, et quand, à de rares intervalles, quelques voix s'élèveront encore pour s'en plaindre, personne ne les écoutera plus. Afin de mieux défendre les Comités, Robespierre avait dû dissimuler leurs violences. Lorsqu'il faudra les justifier, le 25 pluviôse, de s'être attaqués au père de Camille Desmoulins, Danton pourra dire ouvertement : « En les créant, on a voulu établir une espèce de dictature politique des citoyens les plus dévoués à la liberté sur ceux qui se sont rendus suspects... En faisant trop pour la justice, on s'exposerait à tomber dans le modérantisme[1]. »

---

1. *Moniteur* du 26 mars 1793.

VII.

Le lendemain du jour où la Convention, en supprimant le préliminaire du décret d'accusation [1], abattait la seule barrière qui limitât l'action du Tribunal Révolutionnaire, celui-ci jugeait sa première affaire et prononçait, le 6 avril, sa première condamnation [2].

A ce moment la procédure différait assez peu, en apparence, de celle que nos lois actuelles ont établie pour les affaires criminelles. Pendant l'instruction, on recueillait par écrit les dépositions des témoins, l'inculpé était interrogé, il choisissait son conseil ou en recevait un d'office, l'acte d'accusation lui était signifié. A l'au-

---

1. Tome VII, page 67.
La réserve faite en faveur des généraux ne fut pas de longue durée. Sur la proposition de Billaud-Varennes, la Convention rapporta, dans la séance du 24 octobre 1793, à l'occasion d'Houchard, le décret qui exceptait les généraux de l'action directe de l'accusateur public.

2. Il s'agissait d'un émigré qui, d'après la législation en vigueur, devait être condamné à mort, sur la simple constatation de son identité.
La première femme qui ait été condamnée à mort par le Tribunal Révolutionnaire fut, par un caprice bizarre du sort, une malheureuse cuisinière, nommée Jeanne Clerc, à qui l'on reprochait d'avoir tenu des propos tendant à provoquer le massacre de la Convention et la dissolution de la République. On lui faisait un crime d'un innocent méfait, à peine passible de quelques mois de prison ; mais à cette époque, la mort était, pour ainsi dire la seule peine qu'on appliquât. Jeanne Clerc avait proféré, étant ivre, le cri de *Vive le roi !* Son maître et de charitables voisins vinrent, à la barre du Tribunal, affirmer qu'ils ne connaissaient pas à cette femme un caractère contre-révolutionnaire. Tout fut inutile, et, le 18 avril, elle fut condamnée à mort.

dience, la lecture de la pièce qui saisissait le Tribunal, l'interrogatoire de l'accusé, l'audition des témoins, le réquisitoire de l'accusateur public, le plaidoyer du défenseur, le résumé du président se succédaient dans l'ordre qu'on retrouve encore devant les cours d'assises; mais le verdict, au lieu d'être prononcé par le chef du jury, à la suite d'une délibération secrète, était rendu individuellement et à haute voix par chaque juré[1]. Les juges opinaient également tout haut. De cette façon, les uns et les autres se trouvaient sous la pression directe d'un public prévenu d'avance, et ainsi disparaissaient les garanties que semblaient présenter les formalités de la procédure.

Ces apparences elles-mêmes parurent bientôt importunes. Après le 31 mai, la Montagne triomphante

1. Les jurés ne se faisaient pas faute, à cette occasion, de prononcer de véritables discours, où ils se donnaient à eux-mêmes des brevets de civisme et d'incorruptibilité. C'est ainsi que dans le procès de Mme Kolly, femme d'un ancien fermier général, condamnée à mort avec son mari, le 2 mai 1793, Dumont s'écriait, avec cette sensiblerie factice si fort à la mode à cette époque : « Impassible comme la loi, je dois oublier que je prononce sur le sort d'une femme; lorsque je vois en elle une conspiratrice, ma raison ne me permet pas d'écouter le sentiment de la compassion pour un sexe faible. »
Mais on ne tarda pas à s'apercevoir que la prolixité des membres du jury prenait un temps précieux, et qu'il devenait impossible de juger tous les prisonniers amenés à la barre, si l'on autorisait ces longs discours. Le Comité de salut public, dans sa séance du 21 pluviôse, an II, prit un arrêté par lequel il enjoignait aux jurés de donner leur déclaration pure et simple, considérant entre autres motifs « que cette manière nouvelle d'influencer les opinions, incompatible avec la célérité et avec la pureté des jugements, peut substituer insensiblement le pouvoir de la parole ou de l'intrigue à celui de la raison et à la voix de la conscience. »

avait moins besoin d'une cour de justice que d'un instrument de domination. Elle marcha à son but d'un pas lent, mais sûr, et l'historique des transformations graduelles du Tribunal Révolutionnaire est un des épisodes les plus instructifs de cette sanglante époque.

Les jurés, nommés en vertu de la loi du 10 mars 1793, devaient rester en fonctions jusqu'au 1er mai ; mais il fallut, le 29 avril, proroger leurs pouvoirs, car dix seulement avaient accepté[1]. Le 24 mai, un décret ordonna qu'il serait enfin procédé à leur remplacement et régla la forme du scrutin. Trois séances devaient être consacrées à cette opération : la première pour tirer au sort les noms des départements, dont les douze premiers sortis étaient appelés à fournir les jurés titulaires et les quatre suivants, les jurés suppléants ; la seconde pour dresser, à l'aide de bulletins signés, la liste des candidats ; la troisième pour choisir, à la majorité relative, sur la liste ainsi formée, les jurés définitifs. Le 15 de chaque mois on devait recommencer les mêmes opérations.

Retardée par la chute de la Gironde, l'élection n'eut lieu que le 8 juin[2], et ne se renouvela plus. La Montagne ne voulait pas d'un mode de recrutement qui pouvait échapper à son influence, et cherchait, au contraire, tous les moyens d'assurer son pouvoir. Ainsi, le 7 juin, afin d'étendre sur toute la France la terreur qui régnait à Paris, elle faisait décréter par la Convention que

---

1. *Moniteur* du 29 mars 1793.
2. *Moniteur* du 11 juin 1793.

les dispositions de l'article 3, du titre II, de la loi du 10 mars 1793, seraient communes à tous les tribunaux criminels de la République. En conséquence, devaient être condamnés à la déportation, tous les accusés convaincus de crimes ou de délits, non prévus ou non punis par les lois, dont l'incivisme ou la résidence sur le territoire de la République pouvait être un sujet d'agitations ou de troubles.

C'était d'un trait de plume substituer l'arbitraire à la justice, et livrer une nation entière au plus affreux des despotismes, la proscription légale.

De même, afin de peser plus efficacement sur les consciences, on imagina de transformer, en un métier salarié, la plus respectable des prérogatives civiques et le plus sacré des devoirs publics. Par un décret du 2 juillet, rendu sur le rapport des Comités de législation et des finances, la Convention décida qu'à partir du 1er juillet, une indemnité de 18 livres par jour serait payée aux jurés. C'était le même traitement que celui des juges et, en les faisant passer à la même caisse, on comptait bien leur inspirer le même esprit. Effectivement, on vit bientôt des membres du Tribunal et des jurés faire, au gré de leurs convenances personnelles, l'échange de leurs fonctions respectives.

VIII.

L'assassinat de Marat, habilement exploité par les passions démagogiques, devint le signal de nouvelles rigueurs. Tout d'abord, on songea à fortifier l'action du Tribunal Révolutionnaire, trop modéré et trop lent au gré des hommes de sang, dont l'ambition secrète était de décimer la France.

Par un premier décret, en date du 24 juillet, le nombre des juges fut porté à sept. Le Tribunal, par suite, se trouvait composé d'un président, six juges, douze jurés, quatre suppléants, deux substituts, un greffier, trois commis greffiers. Mais ce n'était pas encore assez pour expédier la lugubre besogne dont il était chargé, et le 30 juillet, Prieur (de la Marne), montant à la tribune de la Convention, s'exprimait en ces termes :

« Citoyens, je suis chargé par votre Comité de salut public de vous faire un rapport sur la situation actuelle du Tribunal Révolutionnaire. C'est au moment où la Révolution allait s'achever que des malveillants se sont agités, que des conspirations ont éclaté. Vous avez pensé que le seul moyen de les anéantir était de punir sévèrement les conspirateurs. En conséquence, vous avez établi un Tribunal dont la juste rigueur pût les effrayer. Mais ce Tribunal se trouve surchargé de procès dont l'instruction demandera un long délai;

l'acceptation de la Constitution augmentera sans doute leur nombre, en faisant naître dans les départements de nouveaux complots ; et pendant ce temps les conspirateurs conserveront l'espoir d'échapper à la vengeance des lois. Il faut accélérer sa marche déjà arrêtée par ordre du Comité ; le Comité de salut public vous propose d'établir une seconde section au Tribunal Révolutionnaire [1]. »

En même temps, Prieur dénonçait à la Convention le président Montané, accusé par Fouquier-Tinville d'avoir falsifié deux jugements.

La nouvelle organisation, adoptée sur la proposition de Prieur, élevait à dix le nombre des juges, y compris le président, et à trente le nombre des jurés. Pour activer l'expédition des affaires, on laissait au Tribunal la latitude de se diviser en deux sections, dont la seconde devait être présidée par le juge le plus ancien. L'accusateur public recevait un substitut, un greffier, un commis et un expéditionnaire en surplus.

La Convention procéda, le 3 août, à la nomination de sept juges [2]. Sur 749 membres, 65 seulement prirent

---

1. *Moniteur* du 1er août 1793.
2. Le procès-verbal du recensement officiel des votes répartit les voix ainsi qu'il suit :

Dobsent, commissaire national près le tribunal de
    Paris. . . . . 65 suffrages.
Coffinhal, commissaire national près le tribunal du
    deuxième arrondissement. . . . . 64 —
Grébeauval, premier secrétaire de l'accusateur public. . . . . 63 —
Petit Dauterive, juge au tribunal du cinquième ar-

part au scrutin, et le dernier élu n'obtint que 47 voix, c'est-à-dire une infime minorité. Le fameux Coffinhal, entre autres, fut nommé par 64 voix et Herman, qui devait remplir le Tribunal du bruit de ses forfaits, n'en réunit que six[1].

Moins d'un mois après, le 28 août, il était nommé président. Ce choix, dû à l'influence de Robespierre, son compatriote et son ami, montre mieux que tous les commentaires le véritable motif du remplacement de Montané. En apparence, on reprochait à ce dernier d'avoir rayé sur la minute du jugement des prétendus assassins de Léonard Bourdon, *parmi lesquels il y avait plusieurs millionnaires*, la clause relative à la confiscation ; et d'avoir supprimé, dans les questions soumises au

rondissement..	64	—
Deliège, ex-législateur.	60	—
Lubin, juge du premier arrondissement.	57	—
Scellier, juge directeur du juré d'accusation près le tribunal du deuxième arrondissement.	47	—
Les trois suppléants avaient réuni :		
Lullier, juge directeur du juré d'accusation du deuxième arrondissement.	9	—
Herman, président du tribunal du département du Pas-de-Calais.	6	—
Brigot, commissaire national à Reims.	5	—

1. Il y eut même une erreur plaisante, dévoilée par la lettre suivante de Fouquier-Tinville :

« Le premier suppléant, suivant le décret, est Lullier, juge directeur du juré d'accusation du deuxième arrondissement. Or, d'après le témoignage des citoyens Coffinhal et Scellier, juges de ce tribunal, le suppléant nommé n'est pas Lullier, mais bien Liendon ; je vous adresse, en conséquence, le citoyen Lullier avec ce décret ; vous m'obligerez de faire vérifier dans la minute, s'il n'y a point Liendon au lieu de Lullier. Cela me paraît d'autant plus probable que c'est Liendon que j'ai mis sur la liste. »

jury à l'occasion de Charlotte Corday, les mots : *avec des intentions contre-révolutionnaires*. Fouquier-Tinville rapprochant ces deux circonstances en avait tiré la conséquence, qu'aux yeux de Montané, l'attentat contre un représentant du peuple était un crime de droit commun, et non un crime de lèse-nation. En réalité, on se défiait de sa modération relative. L'erreur avait été aussitôt réparée que connue ; mais Montané, magistrat de l'ancien régime, avait montré des scrupules de juriste dans l'affaire d'Oriéans, où la condamnation n'avait été prononcée qu'à une voix de majorité. C'était un crime irrémissible, au moment où la Convention voulait des hommes décidés à tout et des juges prêts à rendre des services et non des arrêts [1].

Déjà et pour les mêmes causes l'on avait, à la suite du 31 mai, mis en état d'arrestation Dufriche des Magdelaines, juge au Tribunal Révolutionnaire, et frère du député Dufriche de Valazé.

IX.

Au cours du procès de Custine, se présenta un incident qui prouve avec quelle impatience la Convention supportait les apparences d'équité qui restaient

[1]. Montané fut épargné par la Terreur. Lorsque après le 9 thermidor il comparut devant ses anciens collègues, on considéra que sa longue détention équivalait à une peine et il fut acquitté.

encore au Tribunal, et à quel rôle elle entendait le réduire.

Custine avait demandé la comparution, comme témoins, de plusieurs commandants d'armée et de places fortes. Il attendait de leurs dépositions des déclarations à sa décharge, et l'accusateur public n'était pas éloigné d'acquiescer à cette légitime exigence.

Dans la séance du 21 août[1], Julien porte le fait à la tribune de la Convention, au nom du Comité de sûreté générale, en signalant la réclamation de Custine et l'assentiment donné par Fouquier-Tinville, comme dangereux et préjudiciables aux intérêts de la République. Mais en même temps, comprenant qu'il est impossible de refuser ouvertement à un accusé les moyens de se justifier, il propose de faire recevoir les dépositions des généraux dont Custine invoque le témoignage, par les juges de paix des arrondissements où se trouvent ces officiers.

Lacroix objecte qu'on ne peut condamner un accusé sur des déclarations recueillies au loin, et sans la comparution des témoins.

Mallarmé se range à l'avis du Comité de sûreté générale; « si les dépositions, dit-il, sont à la charge de Custine, il n'y a pas d'inconvénients; si elles sont à sa décharge, il sera toujours temps de faire une confrontation. »

— « Quel est l'homme qui peut douter que Custine soit coupable? s'écrie Chabot : Condé, Valenciennes,

[1]. *Moniteur* du 23 août 1793.

Mayence déposent contre lui. Et vous voulez appeler de cent cinquante lieues des témoins dont le déplacement compromettrait le salut de la patrie ! »

— « Il faut savoir s'il y a de quoi condamner Custine, ajoute Raffron. S'il est coupable, qu'il aille à l'échafaud ; s'il n'y a pas de preuves suffisantes, qu'on le tienne enfermé jusqu'à la paix. »

Tallien déclare qu'il existe un complot destiné à sauver Custine et à désorganiser les armées. Il demande l'envoi d'un courrier extraordinaire à l'armée du Nord, pour empêcher qu'aucun fonctionnaire public ne quitte son poste, dans le cas où il recevrait une citation du Tribunal extraordinaire ; il réclame la comparution à la barre de l'accusateur public, pour dire quels motifs l'ont porté à obtempérer à la demande de Custine ; « car il est possible, dit-il, que l'accusateur public soit complice de ce complot. »

Osselin ajoute que le président du Tribunal Révolutionnaire doit aussi être appelé, et sa proposition est adoptée.

Arrivé devant la Convention, Fouquier-Tinville déclara que le Tribunal n'avait nullement accédé à la réclamation de Custine, et que lui-même s'était élevé avec force contre cette « inconvenance, qui tendait à compromettre le salut de la République ».

Le président rejeta, de son côté, la négligence apparente dont on l'accusait, ainsi que ses collègues, sur la quantité des pièces produites dans le procès de Custine. « Il est sensible pour des gens qui occupent un poste délicat comme le nôtre, dit-il en terminant, qui sont toujours prêts à faire tout ce qu'on peut exiger d'un véritable républicain, de se voir sans cesse inculpés d'incivisme pour des motifs aussi mal fondés! »

Sur ces protestations qui les justifient, le président et l'accusateur public sont admis aux honneurs de la séance; mais le coup était porté, et quand ils furent remontés sur leurs sièges, ils n'oublièrent ni le blâme qu'ils avaient failli encourir, ni la mission qui leur était confiée.

X.

Les suspicions dont le Tribunal était l'objet montraient clairement qu'il ne répondait pas encore, quelque célérité qu'il mît à expédier les affaires, à l'impatience des hommes de la Convention, débordés eux-mêmes par les agitateurs des clubs. Il fallut aviser à introduire de nouvelles modifications, à augmenter le nombre des juges et des jurés, à doubler les séances, afin de permettre de juger rapidement les soi-disant conspirateurs dont regorgeaient les prisons.

Merlin (de Douai) fut chargé de ce soin, et présenta, au nom du Comité de législation, dans l'orageuse séance du 5 septembre où furent votées tant de mesures révolutionnaires, un rapport dans lequel il disait : « Il importe que les traîtres, les conspirateurs reçoivent le plus tôt possible le châtiment dû à leurs crimes; l'impunité ou le délai de la punition de ceux qui sont sous la main de la justice enhardit ceux qui trament encore des complots. Il faut que prompte justice soit faite au peuple. » Il proposait, en conséquence, diverses modifications qui furent adoptées par décret, séance tenante [1].

Le Tribunal était divisé en quatre sections, ayant chacune la même compétence. Deux sections tenaient, alternativement, audience publique tous les jours; les deux autres préparaient les actes d'instruction préliminaires au débat et à l'examen public de chaque procès. Le nombre des juges était porté à seize, y compris le président et trois vice-présidents; celui des jurés, à soixante. On donnait cinq substituts à l'accusateur public. Le sort répartissait les juges et les jurés dans chacune des quatre sections; tous les mois, un nouveau tirage au sort avait lieu; les juges, les jurés et les officiers d'une section pouvaient suppléer ceux d'une autre. Mais, pour chaque affaire, le premier interrogatoire de l'accusé avait lieu par le président du Tribunal ou par un juge délégué. Ils recevaient aussi les déclarations écrites des témoins et, l'information terminée, le procès était porté par la voie du sort devant l'une ou l'autre des sections. Le roulement des affaires devait enfin être organisé entre les sections, de telle sorte qu'il n'y en eût jamais aucune d'inoccupée.

Ce n'était pas encore assez, et bientôt de nouvelles tentatives sont faites pour simplifier davantage la besogne des juges, et donner une plus large part

---

1. *Moniteur* du 6 septembre 1793.

à l'arbitraire. En effet, dans la séance du 26 septembre, le représentant Faure déclare que le Tribunal n'a de révolutionnaire que le titre, et propose de se borner à demander aux accusés s'ils sont coupables ou non du fait dont on les incrimine. Dans son système, tout débat cesse immédiatement si l'accusé avoue, et il suffit, dans ce cas, de passer successivement en revue les différents chefs d'accusation. La réponse est-elle négative? on doit interroger les témoins, en accordant au défenseur ou à l'accusé la faculté de les rectifier. A partir de ce moment l'instruction est complète, et le procès se termine sans plaidoyer de la part du défenseur, et sans résumé par le président, de façon que les jurés se retirent pour délibérer « pleins de ce qu'ils auront entendu[1]. »

La Convention renvoya cette proposition au Comité de législation ; mais elle était prématurée et ne devait se réaliser pleinement que le jour où, confondue dans la loi de sang du 22 prairial, elle compléta l'ensemble de ces mesures atroces qui font époque dans l'histoire d'une nation.

Dans la séance du 28 septembre, la Convention adopta, sur la présentation des Comités de salut public et de sûreté générale, la liste préparée pour la composition du nouveau Tribunal. Herman conservait la présidence, et à côté de lui devaient siéger Dumas, Scellier, Dobsent, Brûlé, Coffinhal, Foucault, Bravet, Deliège, Subleyras, Donzé-Verteuil, Lefet, Lanne, Ragmey,

---

1. *Moniteur* du 28 septembre 1793.

Masson, Denizot, David (de Lille) et Maire. Les substituts donnés à Fouquier-Tinville étaient Fleuriot-Lescot, Grébeauval, Royer, Naulin et Liendon [1].

La même pensée révolutionnaire avait présidé au choix des jurés. Jusqu'alors, les départements qui devaient les fournir avaient été tirés au sort. Cette fois cinquante jurés sur soixante étaient pris directement dans Paris. Quant aux dix autres, ils avaient été recrutés, comme Fauvetty et Besson, parmi les plus fougueux délégués des Assemblées primaires à la fête de la Fédération. Ces derniers, du reste, se montrèrent les plus inhumains; arrivés pour la plupart sans argent

---

[1]. Sur ces 25 magistrats improvisés, 8 furent condamnés à mort par le Tribunal dont ils allaient faire partie, 4 furent acquittés, 3 se dérobèrent aux poursuites.

A la première catégorie appartiennent : Dumas, qui succéda à Herman dans la présidence, quand ce dernier fut nommé ministre; Coffinhal, vice-président du Tribunal du 22 prairial; Fleuriot-Lescot, devenu maire de Paris en remplacement de Pache. Tous les trois furent mis hors la loi le 9 thermidor, comme complices de Robespierre. Herman, Fouquier-Tinville, Scellier, élevé le 22 prairial à la vice-présidence, Foucault, Lanne, qui avait suivi au ministère en qualité d'adjoint Herman, son compatriote et son ami, furent accusés de conspiration et de forfaiture; ils furent condamnés ensemble le 17 floréal, an III (6 mai 1795).

Maire, Harny, Deliège et Naulin composent la liste des acquittés. Ils avaient été compris dans le procès intenté aux anciens membres du Tribunal Révolutionnaire, et furent déchargés des poursuites le 17 floréal, an III.

Bravet et Liendon, qui s'étaient cachés dès le début de l'information, ne furent pas jugés.

Ragmey, après avoir été nommé vice-président le 22 prairial, avait quitté Paris pour aller présider le Tribunal Révolutionnaire de Brest. En 1795, il fut renvoyé devant le tribunal criminel de la même ville pour être jugé; mais il sut, comme Bravet et Liendon, se soustraire aux recherches et fut plus tard amnistié.

à Paris, ils étaient ravis d'y rester avec un salaire quotidien de 18 livres, et presque tous furent conservés le 22 prairial [1].

Le nouveau Tribunal entra en fonctions au moment où la loi des suspects venait de remplir les prisons [2]. Les démagogues en sous-ordre, qui trouvaient dans leur mandat une occasion de satisfaire leurs appétits ou leurs

---

[1]. La statistique des jurés n'est pas moins intéressante que celle des membres du Tribunal; 24 eurent à répondre en justice de leur conduite et 12 furent condamnés à mort.

Parmi ces derniers, quatre : Huant-Desboisseaux, Lumière, Nicolas et Payan avaient été mis hors la loi, le 9 thermidor; six, Châtelet, Girard, Leroy surnommé Dix-Août, Prieur, Renaudin et Vilate figurèrent dans la poursuite intentée, en 1795, aux membres du Tribunal Révolutionnaire; Fauvetty devenu, grâce à la protection de Payan, président de la sanglante Commission d'Orange, fut condamné en 1795, avec ses collègues, par le Tribunal criminel de Vauclause; Topino-Lebrun périt avec Babœuf, le 10 janvier 1801.

Le jugement du 17 floréal, an III, qui condamnait les 6 jurés les plus compromis, en acquitta 8 autres : Brochet, Chrestien, Didier, Duplay, Ganney, Lohier, Trey et Trinchard. Pigeot et Aubry ne purent être jugés à cause de leur état de maladie.

Jourdeuil fut amnistié et Antonelle, impliqué dans l'affaire de Babœuf, échappa à une condamnation.

La liste adoptée par la Convention comprenait : 3 menuisiers, 1 charpentier, 1 serrurier, 1 cordonnier, 2 coiffeurs, 4 tailleurs, 1 chapelier, 7 artistes (peintres, musiciens, etc.), 1 limonadier, 1 épicier, 2 orfèvres, 1 joaillier, 3 médecins, 1 luthier, 1 imprimeur, 1 vinaigrier, 1 ancien laquais, 3 employés, 1 prêtre renégat, 2 marquis et un certain nombre de personnages sans professions définies.

[2]. Il y avait au 6 juin 1,310 personnes incarcérées dans les prisons de Paris. Quelques jours avant la promulgation de la loi des suspects, le 13 septembre, leur nombre s'était élevé à 1,877. A partir de cette époque, la progression croît rapidement. On compte le 18 septembre 2,020 détenus, le 24 du même mois 2,258 et le 20 octobre 2,975.

haines, se chargèrent de les vider, sur l'indication des
Comités dont ils étaient les créatures serviles.

XI.

Dans les modifications que nous avons étudiées jusqu'ici, on n'avait pas osé toucher aux règles tutélaires de la procédure. Ce nouveau pas fut fait dans la séance du 29 octobre, non pas ostensiblement, mais d'une façon assez claire pour montrer que la Convention entendait sanctionner en droit toutes les irrégularités de la pratique [1].

C'était pendant le procès des Girondins. Les Montagnards déploraient amèrement les lenteurs apportées au jugement, par l'observation des formalités légales, et Fouquier-Tinville, qui se rappelait la dénonciation dont il avait été l'objet dans l'affaire de Custine, avait écrit à la Convention, au nom des juges :

« La lenteur avec laquelle marchent les procédures instruites au Tribunal criminel extraordinaire nous force à vous présenter quelques réflexions; nous avons donné assez de preuves de notre zèle pour n'avoir pas à craindre d'être accusés de négligence; nous sommes arrêtés par les formes que prescrit la loi. Le procès des députés que vous avez accusés est commencé depuis cinq jours, et neuf témoins seulement ont été entendus; chacun, en faisant sa déposition, veut faire l'historique

[1]. *Moniteur* du 30 octobre 1793.

de la Révolution ; les accusés répondent ensuite aux témoins, qui répliquent à leur tour. Il s'établit une discussion que la loquacité des témoins rend très longue; et après ces débats particuliers, chaque accusé ne voudra-t-il pas faire une plaidoirie générale? Ce procès sera donc interminable. D'ailleurs, on se demande pourquoi des témoins? La Convention, la France entière, accusent ceux dont le procès s'instruit; les preuves de leur crime sont évidentes; chacun a dans son âme la conviction qu'ils sont coupables; le Tribunal ne peut rien faire par lui-même, il est obligé de suivre la loi : c'est à la Convention à faire disparaître toutes les formalités qui entravent sa marche. »

Audouin, au nom du club des Jacobins, vint formuler à la barre les mêmes plaintes et les mêmes demandes. « Le Tribunal, disait-il, est encore asservi à des formes qui compromettent la liberté. Quand un coupable est saisi commettant un assassinat, avons-nous besoin, pour être convaincus de son forfait, de compter le nombre des coups qu'il a donnés à sa victime? Eh bien! les délits des députés sont-ils plus difficiles à juger? N'a-t-on pas vu le squelette du fédéralisme? Pour que ces monstres périssent, attend-on qu'ils soient noyés dans le sang du peuple? » Il proposait en conséquence : « 1° de débarrasser le Tribunal Révolutionnaire des formes qui étouffent la conscience et empêchent la conviction ; 2° d'accorder aux jurés la faculté de déclarer que leur conscience est suffisamment éclairée. »

Cette demande est aussitôt convertie en motion par Osselin, et la Convention, scindant sa décision, renvoie au Comité de législation ce qui a trait à la modification des formes, et autorise les jurés à réclamer la clôture des débats quand ils se trouvent assez instruits.

Quelque exorbitante qu'elle fût, cette mesure ne parut pas suffisante à Robespierre. Il craignait que les jurés manquassent d'audace, et il proposa à son tour de charger le président de l'audience de leur demander d'office, après trois jours de débats, s'ils sont suffisamment éclairés; sauf à laisser, en cas de négative, continuer le procès, jusqu'à ce que les jurés déclarent à leur tour qu'ils sont en état de se prononcer.

— « Les jurés, réplique Osselin retenu par un dernier scrupule, ne peuvent arrêter les débats qu'autant qu'ils sont convaincus, et la conviction ne se provoque pas. »

— « Une question n'est pas une provocation, répond Barère. La liberté de la Convention n'est pas gênée, quand on lui demande si elle veut fermer une discussion. »

Grâce à ce sophisme, l'amendement de Robespierre est voté, et sans respect pour le principe de non-rétroactivité, le décret reçoit le jour même son application.

Il ne restait plus qu'à généraliser cette exécrable disposition édictée en vue de vengeances particulières. C'est ce qu'obtint Billaud-Varennes, en réclamant, à la fin de la séance, une modification au nom du Tribunal du 10 mars. Voici en quels termes le farouche Conventionnel justifiait sa proposition.

« Lorsque vous créâtes le Tribunal qui devait juger les conspirateurs, la faction scélérate, dont les principaux chefs vont recevoir le châtiment dû à leurs crimes, employa toutes sortes de manœuvres pour que ce Tribunal fût nommé Tribunal extraordinaire. Ils avaient leur but, ils voulaient le lier par les formes. Nous qui voulons qu'il juge révolutionnairement, appelons-le Révolutionnaire. Pénétrez-vous bien de cette vérité que les conspirateurs ne laissent point de traces matérielles de leurs crimes. Les témoins déposent sur des faits particuliers; mais dans une conspiration que la nation entière atteste, qu'est-il besoin de témoins? Imitez les conspirateurs eux-mêmes. A Lyon, les patriotes étaient égorgés sans formalités; celui qui passait devant un corps de garde, sans porter dans sa poche la preuve de sa scélératesse, était saisi et fusillé à l'instant. Rappelez-vous ce que dit Salluste. En matière de conspiration, on ne saurait trop avoir de sévérité; c'est la faiblesse qui anéantit les révolutions. Je demande que vous donniez à ce Tribunal le nom qu'il doit avoir, c'est-à-dire qu'il soit appelé Révolutionnaire. »

La motion fut adoptée et termina dignement, en l'aggravant par ce dernier commentaire, le décret qui sacrifiait les Girondins.

Organe d'exécution d'un gouvernement révolutionnaire comme lui, le Tribunal ne subira plus de changements avant la loi du 22 prairial, qui le transformera en simple machine à condamnations. Mais l'élan est donné, les hommes sont trouvés, et les accusations de lenteur ou de modérantisme vont cesser. A quoi serviraient maintenant de vaines formalités, sinon à retarder le jugement d'accusés coupables de ne point adorer le dieu du jour? Pourquoi fournir des preuves à des juges dont les convictions se forment aux Comités de salut public ou de sûreté générale? Il n'y a plus qu'un crime, la conspiration contre l'unité et l'indivisibilité de la République; qu'une peine, la mort appliquée indistinctement aux hommes, aux femmes, aux vieillards et aux enfants. Dans ce tourbillon sanglant, malheur à qui s'arrête! La tourmente, après les Girondins, emporte les Hébertistes; après Danton, Robespierre; elle ne cesse qu'après avoir, par une juste punition, épuré le Tribunal lui-même.

La démagogie victorieuse possède désormais les instruments qui conviennent à ses tyranniques aspirations; et pour leur imprimer une marche régulière, on n'attend plus que le signal du Comité de salut public.

Dans la sinistre tragédie qui va ensanglanter Paris et désoler la France, le rôle de chacun est tracé d'avance. Au prologue, Robespierre et ses complices, enfermés dans un cabinet sombre, marquent les victimes, au milieu des ténèbres de la nuit. Le premier acte se passe au grand jour. La Convention, impuissante et résignée, est réunie dans ce qu'on appelle encore, par une amère dérision, le sanctuaire des lois, et fabrique les décrets qui enlèvent aux accusés les garanties sacrées de la défense. Au second, le Comité de sûreté générale et ses agents traquent et arrêtent les proscrits. Le Tribunal révolutionnaire remplit le troisième acte, et rend à chaque séance, avec les mêmes juges et les mêmes jurés, les mêmes condamnations. L'épilogue a pour théâtre la place de la Révolution. Là, l'échafaud est en permanence, et le sang coule à flots. Bientôt le sol en est saturé et n'a plus le temps de sécher, car chaque jour, à la tombée de la nuit, la hache du bourreau élargit la tache encore humide de la veille, et, pendant près d'un an, la sinistre besogne se continue sans interruption.

FIN DU TOME HUITIEME.

NOTES

ÉCLAIRCISSEMENTS

ET

PIÈCES INÉDITES

I.

LE COMITÉ RÉVOLUTIONNAIRE DE L'ÉVÊCHÉ
ET LE SECRET DES LETTRES.

(Voir page 30.)

I.

Nous avons signalé plus haut les abus de pouvoir du Comité central révolutionnaire de l'Évêché et sa transformation en Comité de salut public du département de Paris; il nous reste à produire nos preuves. L'incendie des archives de l'Hôtel-de-Ville, en 1871, ne nous a malheureusement pas permis de former un dossier détaillé; mais les pièces que nous allons transcrire, quelque incomplètes qu'elles soient, ne laissent aucun doute sur la légitimité de nos conclusions.

Le Comité révolutionnaire du 31 mai, dans le désir d'empêcher les trente-deux députés proscrits de correspondre, soit entre eux, soit avec les départements, avait institué une commission de douze membres chargée de surveiller à la poste les dépêches suspectes. Un salaire de dix livres par jour était attaché à l'exercice de ces fonctions. C'est ce qui résulte de l'intitulé du compte suivant, où nous trouvons en outre la date de la création du Comité de salut public du département de Paris et l'indication des avantages pécuniaires accordés à ses membres.

Compte de la somme de 14,851ᵗ 16ˢ, employée par le Comité de salut public du département de Paris, rendu par Harny, trésorier dudit Comité, le 19 juin 1793.

« OBSERVATIONS. — Le 8 juin 1793, l'an II de la République, le Comité de salut public du département de Paris a été établi par les commissaires des autorités constituées et des sections de Paris.

« Les membres du Comité ont été nommés le 8 et le 9 du même mois.

« Le 16, les commissaires des autorités constituées et des sections de Paris ont accordé à chaque membre du Comité 6 ͭ par jour.

« Le Comité central révolutionnaire du 31 mai 1793 a établi la commission inspectante de la poste et a accordé, à chacun de ses membres, 10 ͭ par jour. »

Le cabinet noir survécut aux circonstances qui avaient motivé sa création, et nous sommes en mesure de donner le relevé de ses dépenses, pour la première quinzaine du mois de juillet 1793.

État des honoraires dus aux ccitoyens omposant la Commission inspectante *des postes, à partir du 5 juillet 1793 présent mois jusqu'au 20 dudit mois.*

« Levillain..........................	150 ͭ
« Renault............................	150 ͭ
« Guibert...	150 ͭ
« Réaume...........................	150 ͭ
« Josse	150 ͭ
« Molière...........................	150 ͭ
« Larcher...........................	150 ͭ
« Bailly.............................	150 ͭ
« Riquet............................	150 ͭ
« Mauduisson.....................	30 ͭ
« Total.....	1380 ͭ

« Du 11 juillet 1793, fourni à la commission des postes par Renault, l'un de ses membres, les articles ci-après détaillés :

« 12 caisses de papiers à *la tellière d'Hollande* fait, à dix sols chaque *cayet*.   6 ͭ

A reporter........ 1386 ͭ

Report............	1386 ₶
« 11 livres de cire rouge, à 6 ₶ la livre.	66 ₶
« Une demi-livre de cire noire.......	3 ₶
« Total......	1455 ₶
« Un demi-cent de plumes...........	4 ₶
« Un canif......................	1 ₶
« Deux grattoirs...................	2 ₶
« Deux crayons...............	16 ₴
« Total général.......	1462 ₶ 16 ₴

« Nous, membres de la commission *inspectante* des postes, certifions que l'état ci-dessus et de l'autre part se monte à la somme de 1462 ₶ 16 ₴, ce que nous certifions véritable.

« LEVILLAIN, président, GUIBERT, LAROCHE, RÉAUME, RICQUIER, BAILLY, MOLIÈRE, JOSSE, secrétaire. »

« Vu, bon à payer,
    « MARCHAND, président.

« Nous, membres de la Commission *inspectante* des postes, reconnaissons avoir reçu du citoyen Harny, membre du Comité de salut public, la somme de 1462 ₶ 16 ₴, pour les objets mentionnés au mémoire ci-contre, dont quittance sans préjudice de ce qui peut être dû.

« A Paris, le 22 juillet 1793, LEVILLAIN, président, MOLIÈRE, GUIBERT, LARCHER, RÉAUME, BAILLY, RENAULT, RICQUIER, MAUDUISSON, JOSSE, secrétaire.

« Vérifié par nous, commissaires,
    « NICOLAS, CHERY. »

II.

Un autre acte du Comité central révolutionnaire n'est pas moins important à signaler. Afin d'assurer le succès du coup d'État du 2 juin, il avait promis un salaire de 40 sous par jour aux hommes ameutés par lui contre la représentation nationale. C'est toujours la même tactique, et dans la plupart des mouvements populaires, l'argent joue un plus grand rôle que la passion. Avant de se transformer, le Comité de l'Évêché exigea du Comité de salut public le payement de l'indemnité convenue, ainsi qu'en fait foi la délibération suivante :

COMITÉ CENTRAL RÉVOLUTIONNAIRE.

Séance du mardy 4 juin, an II de la République.

« Le Comité charge le citoyen Lays, un de ses membres, d'aller faire part au Conseil général de la Commune de la conférence qui a eu lieu au Comité de salut public, sur les fonds nécessaires pour payer les 40ˢ par jour aux citoyens armés pour défendre les droits du peuple.

« MARCHAND, président par intérim. »

Cette question était du reste la principale à l'ordre du jour des sections et celle de la Réunion formulait ses réclamations en ces termes :

SECTION DE LA RÉUNION.

Assemblée générale du 9 juin 1793.

« Un membre réclame de nouveau, pour les ouvriers qui ont pris les armes dans la journée du 31 mai, les 40ˢ qui leur ont été promis par la Municipalité.

« On réclame le maintien de l'arrêté pris à cet égard dans la séance précédente.

« Un autre demande que la Section déclare qu'aucun de ses membres n'est dans l'intention de recevoir aucun salaire du devoir que tout citoyen a dû remplir dans cette journée.

« Un autre s'est opposé à cette dernière proposition; il a fait observer à l'Assemblée qu'il existait, dans l'étendue de la Section, certains ouvriers indigents que l'on ne pouvait sans inhumanité priver de la rétribution promise.

« La discussion ayant été fermée, l'Assemblée a arrêté que les citoyens Pagès, Mêlé, Liendon et Dubourg se transporteraient au Conseil général de la Commune, pour connaître les mesures qu'il a prises à cet égard et l'époque à laquelle le paiement pourrait être effectué. »

L'indemnité ne fut payée que dans le courant du mois de juillet, et nous transcrivons ci-dessous l'une des quittances données à cette occasion.

SECTION DES AMIS DE LA PATRIE.

Comité de surveillance.

« Citoyen,

« Les commissaires du Comité de surveillance de la Section des *Amis de la Patrie* vous invitent à leur faire passer un certificat de la somme de 2372^{tt} que vous avez payée aux citoyens Mottiré et Crétignier, membres dudit Comité, fesant la première somme demandée par eux pour les citoyens qui avaient pris les armes dans les journées des 31 mai, 1er et 2 juin, ne leur ayant donné certificat que de la somme de 210^{tt} payées le 2 avril pour le même objet au citoyen Mottiré, afin que les commissaires dudit Comité puissent rendre leurs comptes.

« Paris, 5 septembre 1793, an II de la République.

« PELPORT, commissaire, DROT, secrétaire-greffier. »

Au dos est écrit :

« Le 6 septembre 1793, envoyé le certificat du paiement de 2372^{tt} fait au citoyen Mottiré le 29 juillet 1793, en conséquence d'une ordonnance du Comité de police du 17 juillet 1793. Cause : pour service de 400 hommes les 31 mai, 1er et 2 juin derniers. »

III.

Des lettres, l'action du Comité de salut public du département de Paris s'étendit aux personnes, et on le vit tour à tour réclamer un agrandissement de local, décerner des mandats d'amener et envoyer des délégués aux autorités constituées.

COMITÉ DE SALUT PUBLIC DU DÉPARTEMENT DE PARIS.

Séance du 28 juin 1793.

« Le citoyen Fournerot a été chargé de se transporter au département, à l'effet de rappeler au citoyen Dufourny la promesse qu'il a faite au citoyen Peyre de procurer au Comité de salut public du département de Paris deux pièces de plus, pour lui servir de supplément au local qui lui a été accordé et qui dans bien des circonstances est trop resserré.

« MARCHAND, v.-président. »

Frais d'arrestation faits, le 31 juillet 1793, d'après les ordres à moi donnés par le Comité de salut public du département de Paris, contre les nommés Dugeon et Bourguès, arrêtés en flagrant délit dans un café, rue de Richelieu Saint-Honoré.

« Savoir :

« Pris deux voitures à cinq heures du soir, l'une portant le n° 578, que j'ai payées à dix heures et demie du soir	11# 10^s
« Plus pour le dîner de trois citoyens qui ont coopéré avec moi après les procès-verbaux d'arrestation...............	10#
« Pour les frais faits au café où ils ont été arrêtés et autres endroits où se sont transportés lesdits citoyens qui m'ont aidé dans l'opération................	10#
« Pour le fiacre qui le lendemain a ramené le nommé Dugeon de la Section de la Halle au blé au Comité de salut public.	2#
« Plus pour une autre voiture qui a conduit les prisonniers à la mairie........	2#
« Bon à payer.....	35# 10^s

« MARCHAND, DELESPINE, secrétaire. »

« Reçu le 2 août 1793, l'an I de la mort du tyran,

« TINET.

« Vérifié par nous, commissaires,
« NICOLAS, CHERY. »

Séance du 20 août 1793.

« Le Comité a nommé le citoyen Delespine, un de ses membres, pour entretenir le Conseil général de la Commune d'un objet qui regarde les principes de justice auxquels le Comité s'empressera toujours de rendre hommage.

« HARNY, vice-président; BENOIT, secrétaire. »

A partir de ce moment l'histoire du Comité de salut public du département de Paris se confond avec celle des Comités révolutionnaires, auxquels le décret du 5 septembre 1793 accorde, avec l'existence légale, une indemnité de trois livres par jour fournie par une contribution forcée sur les riches.

II.

LE COUP D'ÉTAT DU 2 JUIN
JUGÉ PAR LES REPRÉSENTANTS EN MISSION

(Voir page 34.)

Les protestations contre le 2 juin n'émanèrent pas seulement des députés de la Droite ou de la Plaine. Plusieurs représentants en mission, sous l'empire des sentiments d'indignation qui éclataient autour d'eux, s'associèrent de loin, bien qu'appartenant à la Montagne, aux réclamations de leurs collègues restés à Paris. A ce titre la lettre suivante méritait d'être citée :

« Lorient, le 14 juin 1793, l'an II
de la République française.

« Nous, représentans du peuple envoyés près l'armée des Côtes de Brest, extraordinairement réunis à Lorient pour aviser aux mesures à prendre dans l'état actuel où se trouvent les départements que cette armée est destinée à défendre.

« Considérant que nous serions les mandataires les plus infidèles et les plus coupables, si nous laissions ignorer à la Convention nationale les maux dont la France est menacée, par l'effet désastreux qu'ont produit dans cette partie de la République les journées des 31 mai, 1er et 2 juin.

« Qu'il faut enfin qu'elle sache toute la vérité; qu'elle l'apprenne de la bouche de ceux-là mêmes qui, associés à ses travaux, doivent aussi partager sa gloire et sa honte.

« Arrêtons que Sevestre, l'un de nous, se rendra de suite auprès de la Convention nationale ; qu'il lui dira, en notre nom et pour le salut de la République, que le mécontentement est général dans tous les départements ci-dessus ; que ce mécontentement a été provoqué par les excès auxquels on s'est porté contre la Convention nationale, dans les journées des 31 mai, 1ᵉʳ et 2 juin, par la faiblesse qu'elle a montrée en accédant au vœu d'hommes armés qui, entourant le lieu de ses séances, lui ont dicté des lois.

« Que l'indignation publique s'est accrue, lors surtout qu'on a vu Marat, désignant parmi ses victimes celles qu'il croyait dignes de sa clémence, et la Convention nationale déférant à ses propositions ; lorsqu'on a vu le même député, accusé d'avoir demandé un chef, ne se justifier de cette inculpation qu'en alléguant que le chef dont il avait parlé ne devait être qu'un guide pour diriger le peuple dans son insurrection.

« Que la confiance du peuple dans la Convention est étrangement affaiblie ; qu'on révoque en doute si les décrets qu'elle a rendus depuis le 1ᵉʳ juin sont obligatoires ; qu'on refuse dans quelques départements de les publier ; que les représentants qu'elle a envoyés éprouvent en plusieurs endroits les dégoûts d'une injuste défiance ; que, dans le département du Finistère leur liberté a été hautement menacée et leur autorité presque méconnue.

« Que la Commune de Paris excite aussi de vives alarmes ; qu'on croit voir dans ses arrêtés, dans sa marche, le projet insensé de s'ériger en commune dominatrice ; que pour lui en ravir l'espoir, si elle l'a conçu, on s'arme de toute part.

« Qu'il paraît que la rénovation de la Convention est résolue, si elle ne décrète bientôt une constitution républicaine, et si elle demeure plus longtemps dans l'oppression, où on croit qu'elle est encore.

« Chargeons Sevestre de déclarer à la Convention nationale que nous sommes déterminés à rester inébranlables au poste où elle nous a envoyés ; mais que, si elle ne prend pas incessamment des mesures pour rétablir la confiance qui lui est nécessaire pour sauver la République, notre présence dans ces lieux ne pourrait que compromettre le caractère dont nous sommes revêtus, et la souveraineté du peuple.

« SEVESTRE, MERLIN (de Douai), GILET, CAVAIGNAC. »

Cette velléité de résistance ne dura guère. Dès le 21 juin, et sans attendre le retour de Sevestre, ses trois collègues écrivaient au Comité de Salut public une longue lettre, insérée dans le *Moniteur* du 28 juin, pour déclarer que, malgré les difficultés de leur situation, rien ne les empêchera de remplir leur devoir et de faire respecter la Convention.

III.

DOCUMENTS RELATIFS A LA RÉSISTANCE

DU CALVADOS ET DE L'EURE.

(Voir pages 123, 133, 137 et 141.)

Un grand nombre de pièces relatives à ces événements ont été imprimées dans les *Souvenirs de l'insurrection normande* de M. Vaultier, ou dans les *Notices historiques sur la Révolution dans le département de l'Eure* de M. Boivin-Champeaux. Pour éviter à nos lecteurs des répétitions inutiles, nous nous bornerons à reproduire ici quelques documents importants ou inédits, qui jettent un jour complet sur les mobiles du soulèvement et les causes de son insuccès. Ce sont :

1° Trois lettres de Barbaroux écrites au début de l'insurrection et en précisant l'étendue ;

2° Un rapport à la Convention, émané d'un membre de la minorité dissidente du Directoire du département de l'Eure, et postérieur au décret du 13 juin mettant en accusation les administrateurs de ce département. (Voir plus haut, page 119, et le *Moniteur* des 15 et 16 juin 1793) ;

3° Les pièces principales de la procédure suivie contre Mouchet, juge de paix de la Section de la Fraternité, à l'occasion de l'enquête qu'il avait été chargé de faire dans l'Eure ;

4° La proclamation préparée par les commissaires des départements insurgés pour être lue, avant le combat, sur le front des bataillons parisiens ;

5° Trois lettres de Brune, le futur maréchal de l'Empire,

adressées à Vincent, secrétaire général du Ministère de la Guerre, après la déroute de Pacy.

I.

LETTRES DE BARBAROUX.

« Évreux, 13 juin 1793, l'an II de la République.

Charles Barbaroux, député par le département des Bouches-du-Rhône, à son bon ami Duperret.

« Quelle n'aura pas été ta surprise, mon cher ami, à la nouvelle de mon départ. Vallée t'aura dit comment cela s'était fait, et tu rends assez de justice à mon courage pour penser qu'aucun sentiment étranger aux intérêts de la patrie ne m'a déterminé à cette démarche. Instruit de tous les complots des dominateurs de Paris, j'ai pensé que je ne pouvais les dévoiler parfaitement que dans un pays libre; j'y suis et dans peu je burinerai l'histoire de leurs brigandages.

« Continue, mon cher ami, à servir la patrie. Je crois que le meilleur moyen dans ce moment est de ne prendre aucune part aux délibérations de l'Assemblée. Que tous les amis prennent ce parti et le manifestent hautement, qu'ils le fassent imprimer, qu'ils le proclament dans toute la République. C'est une mesure nécessaire pour rallier les départements, dont plusieurs faiblissent par la pensée, que le côté droit reconnaît l'existence de la Convention et délibère avec la Montagne. S'il y avait un appel nominal, il ne faudrait pas manquer cette occasion pour protester solennellement de la non-intégrité du corps représentatif. C'est à toi qu'il appartient surtout, mon cher Duperret, de faire entendre ces utiles et importantes vérités ; surtout une déclaration, ne fût-elle signée que par trente députés, qui s'honoreront par cette démarche.

« Je voudrais bien que tu pusses déterminer Guadet, Pétion et les amis à venir nous rejoindre. Ils diront que c'est ce qu'on désire à Paris ; soit, mais est-il moins vrai qu'ils seront plus utiles parcourant les départements et y portant la statue brisée de la Liberté pour la relever? Est-il moins vrai que les puissances étrangères, dont les agents sont à Paris, ont intérêt à se défaire des vrais républicains, et que le peuple de Marat, échauffé par lui, pourra bien encore se livrer à la soif du sang, malgré le décret qui nous met sous la sauvegarde du peuple français. Je sais que ce discours trouvera des objections dans ton âme courageuse et dans la détermination de nos malheureux amis; mais au moins acquitte-toi de la commission que je te donne de leur lire ma lettre; c'est une charge que j'impose à ta bonne amitié. Pétion aime à converser avec toi, Guadet t'aime; vois-les et sois diligent à me faire passer par la voie de l'ami Vallée, hôtel Bouillon, quai Malaquais, tous les avis que tu jugeras importants.

« Tous mes papiers sont à toi comme mes lettres; tu peux tout voir et tout lire; je n'aurai jamais rien de caché, pas même les erreurs de mon cœur, pour un homme de bien comme toi. J'écrirai demain à la partie saine de la députation, pour lui donner connaissance officielle des motifs qui m'ont déterminé à quitter Paris. Bientôt la France entière sera instruite et je ne doute pas de l'approbation de mon département, puisque les Marseillais étaient de cet avis, et m'ont fait tenir 1,000^{lt}, au nom de Marseille, au moment de mon départ.

« Vois souvent ma mère; elle a besoin des consolations de l'amitié. Elle te fera lire mes lettres; tu lui liras celles que je t'écrirai. Tu embrasseras tous les amis fidèles à la cause de la liberté; tu salueras les dames Noël et en particulier tes demoiselles et Marion. Dis à Duprat, à Mainvielle, à Durand-Maillane, qu'ils continuent à servir la République avec courage. Il est dans la nature des choses que la vertu triomphe, ou la République n'existerait pas. Les proscriptions, les calomnies n'ont qu'un temps; la vérité seule est éternelle et le moment de la justice n'est pas loin, si j'en juge par les bonnes dispositions dont je suis témoin ici. Le département de l'Eure m'a reçu comme je l'aurais été dans mon pays. Le Nord et le Midi vont se tenir par la main; ils se lèvent et la liberté ne mourra pas. Adieu.

« BARBAROUX. »

« N'oublie pas l'estimable citoyenne Roland, et tâche de lui donner quelques consolations, dans sa prison, en lui transmettant ces bonnes nouvelles. Pour cela tu pourrais voir son domestique, à la maison au bout de la rue des Cordeliers, ou Champagneux, l'un des chefs des bureaux du ministère de l'Intérieur. »

« Caen, le 15 juin 1793.

A Lauze Duperret.

« Je ne suis pas à Caen, je suis à Marseille, mon bon ami; ce sont des Marseillais que j'entends, et ma surprise est extrême autant que mes espérances sont grandes, malgré les maux que les dominateurs de Paris font à la patrie, de concert avec les puissances étrangères. Ce matin je me suis présenté avec Bergoeing, Delahaye et Duval, à l'administration du Calvados. On nous a fait l'accueil le plus honorable. Quels hommes que ces administrateurs! Un bataillon allait partir pour s'avancer sur Paris; ils se disputaient la gloire de partir les premiers. Ces hommes sont tout de feu, comme toi, et la probité dans cette ville est honorée autant que le crime et l'anarchie y sont abhorrés.

« Auras-tu rempli ma commission auprès de Guadet? Ah! qu'il vienne! son âme oppressée par le sentiment de l'injustice a besoin du spectacle de la belle nature et des sentiments de l'amitié. Qu'il vienne avec Pétion, avec Louvet, avec les autres amis et avec toi. Tu peux te concerter à cet égard avec le bon ami Vallée; il n'y a rien de difficile, quand on veut fortement une chose, et qu'il s'agit de sauver la patrie, en nous sauvant nous-mêmes.

« Qui te gênerait? Tes filles? mais elles sont avec Marion; mais on peut réunir les femmes entre elles et les envoyer dans le voisinage de Paris et même à Évreux. Quant à Guadet, sa femme, pour laquelle il veut rester, désire qu'il parte; Pétion était de cet avis; ce sera sans cesse mon refrain. Mais je dois te parler de Louvet. En vérité, son silence afflige tous ses amis; dis à sa mère et aux demoiselles Noël de parler aux nièces de Mme Cholet qui viennent assez souvent les voir, et d'aller ensemble visiter Mme Cholet, qui doit avoir des nouvelles de Louvet. J'en veux absolument recevoir ou je suis malheureux; il pourrait bien venir à Caen et Mme Cholet à Évreux. Nous sommes dix ici, mais il nous manque beaucoup de ceux qui nous sont extrêmement chers et qui pourraient utilement servir la République. Tu auras sans doute encore rempli ma commission à l'égard de Mme Roland, en tâchant de lui faire passer quelques consolations; elle doit être bien malheureuse, cette respectable épouse du plus estimable citoyen. Ah! fais tes efforts pour la voir et pour lui dire que les vingt-deux proscrits, que tous les hommes de bien partagent ses maux; puisse ce partage les soulager! Crois-tu qu'on ait le dessein de la garder prisonnière? Je ne le crois pas. Je pense au contraire que sa vertu les embarrasse et qu'ils voudraient la voir éloignée; elle devrait tenter la proposition de rester seulement aux arrêts chez elle.

« Puisse-t-elle bientôt jouir de sa liberté avec nos bons amis. Quelle crise affreuse; mais aussi quelle gloire, si nous sauvons la liberté! Je te remets ci-joint une lettre que nous écrivons à cette estimable citoyenne. Je n'ai pas besoin de te dire que toi seul peux remplir cette importante commission. Il faut à tout prix qu'elle tente de sortir de la prison et de se mettre en sûreté.

« Tu iras donner de mes nouvelles à ma mère, à laquelle je n'ai pas le temps d'écrire aujourd'hui. Je t'embrasse, et les amis et les amies, etc., et tes filles. Buzot, mon cher Buzot, t'embrasse.

« BARBAROUX. »

« Caen, le 18 juin 1793.

A Lauze Duperret.

« Je n'ai point encore reçu de réponse, mon cher ami, aux deux lettres que je t'ai écrites, l'une d'Évreux, l'autre de Caen. Ton silence m'afflige, parce que tu sais quel vif intérêt je prends à mes amis. D'ailleurs toute communication est ici interceptée par Paris avec les départements méridionaux, de manière que je ne puis, ni écrire à Marseille, ni en recevoir des lettres ; ne manque donc pas de m'envoyer, par le moyen de notre collègue Vallée, le détail des plus intéressantes nouvelles de Marseille et des départements méridionaux, l'état de Paris et celui de la Convention. En vérité, je suis avide de savoir ce qui se fait dans le Midi et quelle est la courageuse conduite des Marseillais.

« Tout va bien, dans les dix départements qui composent la ci-devant Bretagne et la ci-devant Normandie ; la liberté n'y mourra pas, car le courage des habitants y est aussi prononcé que celui des hommes du Midi. Les maux de la patrie ne viennent que des trahisons du Comité de salut public, évidemment dirigé par les puissances étrangères. L'intelligence avec les rebelles de la Vendée est bien constatée, puisqu'on a arrêté à Nantes deux agents du Conseil exécutif, l'un desquels était muni d'un passeport pour entrer dans le camp des rebelles, et y était effectivement entré, et d'un cachet aux armes de l'Empire, pour y faire parvenir les dépêches. Santerre n'a été envoyé contre les rebelles que pour leur livrer Saumur et 80 pièces de canon. Partout nous sommes trahis et le centre des trahisons est à Paris ; c'est donc à Paris que doivent se rendre les légions des républicains, pour donner du courage aux bons citoyens et écraser les factieux.

« Mais penses-tu, mon cher ami, favoriser cette insurrection des départements contre l'oppression des dominateurs de Paris, penses-tu sauver la liberté en restant à Paris, comme font nos collègues ? D'abord les détenus en arrestation souffrent et ne font rien d'utile pour la patrie. Nos autres collègues tantôt se rendent à l'Assemblée et tantôt s'en absentent ; tantôt ils délibèrent et tantôt ils refusent de prendre part aux délibérations. Cette conduite versatile égare beaucoup d'esprits dans les départements et perd la chose publique. Non, il ne faut pas délibérer ; mais il faut au contraire protester solennellement de la non-intégrité du Corps législatif. Non, il ne faut pas assister aux séances ; mais il faut au contraire sortir de Paris. Mon ami, le retour des députés restés fidèles, dans chacun de leurs départements, est impossible, puisqu'au moyen de certaines communes maratistes, on les arrêterait en route. Quel bien d'ailleurs feraient-ils ainsi divisés et agissant sans aucun concert? Mon avis, celui de nos collègues réunis ici ou à Rennes au nombre de vingt, c'est que vous veniez nous joindre; non pour former une autorité qui ne pourrait exister que dans le cas où la majorité de la Convention se trouverait réunie; mais pour concerter ensemble les mesures propres à sauver la liberté ; mais pour donner à l'opinion des départements un nouveau ressort, en lui présentant une plus grande masse de représentants proscrits, persécutés par les tyrans de Paris. Le Calvados est, de tous les départements du Nord, le plus éloigné de toute attaque, soit de la part des rebelles, soit de la part des ennemis qui occupent nos frontières, et ses côtes sont dans l'état le plus respectable de défense. C'est un motif de plus pour s'y rendre. Venez, nos collègues, sur cette terre hospitalière, enflammer encore par votre présence le zèle des citoyens ; venez, pour donner de nouvelles consolations à vos amis, et pour vous entretenir avec eux de la patrie et toujours de la patrie.

« Cette lettre, mon cher ami, te sera commune avec tous les proscrits, à qui je te charge de la montrer sans perdre une minute, et avec les amis, Chiappe, Vallée, Duprat, Noël et Bresson ; ces deux derniers logent, comme tu sais, dans la même maison que moi. Ne manque pas de les voir. Tu peux encore montrer ma lettre à ceux de nos collègues qui ont ta confiance. Oublie les mouvements mêmes de ton courage et tes anciennes résolutions pour l'intérêt de la République. Ici tes meilleurs amis, les administrateurs, les généraux et surtout les citoyens réunis en société ou en sections n'ont qu'un même avis ; il faut que nos collègues se rendent à ce vœu bien prononcé et qu'ils sauvent la patrie. Toutes les mesures sont prises pour effectuer sûrement leur départ.

« BARBAROUX. »

II.

RAPPORT DE REYNAL, ADMINISTRATEUR DE L'EURE,
A LA CONVENTION NATIONALE.

Juin 1793.

« Législateurs,

« Immédiatement après votre décret du 13 de ce mois contre les administrateurs rebelles du département de l'Eure, *j'ai parti* pour me rendre à mon poste à Bernay.

« Je suis arrivé vendredi soir à Gisors, ville de ma résidence, et me suis aussitôt transporté à la municipalité, qui a convoqué le Conseil général pour le lendemain matin ; et le lendemain samedi, tous les membres étaient à sept heures à leur poste.

« J'ai instruit l'Assemblée de ce qui se passait ; je lui ai communiqué vos décrets contre les départements d'Eure et Calvados, dont le ministre de la justice m'avait donné une expédition officielle. J'ai enfin prononcé un discours analogue aux circonstances, dans l'intention de stimuler le patriotisme de l'Assemblée. Mais elle n'en avait pas besoin : elle a d'une voix unanime manifesté son indignation contre la conduite du département de l'Eure, juré de périr plutôt que de partager ses crimes, et arrêté qu'une députation qui déjà, je crois, a été admise dans votre sein, viendrait vous apporter l'hommage de ses sentiments. Une heure après, la municipalité en écharpe, et escortée de la garde nationale, a pompeusement proclamé vos décrets dans tous les carrefours de la ville.

« La Société populaire a été extraordinairement convoquée. Elle était nombreuse ; un nommé Ladam, membre du département de l'Eure et de cette société, et qui est un des chefs de la révolte, avait écrit à la Société une lettre corruptrice et infâme, tendant à lui faire adopter les projets de rébellion. La séance a commencé par la lecture de cette lettre, qui a excité la plus profonde indignation dans l'Assemblée ; elle a arrêté d'une voix unanime que le nom de son auteur serait sur-le-champ rayé de la liste des membres et que, pour la prompte réponse qu'il demandait, il lui serait envoyé une expédition du procès-verbal de la séance; ensuite, par un mouvement spontané, elle s'est levée toute entière et a juré fidélité à l'unité et l'indivisibilité de la République, fidélité à la Convention, obéissance à ses décrets, guerre aux traîtres et aux factieux, amitié et fraternité aux Parisiens, dont elle partagera, s'il le faut, les dangers.

« Enfin, une députation de cette Société est à Paris; elle a dû ou doit paraître ici incessamment, pour vous exprimer les sentiments de *leurs* frères.

« Tel est, Législateurs, l'esprit qui anime les habitants de Gisors que j'ai quitté la même nuit, pour me rendre à mon poste. Je suis arrivé à Andelys dimanche, à 3 heures du matin; mais le tableau que j'ai à vous donner de cette ville et de son district offre une opposition bien grande avec celui de Gisors.

« Les traîtres persistent dans leur rébellion; toutes les routes des environs d'Évreux sont interceptées et on y arrête vos courriers, ainsi que ce qui n'est pas dans les principes de la révolte; une force armée est portée jusqu'à Pacy et disposée à abattre le pont au premier besoin. Les grains et farines sont enlevés de chez les laboureurs, pour former des approvisionnements; on s'empare aussi de toutes autres espèces de choses qui peuvent être nécessaires. Vernon est déjà en proie aux horreurs des vexations et des arrestations arbitraires.

« Les administrateurs du district d'Andelys sont en ce moment sous le couteau des assassins; ils sont avertis qu'une force armée doit les arrêter et peut-être faire pis. En ce moment ces malheurs sont peut-être effectués; mais les administrateurs du district d'Andelys ont juré de mourir plutôt que d'abandonner leur poste et de trahir leurs devoirs. Leur position, Législateurs, est d'autant plus cruelle que les intrigues des malveillants ont paralysé leur bonne volonté; le maire et deux ou trois membres de la municipalité, le commandant de la garde nationale sont des traîtres, qui, aidés des autres aristocrates de la ville, rendent nuls les moyens de résistance qu'ils voudraient mettre en usage. L'administration d'ailleurs n'a pas une arme, pas une livre de poudre. Telle est, Législateurs, l'esquisse rapide et bien légère de la position du district des Andelys, que le défaut de temps ne m'a pas permis de tracer avec les couleurs qui leur sont propres. Elle appelle toute votre attention. Il est temps enfin de vous montrer aux traîtres avec toute la dignité de votre caractère et de les anéantir.

« REYNAL, administrateur du département de l'Eure. »

III.

MISSION DE MOUCHET,
DANS LE DÉPARTEMENT DE L'EURE, EN JUILLET 1793.

Nous nous contentons de donner sans commentaires les pièces principales de la procédure dirigée contre Mouchet, à raison de la mission que sa Section lui avait confiée, pour s'assurer du véritable état des choses dans le département de l'Eure, au moment même où la Commune recrutait les bataillons qui devaient marcher contre l'insurrection normande.

On verra par ces pièces que les Sections étaient loin d'être unanimes pour approuver cette levée de volontaires, et qu'il y avait une résistance sourde dans beaucoup d'entre elles contre les arrêtés du Conseil général. Cette résistance alla même, de la part de la Section de la Fraternité, jusqu'à ordonner le brisement des scellés apposés sur les papiers de Mouchet par ordre des administrateurs de police, et à accompagner triomphalement à l'Hôtel-de-Ville son juge de paix, qu'elle avait pris sous sa sauvegarde.

Mouchet, en raison de sa qualité de rapporteur de la commission, fut seul déféré au Tribunal révolutionnaire. Il fut arrêté le 16 juillet, mais l'instruction dura six semaines et se termina par un verdict de non-culpabilité.

SECTION DE LA FRATERNITÉ.

Séance du 6 juillet 1793.

CREVEL, président, GIROD FILS, secrétaire.

« Il a été proposé de nommer quatre commissaires, à l'effet de s'informer de ce qui se passe dans le département de l'Eure.

« Après de longs débats, la discussion a été fermée.

« Il a été arrêté qu'il serait nommé une commission pour s'informer des faits ; qu'il sera donné communication de cette démarche aux quarante-sept autres sections.

« Il a été procédé à la nomination des quatre commissaires et il leur a été enjoint de partir à l'instant.

« Les commissaires nommés sont les citoyens Paillette, Mouchet, Escabasse, Ango[1]. »

Rapport de Mouchet, lu à la séance du 9 juillet 1793.

« Chargés par vous de nous transporter dans le département de l'Eure, afin de connaître d'une manière précise quelles étaient les dispositions des citoyens qui préparaient une force départementale pour venir à Paris, nous nous sommes mis en devoir d'exécuter cet ordre sur-le-champ, conformément à vos intentions.

« Le citoyen Payette, qui avait été nommé un de vos commissaires, nous a déclaré qu'il n'avait pas cru que vous lui aviez donné cette mission, et qu'une autre mission publique, qu'il devait remplir dans le jour au comité des secours de la Convention, le mettait dans l'impossibilité de répondre au vœu de la Section.

« Sur notre invitation, le citoyen Crevel, qui se trouvait avec nous, consentit à nous accompagner. En conséquence, nous sommes partis dimanche, à trois heures du matin, Ango, Escabasse, Crevel et moi.

---

1. Mouchet était juge de paix de la Section; Escabasse, horloger et Ango, marchand de vin.

« Il entrait dans notre mission de nous instruire des faits qui motivaient la levée des volontaires annoncés des administrateurs du département de l'Eure.

« On nous avait présenté la nécessité de protéger les convois de subsistances, et de porter des secours à Vernon, dont les habitants avaient, disait-on, été obligés de prendre la fuite.

« Quant aux habitants, nous nous sommes informés à différentes personnes ; on ne nous a point dit que leur circulation éprouvât des obstacles. Nous avons seulement appris que du beurre, peut-être en petite quantité et destiné pour Paris, avait été arrêté dans le premier mouvement de mécontentement. Nous savons aussi que, dans le moment actuel, ces vivres passent sans obstacle, et nous en avons été témoins oculaires par rapport aux bœufs et moutons, dont nous avons rencontré plusieurs troupeaux ; ceux mêmes auxquels on aurait pu présumer l'intention de les arrêter, nous ont assuré qu'ils étaient dans des dispositions toutes contraires.

« Par rapport aux alarmes de Vernon, nous savons qu'en effet le tocsin a sonné dans cette ville et dans les environs, et que des citoyens des communes voisines s'y sont rendus en assez grand nombre et en armes.

« Arrivés à Mantes, nous avons appris les faits par le maître de poste et de différentes personnes qui se trouvaient chez lui. Nous y avons appris de plus que les habitants de Vernon, et ceux qui étaient accourus à leur secours, n'avaient été réunis sous les armes que parce qu'on leur avait inspiré la crainte d'une agression hostile de la part des troupes envoyées par le département de l'Eure. Ce que nous avons appris de plus précis sur les faits nous le tenons des officiers municipaux de Pacy qui, sur la connaissance qui leur avait été donnée par l'officier de service à qui nous avions représenté votre arrêté, étaient venus nous trouver à notre auberge, et des administrateurs d'Évreux qui nous ont parlé les premiers.

« Nous avons su qu'à Pacy une vingtaine de soldats avaient été envoyés dans cette commune par des administrateurs d'Évreux.

« Les officiers municipaux de Pacy nous ont appris que les

soldats avaient été bien reçus et se conduisaient bien, et qu'on était disposé à les conserver ; mais que le tocsin ayant été sonné, dans les municipalités voisines, par l'effet des déclamations de quelques individus de leur commune, et d'autres étant venus requérir leur départ, ils se seraient déterminés à l'ordonner ; que, dans l'après-midi, au moment où la société populaire était assemblée et où le maire, qui en est membre, faisait la lecture des papiers publics, était arrivée tout à coup une armée composée de quatre à cinq cents hommes, avec deux pièces de canon, ayant à sa tête un administrateur du département de l'Eure ; que cette arrivée avait jeté l'épouvante parmi beaucoup de citoyens, et que plusieurs, notamment ceux qui avaient fait sonner le tocsin dans les communes voisines, avaient pris la fuite et s'étaient rendus les uns à Paris, d'autres à Mantes, d'autres à Vernon ; que l'administrateur s'était introduit dans l'assemblée ; qu'après avoir exposé les principes qui dirigeaient les autorités de l'Eure et du Calvados, leurs sentiments et leurs projets, il avait notifié l'intention d'arrêter ceux qui lui avaient été désignés comme prêchant le pillage ; que cette résolution n'avait pu s'exécuter que sur un seul qui, le lendemain, fut mis en liberté par ordre des officiers municipaux.

« Les officiers municipaux de Pacy nous ont encore appris que l'administration d'Évreux avait provoqué leur adhésion, et qu'ayant présenté une pièce intitulée *Chant républicain,* on l'avait chantée en chœur ; (nous avons quelques exemplaires de cette pièce que l'on appelle, dans le pays, chant des Normands) ; que, cependant, les citoyens de Pacy se sont refusés à toute adhésion.

« Ces mêmes officiers municipaux nous ont déclaré qu'en effet les individus contre lesquels étaient dirigées les poursuites étaient de fort mauvais sujets, redoutés dans le pays, parlant habituellement de couper les propriétés et s'étant livrés à différents actes conformes à leurs maximes ; ce qui est constaté par différents procès-verbaux dressés par l'un des officiers municipaux, qui est en même temps un des assesseurs du juge de paix.

« Ils ont ajouté que ces hommes, ou du moins ceux d'entre

eux qui s'étaient rendus à Vernon, y avaient annoncé que la ville allait être attaquée par la force militaire du département; que cela avait été cru avec d'autant plus de facilité qu'il existe une sorte de division entre Vernon et Évreux; qu'en conséquence, le tocsin avait été sonné dans Vernon et dans les communes voisines qui s'y étaient rendues en armes; que cependant il ne paraît pas qu'il ait été dans le projet des administrateurs d'Évreux, ou des chefs de leur force armée, de se porter à aucun acte hostile contre la ville de Vernon; qu'ils sont restés à Pacy fort tranquillement, et s'y sont comportés de manière à ne mériter aucun reproche.

« C'est ici le lieu d'ajouter que, dans l'auberge de Mantes, où nous avons pris quelques renseignements, on nous déclara que les citoyens réunis en armes à Vernon s'en demandaient entre eux le motif. Nous devons encore observer que les officiers municipaux de Pacy nous ont témoigné qu'ils avaient vu avec chagrin qu'on eût absolument dénaturé, dans les papiers publics, ce qui s'était passé chez eux, et qu'on eût même publié que des femmes et des enfants y avaient été massacrés, tandis que l'ordre public a été maintenu et même protégé par les citoyens arrivés dans leur ville.

« Nous sommes arrivés à Évreux sur les huit heures du soir; nous avons été prévenus que les étrangers qui arrivaient dans cette ville étaient conduits devant les administrateurs du département; nous avons même actuellement en mains la délibération du Conseil général du département qui ordonne cette mesure.

« Lorsque, devant le premier corps de garde, on nous demanda l'exhibition de nos papiers, nous représentâmes votre arrêté, et pour nous éviter d'être conduits par la force armée devant les administrateurs, nous annonçâmes que notre intention et notre mission étaient de les aller trouver, aussitôt que nous aurions pris quelques rafraîchissements dans l'auberge où nous étions descendus. En effet, il fallait bien que nous leur parlassions, afin de connaître leurs arrêtés, leurs motifs et la disposition de leurs esprits.

« Sur notre parole, on nous laissa poursuivre notre route dans la ville, et après avoir déposé nos effets dans l'auberge où nous étions descendus, nous nous sommes rendus de suite à l'administration.

« Introduits, après qu'on nous eut fait déposer nos cannes au corps de garde qui est à l'entrée, nous exposâmes franchement l'objet de notre mission et nous fîmes lecture de votre arrêté. Cette lecture a été suivie d'explications et discussions assez longues, qui ont été reproduites lors de l'arrivée des membres qui se sont dits du Comité central des autorités du Calvados.

« Le procès-verbal, dressé aussitôt que nous fûmes retirés et dont une expédition nous a été apportée, retrace exactement l'exposé des principes, des sentiments et des motifs qui nous ont été manifestés. Nous observons seulement qu'il ne retrace en aucune manière les objections et les réponses par lesquelles nous avons combattu leur résolution, quoique nous soyons entrés dans de grands détails, quoique nous ayons, auprès des administrateurs qui se disaient animés par le désir de la liberté, particulièrement insisté sur les dangers imminents d'une guerre civile, qui pouvait opérer la perte de la liberté et la dissolution du corps politique.

« Nous leur avons aussi observé que si leurs principes étaient réellement ceux de la liberté et de l'égalité, l'acceptation de la Constitution présentée par la Convention nationale, et qui repose évidemment sur des principes de liberté et d'égalité, devait les satisfaire et opérer la réunion des esprits.

« Ils nous firent aussi à ce sujet leurs réponses. Mais, obligés de vous faire un rapport prompt, il nous a paru qu'il serait plus facile à chacun de nous de suppléer à cet égard par un exposé verbal des différents détails de discussion qui ont pu se graver dans la mémoire de chacun.

« Au reste, la lecture du procès-verbal que nous vous avons annoncé et celle d'une autre pièce, qu'on peut considérer comme le manifeste de l'assemblée centrale des départements du nord-ouest, vous laissera peu de chose à désirer sur les principes et les motifs du moins apparents de leur conduite.

« Nous devons ajouter que les administrateurs nous ont

déclaré que, pour connaître les intentions des habitants du département, nous étions maîtres d'assister aux séances des assemblées populaires; mais, pressés de venir rendre compte à nos commettants, nous n'avons pu profiter de cet avantage, et c'est pour y suppléer qu'ils nous ont remis différents arrêtés de différentes assemblées communales de leurs cantons qui, autant que nous avons pu les juger, car nous ne les avons pas encore lus, sont conçus tous dans l'esprit des pièces dont l'Assemblée vient d'entendre la lecture.

« Par rapport aux faits particuliers, soit de Pacy, soit de Vernon, les administrateurs nous ont déclaré que les premiers vingt hommes par eux envoyés à Pacy n'y avaient été envoyés que sur la réquisition même des officiers municipaux de cette ville ; qu'ils avaient entre les mains la lettre qui contient cette réquisition, lettre écrite et envoyée en secret par les officiers municipaux de Pacy, qui redoutaient les emportements et les violences de quelques individus de leur commune et que, si nous le voulions, l'un d'eux nous accompagnerait à Pacy, afin que nous pussions là être convaincus par la déclaration des officiers municipaux, qui avaient pu nous taire cette circonstance par un effet de la même crainte.

« Quant à l'envoi d'une force plus considérable à Pacy, nous en trouverons le motif dans un arrêté des administrateurs, en date du 14 juin ; ils ont voulu s'assurer un poste dans un lieu de passage qu'il leur paraissait important de garder.

« Nous nous rappelons que, dans les explications que nous avons eues, ils ont indiqué d'autres raisons encore de cette conduite; mais comme les explications ont roulé presque en même temps sur plusieurs objets, aucun de nous n'a pu se rappeler bien positivement quelle est la raison qui nous en a été donnée. Nous croyons pourtant que c'est le tocsin sonné dans différentes communes, aussitôt après l'arrivée du détachement de vingt hommes, et que les administrateurs ont cru devoir à la fois déclarer leurs principes, dans l'assemblée populaire de Pacy, et faire arrêter ceux qui avaient motivé le premier envoi et venaient de faire sonner l'alarme.

« Quant à Vernon, ils nous ont confirmé ce qui nous avait

été dit par les citoyens de Pacy et que jamais ils n'avaient pensé à faire marcher une force sur cette ville.

« Sur l'article des approvisionnements, ils sont convenus qu'à la vérité quelques pots de beurre avaient été arrêtés dans le Calvados, dans l'effet du premier mouvement, mais que, loin de vouloir porter la famine dans Paris, ils étaient bien déterminés non seulement à ne pas arrêter l'approvisionnement et la circulation des vivres, mais à les protéger de tout leur pouvoir ; qu'ils sentaient trop (nous répétons ici leur langage sans prétendre ni en assurer ni en démentir la sincérité), qu'ils sentaient trop, disons-nous, qu'il y aurait de l'injustice à confondre les citoyens innocents qui sont dans Paris avec les coupables que cette ville renferme.

« Tel est le résultat des faits et des renseignements parvenus à notre connaissance. Nous aurions désiré qu'un plus long séjour nous mît à portée de nous procurer d'autres détails et de vérifier, avec plus de certitude encore, ceux que nous venons d'exposer. Mais nous avons pensé qu'il était extrêmement urgent de faire parvenir à votre connaissance ce que nous venions d'apprendre, par la même considération qui vous a déterminés vous-mêmes à ordonner notre départ, avant le concours des autres Sections.

« Au reste, nous désirerions beaucoup que les autres Sections voulussent s'assurer par elles-mêmes de la vérité des faits que nous avons exposés. Nous le désirerions : pour l'intérêt général, afin qu'aucun citoyen ne puisse être induit en erreur, ni par notre rapport si nous avions été trompés sur quelque point, ni par les rapports étrangers qui ont pu leur survenir et dont quelques-uns nous ont paru inexacts ; et aussi pour nous-mêmes et pour la Section, afin qu'on fût bien convaincu que nous n'avons eu d'autre motif et d'autre objet que de connaître la vérité.

« Nous laissons maintenant à la sagesse de l'Assemblée à fixer l'opinion qu'elle doit prendre de la conduite des différentes autorités, soit du département de l'Eure, soit du département du Calvados. Nous croyons seulement devoir vous dire qu'ils nous ont déclaré avoir le concours des départements qui composaient la ci-devant Bretagne ; que des bataillons y avaient été levés; qu'ils étaient en marche; qu'ils se présenteraient tous ensemble sous les murs de Paris, portant la bannière qui leur fut donnée lors de la fédération; qu'ils réclameraient alors le concours des Parisiens, afin d'effectuer leurs résolutions qui vous sont maintenant connues; qu'ils désiraient obtenir ce concours et fraterniser avec tous les habitants de Paris; mais qu'ils ne nous dissimulaient pas que si les citoyens de cette ville, égarés ou opprimés (car nous répétons ici leur langage), ne se ralliaient pas à eux, alors pliant la bannière et développant un drapeau sur lequel est écrit : *Guerre à la royauté, guerre à l'anarchie, République une et indivisible, résistance à l'oppression,* ils n'écouteront plus alors, comme ils l'ont dit dans leur procès-verbal, que ce qu'ils appellent la voix de la liberté, du devoir et du salut du peuple.

« ANGOT, CREVEL, ESCABASSE, MOUCHET. »

A ce rapport était joint l'extrait suivant du registre des délibérations de l'Assemblée générale des autorités constituées du département de l'Eure.

« Du 7 juillet 1793, l'an II de la République une et indivisible, à Évreux, en la séance d'après-midi de l'Assemblée générale des autorités constituées du département de l'Eure, réunies avec les commissaires de l'Assemblée générale du Calvados.

« L'Assemblée délibérait les grandes mesures à prendre dans ce moment pour le salut du peuple et la défense de la vraie liberté, lorsqu'on a introduit quatre citoyens députés par la Section de la Fraternité de Paris, ainsi qu'il résulte des pouvoirs qu'ils ont représentés.

« La Section de la Fraternité déclare que, « pénétrée des alarmes qu'on répand sur les intentions hostiles du département de l'Eure; craignant également de se livrer à une sécurité dangereuse et d'adopter légèrement des bruits injurieux à des frères qui, jusqu'à présent, lui ont été chers et dont les cœurs sans doute s'entendent avec ceux de leurs concitoyens, quels que soient les nuages qui semblent obscurcir cette union si désirable entre des Français également adorateurs de la liberté, elle charge quatre de ses membres de se rendre avec confiance dans le sein de ses frères et de s'assurer de leurs véritables intentions. Le même arrêté porte que les 47 autres Sections de Paris seront invitées à adhérer à cette mesure ».

« Cette démarche loyale et fraternelle, ce témoignage de la confiance des citoyens de Paris, ce vœu manifesté pour la paix, pour l'union et pour la liberté, ont flatté l'Assemblée qui a reçu ces députés avec tous les égards dus au caractère dont ils étaient revêtus. Une explication franche a suivi les premiers mouvements d'une réception amicale ; les républicains de l'Eure et du Calvados ont développé leurs principes, avec le langage simple et fier qui convient à la vérité, à l'amour de la liberté, mais de la liberté pure. La sûreté des personnes, le respect et la garantie des propriétés, le maintien de la République une et indivisible, le règne des lois, le culte de la vertu, voilà, ont dit ces administrateurs, ce que nous voulons : voilà les biens qui nous sont chers, ceux pour la défense desquels nos concitoyens, nous-mêmes, avons juré de périr s'il le faut... Jugez vous-mêmes, habitants de Paris, si nos sentiments sont purs, si nos motifs sont sacrés, si une plus juste cause appela jamais des citoyens sous les armes.

« Les administrateurs ont de suite rappelé les tristes scènes, les faits si multipliés, les preuves authentiques qui constatent les crimes d'une faction liberticide et sanguinaire, les desseins ambitieux de ses chefs, les attentats commis à la représentation nationale, la violation des droits et de la souveraineté du peuple dans la personne de ses représentants, enfin l'état d'avilissement et de désorganisation où, par la terreur, la séduction et la violence, on est parvenu à réduire la Convention nationale. Non, ont ajouté ces administrateurs, lorsque de nouvelles chaînes menaçaient les mains des Français, lorsqu'un joug nouveau était préparé pour eux, lorsqu'on entendait crier du haut de la Montagne qu'il leur fallait un chef, un maître, les hommes du Nord, les fils des fiers Normands ne pouvaient pas rester dans un honteux silence, dans une infamante léthargie. Les habitants du Calvados et de l'Eure se sont levés ; ils ont fait flotter leurs bannières unies, ils ont proclamé la guerre à l'anarchie comme à la royauté. Les descendants des Bretons ont imité ce mouvement superbe ; déjà leurs bataillons se mêlent avec les nôtres. Notre voix a retenti jusque dans les plaines du Midi. De toutes parts des armées contre-anarchiques se forment; le droit sacré de résistance à l'oppression est bientôt invoqué dans la grande majorité des départements; partout le peuple déclare qu'il veut la vertu, les lois et la paix. Et nous, nous jurons de ne quitter les armes que quand il aura recouvré les biens que les scélérats amis de l'anarchie, que les partisans de la royauté, que des hommes avides d'or et de sang ont voulu lui ravir.

« Pour vous, citoyens, qu'une Section de la ville de Paris envoie nous porter des paroles amies, vous jouirez ici de tous les droits de la fraternité, vous y serez libres et en sûreté ; les hommes n'y ont rien à craindre que les lois. Peut-être en ce moment, si nous étions dans vos murs, n'y trouverions-nous pas les mêmes avantages ; mais les braves habitants du Nord ne connaissent ni les poignards, ni les haches des proscripteurs; ils ne savent se servir que de leurs armes.

« Citoyens, dites à nos frères de Paris que c'est aussi pour eux que nous marchons; dites-leur que nous voulons briser le joug sous lequel gémit la majesté des habitants de cette grande capitale, qui n'a à se reprocher que de n'avoir pas montré assez de courage et développé assez d'énergie, lors même qu'elle aurait désiré secouer les chaînes du nouvel esclavage qu'on lui propose.

« Si cette majorité nous seconde, si elle se rallie sous nos bannières, le sang sera épargné, nos glaives ne deviendront point l'instrument de la vengeance ; mais si le crime continue à siéger dans le Sénat, s'il y dicte impérieusement les lois, alors nous n'écouterons plus que la voix de la liberté, du devoir et du salut du peuple.

« Guerre à la royauté, guerre à l'anarchie, tel est notre serment, et nous ne jurons pas en vain.

« Les citoyens de Paris ont exprimé à leurs frères du Calvados et de l'Eure le désir qu'ils avaient de voir se resserrer les nœuds de la fraternité jurée à la naissance de la Révolution ; ils ont annoncé qu'ils allaient reporter à leurs commettants la profession de foi et les principes qu'ils venaient d'entendre.

L'Assemblée les a invités à se charger des différentes délibérations et adresses du Calvados et de l'Eure, qui en contiennent la manifestation, et que les citoyens députés ont assuré n'être pas encore parvenues à leur Section; ils se sont retirés au milieu des témoignages réciproques de l'estime et de la fraternité.

« Lecerf, président; J.-N. Chambellant, vice-président. »

SECTION DE LA FRATERNITÉ.

Séance du 9 juillet 1793.

Coquerel, président; Debièvre, vice-président;
Chemitte, secrétaire.

« Les Sections des Arcis, de la Maison Commune, des Sansculottes, du Pont-Neuf, de la Halle-au-Blé, de l'Observatoire, du Temple, des Tuileries, du Mail, de l'Homme-Armé, de Bon-Conseil, de Molière et La Fontaine, du Muséum, de la Cité, des Gardes-Françaises, du faubourg Montmartre, de Beaurepaire, des Gravilliers, des Amis-de-la-Patrie, ayant envoyé des commissaires pour assister à la lecture du rapport des commissaires envoyés dans le département de l'Eure, la Section a arrêté sa lecture.

« Une députation de la Section de Montreuil et une de la Section de 1792 sont admises.

« Un des commissaires de la députation de la Section de la Fraternité, qui avait été envoyé dans le département de l'Eure, a fait lecture de son rapport et des pièces qui lui ont été remises dans ce département.

« Plusieurs membres ont demandé l'impression du rapport et des pièces.

« La députation du Muséum s'est opposée à l'impression.

« Des commissaires de la section du Mail, de Molière et La Fontaine ont demandé qu'il leur fût envoyé, à chacune, plusieurs exemplaires du rapport ensemble des pièces.

« Des citoyens de la Section de la Fraternité ont demandé l'impression à leurs frais.

« Le commissaire de la Section de Montreuil a demandé l'impression.

« Un citoyen de la Section de la Fraternité a demandé si les commissaires envoyés dans l'Eure avaient présenté aux citoyens de ce département la Constitution. Il lui a été répondu qu'on leur avait opposé cette Constitution comme le plus fort argument contre les arrêtés de l'Eure et du Calvados.

« Les commissaires de la Section du Mail ont demandé à supporter individuellement partie des frais de l'impression; ceux de la Section de Popincourt, des Amis-de-la-Patrie, des Gardes Françaises et de Montreuil ont fait la même demande.

« L'impression, mise aux voix, est adoptée.

« Une nouvelle lecture a été faite du rapport et de l'arrêté du département de l'Eure.

« La séance est levée. »

CONSEIL GÉNÉRAL DE LA COMMUNE DE PARIS.

Séance du lundi 10 *juillet* 1793.

« Un membre annonce que la Section de la Fraternité a envoyé des commissaires dans le département de l'Eure; qu'un de ces commissaires, Mouchet, est porteur d'un manifeste des rebelles qui se trouvent dans le département de l'Eure; que la Section de la Fraternité, induite en erreur, a invité des commissaires de chaque Section pour en entendre la lecture; que cette pièce est une véritable déclaration de guerre, un manifeste contre la Constitution et contre la Convention, et que son but et son résultat est d'empêcher le recrutement.

« Un autre membre ajoute que déjà, dans quelques autres Sections, l'esprit qui a dicté le manifeste entrave le recrutement et agite les esprits.

« Sur le réquisitoire du procureur de la Commune;

« Le Conseil prend pour dénonciation les faits articulés

ci-dessus; arrête qu'ils seront sur-le-champ communiqués au département de police, comme empêchant le recrutement; ordonne que le Comité de police, sous sa responsabilité, prendra dans l'instant toutes les mesures nécessaires pour étouffer ce nouveau ferment et que, dans trois jours, il fera rapport au Conseil des mesures qu'il aura prises; invite les membres qui ont fait la dénonciation à se rendre sur-le-champ au Comité de police, pour y donner les renseignements qui dépendent d'eux.

« Le Conseil, voulant empêcher les mauvais effets et les inconvénients qui pourraient résulter de ce manifeste répandu par les rebelles et par les correspondants qu'ils entretiennent dans Paris, arrête qu'une circulaire sera adressée aux Sections, pour les prémunir contre les perfides insinuations qui sont présentées par les commissaires envoyés dans le département de l'Eure par la Section de la Fraternité.

« Renouard, président; Dorat-Cubières, secrétaire-greffier. »

SECTION DE LA FRATERNITÉ.

Séance du 10 juillet 1793.

Coquerel, président; Poulletier, secrétaire.

« En l'absence des citoyens secrétaires, l'Assemblée a nommé le citoyen Poulletier.

« Une députation de la Section du Luxembourg et une de la Section de la Butte des Moulins se sont présentées, d'après l'invitation qui leur est parvenue trop tard, à l'effet d'entendre le rapport des commissaires envoyés dans l'Eure.

« Sur le désir manifesté par lesdits députés d'avoir connaissance dudit rapport, sans attendre la communication qui doit être faite à toutes les Sections par la voie de l'impression, l'Assemblée invite lesdits députés à se rendre auprès du citoyen Mouchet, chargé dudit rapport, afin qu'il leur donne toute satisfaction à cet égard.

« L'Assemblée a en outre arrêté que son président répondrait aux députations qui se présenteraient à l'avenir, pour le même objet, que l'Assemblée les invitait à se rendre chez le citoyen Mouchet, pour prendre communication du dit rapport et des pièces qui y sont jointes. »

Séance du 11 juillet 1793.

Coquerel, président; Poulletier, secrétaire.

« Une députation de Molière et La Fontaine a été admise et a donné communication à l'Assemblée du rapport fait par les commissaires de ladite Section de la mission dont ils avaient été chargés pour le département de l'Eure. Le président, au nom de l'Assemblée, a remercié la députation et lui a donné l'accolade fraternelle.

« Une députation de la Section de Beaurepaire s'est présentée et a confirmé, au nom de ladite Section, le vœu que ses commissaires avaient formé hier pour l'impression du rapport et des pièces qui avaient été lues à la suite.

« Deux autres députations, l'une de la Section du Pont-Neuf, l'autre de celle des Marchés, ont été admises et ont demandé à prendre communication du procès-verbal de la séance d'avant-hier et du rapport des commissaires envoyés dans l'Eure.

« Le président répond que le rapport et les pièces à l'appui avaient été livrés à l'impression et qu'ils leur seraient envoyés, dès qu'ils auraient été rendus par l'imprimeur.

« Mais sur le désir exprimé particulièrement par le député du Pont-Neuf, l'Assemblée autorise un de ses membres à se transporter avec le député au Comité de surveillance pour lui donner satisfaction.

« Un membre est monté à la tribune pour demander que l'Assemblée modifiât son arrêté d'hier, quant à l'impression des pièces qui ont été lues par les commissaires, et que l'impression fût restreinte au seul rapport. Cette demande a donné lieu à une vive discussion au milieu de laquelle le citoyen Mouchet, l'un des commissaires, a dit que la mission dont la Section l'avait honoré pouvait être la seule cause de l'acte arbitraire qui venait d'être exercé contre lui, en le mettant sous *le lien* d'un mandat d'amener et en apposant les scellés sur ses effets. Qu'au surplus, fort de sa conscience et ferme dans ses principes, il appuyait de toutes ses forces le maintien de l'arrêté pris hier, pour l'impression de toutes les pièces lues dans la séance d'hier. L'Assemblée a arrêté qu'elle persistait dans son arrêté.

« Le citoyen Ango, l'un des commissaires pour le département de l'Eure, a protesté contre cet arrêté.

L'Assemblée a en outre arrêté que celui qu'elle venait de prendre pour l'impression serait communiqué sur-le-champ au Conseil général de la Commune par quatre commissaires, lesquels notifieraient aussi au Conseil général que la Section prenait sous sa sauvegarde tous les citoyens demeurant dans son arrondissement, et notamment les commissaires envoyés dans l'Eure.

« L'Assemblée a nommé commissaires, pour se transporter à la Commune, les citoyens Guillemelle, Crevel, Jacquet et Doublet.

« L'Assemblée générale a aussi ordonné que les scellés apposés chez le citoyen Mouchet seront levés à l'instant par des commissaires pris dans son sein, tant en absence qu'en présence d'un des administrateurs de police, lesquels commissaires feront vérification des papiers qui se trouvent chez le citoyen Mouchet.

« Et a nommé pour assister à la levée des scellés les citoyens Moreau, Piètre fils et Caron. »

Séance du 12 juillet 1793.

CREVEL, président ; POULLETIER, secrétaire.

« Lecture a été faite d'un extrait des registres des délibérations du Conseil général de la Commune du 10 juillet courant.

« D'après la lecture de cette pièce, un des commissaires chargés de porter hier à la Commune l'arrêté pris par la Sec_

tion, relativement au citoyen Mouchet, a fait son rapport et a dit que, la séance de la Commune étant tenue quand ils s'y sont transportés, ils avaient été de suite à la mairie; que le maire n'étant pas encore rentré, ils s'étaient présentés à un administrateur de police, qui les avait fort mal reçus et s'était même laissé aller à des propos injurieux pour différents membres de la Section ; que le maire étant arrivé, ils lui avaient fait part de l'objet de leur mission, mais qu'il n'avait pas voulu les entendre et leur avait fait une réponse par écrit, dont le commissaire rapporteur donne lecture. Elle porte en substance que, sans discuter le fond et les expressions de l'arrêté de la Section, il prévenait le président de l'Assemblée de ladite Section qu'il ne devait point permettre que les scellés apposés chez le citoyen Mouchet par les administrateurs de police fussent levés, et que ledit président serait responsable au Conseil général de la Commune de cette infraction à la loi, si elle avait lieu. »

CONSEIL GÉNÉRAL DE LA COMMUNE DE PARIS.

Séance du 12 juillet 1793.

« Le Conseil général, après avoir entendu le procureur de la Commune, casse et annule l'arrêté pris par l'Assemblée générale de la Section de la Fraternité le 11 du présent mois, et arrête qu'il sera dénoncé au département.

« Arrête en outre que ledit arrêté sera envoyé à l'administration de police, à l'effet de poursuivre par-devant le Tribunal révolutionnaire les auteurs et signataires dudit arrêté, comme tendant à propager les principes du fédéralisme : ensemble les complices et fauteurs de la distribution d'une proclamation signée Wimpfen, mis en état d'arrestation et déclaré rebelle par la Convention nationale ; charge en même temps l'administration de police de poursuivre, par-devant le même Tribunal, tous ceux qui cherchent à empêcher ou à éloigner la levée de la force armée destinée pour le département de l'Eure.

« Arrête enfin que l'administration de police rendra compte du résultat de ses poursuites dans le plus bref délai.

« Lubin fils, vice-président par intérim; Dorat-Cubières, secrétaire-greffier. »

Le lendemain, un journal qui avait des attaches girondines et qui était rédigé par Dulaure, l'un des futurs proscrits du 3 octobre, contenait cet entrefilet assez timide, mais où l'on voit les sentiments secrets de son rédacteur.

« La chronique de Paris vient de publier un extrait du rapport qu'ont fait les quatre commissaires envoyés par la Section de Molière et de La Fontaine dans le département de l'Eure; il résulte de ce rapport, qui est tout à l'avantage des départements coalisés, que le serment qu'ils ont prêté est : guerre à la royauté, à l'anarchie, sûreté des personnes, respect des propriétés, amour de la vertu et des lois. Les coalisés se plaignent de l'erreur dans laquelle on a tenu les habitants de Paris à leur égard, et protestent vouloir la République une et indivisible.

« Nous ne dirons pas jusqu'à quel point il faut compter sur l'authenticité de ce rapport, qui a été déjà dénoncé à la Commune comme une pièce très funeste à la Révolution du 31 mai et comme un ouvrage de l'aristocratie [1]. »

COMMUNE DE PARIS.

Séance du 16 juillet 1793, an II.

« Par-devant Nous, administrateurs au département de police, à la mairie, est comparu le citoyen François-Pierre Dufresne, l'un des inspecteurs de police, demeurant à Paris, lequel nous a déclaré que, pour l'exécution de nos ordres, il a été chargé d'amener aux Madelonnettes un nommé Mouchet, juge de paix de la Section de la Fraternité, demeurant île Saint-Louis ; qu'à cet effet il a été au Conseil général de la Commune

---

1. *Thermomètre du Jour,* n° du 13 juillet 1793.

où on lui a dit qu'il était; que s'étant approché dudit Mouchet et l'ayant suivi, depuis le Conseil jusqu'à la porte d'entrée de l'hôtel commun, et se disposant à le séparer de sa femme et de la Section qui le suivait, la Section en masse, qui l'accompagnait et l'entourait, a fait ses efforts pour le soustraire à lui déclarant, qui lui avait intimé son ordre de le suivre ; que le commissaire de police de ladite Section a fait une opposition précise et formelle à ce qu'il s'emparât dudit Mouchet, en disant aux membres de la Section qui accompagnaient ledit Mouchet, qu'on exerçait envers lui *un acte arbitraire*, qu'il ne fallait pas souffrir qu'on l'emmenât; qu'il récidiva, à plusieurs fois et la dernière au corps de garde de la réserve, que c'était *un acte arbitraire* contraire à la loi. Lecture faite, a signé.

« DUFRESNE. »

Cependant force étant restée à la loi, Mouchet dut subir un long interrogatoire devant les administrateurs de police Lechenard, Froidure et Figuet, qui le maintinrent en état d'arrestation et envoyèrent son dossier au Tribunal révolutionnaire. Fouquier-Tinville ne se pressa guère de faire juger l'imprudent, et ce retard le sauva. Quand Mouchet comparut devant le Tribunal, le 14 septembre, l'insurrection normande était vaincue et le jury déclara que l'accusé avait agi sans intentions contre-révolutionnaires. Mouchet fut immédiatement rendu à la liberté.

IV.

PROCLAMATION DE L'AVANT-GARDE DE L'ARMÉE RÉPUBLICAINE
ET CONTRE-ANARCHISTE DU NORD.

« Pacy, 13 juillet au matin.

« Aux habitants de Vernon et à tous les bons Français, salut et amitié fraternelle.

« Au nom de la liberté que nous défendons ; au nom des lois dont nous sommes les vengeurs ; au nom de la République une et indivisible, pour le maintien de laquelle nous avons juré de périr s'il le faut; au nom des droits sacrés du peuple de tous les départements insurgés pour résister à l'oppression, nous vous demandons l'hospitalité et le libre passage.

« Nous marchons pour délivrer Paris et la France du joug de l'anarchie et rétablir dans ses droits la représentation nationale outragée. Notre cause est celle de tous les amis du bonheur public et de la vertu.

« Nous ne voulons pas faire couler le sang; nous voulons devoir à la force de la raison, et non à celle de nos armes, le salut de la France et notre triomphe.

« Notre désir le plus cher est de ne rencontrer partout que des citoyens, avec lesquels nous puissions resserrer les liens d'une fraternité sainte, et non des ennemis que nous devions combattre et vaincre.

« Citoyens de la ville de Vernon et vous, habitants des campagnes qui l'avoisinent, c'est surtout à vous que ce vœu s'adresse ; répondez promptement; venez, nous vous tendons les bras, nos embrassements fraternels vous attendent.

« Bougon, commissaire civil du Calvados; L'Adam, commissaire civil de l'Eure ; Jehanne, commissaire civil d'Ille-et-Villaine ; Gauthier, commissaire civil ; Mesnil, Levesque, Lenormand, commissaires civils du Calvados; Louis Caille, procureur syndic du district de Caen ; le général Joseph Puisaye ; Alexandre Puisaye, chef de brigade ; Néron, adjudant général ; Asire, administrateur ; Leroy, chef de bataillon ; Latibon, Thibault, administrateurs du Calvados ; Bouquet, capitaine d'artillerie de l'Eure ; Petit, Dumont, sous-lieutenants d'Évreux ; Gueroult, Cherchin, officiers de l'Eure ; Fromental, capitaine de chasseurs ; Leroy, capitaine ; Langraye, lieutenant de grenadiers ; Malherbe, premier chef de bataillon d'Ille-et-Villaine ; Dauphin, adjudant-major d'Ille-et-Vilaine ; François Lacouture, chef du bataillon du Calvados.

V.

LETTRES DE BRUNE A VINCENT.

« 18 juillet 1793.

« Mon cher ami,

« Les soldats de Buzot ont fui avec tant de précipitation qu'il est douteux de pouvoir les atteindre en deçà de Caen. Mon avis est cependant qu'il faudrait les poursuivre, sans leur donner le temps de se reconnaître, et les forcer de nous livrer leur roi et ses hommes d'État. Mais il faut, dit-on, attendre des ordres nouveaux qui autorisent à poursuivre dans le Calvados.

« L'état-major de l'armée me paraît composé de bons Sans-culottes, et je n'ai rien vu jusqu'à présent qui puisse me faire changer d'opinion. Buzot appelait ici l'indignation contre l'armée, qu'il nommait l'armée *Lindet* par représailles.

« L'armée Buzot, d'après tous les indices que j'ai pu recueillir, n'est composée à cette heure que de huit cents fuyards. Nous trouverons ici les effets qu'ils ont abandonnés pour fuir avec plus de vitesse. Les administrateurs du département de l'Eure ont emporté en fuyant 1,100,000 ª des deniers publics; deux malles, appartenant à son altesse royale la femme Buzot, ont été arrêtées par la municipalité d'Évreux.

« Tous les rapports qui nous sont faits, sur la disposition des esprits à Caen, s'accordent en ce point que bientôt elle sera terrible aux traîtres. Cependant, il ne faut pas donner à Wimpfen le temps de se reconnaître. Réfléchis à ceci : une prompte expédition peut épargner bien des maux dans ce pays et porter le coup mortel à la rébellion de la Vendée.

« Ton ami,

« BRUNE. »

« ÉVREUX, 20 juillet 1793.

« Mon cher Vincent,

« Je te requiers de me faire expédier l'ordre de route pour trois chevaux et leur conducteur, dont j'ai besoin à Évreux pour mon service. La lettre ci-incluse pour le ministre de la Guerre en contient la demande. *Tu voudras bien faire parvenir à ma femme cet ordre sur le champ, pour qu'elle le fasse exécuter; lettre R.*

« Tout va bien ici. Nous attendons l'expédition officielle du décret concernant la maison de Buzot pour la raser. Je crois pourtant que l'inscription fait trop d'honneur à Buzot; elle aurait dû être conçue ainsi : « Ici exista la maison du scélérat Buzot, qui troubla un instant la tranquillité de sa ville natale par ses faits inciviques. »

« Cent vingt cavaliers armés et montés sont venus se ranger sous les drapeaux de la République; nous les faisons partir pour Orléans. Tu pressens nos raisons ; mon avis serait que tous les officiers apostats fussent destitués. Comment pourraient-ils avoir notre confiance ?

« Si nous avions reçu des ordres pour pénétrer dans le Calvados (car on dit que des ordres pour cet objet nous sont nécessaires), le roi Buzot n'existerait pas plus que son autorité, et nous pourrions tourner Nantes, etc. Nous manquons d'effets de campement, bidons, marmites, tentes, etc., etc. Ces objets utiles devraient nous arriver en poste.

« On vient d'arrêter des voitures d'effets de campement destinés pour Caen : à coup sûr les administrateurs de Saint-Denis qui les ont expédiées doivent être et seront guillotinés.

« Tout à toi,
« Brune. »

« 24 juillet 1793.

« Mon ami,

« Ton activité à me procurer l'ordre de route que je demandais pour mes chevaux ne m'a pas surpris. C'est ainsi que nous devons nous comporter entre amis républicains. Pour ce qui concerne les démarches que tu m'annonces avoir faites pour moi, de concert avec Audouin, je ne vois pas sur quoi elles peuvent porter; car moi, je ne demande rien, et je sais qu'il est plus aisé de remplir un petit *Rollet* qu'un poste plus plus élevé. Ne te mets donc pas en peine de moi, et que ma défense ne te cause aucun désagrément, car je serai, dans vingt et trente ans si je vis, le républicain le plus zélé mais le plus dégagé d'envie et d'ambition.

« C'est un grand coup d'avoir destitué Custine. La politique exigerait-elle la conservation de Lamarlière? Je n'entends pas cette politique qui perpétue le mal et diffère le bien. Moreau et Keating seront-ils conservés? Serons-nous longtemps gouvernés par les nobles et par les étrangers?

« Les négociations font ici beaucoup plus que l'effort des armes. Lisieux nous promet une belle réception ; nous attendons une députation aujourd'hui de cette commune. L'esprit de Caen change ; les Buzotins commencent à y être conspués et l'armée elle-même se repent de bonne foi. La meilleure preuve qu'on puisse en donner est la déclaration de Wimpfen à la commune de Lisieux : « J'ai été trompé ainsi que vous, a-t-il dit, je maudis ceux qui nous ont abusés. »

« Les bonnes gens veulent l'excuser, mais à d'autres.

« L'armée ennemie se retire sur Bayeux bien diminuée.

« Les bataillons de Paris ne veulent pas passer le département de l'Eure, mais nous viendrons à bout de changer cette résolution.

« Obligé de marcher sur l'ennemi, la discipline et les approvisionnements de l'armée n'étaient pas les objets les plus importants dont le général fût occupé. Maintenant ces objets sont à l'ordre.

« Nous marcherons sur Lisieux et Caen au premier ordre des députés et l'armée ennemie n'existera plus ; Caen et Lisieux se disposent à l'acceptation de la Constitution.

« Je t'embrasse bien et ton épouse aussi.

« Brune. »

IV.

DEUX VICTIMES DE L'INSURRECTION LYONNAISE,

LE DÉPUTÉ LESTERP-BEAUVAIS ET L'ÉVÊQUE LAMOURETTE.

(Voir pages 109 et 111.)

Lesterp-Beauvais a été condamné avec les Girondins, le 30 octobre 1793 ; Lamourette, au contraire, a été jugé seul, le 11 janvier 1794. Nous avons néanmoins réuni ces deux affaires sous le même titre, parce qu'elles ont comme lien commun la résistance de Lyon. Frappés, l'un pour avoir laissé faire, l'autre pour avoir parlé, le Député et l'Évêque ont d'ailleurs péri tous les deux à cause de leurs attaches girondines.

I.

LESTERP-BEAUVAIS ET SA MISSION A SAINT-ÉTIENNE.

Lesterp-Beauvais avait pressenti les difficultés de sa situation, bien avant l'expédition des Lyonnais sur Saint-Étienne, et fait tout ce qui dépendait de lui pour obtenir son rappel. La lettre suivante, adressée confidentiellement à Barère, en est la preuve.

« Saint-Étienne, le 7 juillet 1793.

« J'écris encore une fois, mon cher collègue et ami, au Comité de salut public ; je vous conjure de l'engager à me faire une réponse quelconque ; il est trop douloureux de voir qu'il m'ait jugé si sévèrement et que toute communication soit arrêtée. Je sollicite votre amitié, dont j'ose dire encore que je ne suis pas indigne, de me faire envoyer le décret qui me rappelle et de me faire répondre. Je vous dirai de vive voix pourquoi et comment j'ai écrit à mon département. Je vous dirai également ce que je pense de l'administration, de la surveillance et de la correspondance qui auront lieu désormais pour la fabrication d'armes dans cette ville. Le mauvais état de ma santé, joint aux embarras de la correspondance, ne me permet pas d'entrer dans les détails.

« Agréez, etc.
« B. Lesterp. »

Malgré son insistance, il ne fut rappelé que dans le courant d'août. Dénoncé aussitôt par Chabot, Lesterp-Beauvais provoqua lui-même la discussion sur sa conduite à Saint-Étienne. Il soutenait que l'enlèvement des fusils, pris par les Lyonnais, *dans les ateliers des fabricants*, ne lui était pas imputable parce que ses pouvoirs comportaient seulement la surveillance *des dépôts nationaux* dans les manufactures. Ses détracteurs prétendaient, au contraire, qu'il aurait dû les acheter, pour les sauver, s'il n'avait pas été de connivence avec les rebelles, et attribuaient à sa complicité la liberté qui lui avait été laissée, alors que son collègue était obligé de se soustraire par la fuite à une arrestation.

Malgré ses explications, Lesterp-Beauvais fut décrété d'accusation, le 21 août, et placé d'abord sous la garde de deux gendarmes à domicile. Deux jours après, le Comité de sûreté générale recevait contre lui deux dénonciations ainsi conçues :

« J'instruis le Comité de sûreté générale que le Comité de salut public avait envoyé en commission, près de la fabrique d'armes établie dans la ville de Saint-Étienne, Lesterp-Beauvais. Celui-ci mérite sans doute que sa conduite soit examinée ; surtout lorsqu'on sait qu'il a montré la plus grande résistance au décret de la Convention qui le rappelait dans son sein ; lorsqu'on a dit également qu'il a favorisé les Lyonnais, qui se sont portés sur la ville de Saint-Étienne pour l'enlèvement de 15,000 fusils. Ces faits peuvent être éclairés par le citoyen Noël Pointe, député du Rhône-et-Loire, envoyé par le Comité de salut public en commission près de cette fabrique. Ce dernier fut obligé de fuir, pour échapper à la tyrannie que Beauvais avait favorisée et au milieu de laquelle il a resté, jusqu'à ce moment, malgré son rappel. Le silence sur une pareille conduite serait funeste. Nous devons trouver des coupables pour donner des grands exemples.

« B. Reynaud, député de la Haute-Loire. »

« Paris, 23 août 1793, an II de la République.

« Citoyens,

« Vous m'avez demandé des notes par écrit sur la conduite qu'a tenue Lesterp-Beauvais à Saint-Etienne, lors de l'invasion des Lyonnais.

« Lorsqu'il fut accusé dans la Convention et qu'il donna ses moyens de justification, j'étais chez Couthon à conférer sur ces objets. Si j'eusse été présent à l'Assemblée, je lui aurais répondu. D'abord la conduite de Lesterp paraît suspecte en ce qu'il s'opposa, ainsi que le maire et quelques officiers municipaux, à la mesure que je proposais de faire marcher une force suffisante pour arrêter cette troupe contre-révolutionnaire. Les citoyens étaient tous debout et ne demandaient, pour les repousser, que l'ordre, des armes et des munitions.

« Mais, loin d'armer ces braves républicains, un nombreux détachement de grenadiers, avec une pièce de canon, prit le poste de la salle où étaient les fusils pour les conserver, selon toute apparence, pour les Lyonnais, et faire opprimer les braves Sans-culottes, ce qui ne réussit que trop peu de temps après.

« Lesterp fit plusieurs fois le voyage de Saint-Étienne vers les Lyonnais et ils entrèrent enfin dans la ville. Les sociétés populaires furent aussitôt détruites, tous les plus ardents patriotes proscrits et obligés de se soustraire à l'oppression, de quitter leurs familles et d'abandonner leurs ateliers.

« Une fédération fut ordonnée pour le 14 juillet. La Municipalité eut la bassesse de m'y inviter, mais je méprisai son invitation et je sortis de Saint-Étienne ce jour-là.

« Je ne sais si Lesterp y a assisté, mais il n'est parti que que plusieurs jours après.

« Il m'écrivit le 19 une lettre dont je joins ici une copie.

« Saint-Étienne, le 19 juillet 1793, l'an II de la République.

« Je suis, comme je dois l'être, inquiet, mon cher collègue, sur votre position et je vous demande une entrevue pour nous aboucher et aviser à un parti, car l'état actuel des choses l'exige et il est très pénible pour moi.

« En attendant, vous pouvez croire que je veillerai pour vous et que, si je savais que le danger vous menace en quelque part, j'y courrais pour vous couvrir de mon corps. Ainsi, indiquez-moi le lieu et le moyen de nous entretenir; comptez sur les sentiments de fraternité que je vous porte.

« Signé : B. Lesterp. »

« Vous voyez par là que Lesterp était tranquille, au milieu des Lyonnais, pendant que j'étais poursuivi et que mon domicile était violé par les brigands.

« Le congrès départemental avait, par un arrêté, pris Lesterp sous sa protection et ordonné mon arrestation dans toute l'étendue du département.

« Me voyant sans pouvoir, puisque le département me les avait retenus lorsque je fus arrêté, et étant sans moyens pour réprimer le brigandage, je pris le chemin de la Haute-Loire; et avec un passeport des corps constitués de la ville du Puy, je me suis rendu à mon poste. Enfin, pour tout dire en peu de mots, si Lesterp et une partie de la Municipalité avaient secondé le zèle des Sans-culottes, les Fédéralistes de Lyon n'auraient pas approché d'une ville dont les habitants brûlent du plus pur patriotisme.

« S'il eût été en mon pouvoir, j'aurais délivré des armes aux bras nerveux qui les avaient fabriquées. Ils les auraient conservées pour les défenseurs de la République, et une fois les Lyonnais repoussés, ces armes seraient rentrées à la première réclamation et elles ne seraient pas au pouvoir des révoltés. Voilà en abrégé ce qui s'est passé à Saint-Étienne; voilà la conduite de Lesterp, celle de la Municipalité et la mienne. La bonne volonté des patriotes de cette ville a été oppressée. Il vous reste à juger et prononcer ce qui sera de droit.

« Noel Pointe. »

Signataire d'une protestation contre le 2 juin, Lesterp-Beauvais ne pouvait échapper aux vengeances des Montagnards. Il fut compris, le 3 octobre, dans la prétendue conspiration imputée aux Girondins et monta sur l'échafaud, avec eux, le 31 du même mois.

II.

LAMOURETTE A LYON.

L'abbé Lamourette, retenu par le devoir et la charité, était resté à Lyon jusqu'à la fin du siège, bien qu'il désapprouvât la rupture avec la Convention. Cette réserve tardive ne pouvait pas faire oublier l'adhésion publique qu'il avait donnée à la résistance, dans l'éloge funèbre des victimes du 29 mai, et avant même la reddition de la ville, Couthon et ses collègues lancèrent contre lui le mandat d'arrêt suivant :

« Les représentants du peuple envoyés près l'armée des Alpes et dans différents départements de la République;

« Considérant que l'opinion publique accuse Lamourette, Évêque de Rhône-et-Loire, d'avoir pris part à tous les actes contre-révolutionnaires qui se sont manisfestés dans cette partie de la République, et de les avoir encouragés par ses écrits liberticides;

« Arrêtent que Lamourette sera conduit au Tribunal révolutionnaire établi dans la ville de Paris, pour y être jugé d'après les faits qui lui sont imputés et dont les preuves seront incessamment envoyées à l'accusateur public établi près le dit Tribunal ;

« Chargent le commandant de la gendarmerie à la suite de l'armée de l'exécution du présent arrêté.

« A Sainte-Foy, ce 4 octobre 1793, l'an II de la République une et indivisible.

« COUTHON, CHATEAUNEUF-RANDON, MAIGNET. »

Malgré les termes affirmatifs de ce mandat, le rôle de Lamourette avait été purement passif, en dehors du discours que nous venons de rappeler, et le fait est confirmé par l'interrogatoire rapporté ci-dessous.

« Ce jourd'hui, 2e jour du 2e mois de l'an mil sept cent quatre-vingt-treize, second de la République française, heure de midi, nous, Pierre-André Coffinhal, juge au Tribunal révolutionnaire, assisté de Robert Wolf, commis-greffier du Tribunal, en présence de l'accusateur public, avons fait amener, de la maison de la Conciergerie le nommé Lamourette, auquel nous avons demandé ses noms, âge, profession, pays et demeure.

« A répondu se nommer Adrien Lamourette, âgé de cinquante-deux ans, Évêque constitutionnel du département de Rhône-et-Loire, natif de Frévent, département du Pas-de-Calais, demeurant à Lyon.

D. « Quelles étaient ses opinions sur la contre-révolution qui s'est manifestée à Lyon?

R. « Qu'il n'a eu aucune liaison, ni aucun rapport, ni avec les chefs de la force armée, ni avec les chefs des administrations de cette ville. Qu'il n'a jamais été ni président, ni secrétaire, ni agent d'aucune Section, et qu'il ne peut, en conséquence, connaître quel était le véritable dessein de ceux qui étaient à la tête des mouvements qui se sont exécutés à Lyon.

D. « Si, à l'époque que le département convoqua des assemblées de présidents de Sections et des autorités constituées pour parvenir à soulever le peuple contre la Municipalité et les patriotes de Lyon, il n'avait pas pris part à ces assemblées?

R. « Qu'il n'y a pris aucune part; que l'événement du

vingt-neuf mai fut pour lui un phénomène brusque et inattendu, auquel il n'était nullement préparé.

D. « Si le lendemain de cet événement, il n'avait pas applaudi au siège que les contre-révolutionnaires avaient fait de la maison commune, et au massacre des patriotes qui y étaient renfermés?

R. « Qu'il n'a applaudi à rien, parce que pour lui cet événement était un mystère impénétrable.

D. « A lui observé que le voile qui pouvait couvrir un instant cet événement a dû se dissiper; qu'il n'a pas pu tarder à être à même d'en connaître les causes et les motifs; qu'alors, sans doute, il a dû se former en lui-même une opinion sur les événements qui sont arrivés et sur ceux qui en ont été la suite.

R. « Que, d'après une déclaration du citoyen Gauthier, représentant du peuple, par laquelle il approuvait la conduite des Lyonnais et promettait d'en rendre à la Convention un témoignage honorable pour les citoyens de cette ville, son opinion a commencé à incliner en faveur de ceux qui avaient résisté à la Municipalité, parce que n'ayant absolument connaissance des circonstances précédentes, et ne connaissant aucun membre ni de la Municipalité, ni du District, ni du Département, il n'a cru prendre de régulateur plus sûr de son jugement que celui manifesté, imprimé et placardé par ledit citoyen Gauthier, représentant du peuple; que ce qui a été depuis publié de la conduite de la Municipalité a confirmé le jugement touchant l'affaire de Lyon. On a imprimé qu'elle imposait des taxes arbitraires et exorbitantes à tous les citoyens, qu'elle était d'intelligence avec les membres du club central pour dresser les listes de proscription; on a imprimé que Chalier avait été d'intelligence avec les princes émigrés, qu'on avait trouvé dans ses papiers une lettre dont voici la substance : « Courage, Chalier, n'épargnez ni le sang, ni l'argent, et comptez que les princes reconnaîtront vos services. » On concluait, de ces diverses données, qu'il existait un système de subversion et d'anarchie excité et soudoyé par les princes émigrés, et que les entreprises de la Municipalité et de quelques membres du club central n'étaient qu'une branche d'une grande trame ourdie du dedans et du dehors pour ramener l'ancien gouvernement. D'où il résulte que ceux qui croyaient que les choses se passaient ainsi, et qui tenaient à l'affranchissement de la liberté républicaine, devaient déployer contre l'anarchie et ses agents la même énergie qu'ils avaient déployée contre tous les efforts de la tyrannie.

D. « A lui observé qu'il paraît, d'après sa réponse, qu'il n'est pas difficile à se convaincre que, parce que Gauthier avait signé une approbation de la contre-révolution de Lyon, il s'était à l'instant persuadé que le siège de la Commune, l'assassinat des patriotes étaient un acte de justice et de nécessité; que lui qui habitait à Lyon, devait savoir que la représentation nationale y avait été violée; que Gauthier avait été obligé de figurer dans une assemblée de scélérats où sa vie était menacée; qu'à l'égard des autres affiches, elles étaient l'ouvrage des contre-révolutionnaires, qui avaient soin de vanter l'atrocité de leur conduite; que s'il eût été possible que ces affiches l'eussent induit un instant en erreur et ensuite empoisonné son opinion, il n'avait qu'à lire les ouvrages patriotes; il y aurait vu que la Convention nationale s'élevait avec force contre cette ville scélérate, et alors certainement, s'il n'eût eu que l'opinion égarée, il serait revenu sur lui-même; que lorsqu'il n'a pas fait le retour, malgré les décrets de la Convention, il faut croire qu'il était un agent principal de la contre-révolution de Lyon. Qu'à l'égard de ce qu'il a dit sur Chalier, ceux qui connaissent son patriotisme et le courage dont il a fait usage pour faire triompher la liberté dans la ville de Lyon, savent qu'on a imaginé la lettre qu'on a prétendu avoir trouvée chez lui, pour pallier l'assassinat dont on s'est rendu coupable à son égard; qu'il est instant qu'il convienne avec franchise de la conduite qu'il a tenue et de la part qu'il a prise à l'horrible contre-révolution de Lyon.

R. « Qu'il n'a su, ni pu savoir si le représentant Gauthier avait fait sa déclaration librement ou non; qu'il n'a pas dit que ce fût une action de nécessité ou de justice, mais simplement une action sanctionnée par le représentant Gauthier, d'après les circonstances qui ont amené la découverte de la lettre écrite à Chalier et la connaissance des taxes arbitraires et des listes de proscription; qu'il ne pouvait connaître le jugement de la Convention, ni par les journaux, ni par aucune espèce de correspondance, parce qu'il ne lui arrivait plus ni lettres, ni aucune espèce de journaux, sans qu'il pût savoir d'où provenait la suspension de la circulation de ces papiers publics ; qu'il ne résulte par conséquent d'aucun des faits qui le concernent qu'il ait été en aucune manière l'agent de la contre-révolution, n'ayant jamais partagé les soins d'aucune administration, n'ayant jamais correspondu avec aucun des *moteurs* des manœuvres de Lyon, ni de vive voix, ni par écrit, ayant été constamment concentré dans les immenses occupations de son état, ayant toujours mené une vie isolée de toutes les affaires relatives à l'affaire de Lyon et n'ayant pas même le temps d'en pénétrer les ressorts; qu'il porte le plus intrépide défi à tous ses accusateurs de produire une seule preuve de correspondance, orale ou scripturale, avec les agents de tout ce qui s'est passé à Lyon.

D. « Où il était quand les scélérats de Lyon, après avoir assassiné les patriotes, violé la représentation nationale, méconnu les décrets de la Convention opposa (*sic*) de la résistance aux lois, se mit en état de siège pour empêcher que les troupes républicaines ne pénétrassent dans cette ville, et quelle résistance il a portée à tous ces crimes de contre-révolution qui étaient publics.

R. « Que, depuis le mois de mai, il a toujours resté à Lyon, et qu'il a hautement improuvé la rupture de la ville de Lyon avec la Convention nationale.

D. « Si, dans la formation de ses compagnies et du bataillon de Lyon, il n'y a pas eu de bénédictions de drapeaux, ni de bénédictions d'armes, et s'il n'a pas fait ou fait faire ces bénédictions.

R. « Qu'il n'y en a pas eu.

D. « S'il n'y a pas eu des discours prononcés dans les églises pour approuver la conduite infâme et contre-révolutionnaire des Lyonnais.

R. « Qu'il n'y en a point eu depuis l'ouverture du siège.

D. « S'il n'a pas fait prendre un arrêté par son conseil

épiscopal, et s'il n'a pas fait ou fait faire un mandement contre les mariages des prêtres.

R. « Qu'il n'y a eu ni arrêté du conseil, ni mandement contre le mariage des prêtres.

D. « S'il avait un conseil.

R. « Qu'il nomme le citoyen Chauveau-Lagarde.

« Lecture à lui faite de son interrogatoire, a dit que ses réponses en icelui contiennent vérité, qu'il y persiste, et a signé avec nous et le commis-greffier.

« Adr. Lamourette; Coffinhal; A. Q. Fouquier; Wolf, commis-greffier. »

Fouquier-Tinville ne daigna pas répondre au dilemme posé par Lamourette. Peu lui importait que les faits antérieurs au siège de Lyon eussent été ratifiés par le représentant Gauthier et que, depuis cette approbation, aucun grief n'eût été relevé à la charge de l'accusé. Lamourette avait été le confident de Mirabeau, ses sympathies pour la cause girondine n'étaient pas douteuses; il méritait la mort. Aucun témoin ne fut appelé devant le Tribunal révolutionnaire et Lamourette fut condamné sans preuves, le 11 janvier 1794.

Tout le monde connaît son opinion sur la guillotine. Ce qui vaut mieux que cette plaisanterie, ce sont les sentiments religieux de sa fin.

V.

SOULÈVEMENT DE MARSEILLE

APRÈS LE 2 JUIN 1793.

ARRESTATION ET INTERROGATOIRE DU REPRÉSENTANT ANTIBOUL.

(Voir page 114.)

Cet interrogatoire public d'un député girondin, par les autorités girondines de Marseille, est curieux à plus d'un titre. Il reflète le sentiment des populations méridionales sur les événements accomplis à Paris, et en raison de sa date rapprochée du coup d'État du 2 juin, nous avons pensé qu'il intéresserait nos lecteurs.

Par un rapprochement bizarre, l'interrogateur d'Antiboul était précisément l'orateur de la députation qui, le 25 mai, avait porté à la Convention l'adresse des 32 Sections de Marseille protestant contre l'appui que les représentants Boisset et Moïse Bayle, envoyés en mission dans cette ville, accordaient aux membres de la faction jacobine.

« Du 24 juin 1793, l'an II de la République française.

« En continuant leur séance, les citoyens républicains commissaires des 32 Sections de Marseille, à l'effet, ensuite de la délibération de la Section 8, de faire subir un interrogatoire à deux particuliers se disant membres de la Convention, actuellement en état d'arrestation dans cette ville, se sont réunis dans le local de la Loge.

« La séance ouverte, l'appel nominal de tous les membres de la députation a été fait par l'un des secrétaires.

« Une députation a été envoyée à la Municipalité pour la prévenir que l'assemblée était formée, et la prier de faire conduire devant elle l'un des particuliers, pour être interrogé.

« Le président a invité le peuple présent à la séance à se montrer dans toute sa majesté, à s'abstenir de toute marque d'improbation et à rester dans le plus grand silence.

« Après quelques moments d'attente, un particulier a été annoncé.

« Interrogé sur son nom et surnom :

« A répondu s'appeler Charles-Louis Antiboul.

« Sur son âge.

« A répondu quarante ans.

« Sur sa profession.

« A répondu ci-devant homme de loi.

« S'il est représentant.

« A répondu oui, par la confiance de ses commettants.

« De quel département.

« Du département du Var.

D. « D'où veniez-vous lorsque vous avez été arrêté à Aix?

R. « De Paris.

D. « Depuis quand êtes-vous parti de Paris?

R. « Depuis le 7 juin courant sur le soir.

D. « Par quelle route avez-vous passé?

R. « Par Orléans, Limoges, Toulouse.

D. « Où alliez-vous?

R. « En Corse.

D. « Pourquoi faire?

R. « Par mandat des représentants du peuple.

D. « Communiquez-nous vos pouvoirs.

R. « A répondu que ses pouvoirs ont été déposés à la Municipalité.

D. « Interrogé sur la place qu'il occupait dans la Convention.

R. « A répondu que les places étaient égales dans la Convention, et qu'il n'avait point de place fixe.

D. « Interrogé s'il était à la séance du 25 mai à laquelle fut introduite la députation de Marseille.

R. « A répondu par l'affirmative.

D. « Que pensez-vous sur la commission des Douze?

R. « Beaucoup de bien. Je la crois composée d'hommes vertueux.

D. « Quelle a été votre opinion lors du décret qui a cassé cette commission?

R. « Je n'ai pas assisté à cette séance, j'étais au Comité de marine; c'était une séance du soir.

D. « Étiez-vous à la séance où fut rapporté le décret de sa cassation?

R. « Oui, citoyen, le lendemain.

D. « Avez-vous eu connaissance de l'insurrection que Danton prêcha à la tribune, et qui fut approuvée par la Montagne et les tribunes?

R. « Non, citoyen, je n'étais point à cette époque à la séance qui cassa la commission des Douze, et je n'ai pas entendu Danton.

D. « Quelles vues attribuez-vous à la Montagne?

R. « Il peut y avoir des membres égarés car, dans un grand nombre d'hommes, il y en a toujours qui veulent influencer et se faire un parti.

D. « Quelles vues attribuez-vous à la Plaine?

R. « Je n'ai jamais soupçonné les intentions de mes collègues, jugeant que tous veulent le bien.

D. « Quelles vues attribuez-vous au Marais?

R. « Je vous fais la même réponse.

D. « Que pensez-vous de Robespierre?

R. « Sa réputation est équivoque, ainsi que ses principes; je crois qu'il suffit de l'avoir entendu à la Convention pour en avoir l'opinion qu'en a toute la République.

D. « Connaissez-vous Marat?

R. « Je le connais de vue, je ne lui ai jamais parlé; je connais ses feuilles, je les ai constamment improuvées.

D. « Que pensez-vous de Marat?

R. « Je rappellerai l'opinion que j'ai eue lors de l'accusation portée contre lui; je pensais qu'il eût mieux valu l'enfermer que le décréter d'accusation, parce que l'Assemblée n'aurait pas eu la honte de le voir ramener en triomphe dans son sein.

D. « Que pensez-vous des huées qui partirent des tribunes lorsque Barbaroux, Buzot, Valazé, Lanjuinais et autres voulaient parler?

R. « J'en ai gémi souvent.

D. « Que pensez-vous des applaudissements qu'obtiennent des tribunes Marat, Robespierre, Danton et autres?

R. « Je les blâme.

D. « Ce sont les tribunes qui influencent l'Assemblée?

R. « Elle est influencée quelquefois malheureusement, mais il y a eu des séances où elle a délibéré contre les tribunes elles-mêmes, et ses décrets ont été rendus librement.

D. « Que pensez-vous de Basire, Thuriot, Merlin et autres?

R. « Je les crois tous des êtres secondaires; je ne les ai jamais fréquentés.

D. « Que pensez-vous de Danton?

R. « Je n'ai pas eu plus de relations avec lui qu'avec Robespierre et Marat; je le répète, je le crois capable de résolution. Quant à Robespierre, c'est un homme très orgueilleux; mais je ne suis pas sûr que ces députés aient voulu faire une révolution.

D. « Leur attribuez-vous des vues perfides?

R. « Je ne me permettrai pas de les accuser.

D. « Estimez-vous Danton et Robespierre?

R. « Citoyen, vous me pressez beaucoup.

D. « Le temps est venu où le peuple veut connaître ses amis et ses ennemis.

R. « Je ne puis vous dire si j'estime ces députés, parce que l'estime est à soi et dans ce moment-ci, peut-être ferais-je des méprises contre l'un ou contre l'autre, si je ne me mettais pas en garde pour porter un jugement.

D. « Étiez-vous à la Convention le jour où des pétitionnaires portèrent à la Convention le tableau de Lepelletier avec une pique surmontée d'un bonnet de Liberté, accompagné d'une pétition soutenue par trente mille hommes armés?

R. « Hors le tableau de Lepelletier, j'ai tout vu; j'ai su, mais n'ai pas vu, que la Convention était entourée ce jour-là; et ce jour même, je fus quelque temps sans pouvoir entrer.

D. « Avez-vous connaissance des violences commises dans la séance du 31 mai sur Guadet, Isnard et Lanjuinais?

R. « Je n'en ai aucune espèce de connaissance.

« J'ai vu dans un moment un membre, Drouet, porter son bâton sur un autre député, et comme il arrivait souvent du désordre dans la Convention, souvent plusieurs membres ont été insultés. Je me rappelle que Guadet était au bout du banc, par-dessus les pétitionnaires; j'ai vu du mouvement, du brouhaha, et je ne sais pas bien ce qui s'est passé. Isnard a été souvent insulté durant sa présidence; au sujet de Lanjuinais, j'ai vu des choses fort extraordinaires; mais j'étais accoutumé à voir des orages et n'y ai pas fait fort attention.

D. « Connaissez-vous le décret qui condamne à la peine de mort celui qui fera tirer le canon d'alarme sans un décret du Corps législatif?

R. « Je crois qu'il n'y a aucun député qui l'ignore.

D. « Avez-vous entendu le canon d'alarme les 31 mai, 1ᵉʳ, 2 et 3 juin?

R. « Je l'ai entendu une fois et vu tirer, je crois, le 2 juin.

D. « Par quel ordre a-t-il été tiré?

R. « Il n'y a pas eu de décret à cet égard.

D. « Avez-vous entendu le discours que le ministre de l'intérieur a prononcé à la Convention en faveur de l'insurrection du 31 mai, et quelle opinion en avez-vous?

R. « J'en ai été peu satisfait.

D. « Est-ce quant à la forme ou au fond?

R. « C'est quant aux faits.

D. « Avez-vous connaissance du lieu où était la Municipalité de Paris lorsque le ministre prononça son discours?

R. « Je n'en ai point connaissance; j'ai ouï dire seulement qu'un de mes collègues, s'étant présenté au Comité de sûreté générale, y trouva un officier municipal.

D. « Avez-vous connaissance que Marat ait fait mettre en état d'arrestation le commandant du détachement de la Butte des Moulins, en lui mettant le pistolet sous la gorge?

R. « C'est la première fois que j'en entends parler.

« J'observerai seulement qu'étant à dîner chez un restaurateur, avec un ami, je vis passer une force armée qui se portait vers le château; j'entendis que le peuple criait : A bas les baïonnettes!

D. « Que pensez-vous de la violation qui a été faite à l'intégralité de la Convention par l'arrestation de 32 de ses membres?

R. « Je pense que la Convention n'a jamais été libre ce jour-là; j'improuve l'arrestation et surtout la manière dont elle a été faite.

D. « Avez-vous connaissance de l'arrestation de 4 commissaires des 32 Sections de Marseille?

R. « J'étais sur le point de mon départ, quand j'ouïs dire qu'on les arrêta; j'ouïs dire ensuite qu'on les avait relâchés; je n'ai pu prendre d'aucun de ces faits une connaissance exacte.

D. « Que pensez-vous des obstacles que vous avez plusieurs fois éprouvés pour siéger à la Convention?

R. « J'ai pensé que c'était une violation à la liberté de la représentation nationale, et quand même je serais entré, lorsqu'on mit en arrestation 32 députés, je n'aurais pu émettre librement mon vote et peut-être aurais-je voté pour l'arrestation, quoique injuste, pour éviter de plus grands malheurs à l'Assemblée.

D. « Quoique vous ayez dit que vous siégez indifféremment à toutes les places, ensuite que vous siégez au même lieu et que ce lieu n'est pas la Montagne, puis qu'il y a de votre aveu trois partis, auquel tenez-vous?

R. « A aucun.

D. « Savez-vous pourquoi Danton n'a jamais rendu ses comptes?

R. « Je l'ignore.

D. « Pourquoi, lorsque quelques membres de la Convention demandent que la Commune de Paris rende ses comptes, y a-t-il grand bruit et empêchement?

R. « Le fait existe, mais je ne sais pourquoi.

D. « Croyez-vous les 32 députés arrêtés coupables envers la nation?

R. « Je ne les crois pas coupables, ni dans mon opinion privée ni dans l'opinion publique, puisque aucune preuve n'a été fournie contre eux.

D. « Avez-vous voté dans la séance où leur arrestation fut décrétée?

R. « Je n'étais pas à cette séance; je ne pus pas rentrer, étant sorti un moment; j'ai déjà répondu sur ce fait.

D. « Quels sont les députés que vous fréquentiez le plus souvent?

R. « Casabianca, Corse, et autres indifféremment; quelquefois Lanjuinais; et j'ai toujours été en garde sur le parti que je devais adopter.

D. « Comment procède-t-on à la nomination des commissaires de la Convention?

R. « On a été souvent en désaccord sur ce point; on a demandé souvent que ce fût la Convention; mais ordinairement ce sont les différents Comités qui les proposent et l'Assemblée les agrée.

D. « Les représentants en commission, et notamment auprès des armées, sont-ils pris indifféremment dans la Plaine, le Marais et la Montagne?

R. « J'estime qu'il y en a beaucoup plus de pris parmi les députés de la Montagne.

D. « Avez-vous connaissance des assemblées révolutionnaires tenues à l'Évêché?

R. « J'en ai eu connaissance, et je sais qu'il y a été fait des motions très affligeantes pour la patrie.

D. « Avez-vous eu connaissance de la conspiration du 10 mars?

R. « Elle a été trop notoire pour que j'aie pu l'ignorer. J'ai su que, dans la séance des Jacobins, il avait été fait motion de marcher en armes contre la Convention, et qu'un rassemblement d'hommes était, en effet, sorti des Jacobins pour se porter aux Cordeliers; que me rendant, en ce moment, à la Convention, les particuliers que je rencontrai me dirent que si j'allais à la Convention, j'y serais égorgé; mais je leur répondis que je ne connaissais que mon devoir et que j'allais me rendre à mon poste.

D. « Les Comités sont-ils en majorité composés de membres de la Montagne, et notamment celui de Salut public?

R. « Celui de la Marine, où j'étais, était assez mêlé; mais celui de Salut public était presque tout Montagnard.

D. « Que pensez-vous de la municipalité de Paris?

R. « Les idées que l'on peut s'en former ne peuvent que lui être défavorables.

D. « Avez-vous connaissance que le tocsin, la générale et le canon d'alarme aient mis en insurrection le peuple de Paris les 31 mai, 1er et 2 juin?

R. « Je sais que le canon d'alarme a été tiré, que le tocsin a sonné, que la générale a battu et que le tout partait du Comité révolutionnaire.

D. « Qui est-ce qui formait le Comité révolutionnaire et de qui tenait-il ses pouvoirs?

R. « Il était formé de plusieurs membres des Comités de révolution des diverses Sections de Paris. Je ne crois pas que la Révolution l'approuvât, puisqu'il y avait été dénoncé. Le maire de Paris avait rendu à la barre, à ce sujet, un compte tranquillisant en apparence, mais que je ne crois ni vrai, ni satisfaisant.

D. « Il est évident que le Comité de Salut public est le centre, et tient à sa disposition tous les autres Comités; qu'étant composé de membres de la Montagne reconnus pour être ennemis du bien public, le salut de la République est bien exposé?

R. « Il paraît effectivement qu'il a grand pouvoir et je pense que le sort de la patrie est dans ses mains.

D. « Pensez-vous qu'Hébert, substitut de la Commune de Paris, ait été mis en liberté par le vœu libre de la Convention?

R. « Je pense que dans tous ces temps la Convention n'était pas libre.

D. « Que pensez-vous de l'arrestation d'Hébert?

R. « L'arrestation a pu être fondée sur des faits déposés au Comité des Douze, qui n'a jamais fait son rapport.

D. « Pensez-vous que le Comité ait été libre de faire son rapport?

R. « Il m'a paru que non.

D. « Dans la séance où fut décrétée l'arrestation des trente-deux membres de la Convention, avez-vous eu connaissance de la nombreuse députation admise aux honneurs de la séance?

R. « Il en a paru tant ce jour-là que ce n'a été qu'une députation continuelle.

D. « De quel côté furent se placer les nombreuses députations de ce jour admises aux honneurs de la séance?

R. « Parmi les députations, j'en ai distingué une dont l'orateur, me dit-on, s'appelait Hassenfratz. Cet orateur dit à la Convention que, puisqu'elle ne pouvait sauver le peuple, il venait lui dire pour la dernière fois que le peuple allait se sauver lui-même. Cette députation fut se placer au côté gauche du président, connu sous le nom de la Montagne.

D. « De quel côté vont ordinairement se placer les députations de la Commune de Paris, lorsqu'on leur accorde les honneurs de la séance?

R. « Presque toujours du côté de la Montagne. Il y en a eu qui se sont plaintes d'avoir été repoussées par un certain côté.

D. « A quels membres de la Convention attribuez-vous le funeste avantage de diriger la faction qui enchaîne la liberté du Corps législatif?

R. « Je serais en peine de le dire, mais je sais qu'il y a dans la Convention un membre qui est perdu de réputation ; c'est Marat. Je ne puis pas connaître au reste quelle faction enchaîne le pouvoir législatif.

D. « Croyez-vous que Marat, Robespierre, Danton, aient des relations avec la Vendée?

R. « Je n'en ai aucune connaissance ; j'ai ouï dire qu'ils différaient entre eux d'opinion et je distingue encore entre eux. Pour juger Robespierre et Danton, il faudrait avoir des lumières que je n'ai pas. Quant à Marat, il m'a paru souvent prêcher les maximes que je regarde comme contraires à la chose publique, et alors dans mon opinion, je ne serais pas éloigné de penser que l'ennemi de la chose publique fût l'ami des rebelles de la Vendée.

D. « De quel œil avez-vous vu Marseille se déclarer en état de résistance à une Convention tyrannique ?

R. « Je suspens mon jugement sur cette question ; je suis membre de la Convention et je suis privé de ma liberté.

D. « Avez-vous connaissance des ordres donnés à l'armée sortie de Paris contre la Vendée pour retourner à Paris, où elle a secondé l'insurrection du 31 mai ?

R. « J'ai ouï dire, et il ne m'a pas été difficile de vérifier, que beaucoup de gardes nationaux du contingent de Paris avaient été arrêtés à Courbevoie et à Rueil, d'où ils avaient été appelés le 2 juin pour prendre part à l'insurrection ; je présume que cet appel a été fait par la Commune de Paris ou par le Comité révolutionnaire.

D. « Je vous répéterai ma question précédente en la changeant de forme. De quel œil avez-vous vu Marseille résister à l'oppression envers une Convention opprimée elle-même par la tyrannie de quelques factieux ?

R. « Je n'ai vu de Marseille que les trente-deux députés qui ont porté une pétition à Paris. La Convention m'a paru opprimée, je ne sais si elle l'est encore ; mais ne jouissant pas de mon entière liberté, je ne puis émettre une opinion. J'ai pensé en quittant Paris que les choses ne pouvaient point en rester là, et j'ai désiré qu'un nouvel ordre de choses s'établît, pour le bonheur du peuple, l'unité et l'indivisibilité de la République.

D. « Croyez-vous que la présente Convention nationale séant à Paris puisse faire une Constitution républicaine ?

R. « Si les choses continuent comme je les ai vues à mon départ, je crois que le séjour de la Convention à Paris peut être très dangereux pour la chose publique.

D. « Avez-vous rempli, de la part de la Convention, d'autres missions particulières dans les départements ?

R. « Aucune.

D. « Êtes vous muni d'un passeport ?

R. « Je l'ai remis au Comité de sûreté de la ville d'Aix ; il m'avait été délivré par la Convention nationale.

D. « Êtes-vous de la Société des Jacobins ?

R. « Non.

D. « Du club des Cordeliers ?

R. « Non.

D. « De tout autre de Paris ?

R. « Non.

D. « Avez-vous connaissance de la délibération des Jacobins au sujet des Sections de Marseille ?

R. « Non.

D. « Un département ou plusieurs départements seraient-ils, dans votre opinion, blâmables d'inviter tous les amis de la République à se réunir à un vœu commun, pour refuser de reconnaître la légalité des décrets conventionnaux qui, dans l'état d'oppression où se trouve la Convention, ne sont que les décrets d'une faction désorganisatrice ?

R. « Dans l'hypothèse supposée, je réponds que non seulement un département aurait le droit à la résistance, mais même un individu.

« ANTIBOUL; RAMPAL fils, président; SIMIAN, RIJAUNEST, FONVIELLE, G. PRADIER, secrétaire. »

VI.

LA MORT DE MARAT.

(Voir page 163.)

I.

Quand la nouvelle de l'assassinat de Marat se répandit dans Paris, la pensée que le coupable pouvait être une femme ne vint à l'esprit de personne, et les premiers soupçons s'égarèrent sur ceux qui avaient eu maille à partir avec *l'Ami du peuple*. De ce nombre était Jacques Roux, qu'on trouvait d'ordinaire mêlé à toutes les intrigues de cabinet, de même qu'à tous les mouvements de la rue. Marat l'avait vivement attaqué dans son journal, à l'occasion de la pétition de la Section des Gravilliers, dont nous avons rapporté plus haut (page 316) le piteux échec, et Jacques Roux n'avait pas caché son irritation. On le crut un instant capable de s'être vengé, et nous donnons l'interrogatoire qu'il subit à cette occasion devant le Comité de sûreté générale. Jacques Roux avait été dénoncé par l'observateur de police Blache, dont voici également la lettre :

Rapport de police.

« Le citoyen Greive[1], demeurant rue Cimetière-Saint-André-des-Arts près celle du Jardinet, faubourg Saint-Germain, chez le citoyen Denis, était mardi dernier avec le citoyen Allain chez le citoyen Marat. Dans le moment qu'ils causaient avec ce dernier, Jacques Roux entra chez Marat. Celui-ci lui parla avec toute l'énergie républicaine. Jacques Roux sortit et, de la

---

1. Greive, Américain fixé depuis vingt ans en France, se vantait d'avoir constamment servi avec Marat la cause de la liberté.

porte, il lança un regard de fureur mêlé d'indignation sur le citoyen Marat. Ce regard étonna Greive et Allain. Ce dernier avait dit aussi quelques propos à Jacques Roux.

« Greive donnera la demeure du citoyen Allain.

« Jacques Roux demeure rue Aumaire, à la communauté des prêtres Saint-Nicolas des Champs.

« Pour avis au Comité de sûreté générale, le 14 juillet 1793, an II de la République.

« Blache. »

Ce rapport était accompagné d'une déclaration signée par les citoyens Allain et Greive, de la Section de Marseille, attestant l'impression profonde qu'ils avaient ressentie en voyant Jacques Roux s'arrêter au bout d'un long palier, avant de descendre l'escalier, et lancer sur Marat un regard prolongé de vengeance impossible à dépeindre.

Jacques Roux fut interrogé le jour même ; mais Charlotte Corday était déjà arrêtée et il fut mis en liberté. On remarquera, dans son interrogatoire, le désaveu qu'il se donne à lui-même, à l'occasion de la pétition qui avait motivé son expulsion du club des Cordeliers.

Comité de Sûreté générale.

Du 14 juillet 1793, an II de la République.

D. « Comment vous nommez-vous ?

R. « Jacques Roux.

D. « Où demeurez-vous ?

R. « A Saint-Nicolas des Champs, Section des Gravilliers.

D. « Quelle est votre profession ?

R. « Je suis prêtre et officier municipal de Paris.

D. « Connaissez-vous Marat ?

R. « Oui, je l'ai connu et il a trouvé asile chez moi, lorsqu'il était persécuté par Lafayette.

D. « Y avait-il longtemps que vous l'aviez vu lorsqu'il a été assassiné ?

R. « Il y a cinq ou six jours que je fus chez lui, pour lui porter mon extrait baptistaire et une lettre que je lui écrivais, pour lui demander rétractation d'un de ses numéros.

D. « Quand vous êtes entré chez lui, y avait-il quelqu'un ?

R. « Il y avait six personnes, plus ou moins, autant que je puis me le rappeler.

D. « N'eûtes-vous point dispute avec Marat?

R. « Aucune.

D. « Quel était le motif de votre visite chez lui ?

R. « C'était de lui remettre une lettre, parce que je ne comptais pas le trouver.

D. « Vous avez eu des démêlés avec Marat ce jour?

R. « Non, aucun. Il me dit que j'étais un hypocrite, autant que je puis me le rappeler.

D. « Quand vous êtes sorti du domicile de Marat, ne lui avez-vous rien dit de fâcheux?

R. « Non.

D. « N'avez-vous jamais écrit pour ou contre la Révolution?

R. « Je n'ai jamais écrit que pour la défendre et la soutenir.

D. « Marat vous dit-il quelque chose de fâcheux?

R. « Oui, il me conseilla d'aller végéter dans mon état.

D. « Quand vous êtes sorti de chez Marat, n'avez-vous montré, dans votre maintien et votre physionomie, rien qui ait pu déceler que vous aviez de l'humeur contre lui ?

R. « Non.

D. « Vous rappelez-vous des noms des citoyens qui étaient chez Marat ?

R. « Non.

D. « Quel ouvrage vous proposiez-vous de faire contre Marat?

R. « Une réponse à un de ses numéros.

D. « Ne connaissiez-vous point de plan d'assassinat dirigé contre Marat?

R. « Non.

« Fait et clos au Comité de Sûreté générale.

« Le citoyen Jacques Roux, avant de signer, a dit que Marat lui avait reproché, dans la conversation qu'il a eue avec lui, d'avoir porté un coup mortel à la République dans l'adresse qu'il avait présentée à la barre de la Convention, au nom de la Section des Gravilliers, vers la fin du mois de juin dernier. A quoi il avait répondu que telle n'avait pas été son intention ; que la Constitution étant acceptée, il s'y conformerait et emploierait tous ses moyens à la défendre et à la soutenir.

« JACQUES ROUX. »

II.

LES RESTES DE MARAT.

L'apothéose de Marat dura peu et la réaction fut d'autant plus vive que le culte avait été plus fervent.

La Convention avait ordonné, le 25 novembre 1793, sur le rapport de Chénier, la translation des restes de Marat au Panthéon, où ils devaient remplacer la dépouille mortelle de Mirabeau ; mais elle ne se pressa guère d'exécuter son décret, et il était réservé à la réaction thermidorienne de donner cette preuve de faiblesse. Le 21 septembre 1794, le cercueil de Marat fut solennellement transporté au Panthéon.

Interprétée comme un défi à la conscience publique, cette concession aux passions jacobines manqua complètement son but et devint le signal de nombreuses protestations. La plus célèbre est la fête du mannequin, le 21 janvier 1795, à la suite de laquelle l'effigie de Marat, promenée dans Paris et brûlée dans la cour des Jacobins, eut ses cendres jetées dans l'égout Montmartre[1]. Marat lui-même ne tarda pas à être expulsé du Panthéon, à la suite du décret du 8 février 1795, interdisant de rendre cet honneur à un citoyen moins de dix ans après sa mort.

La dépense faite par la Section du Théâtre-Français pour conserver « ces précieux restes » devenait de la sorte inutile.

---

1. C'est le souvenir de cette manifestation qui a accrédité la légende infligeant cette humiliation au corps même de *l'Ami du peuple*. En réalité, Marat a été exhumé le 28 décembre 1795 et inhumé, la nuit suivante, dans l'ancien cimetière des clercs de Sainte-Geneviève attenant à l'église.

Il n'en est pas moins intéressant de constater une fois de plus comment, dans tous les temps, la cupidité privée et la passion politique se sont attachées aux cadavres célèbres. Nous recommandons surtout la phrase ironique qui termine le rapport de Desault.

État des dépenses qu'il m'a été ordonné de faire, par le Conseil général de la Commune, pour l'embaumement du corps de Marat.

« Pour l'embaumement du citoyen Marat ;

« Son cœur et ses entrailles embaumés à part ;

« Pour soins assidus, depuis le dimanche jusqu'au mercredi, deux heures du matin ;

« Pour tous les aromates, liqueurs, et pour tout le linge employé ;

« Pour les cinq élèves qui, à tour de rôle, n'ont point quitté le corps ;

« Et généralement pour toutes les dépenses qu'a occasionnées l'embaumement, la somme de six mille livres.

« Deschamps,
« Chirurgien major de l'hôpital de la Charité de Paris, y demeurant. »

Rapport du chirurgien Desault.

« D'après la demande du citoyen Giraud, chargé de régler les mémoires relatifs aux funérailles de Marat, et autorisé, par le ministre de l'Intérieur et le département de Paris, à demander aux artistes les renseignements nécessaires sur cet objet, j'ai examiné les pièces suivantes, relatives à l'embaumement du corps de Marat :

« 1º. Une déclaration signée du citoyen Lohier, commissaire du Comité de Salut public, portant qu'avant l'embaumement du corps de Marat, le citoyen Deschamps, chargé de cette opération, l'avait évaluée à douze ou quinze cents livres ;

« 2º. Un mémoire par lequel le citoyen Deschamps demande la somme de six mille livres pour les frais et soins relatifs à cet embaumement.

« Après m'être assuré, chez plusieurs apothicaires, du prix actuel des différentes substances qu'on emploie ordinairement pour les embaumements, et en évaluant les soins que cette opération exige, je me crois fondé à prononcer qu'une somme de quinze cents livres doit suffire pour tous les frais de l'embaumement du corps de Marat.

« La somme de six mille livres ne serait pas excessive, s'il était nécessaire de satisfaire l'orgueil et la vanité d'un riche héritier ; mais un républicain se trouve déjà dédommagé de ses peines par l'honneur d'avoir contribué à conserver les restes d'un grand homme que la patrie veut honorer.

« A l'Hôtel-Dieu de Paris, le 22e jour du 1er mois de la 2e année de la République une et indivisible.

« Desault. »

Rapport du citoyen Giraud, architecte du département de Paris, sur l'embaumement du corps de Marat.

Du 6e jour de la 3e décade de l'an II de la République française (ère vulgaire, 17 octobre 1793).

« J'ai l'honneur d'envoyer au Directoire :

« 1°. Le mémoire du citoyen Deschamps, chirurgien major de l'hôpital de la Charité, montant en demande à la somme de six mille livres, pour l'embaumement du corps de Marat ;

« 2°. Une déclaration du citoyen Lohier, commissaire du Comité de Salut public, portant qu'avant l'embaumement, ledit citoyen Deschamps n'avait évalué cette opération qu'à douze ou quinze cents livres ;

« 3°. L'avis du citoyen Desault, chirurgien en chef de l'Hôtel-Dieu, dont les talents, la probité et le civisme sont connus, qui fixe à quinze cents livres les honoraires et déboursés du citoyen Deschamps.

« J'applaudis à la réputation de patriotisme que le citoyen Deschamps s'est acquise ; mais je suis d'autant plus affligé de sa témérité et de son avidité que, d'après des renseignements certains qui me sont venus d'autre part, il ne peut que se féliciter du règlement du citoyen Desault, encore qu'il ait diminué son mémoire des trois quarts.

« GIRAUD,

« Architecte du département de Paris. »

Le ministre de l'Intérieur au président de la Convention nationale.

« Paris, ce 7e jour du 2e mois de l'an II de la République française.

« Citoyen président,

« Je vous ai adressé, le 27 du mois dernier, un état des dépenses relatives aux obsèques du citoyen Marat, et j'annonçais qu'il ne manquait, pour présenter la totalité des frais, que l'état de ceux d'embaumement. Vous trouverez ci-jointes les pièces qui ont rapport à cet objet. Je ne puis que laisser à la sagesse de la Convention à statuer, d'après le rapport de son Comité des finances, sur la demande d'une somme de six mille livres formée par le citoyen Deschamps, chargé de l'embaumement. Elle examinera si ces dépenses doivent être allouées sur le pied de quinze cents livres, conformément à l'avis du citoyen Desault, chirurgien en chef de l'Hôtel-Dieu, ou si, comme je serais porté à le croire, une somme même de douze cents livres ne serait pas suffisante.

« PARÉ. »

VII.

HOCHE AU SIÈGE DE DUNKERQUE.

(Voir page 250.)

Le siège de Dunkerque par le duc d'York, en août 1793, fut l'occasion de nombreuses mesures de rigueur contre les généraux employés en Flandre. Indépendamment d'Houchard et de Chancel dont nous avons déjà parlé, O'Méara qui défendait la ville fut destitué le 23 août, comme Irlandais et aristocrate, par le représentant Duquesnoy. Déjà et pour les mêmes motifs, le farouche Conventionnel avait fait arrêter O'Moran, commandant du camp de Cassel. Un autre divisionnaire, Davesne, suivit de près. Souham lui-même se crut menacé et publia un mémoire pour sa défense. Duquesnoy s'acharna contre ses victimes; il alla déposer au Tribunal révolutionnaire contre O'Moran et Davesne et les fit condamner à mort, le 6 mars 1794, pour fausses manœuvres devant l'ennemi.

Hoche, alors adjudant général, avait été employé à Dunkerque. Nous reproduisons deux lettres de lui qui restituent aux événements leur véritable caractère et montrent en même temps avec quelle facilité on devenait suspect.

Nous les complétons par une lettre de Bouchotte à Fouquier-Tinville, indiquant à quels signes on devait, en l'absence de preuves, reconnaître la culpabilité d'un général.

L'adjudant général Hoche au citoyen Audouin, adjoint au ministre de la Guerre.

« Saint-Quentin, le 8 août an II.

« Vous apprendrez, Citoyen, avec surprise que je suis en état d'arrestation et conduit au Tribunal révolutionnaire de

Douai, pour avoir dit que Pitt soudoyait des hommes dans notre armée et que, si Cobourg y donnait des ordres, elle n'irait pas plus mal. La preuve que l'on a reconnu que je disais vrai, c'est que le Conseil exécutif l'a senti et que, par suite, il a destitué une grande partie des généraux suspects. C'est ainsi qu'en se heurtant, les patriotes se divisent. J'étais au poste de l'honneur, j'en suis tiré pour un propos que vous avoueriez. Je vous prie d'attester mon civisme aux commissaires de la Convention à Cambray et de me recommander au citoyen Bouchotte.

« Tout à vous et à mon pays,

« L'adjudant général,

« L. HOCHE. »

« Dunkerque 1ᵉʳ septembre 1793 an II de la République

« *L'adjudant général Hoche au citoyen Audouin, adjoint au ministre de la Guerre.*

« Citoyen, si j'ai été si longtemps sans vous informer de la suite de mon procès, croyez que ce n'est point par négligence, mais seulement parce que j'ai été tant occupé pour mon service que je n'ai point eu un moment à moi. Prêchant la doctrine que j'ai toujours professée, je devais naturellement m'attirer la haine des hommes de boue contre lesquels je criais, et m'attendre à être dénoncé par leurs intrigues, ce qui ne manqua pas; et quoique j'eusse prévenu le représentant du peuple Levasseur que j'allais être dénoncé, je fus traduit au Tribunal révolutionnaire, parce que ce député ne se trouvait pas pour le moment à Cambrai. Le Tribunal, après avoir examiné mes papiers et particulièrement ma correspondance, prononça que, depuis le commencement de la Révolution, je m'étais montré comme un franc et loyal patriote, et écrivit aux représentants du peuple près l'armée et à un de vos confrères adjoint au ministre de la Guerre. L'acte d'accusation étant aussi ridicule que le procès de mon pauvre Marat, ma défense fut pareille, et j'ose vous dire que je fus déchargé aussi honorablement.

« En sortant de là, je me transportai à mon poste et reçus ordre d'aller sur le champ m'enfermer dans Dunkerque, ce que j'exécutai avec la plus vive satisfaction. O'Méara commandait dans cette place ; elle était absolument sans défense ; les troupes désorganisées et harassées de fatigue par le désordre qui régnait dans l'armée.

« Je suis arrivé ici avec le général de brigade Souham qui est un vrai sans-culotte ; enfin, à force de travail, nous commençons à nous reconnaître. Pitt avait ici des agents ; des papiers incendiaires ont été répandus, des signaux donnés à la flotte ennemie mouillée à trois quarts de lieue de la ville ; les matelots, frappés d'une terreur panique et probablement travaillés par l'aristocratie, s'étaient insurgés. Les représentants du peuple Hentz et Duquesnoy arrivés ici firent chasser de la ville tous les étrangers et les gens suspects ; Souham fit une proclamation dont je vous envoie un exemplaire et j'écrivis aux matelots dans le style franc et courageux d'un républicain. Ces hommes égarés avaient forcé leurs chefs à quitter la station et voulaient rentrer dans le port ; ils ont reconnu leur erreur ; les sans-culottes sont bons ; il ne faut que les éclairer et leur mettre sous les yeux les dangers de la patrie. A l'heure où je vous écris, tout est rentré dans l'ordre nécessaire ; quelques arrestations faites à propos ont patriotisé les esprits ; les citoyens sont dans les bons principes, ils veulent la République, et paraissent disposés à seconder nos efforts. Nous avons besoin d'eux, car nous avons au plus sept mille hommes dans la place, qui n'est à proprement parler qu'un camp retranché qui demanderait quinze à dix-huit mille hommes.

« Les ennemis ont établi leur première parallèle, mais soit qu'ils manquent d'artillerie, soit qu'ils soient étonnés de la contenance que nous montrons, soit qu'ils aient été déconcertés par le remplacement d'hommes sur lesquels ils comptaient peut-être, ils ne nous ont point encore envoyé une bombe ni un boulet, et ce n'est que fort lentement qu'ils continuent leurs travaux.

« Nous avons à la vérité pris des mesures et fait connaître à leurs partisans que nous avions résolu de laisser brûler la ville plutôt que de la rendre et que, dans le cas où la garde citoyenne entreprendrait de nous forcer, elle devait s'attendre à voir tourner contre elle des armes qui sont destinées à combattre les tyrans et les traîtres. Malgré notre faiblesse, nous tiendrons bon, je vous en assure, et je crois pouvoir vous répondre de la conservation de cette importante place à la République; on nous promet des secours prompts et puissants; tardassent-ils quinze jours à arriver, dans l'état où à force de travail la place se trouve maintenant, on peut les attendre. La société populaire s'est dissoute; j'espère qu'elle va rouvrir ses séances et que l'esprit public se ravivera.

« Salut et fraternité.

« L. HOCHE. »

Le ministre de la Guerre à l'Accusateur public près le Tribunal révolutionnaire.

« Paris, le 12 pluviôse an II de la République.

« J'ai fait faire, dans mes bureaux, des recherches des correspondances relatives aux généraux prévenus de trahison ou de suspicion. Leur correspondance n'offre rien de saillant; ils ont toujours eu soin de s'y masquer; il est probable qu'ils avaient prévu de bonne heure le danger de donner des armes contre eux.

« C'est en établissant, par l'examen de leur vie privée, leur plus ou moins d'éloignement du système populaire, qu'on jugera du motif de leurs mouvements militaires, et de l'inaction à laquelle ils ont condamné les troupes, et des fausses directions qu'ils ont données.

« Par exemple, par rapport à Kilmaine, on verra comment il s'est laissé tourner dans son camp de César; pourquoi il n'a pas occupé Solesmes pour se lier avec la forêt de Mormal; pourquoi il a abandonné le terrain sans coup férir.

« Sur Desbrulys, chef de son état-major, de quelle manière il en a rempli les fonctions.

« Toutes les pièces de la garnison de Condé, du blocus et

de la capitulation faite par Chancel, ont été envoyées au Comité militaire de la Convention nationale et je n'ai rien reçu à son égard, lors du débloquement de Maubeuge.

« Davesne m'a fait passer un mémoire que je joins ici ; Souham, qui s'est cru inculpé, y a répondu et j'y ai joint la réponse. On n'a pas mis assez de secret et d'accord dans les diversions et on a eu au moins la légèreté de publier des projets, comme s'ils avaient été exécutés.

« Gay-Vernon avait donné des inquiétudes aux patriotes par ses liaisons avec Custine et l'opinion où on était en général qu'il n'aimait pas le système populaire.

« Les patriotes avaient dans le temps bonne opinion du zèle et du républicanisme de Barthelemy ; l'instruction fixera l'opinion sur lui.

« Demestre, si c'est le commandant du 7e de cavalerie, était l'homme de confiance de Lafayette, pour la police de son armée, au mois de mai 1792.

« O'Moran est étranger ; Landremont et Schauembourg étaient ci-devant et ne jouissaient point de la confiance des patriotes.

« Laferrière est dans le même cas. Je n'ai rien reçu de Landau sur les frères Landier et autres.

« La sagacité du Tribunal distinguera les coupables des innocents, et de ceux qui peuvent être suspects, et à éloigner des fonctions publiques. Si, dans le cours de l'instruction, tu as besoin de quelques éclaircissements résultant de la correspondance officielle, tu me l'indiqueras et je me ferai un devoir de la procurer au Tribunal.

« J. Bouchotte. »

VIII.

LES CONFLITS DE L'ARMÉE DES PYRÉNÉES.

(Voir page 266.)

Les premiers généraux des deux armées des Pyrénées appartenaient à l'ancienne organisation, et cette circonstance peut, dans une certaine mesure, servir à expliquer leur résistance aux insanités des représentants et la défiance de ces derniers.

1.

LE GÉNÉRAL DE FLERS.

Louis-Charles de Lamotte Ango de Flers, né le 12 juin 1754, sortait de la cavalerie. La révolution de 1789 l'avait trouvé officier supérieur et le fit lieutenant-colonel le 6 novembre 1791, colonel le 23 mars 1792, et maréchal de camp le 7 septembre de la même année. Nommé général de division à l'armée du Nord le 27 avril 1793, de Flers avait été appelé, le 14 mai, au commandement de l'armée des Pyrénées Orientales.

Nous avons donné plus haut son portrait par le commissaire Comeyras[1]; nous le compléterons par la dénonciation des représentants Espert et Projean.

---

1. Voir page 264.

« Perpignan, le 10 juillet 1793, l'an II
de la République française.

« *Les Représentants du peuple envoyés près l'armée des Pyrénées-Orientales au Comité de Salut public.*

« Citoyens, nos Collègues,

« D'après les conférences que nous avons eues avec le général Flers, tant en présence des officiers généraux de l'armée que tête à tête, nous nous sommes convaincu de la nullité de ses talents militaires pour commander en chef l'armée des Pyrénées-Orientales; point de plan de défense d'arrêté, une versatilité continuelle dans ses projets, oui et non dans la même minute, suivant l'impulsion qu'il reçoit.

« L'armée ne le connaissait pas quand nous sommes arrivés ici. Il n'a rien fait pour bien monter la partie de l'espionnage, aussi ne sait-il jamais à temps les mouvements de l'ennemi; il a chargé de ce soin le citoyen Labarrière, l'un des adjudants généraux de l'armée, et le civisme de ce citoyen est suspect à plusieurs bons citoyens; on assure que le père d'un des courriers du général, qui est de Thuir, a émigré et sert d'espion aux Espagnols. Son état-major est mal organisé, aussi le service ne s'y fait pas comme il convient.

« Le général n'a ni le maintien ni le ton nécessaires pour gagner le cœur des soldats, l'affection et la confiance de ceux qui les commandent sous lui; enfin un général de division et deux généraux de brigade se sont crus obligés de venir nous prévenir qu'ils regardaient le général Flers comme absolument incapable de commander l'armée en chef; et la seule chose qui soit en sa faveur, c'est qu'il a prié le Comité de Salut public, à ce qu'il nous a dit, d'envoyer un général pour le remplacer.

« Nous vous devions notre opinion sur le général en chef et nous venons de vous la dire. Nos collègues Bonnet et Fabre pensent de même à son égard. Nous espérons que le salut de la patrie vous déterminera à nommer un autre général en chef; hâtez-vous de faire un bon choix, si vous voulez sauver ce département-ci et ceux du Midi. En attendant, nous continuerons d'entourer le général Flers de toute la confiance dont il a besoin pour servir utilement la République, et qui que ce soit ne s'apercevra de notre façon de penser à son égard, jusqu'après votre réponse et son remplacement.

« Salut et fraternité.

« Espert, Projean. »

Quelle que fût sa capacité, de Flers était parfaitement fondé à se refuser à une attaque téméraire après le conseil de guerre dont nous allons rapporter la décision.

Renseignements fournis au Conseil de guerre tenu, en présence des Représentants du peuple, à Perpignan, le 5 août 1793, l'an II de la République française.

« Le camp de Mas-Ros et les petits camps et cantonnements jusqu'à la mer sont dans ce moment forts de   12.000 hommes.

« (Dans ces camps, il n'y a que 400 hommes de cavalerie en état de combattre).

« Si on voulait attaquer, il faudrait laisser dans les retranchements une force suffisante pour les garder, d'autant plus que la garnison de Perpignan et de la citadelle est extrêmement faible ; il y a 626 hommes à la citadelle et 1000 dans la ville.

« Il y a au Mont-Libre.	1.600	—
« Depuis Olette en suivant la Tet jusqu'à Perpignan, il y a.	4.000	—
« A Collioure	2.374	—
« A Salces, Leucate, sur les derrières et les côtes	4.000	—
« Total ci . .	23.974	hommes.

« L'artillerie est composée d'environ 110 pièces de canon, et trois petits obusiers.

« Nota. Il y a dans ce moment 22 voiles devant Collioure; il paraît à la vue 8 vaisseaux de guerre et 8 frégates, le reste de brigantins.

Armée espagnole.

« Grand camp	21.000 hommes
« Argelès	3.000 —
« Depuis Bouttemer jusqu'à Villefranche	5.000 —
« Ille, Thuir, Millas, etc.	3.000 —
« Au Mont-Libre	4.000 —
« Total . .	36.000 hommes

dont 6.000 de cavalerie.

« Artillerie ; 130 pièces de canon et 20 obusiers, sans compter les 20 pièces de canon d'Argelès, dont moitié de 24 jusqu'à 8 et un obusier.

« Je certifie que les canonniers disponibles de l'armée des Pyrénées-Orientales se montent à 800, dont 90 seulement de ligne.

« LAMARTILLIÈRE, commandant de l'artillerie de l'armée.

« A observer que la citadelle et la ville de Perpignan sont dénuées de souterrains à l'épreuve de la bombe, et qu'il n'y a pas sur les lieux assez de bois de blindage pour y suppléer.

« Le chef de brigade directeur des fortifications,
« VIALIS.

« J'engage les officiers généraux de motiver leur avis sur les données ci-jointes, à l'effet de répondre aux questions faites dans le mémoire et demandes ci-contre.

« 1re Êtes-vous d'avis d'attaquer Argelès avec le secours de la garnison de Collioure ?
« 2e Êtes-vous d'avis d'attaquer le grand camp des Espagnols ?
« 3e Êtes-vous d'avis de faire des attaques particulières sur Millas, Ille, Vinça, Prades et Thuir, etc. ?

« 4ᵉ Dans le cas d'attaque ci-dessus, quelle est la marche qu'il faudrait suivre ?

« Flers. »

Quatre généraux de division, de Flers, Puget de Barbentane, Dauvart et Dagobert; cinq généraux de brigade, d'Aoust, Giacomoni, Frégeville, Massia et Boiscouteau; le commandant en chef de l'artillerie Lamartillière; le chef de brigade Vialis, directeur des fortifications, et le capitaine Andréossy, commandant le génie, prirent part à la délibération ouverte sur ces questions. La décision, comme nous l'avons déjà dit, fut rendue à l'unanimité et, pour éviter des répétitions inutiles, nous nous bornerons à reproduire l'avis le plus catégorique et le plus complet.

Opinion du général d'Aoust.

« Du 6 août 1793, an II.

« Première question. — Êtes-vous d'avis d'attaquer le grand camp des Espagnols ?

« L'avis unanime du conseil de guerre ayant été hier pour la négative, je ne m'étendrai sur cette question que pour prouver que les habitants de ce pays qui sont pour l'affirmative, de bonne foi, sont du même avis, sans s'en douter, que les Espagnols et les contre-révoluttonnaires. Je regarde le camp en avant de Perpignan comme l'avant-chemin couvert et le véritable rempart de cette place, car l'ennemi, une fois maître des hauteurs où notre camp est placé, serait bientôt en possession des ville et citadelle de Perpignan, dénuées de souterrains à l'épreuve de la bombe et sans bois de blindage pour y suppléer; il n'est rien que les Espagnols ne tentent pour nous faire quitter notre position; moyens extérieurs et intérieurs, tout leur est bon.

« Les moyens extérieurs consistent, sur terre, à étendre leurs troupes, et par mer, à menacer les côtes pour nous donner de l'inquiétude sur nos communications avec l'intérieur de la République, nous forcer par là à diviser nos forces et à quitter notre position.

« Les moyens intérieurs sont de faire crier par leurs partisans qu'il faut attaquer. Ces cris sont répétés par plusieurs bons citoyens qui ne connaissent ni l'art de la guerre ni la faiblesse de nos moyens, que la prudence nous force à cacher. D'autres patriotes, victimes honorables de leur saint amour pour la cause sacrée de la Liberté et de l'Égalité, ont fui leur domicile souillé par la présence impure des vils satellites du despote castillan, et il est bien naturel qu'ils manifestent hautement le désir de rentrer dans leurs possessions.

« Résumé. — Si nous remportons la victoire, l'ennemi a sa retraite assurée au Boulou et derrière le Tech, ensuite dans la superbe position de Marcillas, et enfin sous le camp de Bellegarde.

« Si nous essuyons une défaite, nous livrons la France aux ennemis. Je crois qu'il vaut mieux garder notre position, ne rien donner au hasard, exercer et discipliner les troupes, et les pourvoir de tous leurs besoins, jusqu'à l'arrivée des renforts qui nous sont annoncés par le Comité de Salut public de la Convention nationale et le ministre de la Guerre.

« Ainsi, mon avis est : Non.

« Deuxième question. — Êtes-vous d'avis d'attaquer le camp d'Argelès avec les secours de la garnison de Collioure ?

« Il faut pour cette attaque combinée qu'un corps de troupes, parti du camp en avant de Perpignan, passe le Recort, le Candal, prenne Elne, passe le Tech et attaque ensuite Argelès, qui est muni d'une citadelle formidable et où l'ennemi a eu trois mois pour se fortifier.

« L'ennemi, supérieur surtout en cavalerie, et qui a la droite de son grand camp postée au Mas-d'Eu, peut facilement nous attaquer avec avantage pendant une marche de trois lieues dans la plaine, pendant laquelle nous lui prêtons toujours le flanc, où il faut passer trois rivières, dont deux ne peuvent se traverser qu'en très peu d'endroits, vu que nous n'avons pas une seule position, et enfin pendant l'attaque préalable d'Elne.

« Quant au retour, je le soutiens impossible par les raisons ci-dessus; car s'il était possible de dérober notre marche à l'ennemi, il est évident qu'on ne peut lui cacher notre retour par terre et, les ennemis étant les maîtres de la mer, il ne faut plus songer à revenir par là.

« Résumé. — Si nous sommes battus, le corps parti du grand camp est encore détruit et l'artillerie perdue.

« Si nous franchissons tous les obstacles et que nous soyons vainqueurs, notre camp dégarni de ses meilleures troupes, qui n'auront pu revenir, sera facile à emporter, et alors notre victoire aura les inconvénients d'une défaite.

« Collioure, avec une brave garnison de 2374 hommes, des munitions de guerre en abondance, des vivres pour six mois, doit tenir plus que le temps nécessaire à l'arrivée des renforts que nous attendons, et alors nous sommes sûrs d'obtenir un succès, qu'une démarche inconsidérée compromettrait sans retour, et de chasser l'ennemi non seulement d'Argelès, mais du territoire de la République.

« Ainsi mon avis est : Non.

« Troisième question. — Êtes-vous d'avis de faire des attaques particulières sur Millas, Ille, Vinça, Prades et Thuir, etc. ?

« Je crois qu'il faut attendre qu'il nous soit arrivé au moins 2000 hommes de bonne troupe, car on ne peut les prendre sur notre grand camp sans l'exposer à être emporté ; il faudrait alors menacer l'ennemi sur plusieurs points, par de fausses attaques combinées, tomber brusquement sur le poste qu'il aura dégarni, l'emporter, profiter sur le champ de notre avantage pour les chasser du confluent et occuper la position du Col de Boule, d'où nous lui couperons les eaux ; nous pourrions ensuite nous porter à Corbère, d'où nos chasseurs des montagnes l'inquièteront sans cesse et lui couperont les vivres.

« J'observerai que le général de division Montredon, avec le corps de troupes sous son commandement, peut facilement empêcher les Espagnols de pénétrer dans l'intérieur ; et quant au Mont-Libre, je le crois imprenable d'ici à dix mois, c'est-à-dire au mois de mai, parce qu'il doit tenir (à moins de trahison) six semaines, ce qui mène jusqu'au delà du 15 septembre, époque où les neiges forceront les ennemis à lever le siège.

« Ainsi, quant à présent, mon avis est : Non.

« Quatrième question. — Dans les cas d'attaque ci-dessus, quelle est la marche qu'il faudrait suivre suivant votre avis ?

« Elle se trouve dans mes réponses aux trois questions précédentes.

« Le général de brigade, chef de l'état-major général de l'armée des Pyrénées-Orientales,

« Daoust. »

Malgré cette délibération, ou plutôt à cause d'elle, de Flers fut destitué par l'arrêté suivant.

« Les Représentants du peuple près l'armée des Pyrénées-Orientales arrêtent :

« Art. 1. — Le général Flers, ayant perdu la confiance des citoyens soldats qui composent l'armée, est suspendu de ses fonctions et se retirera à vingt lieues des côtes et frontières, pour y attendre les ordres du ministre de la guerre.

« Art. 2. — Le général de brigade Nucé est pareillement suspendu de ses fonctions, et se retirera à Cahors, jusqu'à nouvel ordre.

« Art. 3. — Le général de division Puget Barbentane prendra le commandement de l'armée des Pyrénées-Orientales.

« Art. 4. — Le général de division Dagobert aura sous son commandement les troupes cantonnées depuis Olette inclusivement jusqu'à la Garonne. Il pourra requérir les gardes nationales des départements de la Haute-Garonne et de l'Ariège, des districts de Quillan et Prades.

« Art. 5. — Nul ne pourra faire partie, ni être adjoint à l'état-major de l'armée, s'il n'a au moins trois ans de service.

« A Perpignan, le septième août, l'an II de la République française.

« Jean Espert, Fabre, Bonnet, Brousses, secrétaire. »

La mauvaise fortune du général de Flers ne s'arrêta pas

là. Il fut incarcéré à son arrivée à Paris, et impliqué plus tard dans la conspiration des prisons du Luxembourg. Le Tribunal révolutionnaire le condamna à mort le 4 thermidor an II.

II.

LETTRES DU GÉNÉRAL BARBENTANE.

Le général en chef de l'armée des Pyrénées-Orientales au représentant du peuple Fabre.

« Sigean, le 10 septembre 1793, l'an II de la République.

« Citoyen représentant,

« Au moment de mon départ de Perpignan, lorsque je vous faisais mes adieux, je vous ai demandé : Ai-je votre estime ? Oui. Ai-je votre confiance ? Vous m'avez répondu : Vous avez l'une et l'autre. Je vous ai déclaré que j'avais besoin de cette assurance de votre part ; que, comme individu, je la prisais infiniment ; que, comme représentant du peuple, je la regardais comme absolument nécessaire et que je renoncerais, sans cette certitude, à occuper le poste républicain auquel les circonstances m'avaient élevé, avec un dévouement bien rare, vu la position de cette armée de la République.

« Actuellement, je vous réitère les mêmes questions et je vous prie d'y répondre.

« Il me revient de Perpignan toutes sortes de propos ; tantôt on y parle de mon arrestation, de ma destitution, que j'ai perdu la confiance. Ces bruits sont-ils l'effet des faux calculs, des fausses combinaisons de quelques individus de Perpignan ? Sont-ils excités par des désorganisateurs, des faux patriotes dont je découvre tous les jours le masque ? Est-ce enfin seulement les aristocrates sortant de Perpignan qui cherchent à les répandre ? C'est à vous à qui je le demande. Représentant du peuple, si vous le saviez, vous auriez pris un parti dicté par votre devoir, puisque c'est moi qui vous indique les bourdonnements qui sont venus à mes oreilles ; vous examinerez sans doute, et je saurai à quoi m'en tenir par vous.

« Vous devez vous rappeler toutes les propositions que je vous ai faites à Perpignan. Je vous ai dit : comme général en chef, je ne puis rester dans cette ville du moment où je crois militairement que le quartier général doit être porté ailleurs, opinion qui n'a pas été seulement la mienne, mais bien celle des généraux Lafitte, Daoust, Frégeville, Giacomoni. Je vous ai ajouté : ne croyez-vous pas ma personne plus utile à Perpignan? J'y resterai avec la plus grande satisfaction. Et je disais vrai, comme je le dis encore, en vous répétant que j'aimerais mieux, pour mon propre compte, occuper ce poste que celui où je suis. Je vous ai offert d'aller prendre la place de l'intrépide Dagobert, si, dans les circonstances pressées où nous sommes, vous le jugiez plus utile au commandement en chef de l'armée. Vous m'avez laissé à ce poste et je ne dirai pas que j'en remplis tous les devoirs, car je le défierais à aucun individu quelconque; mais je dirai avec vérité que j'y passe les nuits et les jours de la manière la plus pénible par le peu de moyens secondaires, par l'insouciance, par la trahison qui nous entourent, et par l'extrême peine et sensibilité que j'éprouve à voir mes braves frères d'armes supporter avec un courage héroïquement républicain un bivouac prolongé depuis un mois, marchant nu-pieds et enfin manquant de tous les objets nécessaires.....

« Je ne vous cache pas que, comme on sait que vous avez donné des ordres pour ne rien laisser sortir de Perpignan, on se plaignait hier au camp de ce que les tentes n'arrivaient pas. Vous devez sentir quelle a été ma réponse. On a bien mis de la négligence à ce départ, malgré les demandes et les ordres réitérés; si elles ne le sont, portez-y votre vigilance active et fraternelle; faites joindre à cet envoi des outils de toute espèce dont Perpignan doit avoir un superflu.....

« J'avais bien envie d'aller hier à Perpignan; je laisse à votre sagesse de décider si ma présence y serait utile. Pour peu que vous pensiez à le croire, je trouverai personnellement de la satisfaction à m'y rendre.

« Salut, fraternité, dévouement sans bornes.

« PUGET BARBENTANE. »

*Le général en chef de l'armée des Pyrénées-Orientales
aux représentants du peuple près la dite armée.*

« Au quartier général de Sigean, le 12 septembre 1793,
l'an II de la République française.

« Appelé à servir dans l'armée des Pyrénées, j'y suis arrivé au moment où la division des deux armées s'opérait ; je suis revenu à celle des Pyrénées-Orientales, parce que l'ennemi se trouvait le plus près de la route que je tenais ; j'y ai contribué, comme général de division, à l'organisation du corps d'armée qui est actuellement au camp devant Perpignan ; j'ai combattu plusieurs fois à la tête de mes frères d'armes, et notamment à la journée du 17. Appelé par vous à prendre le commandement en chef, malgré la position critique, j'ai eu le courage républicain de prendre les rênes de ce pénible fardeau ; j'ai rempli mon devoir. J'espérais que les événements intérieurs permettraient à l'armée de Carteaux de venir renforcer cette armée. Le travail immense que j'ai été dans le cas de faire pour l'organisation, en même temps qu'il fallait s'occuper d'une défensive active, ont épuisé mes forces physiques. Cette armée n'ayant pas encore reçu de renforts conséquents, je sens qu'il est au delà de mon intelligence morale de la diriger. Je vous prie donc, citoyens représentants, d'en confier le commandement à un autre.

« Je serai bien aise d'avoir un ordre de votre part pour me rendre au Comité de Salut public ; j'y rendrai compte de mes opérations militaires et de ma conduite, et si je suis reçu avec la confiance que je crois mériter, je pourrai peut-être y être de quelque utilité par les renseignements que je serai dans le cas de donner. Si vous voulez me donner une autorisation pour prendre connaissance des moyens que les départements peuvent avoir à vous fournir, je mettrai un grand zèle et un grand intérêt à vous les faire parvenir ; sans cette autorisation, je ferai néanmoins tout ce que je pourrai.....

« J'avais véritablement espéré de contribuer à chasser l'Espagnol du territoire de la République ; il m'est pénible de partir sans avoir rempli ce vœu ardent; je cède à la nécessité des circonstances.

« Salut, fraternité et dévouement absolu.

« Puget Barbentane. »

III.

LE GÉNÉRAL DAGOBERT.

Dagobert de Fontenilles (Luc-Siméon-Auguste) a laissé une réputation militaire sans tache. Né dans la Manche le 8 mars 1736, il avait débuté en qualité de lieutenant au régiment de Tournaisis infanterie, à 20 ans, et fait de 1757 à 1762 la campagne d'Allemagne, où il reçut quatre blessures graves. Major le 17 mai 1787, lieutenant-colonel le 1er janvier 1791, colonel le 27 mai 1792, Dagobert fut nommé, le 12 octobre de la même année, maréchal de camp provisoire à l'armée des Alpes, où il servait avec honneur sous Biron. La confirmation du ministre se fit attendre jusqu'au 8 mars 1793, et le nouveau général passa presque aussitôt après à l'armée des Pyrénées-Orientales et y reçut, le 15 mai, le grade de divisionnaire. Cette page de son histoire est la plus brillante, bien que ses services n'aient pas toujours éloigné de lui le soupçon et la disgrâce. Indépendamment de sa lutte avec les représentants Bonnet, Fabre et Gaston, lutte qui motiva son retour au Mont-Libre, Dagobert fut suspendu de ses fonctions, le 17 novembre 1793, et ne les reprit que le 2 février 1794. Il mourut de fatigues à Puycerda, le 18 avril 1794, au milieu de la conquête de la Cerdagne, opérée par ses soins. Son nom, après avoir été gravé au Panthéon, brille aujourd'hui sur l'arc de triomphe de la place de l'Étoile.

NOTES.

Le général en chef de l'armée des Pyrénées-Orientales aux citoyens représentants du peuple composant le Comité de Salut public de la Convention nationale.

« Perpignan, le 24 septembre 1793, l'an II de la
République française (3 vendémiaire).

« Citoyens représentants,

« Je suis arrivé à Perpignan le 19 au soir; je me rendis aussitôt chez les représentants du peuple Fabre et Cassanyès. Vous aurez peine à concevoir mon étonnement, quand je les entendis me dire que tout était arrangé pour attaquer l'ennemi pendant la nuit, sans attendre la petite armée que j'amenais de Mont-Libre, qui était encore à cinq lieues et qui ne devait arriver que le lendemain. C'est d'après ces sollicitations d'attaquer que je m'y déterminai le 22 au matin.

« Je ne dois pas vous dissimuler, citoyens représentants, que je n'ai point été secondé, et que c'est le bruit général de la ville et du camp qu'on a voulu me sacrifier. La cavalerie et l'élite de l'armée sont restées cachées derrière un bois, sans faire le moindre mouvement, ce qui aurait déconcerté l'ennemi, car pour peu que la cavalerie se fût montrée, elle aurait rassuré notre infanterie et en aurait imposé à celle de l'ennemi.

« Il était loin de mon idée de vouloir inculper personne; mais j'entends dire que celui-là même qui commandait l'élite de l'armée, qui avait toute la cavalerie avec lui, qui, loin de se rendre au lieu indiqué, est resté près d'une lieue en arrière, caché dans des oliviers, le général Goguet enfin, croit pouvoir se disculper en criant plus fort que moi. Il lui était désigné de se rendre devant Sainte-Colombe, ce qu'il n'a pas fait, puisqu'il est resté bien loin en arrière, de l'autre côté de Thuir. S'il a eu le bonheur de devenir, en un an, de médecin général de division; si le représentant du peuple Fabre, par sa grande liaison avec lui, a dessein de le faire commander l'armée, il était pour le moins inutile de me faire les instances qu'on m'a faites, pour me faire accepter un poste où je ne suis arrivé que malgré moi, et où je serais bien aise qu'on me fît remplacer par quelqu'un qui ait plus de talents que moi, mais qui, à coup sûr, n'aura jamais plus de zèle pour le service de la République.

« Salut et fraternité.

« DAGOBERT. »

Le général Dagobert aux représentants du peuple près l'armée des Pyrénées-Orientales.

« Perpignan, le 8 vendémiaire an II.
(29 septembre 1793.)

« Citoyens représentants,

« L'arrivée vraisemblablement prochaine du général nommé par le Pouvoir exécutif pour commander cette armée y rend ma présence peu nécessaire; au lieu que, le corps de 8000 hommes partis des bords de la Bidassoa paraissant menacer les deux Cerdagnes, il serait nécessaire que je m'y rendisse. Je vous demande donc d'autoriser mon retour aux lieux où ma responsabilité m'appelle.

« Salut et fraternité.

« DAGOBERT. »

Arrêté des Représentants du peuple.

« Les représentants du peuple près l'armée des Pyrénées-Orientales :

« Vu la lettre du général Dagobert, qui demande de se rendre au Mont-Libre, où sa présence est absolument nécessaire et où sa responsabilité l'appelle ;

« Considérant que la Convention nationale a confirmé la nomination du général Turreau, choisi par le Conseil exécutif pour remplacer le général Barbentane; que, d'après cette nomination, il paraît que la Convention nationale veut que le général Dagobert conserve le commandement de l'armée du Centre, où déjà son courage et ses connaissances locales lui ont assuré des succès ; que ce serait compromettre l'intérêt de la République, contrarier le vœu de la Convention nationale de se refuser aux vœux du général Dagobert, et de ne pas l'autoriser à reprendre un poste où sa présence et ses lumières deviennent tous les jours plus nécessaires ; que les Espagnols paraissent menacer cette partie du territoire de la République et qu'il est important que le général, qui déjà plusieurs fois les a fait repentir de leurs projets, aille s'opposer à leurs desseins, arrêtent :

« Art. 1. — Le général Dagobert est autorisé de se rendre à l'armée du Centre, où il reprendra le commandement en chef qui lui avait été conféré par nos précédents arrêtés.

« Art. 2. — Jusqu'à l'arrivée du général Turreau, le plus ancien général divisionnaire prendra le commandement de l'armée.

« Art. 3. — Il se concertera pour ses opérations militaires avec les autres généraux divisionnaires.

« A Perpignan, le 29 septembre 1793, l'an II de la République française.

« Bonnet, Fabre, Gaston. »

« Perpignan, le 1ᵉʳ octobre 1793, l'an II
de la République française.

Les représentants du peuple près l'armée des Pyrénées-Orientales au citoyen ministre de la Guerre.

« Nous vous adressons une copie de la lettre que le général Dagobert nous a écrite, après la nomination du citoyen Turreau à la place de général en chef de l'armée des Pyrénées-Orientales. Nous y joignons copie de l'arrêté que nous avons pris à cet effet. Les intérêts de la République exigeraient peut-être que le général Turreau, qui connaît l'esprit du soldat, les positions et les localités, de l'armée de La Rochelle, restât à son poste, où il est de la plus importante nécessité. Ici, il sera obligé de faire une étude particulière de la troupe, une étude des postes, des localités, qui lui enlèveront un temps qu'un général instruit de tous ces points tournerait au profit de la chose publique.

« La victoire que nous avons remportée à Peyres-Tortes est due au général Daoust, à qui nous avons donné le commandement provisoire de l'armée, qui lui était dû comme plus ancien général divisionnaire, à la charge de consulter dans ses opérations les autres généraux. Nous ne pouvons trop vous faire l'éloge de ce général ; son sang-froid, ses connaissances militaires et son habileté dans les manœuvres sont des garants presque certains du succès. Nos observations n'ont d'autre but que le salut de la patrie et le désir ardent que nous avons, après avoir chassé l'Espagnol de nos foyers, d'aller passer l'hiver chez lui.

« Salut et fraternité.

« FABRE, BONNET, GASTON. »

IV.

LE GÉNÉRAL TURREAU.

Turreau, général en chef de l'armée des Pyrénées-Orientales, aux citoyens représentants du peuple composant le Comité de salut public.

« Perpignan, le 3 brumaire an II.
(24 octobre 1793.)

« Citoyens représentants,

« Je dois à la place que j'occupe, je dois à la confiance dont vous m'honorez de vous rendre un compte exact de ce qui se passe à l'armée des Pyrénées-Orientales.

« Je savais, avant que d'y arriver, qu'il régnait de la mésintelligence entre les officiers généraux de cette armée. Je me suis appliqué à en connaître la cause; j'ai cru l'avoir trouvée dans les prétentions de quelques individus à la place de général en chef; j'ai jugé que mon arrivée, devant les faire cesser, il me serait facile de rétablir l'harmonie entre des hommes qui ne doivent être animés que du bien public.

« Avant que de commencer aucune opération militaire, il

était indispensable d'acquérir des connaissance locales, d'étudier le caractère des principaux agents militaires, de m'instruire de tout ce qui s'était passé avant mon arrivée, des causes de nos succès et de nos revers; j'ai voulu connaître quel était l'esprit, la force, la discipline de notre armée; j'ai particulièrement porté mes regards sur toutes les parties de l'administration. En conséquence, jusqu'à ce que j'eusse acquis toutes ces connaissances, j'ai cru devoir laisser le commandement provisoire de la principale armée au général Daoust, en me faisant rendre compte de son plan et de ses projets; j'ai fait part de cette disposition au citoyen Gaston, l'un des représentants du peuple près de cette armée, qui l'a approuvée et j'en ai rendu compte au ministre.

« Pour connaître tout le théâtre de la guerre dans cette partie de la République, je me suis transporté à Villefranche et au Mont-Libre; j'y ai trouvé le général Dagobert, dont la division avait été séparée de la grande armée, et qui, avec peu de moyens, avait eu de grands succès et conquis la Cerdagne espagnole. Cette conquête importante garantissant le district de Prades de l'invasion de l'ennemi, j'ai cru devoir rappeler près de moi le général Dagobert, dont les talents militaires, la parfaite connaissance du pays et la confiance qu'il a su inspirer aux troupes rendaient la présence nécessaire à la grande armée, où d'ailleurs il y a peu d'officiers généraux instruits.

« Revenu au quartier général à Bagnols, je me suis fait rendre compte par le général Daoust, devant les représentants du peuple, de ses projets et de ses moyens pour opérer une entreprise dont la réussite pût hâter la retraite des Espagnols, campés au Boulou, deux lieues en deçà de Bellegarde. J'ai annoncé que, cette opération concertée entre les représentants du peuple et le général Daoust et que j'ai approuvée étant finie, je me mettrais à la tête de la grande armée et que j'agirais entièrement par moi-même.

« Je ne puis vous cacher, citoyens représentants, que l'indiscipline et le désordre règnent dans cette armée; que plusieurs parties de l'administration en sont viciées; que les moyens de subsistance ne sont pas assurés et que, faute de fourrages, je serai peut-être obligé de reporter sur mes derrières le peu de cavalerie qui me reste.

D'après cette incertitude sur les subsistances, celle que l'on doit avoir sur les dispositions de nos troupes, les difficultés que présente la localité, la position de l'ennemi encore sur le territoire de la République, je n'ai pas été peu surpris d'entendre le citoyen Fabre, représentant du peuple, proposer pour cet hiver des conquêtes en Espagne. En vain j'ai voulu combattre ce projet dont l'exécution, du moins cet hiver, me paraît impossible, et dont l'entreprise pourrait compromettre le sort de nos armes et nous faire perdre tout le fruit des succès que nous avons obtenus jusqu'à ce jour. Le citoyen Fabre, aidé de ses collègues, paraît tenir à son plan, et je vous avouerai, citoyens représentants, que je m'opposerai de toutes mes forces à cette entreprise dangereuse sous tous les rapports. Je rends justice au civisme, au zèle et à l'activité des représentants près de cette armée; mais je crois qu'ils se laissent circonvenir par des hommes adroits et ambitieux et qui ne cherchent qu'à surprendre leur bonne foi; je crois encore qu'ils ne doivent pas se mêler des opérations militaires et chercher à substituer leurs idées et leurs plans à ceux des généraux; autrement ceux-ci sont inutiles à l'armée.

« Après avoir recueilli tous les renseignements possibles sur le compte du général Dagobert, je crois pouvoir assurer qu'il mérite l'estime générale dont il jouit; il réunit les suffrages des citoyens et de l'armée.

« Depuis l'affaire du 22 du mois dernier, il ne s'est rien passé d'intéressant à cette armée que l'attaque d'une redoute ennemie qui n'a pas réussi. Le général Daoust m'en avait communiqué le projet et je l'avais approuvé; peut-être je m'y serais opposé si j'avais mieux connu le terrain, que je n'avais pas encore eu le temps d'examiner; au surplus, la position des Espagnols, les mouvements de leur troupe, tout paraît indiquer le projet qu'ils ont de se retirer, et peut-être ils l'auraient déjà fait, s'ils ne voulaient pas se conserver les honneurs d'une retraite volontaire. Du moment qu'ils auront quitté le district de Céret, le seul point qu'ils occupent sur le territoire de la République, mon projet, citoyens représentants, est de fermer la campagne, sans même entreprendre le siège de Bellegarde, à moins que des circonstances favorables et imprévues ne présentent des facilités pour s'en emparer. En laissant reposer nos troupes pendant trois mois et profitant de ce temps de repos pour les instruire, les discipliner, former les officiers, établir des magasins, porter la réforme dans toutes les parties de l'administration, je crois qu'on pourra se promettre de grands succès pour la campagne prochaine.

« J'aurai l'honneur, citoyens représentants, de vous faire passer mon plan et un aperçu de mes moyens d'exécution; mais si les représentants près de cette armée s'obstinent à me faire exécuter leurs projets; si, quoique nommé général en chef de cette armée, je n'y suis qu'un être absolument passif et si je n'y puis agir que d'après les idées des autres, je vous prie en grâce, citoyens représentants, de disposer de moi pour une autre place. Étranger à l'intrigue, n'ayant d'autre ambition que celle de coopérer de tous mes moyens au succès de nos armes, je serai toujours satisfait du grade que j'occuperai et du poste qui me sera confié, pourvu que je puisse être utile.

« Le ministre de la Guerre peut vous dire que je ne lui ai jamais rien demandé, que je n'ai jamais sollicité d'autre place que celle d'adjudant général, dans la seule vue d'apprendre mon métier; j'étais alors chef de bataillon.

« J'ai cru cette lettre assez importante pour vous l'adresser par un courrier extraordinaire. En attendant vos ordres, je m'opposerai de toutes mes forces à l'exécution de tous projets qui pourraient compromettre le salut de l'armée.

« Le général en chef de l'armée des Pyrénées-Orientales,

« Turreau. »

V.

ARRÊTÉS DES REPRÉSENTANTS SUSPENDANT LES NOMINATIONS DE GÉNÉRAUX FAITES PAR LE CONSEIL EXÉCUTIF A L'ARMÉE DES PYRÉNÉES-OCCIDENTALES.

« Les représentants du peuple près l'armée des Pyrénées-Occidentales et les départements voisins :

« Instruits que le ministre de la Guerre vient d'élever au grade de général de division, dans l'armée des Pyrénées-Occidentales, des citoyens qui n'ont pas la confiance des républicains; que cette nomination a excité la sollicitude de la société populaire de Bayonne, qui a craint d'abord, de voir enlever à leurs postes les officiers sans-culottes placés par des représentants Montagnards, en second lieu, de voir de nouveau des intrigants et des militaires suspects travailler à égarer le soldat ; ce qui les a engagés de faire part de ces craintes à leur collègue Garrau, qui a déjà pris à cet égard des mesures provisoires ;

« Qu'en même temps, le citoyen Dumas, nommé par le Conseil exécutif général de l'armée des Pyrénées-Occidentales, est près d'arriver à Bayonne, et qu'il a été annoncé par son aide de camp, déjà arrivé dans ladite ville ;

« Considérant qu'au moment où le ministre de la Guerre a fait les nominations dont il est question ci-dessus, il ne pouvait encore être instruit des opérations commandées par la voix impérieuse du salut de la chose publique, et auxquelles le ministre et le Conseil exécutif s'empresseront d'applaudir, lorsqu'ils en auront connaissance ;

« Considérant que l'intérêt de l'armée exige que la nomination faite par les représentants du peuple des généraux et officiers qui ont mérité, par leur courage, leurs talents et leurs sentiments républicains, la confiance du soldat, soit maintenue, arrêtent :

« Art. 1er. — Les nominations faites jusqu'à ce jour par les représentants du peuple dans l'armée des Pyrénées-Occidentales, soit du général en chef, soit de tout autre officier, sont maintenues.

« ART. 2. — Il est défendu au citoyen Muller, général en chef de l'armée des Pyrénées-Occidentales, de délivrer des lettres de service aux officiers qui viennent d'être ou qui seraient promus, à quelque grade que ce soit, par le Conseil exécutif dans ladite armée, et de les faire reconnaître dans le grade que le ministre vient de leur conférer ou pourrait leur conférer.

« ART. 3. — Il est ordonné, tant au citoyen Dumas, nommé général en chef de l'armée des Pyrénées-Occidentales par le Conseil exécutif, qu'à tous autres officiers qui pourraient être ou avoir été promus à quelque grade par ledit Conseil exécutif, dans ladite armée, de sortir des murs de Bayonne et du Saint-Esprit, dès qu'ils y seront arrivés, jusqu'à l'arrivée des représentants du peuple dans cette ville. Le général Laroche, commandant de la ville de Bayonne et de la citadelle du Saint-Esprit, tiendra la main à l'exécution rigoureuse de cette disposition; sont exceptés pourtant de ladite disposition les officiers qui étaient déjà dans l'armée, lorsqu'ils ont été nommés par le ministre; ceux-là resteront à leur poste, dans le grade qu'ils avaient précédemment.

« ART. 4. — Les représentants du peuple se rendront incessamment à Bayonne; ils y conféreront ensemble sur le parti à prendre sur les nouvelles nominations du Conseil exécutif; en attendant, ils invitent le citoyen Garrau, leur collègue, actuellement à Bayonne, de vouloir bien adhérer au présent arrêté et de tenir la main à son exécution.

« Fait à Mont-de-Marsan, le premier jour du deuxième mois de l'an II de la République française une et indivisible.

« J.-B.-B. MONESTIER (du Puy-de-Dôme),
J. PINET aîné, DARTIGOYTE. »

« Le représentant du peuple soussigné, adhérant à l'arrêté ci-dessus, déclare qu'il n'a et ne peut avoir aucune application au citoyen Frégeville, général de division, attaché depuis longtemps à cette armée et que les représentants du peuple ont appelé auprès d'eux, tant à Toulouse qu'à Bordeaux. Il estime en conséquence que le général Frégeville doit exercer les fonctions de général divisionnaire soit à Bayonne, soit à l'armée, dès le moment de son arrivée.

« A Bayonne, le 3 du second mois de l'an II de la République française une et indivisible.

« GARRAU. »

Second arrêté des Représentants.

« Les représentants du peuple près l'armée des Pyrénées-Occidentales et les départements voisins :

« Considérant que le Comité de salut public et la Convention nationale ne connaissaient pas les réformes devenues si nécessaires opérées dans cette armée, non plus que les remplacements qui y ont eu lieu, à l'époque où la promotion du général Dumas par le ministre de la Guerre ou par le Conseil exécutif a été approuvée par la Convention nationale;

« Considérant que le général Muller a reçu de ces représentants le soin de commander provisoirement en chef cette armée; à raison des preuves qu'il avait déjà données de son talent, de son activité, de son courage et de son républicanisme prononcé; à raison de l'expérience qu'il avait acquise, depuis quatre mois d'un travail assidu, de la manière de faire la guerre en ces contrées, où les localités ne permettent pas d'exercer cet art et cette profession comme dans les autres armées de la République, et où il faut un temps très considérable et un coup d'œil très observateur, pour réduire toutes les portions de forces employées sur une multitude de points en un ensemble et un corps d'armée; enfin encore à raison de ce que ses services près cette armée et sa manière morale d'exister lui avaient concilié l'amitié, l'estime et la confiance des chefs et des soldats;

« Considérant que le général Muller est encore aujourd'hui en pleine jouissance de cette estime, de cette amitié et de cette confiance; que seul il peut conduire et terminer une campagne dont seul il a les clefs et les dispositions; enfin que cette campagne et la guerre ne peuvent durer environ que trois semaines ou un mois;

NOTES.

« Considérant que le général Dumas, contre lequel d'ailleurs les représentants du peuple n'ont aucun reproche à former, ne pourrait obtenir les connaissances de localités, de plans, de positions que dans six semaines au moins, ainsi qu'il s'en est expliqué lui-même dans la conférence amicale que les représentants du peuple ont eue avec lui ;

« Considérant que, depuis la réforme opérée dans l'armée et l'élection provisoire du général Muller, l'ordre et la discipline, la concorde et la bonne union règnent plus rigoureusement et promettent des succès plus marqués ;

« Arrêtent, pour le meilleur service de la République, que provisoirement et jusques à un décret définitif de la Convention nationale, le général Muller retiendra le commandement en chef de l'armée des Pyrénées-Occidentales.

« Arrêtent aussi qu'il demeurera libre au général Dumas d'être employé dans cette même armée, en qualité de chef divisionnaire, jusqu'à ce décret définitif.

« A Bayonne, le 8 du second mois de l'an II de la République une et indivisible.

« MONESTIER, PINET aîné, DARTIGOYTE, GARRAU, CAVAIGNAC. »

IX.

CUSTINE ET SON CONFESSEUR.

(Voir page 281.)

Pendant toute l'année 1793, et tant que le culte de la Raison ne fut pas venu remplacer officiellement le culte constitutionnel, on daigna laisser un confesseur aux condamnés. C'était l'Évêque de Paris qui le désignait, et il chargeait habituellement de cette triste mission un prêtre allemand nommé Lothringer. Nous avons retrouvé la lettre écrite par le greffier du Tribunal révolutionnaire à l'occasion de la mort de Custine. Elle est ainsi conçue :

Au citoyen Évêque de Paris.

« Citoyen, vous êtes prié d'envoyer au citoyen Custine, qui vient d'être condamné à mort et doit être exécuté demain à 9 heures du matin, un ministre du culte. Il désire l'avoir tout de suite ; c'est ce qu'il vient de faire dire.

« Le 27 août 1793.

« WOLFF,
« Commis-greffier du Tribunal révolutionnaire. »

Une heure après que la tête de Custine eut roulé sur l'échafaud, Lothringer était dénoncé comme ayant montré quelque sympathie au condamné. Les dénonciateurs étaient un gendarme et le bourreau, dont voici les déclarations :

Commune de Paris.

« Le 28 août 1793.

« S'est présenté par devant nous, les administrateurs du département de police, le citoyen Martin Henry, gendarme de la 1re division près les tribunaux, lequel nous a déclaré que le citoyen Dellaitre, son confrère, lui a dit avoir entendu, hier le soir, étant en faction auprès de Custine condamné à mort, que lors de l'arrivée du confesseur auprès de Custine, il dit à ce dernier : « J'ai lu vos neuf interrogatoires et vous mourrez très innocent »; et que Custine lui dit : « je meurs pur »; à quoi le déclarant a cru être de son patriotisme de déclarer ce qui est contenu ci-dessus et a signé.

« Martin Henry. »

Commune de Paris.

« Le mercredi 28 août 1793.

« Cejourd'hui, nous administrateurs au département de police, nous sommes transportés à la maison de justice de la Conciergerie à l'effet de nous assurer de l'ordre et de la tranquillité de cette maison, et ce relativement à l'exécution du jugement rendu contre Custine; et comme nous étions dans un des guichets de ladite maison, le citoyen Samson père, exécuteur des jugements criminels, nous a observé que le citoyen Lothringer, confesseur dudit Custine, avait affecté de vouloir rester seul avec le condamné, et que Custine même avait recommandé à la gendarmerie de s'éloigner de lui et de ne laisser approcher personne; que ledit citoyen Samson, en sa qualité d'exécuteur des jugements criminels, étant entré malgré la recommandation de Custine, il a remarqué que le confesseur et le condamné se parlaient mystérieusement et en langue allemande; que cette conversation a d'autant plus paru suspecte audit citoyen Samson, que le confesseur et le condamné étaient tous deux séparés, tant de la gendarmerie que des autres citoyens présents, et ce par une cloison vitrée servant de séparation au greffe et à une pièce qui conduit aux cachots.

« Ajoute le citoyen Samson que Custine tenait une plume et paraissait vouloir s'en servir, sur une feuille de papier, qui était devant lui. Déclare en outre ledit citoyen Samson que, lors de l'exécution et mort de Miaczinski, le fils de lui déposant, son frère et son cousin ont entendu le même prêtre Lothringer, qui était aussi confesseur de ce dernier condamné, lui dire : « Il est bien glorieux pour vous de mourir à la même place que celle où votre roi est mort ». Et c'est tout ce qu'il a dit savoir.

« SAMSON. »

« Sur quoi, nous administrateurs au département de police, après avoir pris connaissance des déclarations ci-dessus et des autres parts, disons que le citoyen Lothringer sera, à l'instant conduit à la maison d'arrêt de l'Abbaye, et le présent et pièces y jointes envoyés au Tribunal révolutionnaire, pour être statué ce qu'il appartiendra.

« Fait audit département de police le 29 août 1793.

« N. FROIDURE, FIGUET. »

Les administrateurs de police Baudrais, Marino et Michel aggravèrent encore la mesure, et firent mettre Lothringer au secret. Il n'était cependant inculpé, d'après son écrou, que de propos inciviques, mais suivant la terrible législation de cette époque, les propos de cette nature pouvaient entraîner une condamnation à mort.

Le 3 septembre, il fut interrogé par le célèbre Coffinhal, alors simple juge au Tribunal révolutionnaire[1]. L'impitoyable inquisiteur s'informe tout d'abord si Lothringer a prêté le

---

1. Nous n'avons pas cru devoir donner en entier l'interrogatoire de Lothringer, qui est très long, et nous avons mis, à la première personne, les demandes et les réponses qui sont à la troisième. On trouvera, dans l'intéressante histoire du Tribunal révolutionnaire de M. Campardon, tome Ier, page 92, toute la partie de cet interrogatoire qui est relative à Custine.

serment constitutionnel ; puis il lui demande si, dans sa confession, Miaczinski ne lui a rien révélé, et si lui-même n'a pas dit au condamné, au pied de l'échafaud, qu'il était glorieux de mourir pour son roi et à la même place où celui-ci avait été sacrifié.

« Je ne puis avoir tenu un pareil langage, répond Lothringer ; car suivant les principes de la religion, on ne peut point dire à un homme qu'il meurt pour un homme. Quand un condamné se prétend innocent, on lui dit pour le consoler qu'il meurt pour le salut de son âme, pour la gloire de Dieu, pour la religion ; mais on ne lui dit jamais qu'il est glorieux de mourir pour un homme. »

Coffinhal passe alors aux faits relatifs à la seconde exécution.

D. « Pendant la confession de Custine, n'avez-vous pas affecté de demeurer seul avec le condamné ; et Custine même n'a-t-il pas recommandé à la gendarmerie de s'éloigner de lui et de ne laisser entrer personne ?

R. « Je me suis rendu près de Custine à neuf heures du soir ; il avait auprès de lui deux gendarmes. Lorsqu'il m'aperçut, il me dit qu'il était un grand pécheur qui venait demander consolation.

« Je lui fis le discours que tiennent tous les confesseurs ; je lui dis que puisqu'il était jugé et condamné, puisqu'il n'était plus possible de sauver son corps, il devait songer à sauver son âme. Le premier devoir du confesseur étant de gagner la confiance du condamné, je l'embrassai et je lui dis que j'allais lui rendre sa confession facile, en lui retraçant les commandements de Dieu et ceux de l'Église. Alors Custine se confessa et sa confession dura jusqu'à onze heures.

D. « Custine s'est-il confessé en allemand ou en français ?

R. « En français.

D « Pendant la confession n'avez-vous pas fait retirer les gendarmes ?

R. « Pendant la confession, les gendarmes étaient auprès des grilles des fenêtres. Personne ne leur avait dit de se retirer.

D. « En entrant dans le lieu où se trouvait Custine, ne lui avez-vous point dit : « J'ai lu vos neuf interrogatoires, vous mourrez très innocent »; Custine n'a-t-il pas répondu « qu'il mourrait pur? »

R. « Je n'ai rien dit de cela. Il se peut que, dans le cours de la confession, il ait été question des interrogatoires et même du procès de Custine; mais tout ce qui a été dit à cet égard n'avait trait qu'à la confession. En supposant que, dans le secret de la confession, lorsque le confesseur, pour consoler le patient toujours désespéré, est obligé de saisir ses idées, il me fût échappé quelque mot sur le jugement, on ne pourrait m'en faire un crime, puisqu'il n'en saurait rien résulter, le condamné à mort emportant tout avec lui. Au surplus, il est très mal de répéter ce qu'on a pu entendre d'une confession. »

L'interrogatoire dura longtemps encore ; mais Coffinhal n'en put faire sortir aucune inculpation précise contre Lothringer, et, le jour même, ce dernier fut mis en liberté en vertu d'une ordonnance de non lieu rendue par le Tribunal révolutionnaire.

Le pauvre homme, qui étalait si naïvement les banalités de son éloquence usuelle avec tous les condamnés, n'était pas au bout des tribulations inséparables de sa pénible besogne. Il ne fut pas, il est vrai, inquiété pour son attitude envers l'infortunée Reine qu'il accompagna jusqu'à l'échafaud. Marie-Antoinette avait opposé un refus persistant à tous les discours qu'il lui avait adressés, et il avait dû se borner à un rôle muet pendant la sanglante tragédie du 16 octobre. Mais quelques mois après, Lothringer fut l'objet de nouveaux soupçons. Le 25 mai 1794, il fut arrêté par ordre du Comité de sûreté générale, avec son portier et sa portière que l'on accusait d'être ses complices.

Le 29 messidor an II, il adressait la lettre suivante au Comité de sûreté générale :

« Maison des Écossais, ce 29 messidor an II
de la République.

« Citoyens représentants,

« Dans le nombre des détenus, aucun peut-être n'a plus

de droit que moi de demander, et l'espérance d'obtenir, une liberté que ma morale, ma conduite et mes principes ne m'ont jamais exposé à perdre.

« Appelé par mes fonctions de ci-devant Vicaire Épiscopal de Paris à l'emploi pénible et touchant d'aplanir, aux coupables frappés du glaive de la loi, le chemin effrayant et terrible de l'éternité, j'ai rempli cette mission avec zèle et à la satisfaction du Tribunal. *Remords du crime, confiance dans la clémence de l'Être suprême, conviction intime de l'immortalité de l'âme, déclaration de leurs complices ;* voilà, Législateurs, ce que j'ai dit, ce que j'ai fait, ce que j'ai répété aux conspirateurs qu'on m'ordonnait d'accompagner à l'échafaud. A cela se bornaient les fonctions de mon ministère. Je les ai strictement remplies.

« Jugez-moi par mon propre intérêt ; il tient essentiellement à la Révolution. L'aristocratie expirante du ci-devant Conseil souverain de Colmar, le 28 avril 1789, a supprimé mon petit bénéfice de 700 livres ; alors j'ai tout perdu. La révolution du 14 juillet étant survenue, le 27 de ce mois j'étais déjà à Paris pour y prendre part ; j'y ai tout retrouvé ; j'y ai retrouvé ma liberté ; j'y ai trouvé une place de 3000 livres ; par sa suppression, j'y ai encore trouvé une pension qui ne doit point me mettre du nombre des mécontents et des suspects.

Au moment de mon arrestation, j'étais en chambre garnie chez mon cordonnier, qui est aussi patriote qu'il est pauvre. Je lui ai cédé beaucoup de papiers de rebut et inutiles, n'étant plus de saison ; ne sachant ni lire ni écrire non plus que sa femme, par crainte imaginaire qu'il n'y ait quelque chose de suspect, ils ont jeté le reste desdits papiers dans le feu chez eux ; on s'en est aperçu ; tous deux ont été arrêtés dans le jour, et la douleur me déchire le cœur de me voir la cause innocente du malheur de pauvres patriotes.

Ajoutez, Législateurs, une autre douleur d'être dans les prisons en compagnie des ci-devant nobles, des ci-devant généraux du tyran, des ci-devant chevaliers, des ci-devant écuyers, des prêtres réfractaires, des Anglais, des Prussiens, des Autrichiens, qui me détestent comme prêtre assermenté autant que j'ai toujours détesté les satellites du royalisme et de la tyrannie. Un patriote brûle ici dans un enfer tout vivant, qui m'est cent fois plus douloureux que ma destruction.

« Législateurs, j'ignore les motifs de mon arrestation. Je les ai ignorés jusqu'à mon interrogatoire, lorsque j'ai été arrêté comme confesseur de Custine. J'ignore s'il existe encore dans Paris des Michonis qui m'aient dénoncé à votre Comité pour me faire arrêter. J'interroge ma conscience; elle me répond que je suis sans reproche. Mais je ne suis pas justifié devant vous. Je vous prie, par votre patriotisme qui est autant intéressé de trouver des innocents qu'il est de trouver des coupables, de me faire interroger et juger selon mes mérites. Si vous trouvez que je sois innocent, je vous demande provisoirement la liberté d'être avec vous dans Paris. Si le Comité daigne me l'accorder, la République pourra, je le jure, compter parmi ses enfants un citoyen toujours utile et patriote. Les papiers qu'on a trouvés chez moi par deux reprises le prouvent; la députation du Haut-Rhin à la Convention l'atteste; le patriotisme et la pauvreté de ma famille entière le confirment; le divorce avec Gobel quoique son vicaire, depuis son retour de Porrentruy, en est la preuve incontestable.

« Salut et fraternité.

« LOTHRINGER. »

Le Comité de sûreté générale resta sourd à ces plaintes, et un mois après le 9 thermidor, Lothringer adressait au nouveau Comité la supplique suivante :

« Paris, maison d'arrêt des Écossais, le 7 fructidor an II de la République.

« Citoyens, ayant été arrêté par ordre du Comité de sûreté générale le 5 prairial dernier, je vous prie de m'envoyer les motifs de mon arrestation et vous ferez justice.

« Salut et fraternité.

« LOTHRINGER. »

La liberté se fit encore attendre et Lothringer ne sortit de prison que le 12 brumaire suivant. Malgré toutes nos recherches, nous n'avons pu découvrir quelle fut, après la tourmente révolutionnaire, la destinée du malheureux vicaire de Gobel.

X.

BIRON EN VENDÉE.

(Voir page 294.)

Biron avait été arrêté à la fin de juillet 1793 et incarcéré à l'Abbaye. Sa santé était fort ébranlée depuis longtemps, et il demanda plusieurs fois à être jugé, ou à être autorisé à se retirer à la campagne pour se soigner. La question fut portée à la tribune le 4 septembre 1793, et Lecointe-Puyraveau proposa, au nom de l'humanité, de traiter Biron de la même manière qu'Anselme et Ferrand, qui étaient restés en état d'arrestation chez eux, sous la garde d'un gendarme. Mais la Convention refusa cet adoucissement, au nom de l'égalité, et Biron dut attendre en prison le jour de son jugement.

Il avait préparé pour sa défense un long mémoire justificatif. Nous préférons reproduire une partie des pièces sur lesquelles il s'appuyait.

Le général Biron au Comité de salut public.

« Niort, le 12 juin 1793.

« Je n'ai pas encore tous les détails de l'affreuse déroute de Doué et de Saumur. La Commission centrale, sous les yeux de qui se sont passés ces tristes événements, en a sans doute informé le Comité de salut public. Les causes en sont et en seront éternellement les mêmes, tant que l'on n'y apportera pas de remède ; défaut d'organisation, d'instruction, de subordination ; obéir paraît si loin de l'égalité que personne ne s'en impose le devoir. Il résulte de là que, dans beaucoup d'occasions, des braves gens ne servent pas plus utilement que des lâches.

Quelques bons citoyens ont paru penser qu'un tel désordre provenait du défaut de confiance dans les généraux, et que les soldats en accorderaient davantage à un général pris parmi eux. Je combattrais cette proposition s'il nous restait plus de généraux dont l'expérience militaire, l'habitude de commander à la guerre, dussent inspirer la confiance; mais la plupart de nos talents militaires sont aussi jeunes que la République, et la différence de l'expérience est peu considérable. Tentons donc ce moyen peut-être plus influent que tous autres sur les devoirs du soldat; tirons de ses rangs un soldat estimé et unissant à sa confiance, l'exercice de la discipline, l'expérience des avantages qu'elle procure; il l'établira peut-être. Les plans de campagne ne lui manqueront pas plus qu'à nous. Il sera facile de le débarrasser de la correspondance; je m'en chargerai, s'il veut; et si cela convient au nouveau général, je serai de bon cœur son premier aide de camp, ou le soldat le plus subordonné de son armée.

Mais je le répète, le métier de général est devenu impossible à faire, car on lui oppose chaque jour de nouveaux obstacles, de nouvelles difficultés. Je n'ai jamais manqué et je ne manquerai jamais au respect que je dois aux Commissions ou Sections de Commissions composées de représentants du peuple; mais mon devoir me commande impérieusement de déclarer au Comité de salut public et à la Convention nationale s'il le faut, que les Commissions, sans doute très utiles dans le principe, se sont multipliées à tel point qu'elles sont véritablement devenues nuisibles au service de la République.

« Salut et fraternité.

« BIRON. »

Premier plan de campagne arrêté par les généraux, de concert avec les représentants du peuple, et en présence des commissaires du Conseil exécutif et du ministre de la Guerre réunis à Tours, le 11 juin 1793.

« L'assemblée délibérant sur les moyens de réparer les

échecs que la République éprouve, depuis quelque temps, de la part des brigands répandus dans le département de la Vendée et autres circonvoisins, voulant arrêter leurs progrès effrayants et les suites funestes que peut entraîner la perte de Saumur ;

« Considérant que la marche constante des rebelles a été de réunir leurs forces, toutes les fois qu'ils ont voulu faire quelque tentative, et de nous attaquer toujours avec des forces supérieures ;

« Considérant que le plan suivi de notre part jusqu'à ce moment, en divisant nos forces, entraînerait infailliblement la perte de la République, ainsi que le prouve une trop malheureuse expérience ;

« Considérant que l'évacuation des différentes villes ne changera pas leur sort, puisqu'il est presque impossible que, dans la situation actuelle des choses, aucune puisse faire résistance, et qu'en recueillant les troupes de la République, on est assuré de délivrer d'une manière efficace tous les pays ravagés par les rebelles ;

« Considérant enfin que, d'après différents rapports, l'esprit public est tellement gâté dans les principales villes, telles qu'Angers et Nantes, que l'on y parle hautement de composition avec les brigands, et que les troupes républicaines y sont mal reçues ; que ces villes d'ailleurs sont dépourvues de fortifications et autres moyens de défense ;

« Il a été, par les généraux réunis, arrêté ce qui suit :

« 1°. Il n'y aura qu'une seule armée.

« 2°. Toutes les troupes qui se trouvent à Niort et lieux voisins marcheront sans délai sur Saumur, en passant par Doué.

« 3°. Toutes celles qui sont commandées par les généraux Barbazan, Granvillier, Hérault et Coustard, l'artillerie, les munitions de guerre, vivres et autres objets qui se trouvent à Angers et lieux voisins, se replieront sur l'armée de Niort, en passant par le pont de Cé pour se rendre à Doué, lieu de la réunion. Ce mouvement s'opèrera aussitôt que les rebelles marcheront de Saumur sur Angers par la rive droite de la Loire ; dans le cas où ils marcheraient uniquement sur la rive gauche de la Loire, toutes les forces d'Angers et des environs se réuniront au pont de Cé, et y feront face à l'ennemi. Enfin dans le cas où les rebelles se porteraient sur Angers par l'une et l'autre rive de la Loire, les troupes de la République chercheront à se faire jour à travers la colonne ennemie qui se trouverait sur la rive gauche et se réuniront, à Doué, à l'armée de Niort. Dans tous les cas, on aura la précaution de couper le pont de Cé, en le quittant, et de détruire les ouvrages qui peuvent être utiles aux rebelles.

« 4°. Les troupes qui se trouvent en ce moment ou qui arriveront à Tours, ainsi que celles de Chinon, Loudun et l'armée commandée par le général Salomon, seront destinées à se réunir à l'armée de Niort et seront disposées suivant les circonstances.

« 5°. Les forces qui sont à Machecoul se replieront aussitôt sur Nantes, afin d'y arrêter les brigands.

« Tout ce que dessus a été fait et arrêté par nous, généraux réunis à Tours, et sauf l'approbation du général en chef de l'armée des côtes de la Rochelle, auquel le présent plan sera envoyé à l'instant et extraordinairement.

« Le 11 juin 1793, l'an II de la République une et indivisible.

« Les généraux de division : Duhoux, Menou.

« Les généraux de brigade : Alex. Berthier, Santerre. »

« Nous, représentants du peuple réunis à Tours, ayant sévèrement examiné les mesures arrêtées dans le plan ci-dessus, déclarons qu'elles nous paraissent les plus efficaces pour arrêter les progrès des rebelles et sauver la République.

« Fait à Tours les mêmes jour et an que dessus.

« Pierre Choudieu, Bodin, Richard, Tallien, Ruelle, Bourbotte, Délaunay. »

« Tout ce que dessus a été fait en présence des citoyens Lachevardière, commissaire national du Conseil exécutif et Parein, commissaire du ministre de la Guerre.

« Fait à Tours lesdits jour et an.

« Parein, Lachevardière. »

Deuxième plan de campagne du 25 juin 1793.

« Sur la réquisition des représentants du peuple réunis en commission centrale à Tours, de l'adjoint du ministre de la Guerre et des commissaires nationaux délégués par le Conseil exécutif provisoire, faite cejourd'hui aux généraux soussignés,

« Les généraux de division Duhoux, Labarolière, Menou et Coustard, et les généraux de brigade Berthier, Santerre, Fabrefond, Dutrey, Barbazan et Beffroy, réunis en présence des représentants du peuple, de l'adjoint au ministre de la Guerre et des commissaires nationaux, ont unanimement arrêté ce qui suit, après une mûre discussion.

« 1°. Sur la première question, de savoir si l'on pouvait marcher avec l'armée de Tours, vu la nécessité de voler sans délai au secours de Nantes menacée par les rebelles ;

« Tous les généraux ont pensé que l'on pouvait marcher au secours de Nantes avec toute la partie de l'armée de Tours qui se trouve suffisamment armée, équipée et organisée.

« 2°. Sur la seconde question ainsi posée : doit-on marcher ?

« L'avis de tous les généraux a été que l'on devait marcher le plus promptement possible.

« 3°. Et enfin sur la troisième proposition, qui consistait à savoir comment l'armée de la République marcherait ;

« Tous les généraux ont été d'avis que l'armée marcherait à Nantes, sur le côté droit de la Loire seulement, savoir : une colonne composée de la presque totalité des forces, par les chemins dans les terres ; et un petit corps de flanqueurs composé de troupes légères à cheval, par la levée ou au bas des coteaux qui font face à la rive droite de la Loire, et sur les hauteurs.

« Il a été en outre unanimement arrêté que le présent plan serait adressé à l'instant au général Biron et que l'armée ne se mettrait en marche qu'après sa réponse.

« Il a été également arrêté que le général Biron sera invité, au nom du salut public, à faire tous les mouvements qu'il jugera nécessaires pour assurer l'exécution du plan ci-dessus, protéger et couvrir la ville de Tours où se trouvent les magasins de toutes les armées et où il ne restera qu'une force de 4,000 hommes ou environ en partie non armés, et même à entreprendre sur Saumur, s'il est possible, pour faire une diversion favorable à l'exécution des mesures ci-dessus arrêtées.

« Fait et arrêté à Tours, le 25 juin 1793, l'an II de la République française.

« J. LABAROLIÈRE, BARBAZAN, J. MENOU, GUY, COUSTARD-SAINT-LÔ, ALEX. BERTHIER, SANTERRE. »

« Nous, adjoint au ministre de la Guerre et commissaires nationaux délégués par le Conseil exécutif provisoire,

« Après avoir pris communication du plan ci-dessus, déclarons que ces mesures sont les seules efficaces, dans les circonstances actuelles, pour le salut de la chose publique.

« Fait à Tours, lesdits jour et an.

« RONSIN, LACHEVARDIÈRE, DUMAS. »

« Les représentants du peuple près l'armée des côtes de la Rochelle réunis en commission centrale à Tours, après avoir pris connaissance du plan de campagne et des dispositions militaires arrêtées cejourd'hui par les généraux ici présents et réunis en conseil général ; considérant qu'elles ne peuvent avoir d'exécution qu'autant que le concert et l'ensemble le plus parfait seront établis entre les mouvements des deux armées de Tours et de Niort ; que le succès même des opérations dont il s'agit dépend entièrement de la direction à donner aux forces existant à Niort ; arrêtent qu'il sera envoyé un courrier extraordinaire au général en chef Biron, pour lui communiquer les mesures que la situation actuelle de la ville de Nantes a forcé les généraux d'adopter, et sur lesquelles il est requis, au nom du salut public et sur sa responsabilité personnelle, de faire connaître sans délai sa résolution et ses projets.

« A Tours, le 25 juin 1793, an II de la République une et indivisible.

« Bourbotte, Ruelle, P.-N. Delaunay, L. Turreau, Dandenai, P. Choudieu. »

PREMIER ARRÊTÉ DU COMITÉ DE SALUT PUBLIC.

Séance du 28 juin 1793.

« Vu la lettre écrite, le 12 de ce mois, par le général Biron au Comité, renfermant copie de la lettre écrite à ce général par les généraux de division et de brigade réunis à Tours, des réquisitions qui lui ont été adressées par la Commission centrale des représentants du peuple, de la réponse du général à ces pièces, de la lettre au ministre de la Guerre, des états de l'armée des côtes de la Rochelle.

« Le Comité, considérant qu'à la nouvelle du danger de la ville de Nantes menacée par les rebelles, les généraux divisionnaires et les généraux de brigade réunis à Tours ont arrêté, le 25 de ce mois, que toute la partie de l'armée de Tours, suffisamment armée, équipée et organisée, se mettra en marche pour secourir Nantes, et qu'il ne sera laissé à Tours qu'une force de quatre mille hommes en partie non armés ; que le général Biron sera invité de pourvoir à la défense de cette dernière ville et de tenter une diversion sur Saumur ;

« Que le citoyen Ronsin et les commissaires nationaux ont pris, le même jour, communication de cet arrêté et ont déclaré qu'il contient les seules mesures efficaces que l'on puisse employer pour le salut public ;

« Que les représentants du peuple ont pris, le même jour, un arrêté portant que les mesures adoptées par les généraux de division et de brigade de Tours seront communiquées au général Biron, sur lesquelles il est requis, au nom du salut public et sur sa responsabilité personnelle, de faire connaître sans délai sa résolution et ses projets ;

« Que les généraux de division et de brigade ont écrit le même jour au général Biron que, d'après la réquisition qui leur a été faite par les représentants du peuple, l'adjoint du ministre de la Guerre et les commissaires nationaux, ils avaient pris un arrêté relatif aux secours à envoyer à Nantes; qu'ils lui ont déclaré que, pressés de secourir cette ville, ils vont laisser la ville de Tours exposée aux tentatives des rebelles; qu'ils l'ont invité de faire passer des forces à Tours; qu'ils ont enfin prié le général de les éclairer sur une opération aussi importante;

« Que le général Biron a répondu, le 26, aux généraux de division et de brigade qu'ils étaient sans doute plus en état que lui de juger quel parti ils peuvent tirer de leur position; qu'il est nécessaire de couvrir la ville de Tours, qu'on doit regarder comme une barrière, et qui renferme des magasins précieux; qu'il leur a envoyé un état de son armée et des forces dont il peut disposer pour la défense de Tours, pour les mettre à portée de juger jusqu'à quel point leur plan est praticable; qu'il leur a déclaré de quelle partie de leur plan il peut seconder l'exécution, et quelle partie il ne peut adopter, s'il n'en reçoit un ordre formel du Conseil exécutif;

« Qu'il a écrit le 26 au ministre de la Guerre pour annoncer qu'il ne se portera pas sur Saumur sans un ordre positif; que sa responsabilité doit cesser du moment où la Commission centrale veut influencer les opérations militaires, les discuter et les arrêter avec une publicité qui doit en empêcher l'effet; qu'il ne peut plus commander utilement l'armée des côtes de la Rochelle et qu'il prie le ministre de lui désigner à qui il doit remettre le commandement;

« Considérant que le conseil de guerre a été tenu d'une manière irrégulière et avec une sorte de publicité qui ne peut que contrarier l'exécution des meilleurs plans; que l'on a voulu influencer le général, et ne lui laisser aucune liberté de délibérer sur les mesures adoptées, en l'obligeant d'approuver le projet proposé; que les réclamations du général sont fondées sur ce qu'exige le bien du service et l'intérêt de la République;

« Que le général Biron étant investi de la confiance de la

Nation, il doit diriger avec liberté et sans influence secrète ou publique toutes les opérations militaires ;

« Qu'il importe de prendre des mesures sagement concertées pour conserver la ville de Nantes, la défendre de l'attaque des rebelles, ne pas exposer la ville de Tours et les magasins de la République, défendre et conserver Niort, la Rochelle et Saint-Maixent ;

« Arrête que le général Biron est invité de continuer de commander l'armée ; que l'intérêt de la République ne permettant pas d'accepter sa démission, son patriotisme ne lui permettra pas de persister à l'offrir ; que sans s'arrêter au plan des généraux de division et de brigade, approuvé par l'adjoint du ministre de la Guerre et les commissaires nationaux, autorisé par les représentants du peuple, le général Biron fixera le plan qu'il jugera le plus avantageux et le plus utile à la République pour assurer la défense de Nantes dans l'extrême danger dont elle est menacée, ne pas exposer la ville de Tours et les magasins de la République, assurer Niort, la Rochelle et Saint-Maixent contre les entreprises des rebelles ; qu'il dirigera les opérations militaires, dans lesquelles il ne pourra être influencé ni contrarié par les représentants du peuple ni par les agents du Conseil exécutif.

« Que les représentants du peuple seront invités de se conformer sans délai au décret de la Convention nationale qui les rappelle à leur poste, pour donner au Comité les instructions et les renseignements attendus sur l'armée des côtes de la Rochelle.

« Que le ministre de la Guerre rappellera le citoyen Ronsin, son adjoint.

« Qu'il rappellera pareillement ceux des commissaires nationaux qui ont assisté au conseil de guerre du 25 et ceux qui, dans les départements, sont une occasion de trouble et d'inquiétude relativement à la sûreté des propriétés.

« Que le ministre de la Guerre répondra sans délai aux demandes du général Biron concernant les généraux, adjudants et autres officiers et agents nécessaires au service de l'armée.

« Qu'il sera adressé une expédition du présent arrêté au

général Biron, aux représentants du peuple réunis à Tours et au ministre de la Guerre.

« Cambon, Guyton, Ramel, Lindet, Saint-Just, Jean Bon-Saint-André, Hérault, Berlier, Delacroix. »

Les représentants du peuple membres du Comité de salut public au général Biron, commandant en chef de l'armée des côtes maritimes de l'Ouest.

« Paris, le 28 juin 1793.

« Les événements et la correspondance nous ont convaincus, général, que la multiplicité des commissaires était une source continuelle de difficultés et d'inconvénients. La Convention nationale avait été déterminée, par la force des circonstances, à autoriser un assez grand nombre de ses membres de se rendre à l'armée; on manquait de généraux, d'officiers; on n'avait point d'armée; les rebelles devenaient redoutables; les événements se succédaient avec une rapidité alarmante. On ne put se refuser au vœu manifesté de voir plusieurs de nos collègues se rendre dans leurs départements, où l'on croyait que leur influence, leurs liaisons, leurs alliances contribueraient, autant que la force des armes, à faire rentrer les rebelles dans le devoir.

« Il s'est formé un grand nombre de commissions qui se sont isolées, qui n'ont entretenu aucune correspondance entre elles, et qui ont adopté des plans et des projets qui n'avaient aucun ensemble et qui ne pouvaient nous promettre aucun succès.

« La Convention nationale a rappelé tous ses membres à leur poste; elle a fixé le nombre de ceux qui doivent se rendre à l'armée; ses nouveaux choix inspireront la confiance et rempliront l'attente publique.

« Vous connaissez, général, l'instruction décrétée par la Convention nationale; vous savez de quelle considération et de quelle confiance elle a voulu investir les généraux.

« Depuis que vous êtes arrivé dans les départements de l'Ouest, vous vous êtes constamment appliqué à fournir et à organiser l'armée; vous avez arrêté un plan de campagne, vous avez justifié nos espérances.

« La représentation nationale sera à l'armée ce qu'elle doit être. Elle maintiendra l'ordre et la subordination; elle appellera la confiance et la fixera sur le général.

« Les grandes difficultés qui auraient pu s'opposer à vos succès sont écartées; tout concourra à assurer l'exécution de vos plans militaires. Vous avez servi la patrie, parce que vous l'aimiez; vous continuerez de servir la République, et c'est à la tête de l'armée que vous commandez que vous devez la servir, dans les circonstances où vos succès doivent avoir la plus haute influence sur la liberté.

« Nous attendons, général, de votre civisme, de votre dévouement à la République, que vous conserverez le commandement de l'armée sur laquelle la République fonde ses espérances.

« Nous avons chargé le ministre de la Guerre de prendre en la plus haute considération tout ce que vous demandez pour l'armée, et de prendre sans délai les déterminations les plus utiles au service et les plus satisfaisantes pour le général.

« Cambon fils aîné, Berlier, D. V. Ramel. »

DEUXIÈME ARRÊTÉ DU COMITÉ DE SALUT PUBLIC.

Séance du 30 juin 1793.

« Le citoyen Choudieu, l'un des représentants du peuple auprès de l'armée de la Rochelle à la division de Tours, a demandé communication de l'arrêté pris par le Comité, le 28 de ce mois, sur la lettre du général Biron du 26, et les pièces, états et mémoires joints à sa lettre.

« Il a exposé, au nom de la Commission, que des avis certains annonçant que le dessein des rebelles était de se porter sur Nantes, la division de l'armée campée auprès de Tours étant organisée et impatiente d'aller combattre les rebelles, les généraux avaient arrêté, dans un conseil de guerre, un projet qu'ils croyaient devoir satisfaire l'impatience de la division et conserver la ville de Nantes menacée du danger le plus imminent ; que ce projet devait être soumis à l'examen et à la décision du général ; que l'intention des officiers généraux et des agents principaux n'a pas été de forcer les suffrages du général, mais de le consulter, de lui communiquer un plan, des vues, et d'attendre ses ordres.

« Que les représentants du peuple, en lui adressant le résultat du conseil de guerre du 25, n'ont pas eu l'intention d'influencer le général ; qu'ils ont voulu fixer son attention sur la situation des affaires et engager le général à prendre une prompte détermination.

« Qu'ils avaient écrit au général et qu'ils n'avaient pas reçu sa réponse ; qu'en lui communiquant les vues des officiers généraux, ils s'étaient proposé d'accélérer et non d'influencer la détermination du général en chef ; qu'ils présumaient que la division de Niort était assez forte et assez bien organisée pour concerter un grand mouvement dans toutes les parties de l'armée.

« Il a ajouté que le citoyen Ronsin et les commissaires nationaux ont rendu des services signalés ; que l'armée atteste leur capacité et leur intelligence ; que le rappel de ces agents serait très préjudiciable au service.

« Il a enfin demandé que les représentants du peuple soient autorisés d'employer les talents du général Berthier, sous un chef, et en le surveillant avec une extrême exactitude ; que c'est à cet officier général que l'on doit la prompte organisation de l'armée ; que, si les circonstances et l'opinion ne permettent pas de le placer à la tête de l'état-major, on peut néanmoins faire choix d'un chef et charger du travail cet officier général qui, pour servir la patrie, consent à faire le sacrifice de l'amour-propre et des prétentions. Il a représenté un avis des officiers généraux, qui atteste les services du général Berthier et l'inconvénient de se priver de l'usage de ses talents.

« Il a demandé que l'on développe, avec plus d'étendue ou de clarté, les dispositions du décret du 30 avril et de l'instruction décrétée par la Convention nationale concernant l'ordre que doivent observer entre eux les représentants du peuple, dans leurs dispositions et leurs délibérations, pour obvier à l'inconvénient qui résulte de la contrariété et de l'incohérence des mesures.

« Le Comité de salut public arrête qu'il sera écrit au général Biron pour lui confirmer qu'il n'a été dans l'intention de qui que ce soit de forcer son suffrage, ou d'influencer son opinion, et d'ajouter à sa responsabilité; que tous les avis se sont réunis pour attendre sa détermination; que la liberté des communications n'a pas été considérée comme un moyen d'influence; que le plan adopté est celui qui a été proposé par le général, qui s'occupera des moyens d'exécution avec toute l'activité et la prudence qu'exigent les circonstances; que la célérité influera particulièrement sur le succès.

« Le ministre de la Guerre sera averti de ne pas rappeler le citoyen Ronsin et les commissaires nationaux qui ont pris part au résultat du conseil de guerre du 25 de ce mois, vu l'utilité de leur service dans l'armée.

« Les représentants du peuple sont autorisés d'employer le général Berthier, dans l'état-major, sous un chef. Le Comité, ne croyant pas qu'on puisse l'employer en chef, approuve cependant qu'on ne se prive pas de ses talents; qu'on l'employe et qu'on l'observe.

« Les représentants du peuple ne doivent à l'avenir éprouver aucune de ces contrariétés qui ont rendu leur mission difficile, et traversé ou retardé leur succès. Un décret a fixé le nombre des députés qui resteront ou se rendront à l'armée; le choix est fixé par le même décret.

« Les représentants pourront prendre, au nombre de deux, toutes les déterminations que les circonstances exigeront, et les faire exécuter provisoirement, à la charge d'en rendre compte à la Commission centrale; les représentants qui auront pris des arrêtés rapporteront leurs décisions et leurs procès-verbaux à la Commission, pour concerter toutes les opérations et en assurer l'ensemble et l'uniformité, vu que c'est dans la Commission centrale que réside principalement l'autorité; que toutes les délibérations doivent y être prises; que tous les ordres doivent en émaner, autant qu'il est possible; et que ce n'est que par la nécessité du service que les représentants peuvent prendre des arrêtés séparément, et néanmoins au nombre de deux.

« CAMBON, GUYTON, DELMAS, SAINT-JUST, RAMEL, COUTHON, BARÈRE, LINDET, BERLIER. »

Les représentants du peuple membres du Comité de salut public au général Biron, commandant en chef de l'armée des côtes maritimes de l'Ouest.

« Paris, le 1er juillet 1793.

« Nous avons eu, général, une conférence avec le citoyen Choudieu, notre collègue, l'un des représentants du peuple qui était à Tours le 25 juin. C'est de lui que nous savons que l'intention des officiers généraux de la division de Tours, des commissaires nationaux, était de vous consulter et d'attendre l'ordre du général pour s'y conformer.

« Les représentants du peuple n'ont pas eu intention d'influencer votre opinion. Vous avez été alarmé, parce que vous avez pensé que le projet que l'on soumettait à votre examen était un projet adopté dans la division de l'armée, et que l'on voulait ajouter au poids de votre responsabilité pour déterminer plus sûrement votre suffrage.

« Les circonstances étaient grandes et pressantes, l'état-major était inquiet de ne recevoir aucunes nouvelles de votre part; il croyait n'avoir pas un moment à perdre pour vous informer du danger qui menaçait la ville de Nantes, de la disposition des esprits, et vous communiquer ses vues.

« Les représentants du peuple ont pensé qu'ils devaient vous proposer de prendre en grande considération la situation des affaires, accélérer votre détermination. Ils vous avaient écrit, ils n'avaient pas encore reçu votre réponse; votre avis seul devait, dans l'esprit de tous, déterminer le mouvement de la division.

« Nous n'avons pas cru devoir persister, après avoir entendu notre collègue, à exiger le rappel de l'adjoint du ministre de la Guerre et des commissaires nationaux qui ont assisté au conseil de guerre du 25. Ces citoyens ont rendu des services essentiels à la division; ils ont donné de grandes preuves de capacité, de zèle et d'activité.

« Vous connaissez, général, le caractère des Français. La grandeur et la célérité dans les entreprises sont nécessaires pour soutenir leur courage; c'est au milieu des dangers qu'ils aiment à signaler leur constance; mais une longue attente, l'inaction prolongée les fatiguent plus que les travaux d'une campagne.

« Nous vous invitons, général, à concilier l'activité et la prudence, à profiter des dispositions de l'armée. La division de Tours paraît prête à marcher contre les rebelles; elle s'est organisée avec une célérité qui nous présage des succès. Nous désirons que la division de La Rochelle s'organise, s'embrigade et se mette sans délai en état d'exécuter le plan que vous nous avez communiqué. C'est à ce plan que nous pensons que l'on doit s'en tenir; nous persistons à l'approuver, et nous sommes persuadés que, dans tous les changements qui peuvent arriver, vous saurez prendre vos avantages.

« CAMBON fils aîné, BERLIER. »

Le général Biron au Comité de salut public.

« Angers, le 12 juillet 1793.

« J'ai l'honneur de rendre compte au Comité que j'ai reçu son arrêté du 1er juillet, et que ma très mauvaise santé et la certitude de ne pouvoir plus commander utilement l'armée des côtes de La Rochelle m'ont déterminé à envoyer au ministre de la Guerre ma démission de ce commandement en chef, avec la déclaration que, dans tous les lieux et dans tous les grades, je dévouerai de bon cœur le reste de mes jours et de mes forces au service de la République. Si la Convention nationale jugeait devoir faire examiner ma conduite par une cour martiale, je jouirais de la satisfaction qu'éprouve tout homme pur en voyant scruter sa conduite. Comme, depuis le 23 juin, le ministre de la Guerre ne répond plus même à mes lettres les plus importantes, j'ai l'honneur de prévenir le Comité que, dans huit jours, rien au monde ne m'empêchera de remettre le commandement de l'armée des côtes de La Rochelle à l'officier général le plus ancien après moi. Je prie instamment le Comité de me faire désigner le lieu où je dois me rendre, pour attendre les ordres de la Convention, après avoir quitté le commandement de l'armée.

« BIRON. »

Au citoyen Barère.

« Angers, le 12 juillet 1793.

« Le dernier effort que j'ai fait, citoyen Représentant, pour aller de Niort à Saumur joindre l'armée qui allait au secours de Nantes a fini d'épuiser mes forces et m'a mis dans un état de faiblesse et de souffrance qui ne me permet plus, en honneur et en conscience, de conserver le commandement en chef de l'armée des côtes de La Rochelle.

« Ce commandement exige dix fois plus d'activité qu'aucun autre; j'ai la goutte dans la tête, je crache le sang, et très incessamment je ne pourrai plus rester debout. J'ai envoyé ma démission au ministre de la Guerre; j'y ai joint la déclaration que tous mes désirs étaient de dévouer le reste de mes forces et de mes jours au service de la République, dans quelque lieu et dans quelque grade que ce pût être. J'ai demandé seulement qu'il me fût permis de m'arrêter, trois semaines ou un mois, dans le lieu quelconque que l'on voudra me désigner, pour y soigner un peu ma santé qui en a depuis longtemps un besoin indispensable. Je n'ai pas eu un instant de repos depuis la séparation de l'Assemblée Constituante, et le tems que nous y avons passé ne peut guère s'appeler du repos. J'ai constamment fait la guerre depuis, sans jamais avoir eu trois jours de tranquillité. Si quelques remèdes et quelques soins peuvent me remettre, aucun bon citoyen n'appartiendra plus que moi à la chose publique.

« Je crois devoir vous avertir que son salut tient peut-être à ce que le Comité de salut public envoie des commissaires d'une sagesse, d'une impartialité reconnues, prendre des renseignements et des détails sur cette armée. Ils se convaincront facilement, par l'affreux désordre qui y règne, qu'elle sert bien plus la contre-révolution que la Révolution, et je vous jure qu'il n'y a rien d'exagéré dans ce que je vous dis là. Cela mérite la plus sérieuse attention.

« Je vous demande pardon de mon importunité, citoyen Représentant ; vous l'excuserez en pensant que j'ai trouvé quelque satisfaction à vous expliquer la démarche que je fais, et à vous mettre à portée de surveiller une armée qui finira peut-être par être bien, si l'on ne se donnait pas tant de peine pour qu'elle fût mal.

« Biron. »

Dénonciations contre Biron.

« Niort, le 24 juin 1793.

« Il est bien malheureux qu'on ne puisse pas profiter des bonnes dispositions des soldats et qu'on laisse leur courage s'amollir dans l'oisiveté. Faut-il donc attendre que les rebelles aient rassemblé de nouvelles forces, ou qu'ils aient reçu des secours étrangers, pour aller les attaquer ? Aujourd'hui, le seul obstacle qui s'oppose à notre marche est, à ce qu'on dit, le manque de voitures. Nous craignons que, lorsqu'on y aura pourvu, il ne s'élève d'autres empêchements. Nous sommes au désespoir de l'état de nullité où sont réduits les trente mille hommes cantonnés ou campés depuis Saint-Maixent jusqu'aux Sables.

« Ici, l'esprit public est totalement perverti. Le peuple prend Brissot et Roland pour de bons citoyens, et les Montagnards pour des scélérats qui veulent l'anarchie et sont causes de la guerre de la Vendée. Vous seriez étonnés de ce que nous entendons dire tous les jours. Les autorités constituées nous ont paru mauvaises ; nous sommes vus de mauvais œil, et une petite émeute populaire bien dirigée pourrait leur faire raison de nous. La subordination n'est pas mieux établie. Le soldat vend ses cartouches, le voiturier le foin, la paille et le pain qui lui sont confiés pour être transportés; enfin, tout est dans un bouleversement tel, qu'il est instant d'y remédier.

« Les commissaires du Conseil exécutif,

« Besson, Brulé. »

« Angers, le 11 juillet 1793, l'an II de la République une et indivisible.

« Je soussigné, Pierre-Mathieu Parein, chef des bureaux de la quatrième division au département de la Guerre, commissaire du Conseil exécutif auprès de l'armée des côtes de La Rochelle,

« Certifie et atteste qu'après notre arrivée dans la ville de Tours, il y a environ deux mois, avec le citoyen Ronsin, adjoint au ministre de la Guerre, nous avons parcouru toute la circonférence du terrain occupé par les brigands; que, dans cette expédition, nous avons examiné très attentivement leur position et celle de notre armée sur tous les points que menacent les rebelles; que, de retour dans la ville d'où nous étions partis, nous nous sommes rendus à Saumur pour y conférer avec les représentants du peuple, afin de déterminer quelle serait la mesure la plus salutaire à adopter contre les rebelles; qu'après avoir discuté le projet de campagne, il a été arrêté à Saumur, en présence du général Biron, il y a six semaines environ, que les brigands seraient attaqués par plusieurs points et que l'on ferait marcher en masse toutes les forces de l'armée, comme étant la seule mesure à prendre qui pût convenir aux circonstances.

« Mais par une fatalité qu'on ne doit attribuer qu'à quelques traîtres qui, sans doute, étaient présents à la discussion de ce projet de campagne et qui en ont probablement fait part aux brigands, nous nous sommes vus attaqués le lendemain, d'abord à Doué et ensuite à Saumur, où nous avons essuyé un échec qui a désorganisé l'armée. Arrivés à Tours, où les généraux s'étaient repliés (Biron était alors à l'armée de Niort), nous donnâmes tous nos soins pour rassembler les débris de l'armée de Saumur, et en moins de quinze jours, nous rassemblâmes et nous fîmes camper près de dix-huit à vingt mille hommes qui dans ce moment marchent à l'ennemi.

« De son côté, le général Biron n'a point fait tout ce qui était en son pouvoir pour seconder l'armée de Tours ; loin de s'occuper à organiser son armée à Niort, pendant les six semaines qu'il y a resté ; loin de prendre à cet égard toutes les mesures que sa place et les intérêts de la République lui prescrivaient dans ces circonstances si périlleuses, il a mis la plus grande négligence dans toute sa conduite.

« 1°. Il devait organiser son armée de Niort en brigades et en divisions, et *on assure* qu'il n'en a rien fait.

« 2°. Il devait protéger par trois ou quatre mille hommes la ville de Saumur, lors de la marche de la troupe de Tours sur Angers, et il n'en a rien fait.

« 3°. Il devait au moins envoyer des forces à Westermann, ainsi que celui-ci les lui demande par une de ses lettres, lors de la prise de Bressuire, et il n'en a rien fait.

« 4°. C'est que Biron, au lieu de rester à Niort pour organiser son armée et la disposer à marcher contre les brigands, s'est rendu à Saumur et Angers où sa présence était inutile, puisque l'armée de Tours était toute organisée.

« 5°. C'est que Biron, dans toutes ses actions, n'a cessé de persécuter les patriotes, tels que les employés des commissaires du Conseil exécutif, ainsi que le citoyen Rossignol, lieutenant-colonel de la 35ᵉ division de gendarmerie, connu par son patriotisme.

« 6°. C'est que, dans ce moment, l'armée de Niort, qui se montait de vingt à vingt-cinq mille hommes, se trouve totalement fondue, pour ainsi dire, et qu'on ne sait ce qu'elle est devenue.

« 7°. C'est que le général Biron a laissé sortir et s'en retourner chez eux un ou deux bataillons de Bordeaux, sans avoir employé l'autorité dont il était revêtu pour les faire rentrer dans l'ordre et l'obéissance aux lois.

« 8°. C'est que le même général a souffert qu'il fût tenu des propos très inciviques dans les sociétés populaires qui prêchaient le fédéralisme, et qu'il n'a donné aucun ordre pour faire défendre ces sociétés, quoiqu'il fût instruit de leur conduite.

« D'après tous ces motifs et une infinité d'autres qui seront sans aucun doute mis sous les yeux des représentants du peuple, je ne balance point à déclarer que Biron est un traître à la République, et qu'il est très important, je ne dis pas seulement de le destituer, mais même de le livrer au glaive de la loi.

« Parein. »

« Angers, le 11 juillet 1793.

« Je soussigné, Charles-Philippe Ronsin, général de brigade et adjoint au ministre de la Guerre, déclare en mon âme et conscience que je regarde comme traître à la Patrie Biron, général en chef de l'armée des côtes de La Rochelle :

« Pour avoir mis une négligence aussi astucieuse que perfide dans l'organisation de l'armée qui était à Niort ;

« Pour avoir disposé les différents corps de sorte que, de vingt-deux mille hommes dont il pouvait disposer en masse au 24 juin, il ne lui en reste aujourd'hui que cinq mille ;

« Pour être parti brusquement pour Angers, au lieu de porter à Westermann les secours demandés après la prise de Châtillon ;

« Pour avoir causé, par ce refus, le massacre de toute l'infanterie de cette petite armée, la prise de son artillerie et tous les malheurs qu'entraîne une déroute ;

« Pour avoir osé, par une calomnie digne d'être punie par les lois, écrire au ministre de la Guerre, que tous les agents de ma commission étaient des désorganisateurs qui prêchaient le pillage, excitaient à la désobéissance, à couper des têtes, etc. ; tandis que chargé par la Commission centrale d'organiser deux commissions militaires, j'employais ces mêmes agents à poursuivre les vrais désorganisateurs, les espions et les traîtres ;

« Pour avoir souffert que les généraux nobles de cette armée profitassent du crime ou de l'erreur de quelques volontaires, pour jeter sur tous les bataillons de Paris le mépris le plus injuste et la défiance la plus dangereuse ;

« Enfin, pour avoir mis une lenteur vraiment bonne à

déconcerter les mesures propres à assurer le succès de nos armes, et pour n'avoir exécuté que des attaques partielles, comme s'il eût voulu détruire en détail une armée qui était, il y a un mois, assez forte pour exterminer en huit jours les brigands, si elle n'eût pas été commandée par des hommes que nous n'avons que trop de motifs de suspecter; je parle de Biron, de Menou, de Labarolière, de Berthier et de Barbazan. Que ces généraux, qui n'ont pas la confiance des patriotes, soient remplacés de suite par des hommes éclairés qui, bien connus par leur dévouement au salut de la République, connaissent assez les localités et les mœurs du pays occupé par les brigands, pour ne pas s'attacher à ces mesures si lentes et à ces combinaisons si savantes de l'ancienne tactique ; et se rappeler surtout que le moyen le plus prompt de terminer cette guerre, c'est de se rapprocher davantage de la manière dont les brigands la font. Mais pour n'exciter aucune de ces secousses dangereuses dans des armées qui n'ont pas été préparées à ces grands événements, et pour ne laisser à aucun des généraux suspectés le temps d'échapper au glaive des lois, en cherchant un refuge et même un appui au loin, il faut se hâter de les mettre hors d'état de nuire.

« J'ose le prédire, si vous tardez à rappeler Biron, ses complices et ceux qui l'entourent; si, par un exemple terrible, vous ne vous hâtez pas d'effrayer ceux qui voudraient encore imiter Lafayette, Dumouriez, Wimpfen, cette armée va se détruire partiellement. Les départements voisins en deviendront plus hardis à la révolte ; ces malheureuses contrées seront longtemps dévastées par la guerre civile, et les généraux suspects que vous n'aurez pas punis ou destitués à temps ne seront plus les généraux de la République, mais bien ceux des départements qui se sont déclarés pour le fédéralisme.

« Ronsin. »

XI.

LE GÉNÉRAL BRUNET
EN LUTTE AVEC LE REPRÉSENTANT FRÉRON.

(Voir page 301.)

Afin de permettre au lecteur de mieux apprécier la physionomie de cet incident, nous commencerons par donner les états de services du général.

Né le 14 juin 1734 à Valensoles, Basses-Alpes, Gaspard-Jean-Baptiste Brunet avait servi dans l'artillerie jusqu'au 9 novembre 1755, époque à laquelle il fut nommé lieutenant d'infanterie. Capitaine dans le régiment de Lorraine le 31 mars 1759, capitaine de grenadiers le 13 mai suivant, major du régiment provincial d'Auxonne le 28 mars 1778, lieutenant-colonel le 8 avril 1779, Brunet avait été retraité comme maréchal de camp le 1er mars 1791. Rappelé à l'activité le 18 septembre 1792, il reçut le grade de lieutenant général le 8 mars 1793, et peu après, le commandement de l'armée du Var, dite aussi d'Italie, où le conflit s'engagea entre lui et les représentants.

Premier arrêté des représentants près l'armée d'Italie.

« Considérant que les nouvelles désastreuses récemment venues de Lyon, les actes arbitraires et illégaux commis envers des agents envoyés par eux dans différents départements, doivent faire craindre que la représentation nationale soit compromise, si quelques délégués du peuple entreprennent, dans ce moment de fermentation, de franchir le long trajet qu'il y a de ces départements frontières à Paris ;

« Les représentants du peuple envoyés près de l'armée d'Italie, et les commissaires de la Convention précédemment envoyés dans les départements des Hautes et Basses-Alpes pour le recrutement, réunis à Toulon,

« Arrêtent : que les quatre représentants du peuple près l'armée d'Italie partiront pour se rendre auprès de cette armée, dans le plus court délai, et se concerteront ensemble sur les objets de la mission qui leur est confiée ;

« Que les deux commissaires de la Convention pour le recrutement, Fréron et Roubaud, se rendront provisoirement auprès de cette armée, jusqu'à ce qu'il en ait été autrement ordonné par la Convention nationale.

« A Toulon, le 4 juin 1793, an II de la République.

« Paul Barras, Beauvais, Despinassy, P. Bayle, Fréron, Roubaud. »

Le général en chef de l'armée d'Italie au citoyen Barras, représentant du peuple près de l'armée.

« Sospello, le 20 juin 1793, l'an II de la République française.

« Le général Gauthier a dû vous dire de ma part, citoyen représentant, que le bruit général de l'armée était que le citoyen Fréron n'avait point de pouvoir auprès d'elle, attendu que le décret avait nommé les seuls citoyens Barras, Beauvais, Despinassy et Bayle. Votre autorité et la mienne seraient compromises, si la copie de la lettre que vous m'avez adressée hier était envoyée officiellement, avant que les pouvoirs du citoyen Fréron fussent connus. Vous devez sentir, plus que personne, qu'il ne faut pas donner, dans ces moments difficiles, des moyens aux malveillants d'agiter l'armée. J'attends donc cette pièce avec impatience, pour réduire tous les calomniateurs au silence, et faire rendre au citoyen Fréron tous les honneurs qui sont dus à un député de la Convention nationale représentant du peuple auprès de l'armée d'Italie.

« Je pars demain pour la gauche de l'armée ; vos logements sont prêts ici, et quoique je n'y sois pas, vous trouverez chez moi tout ce que l'on peut avoir pour vivre dans un pays tel que celui-ci.

« Le général en chef de l'armée d'Italie,

« Brunet. »

Second arrêté des représentants près l'armée d'Italie.

« Les représentants du peuple envoyés près de l'armée d'Italie :

« Ouï la lecture de leur arrêté du 4 juin dernier ;

« Considérant les circonstances, aussi critiques qu'extraordinaires, dans lesquelles se trouvent les représentants du peuple près de l'armée d'Italie et la nécessité indispensable de multiplier, pour ainsi dire, tous les moyens dont ils peuvent disposer, pour déjouer tous les complots qui se trament dans le Midi contre l'unité et l'indivisibilité de la République ;

« Considérant que deux de leurs collègues se trouvent dans l'impossibilité de retourner dans le sein de la Convention, attendu que les chemins leur sont fermés de toutes parts ; et que l'exemple de plusieurs commissaires de la Convention, arrêtés dans plusieurs départements, leur fait présager pour leurs personnes le même attentat envers la représentation nationale ;

« Arrêtent : que les citoyens Fréron et Roubaud, leurs collègues, seront provisoirement adjoints à la commission près de l'armée d'Italie, pour y exercer toute l'étendue des pouvoirs délégués à ladite commission ; qu'ils signeront tous les arrêtés qui pourront être pris pour le salut public.

« A Nice, le 26 juin 1793, an II de la République.

« Paul Barras, C.-N. Beauvais, P. Bayle, Despinassy. »

Le général en chef de l'armée d'Italie aux citoyens représentants du peuple près l'armée d'Italie.

« Sospello, le 27 juillet 1793, l'an II de la République française.

« Je ferai passer, citoyens représentants, à chaque bataillon les exemplaires de la Constitution ; votre lettre sera mise à l'ordre le même jour, et je ferai tout ce qui dépendra de moi pour faire prononcer l'armée. Mais je dois vous observer, comme général, comme vrai républicain, comme patriote zélé, que c'est une mesure bien dangereuse que d'habituer les armées à être consultées et à délibérer.

« Jusqu'à présent, l'armée d'Italie, sans être exempte de la commotion produite par les agitations intérieures, s'est très bien conduite. Mais si deux partis se prononçaient, vous seriez exposés, vous et moi, à de nouveaux embarras ; et dans la position où nous nous trouvons, ce défaut d'unité nuirait certainement aux armes de la République. Vous citez les armées du Nord, de la Moselle, etc.; celle-ci est d'une composition toute différente, étant presque entièrement formée de troupes des départements coalisés ; mon opinion serait de faire lire la Constitution à tous les bataillons, sans les forcer à manifester leur façon de penser.

« Je joins à l'appui de mes opinions les deux pièces suivantes qui viennent de m'être adressées par le général de brigade Serrurier ; vous verrez que les 50me et 42me régiments, le 6me bataillon des Bouches-du-Rhône et une compagnie de canonniers se sont permis de délibérer et d'arrêter l'exécution de l'ordre du général. Que ces corps eussent fait des représentations, cela n'aurait été que répréhensible ; mais une opposition formelle ne saurait être impunie, sans quoi il n'y aurait plus de discipline, nul ordre ne serait exécuté. Ainsi, en se conformant à l'art. 114 de la Constitution qui prononce des peines contre les corps militaires qui se permettraient de délibérer, ne serait-ce pas se mettre en contradiction avec la loi, que d'autoriser l'armée à se prononcer en ces circonstances? Je vous prie donc, citoyens représentants, de bien peser le tout dans votre sagesse. Plus les temps sont difficiles, plus il faut user de modération et de prudence. Lorsqu'on marche lentement, on est toujours maître d'aller ; mais si, par trop de précipitation, on s'est tout d'un coup porté en avant, il est bien difficile de rétrograder sans se compromettre.

« J'ai bien réfléchi sur la lettre de vos collègues ; voici le résultat de mes observations.

« 1°. La guerre de la Vendée ne ressemble en rien à celle-ci ; ce sont des fanatiques, des prêtres réfractaires, des émigrés, qui veulent un roi ; il faut les combattre sans relâche, les pousser vivement jusqu'à ce qu'ils soient exterminés, sans quoi il n'y aurait point de sûreté pour nous.

« 2°. Les départements méridionaux annoncent vouloir une République ; mais rien de leurs projets ultérieurs ne s'est encore manifesté ; il paraît seulement que les deux partis existants dans la Convention les occasionnent ; leur tort est de soutenir la minorité, ce qui produirait constamment l'anarchie.

« Mon avis serait donc de chercher à entrer en accommodement ; dans cet intervalle, la majorité des départements ayant accepté la Constitution, par les dispositions ultérieures et une conséquence incontestable, la minorité y accédera et les troubles s'apaiseront. Si par contraire vous les pressez vivement, craignez que ce parti au désespoir n'appelle l'ennemi en son sein, comme je crains que la Corse n'en donne l'exemple.

« Lorsque je vous écrivis une lettre le 16 de ce mois, je ne regardais pas les Marseillais comme bien dangereux, parce que je comptais sur Toulon ; mais aujourd'hui, si Toulon recevait la flotte anglaise, que les Marseillais réunis se portassent à Arles, ville facile à rendre d'une grande défense et à servir d'un grand entrepôt, il vous serait presque impossible d'empêcher leur réunion avec les Espagnols ; et dès lors la perte des départements du Midi serait presque inévitable. Quand même ils ne suivraient point le meilleur projet qu'aient jamais fait les contre-révolutionnaires, en n'occupant point Arles, pensez et pensez-y mille fois, que Toulon contient votre flotte, vos arsenaux, le plus beau port de la Méditerranée, une artillerie et des munitions immenses, et qu'une place qui peut être sans cesse ravitaillée par mer est presque imprenable, surtout lorsqu'on ne peut rassembler 150 pièces de gros canons et 30 mortiers, des munitions immenses de guerre et de bouche et 40,000 hommes bons et éprouvés pour en faire le siège. Je serais fort aise que vos collègues connussent les réflexions que je mets sous vos yeux, car dans ces circonstances critiques, on ne peut trop combiner et examiner sous tous les rapports, avant de prendre une détermination.

« Vous trouverez ci-jointe la copie de la lettre que j'ai adressée aux Sections de Toulon et de Marseille.

« Le général en chef de l'armée d'Italie,

« BRUNET. »

Les représentants du peuple près l'armée d'Italie au citoyen Brunet, général en chef de ladite armée.

« Nice, le 5 août 1793, l'an II de la République.

« Nous vous requérons, citoyen général, au nom du salut public, au nom de la loi et de la souveraineté du peuple, de détacher de votre armée cinq bataillons, et au moins quatre au complet, l'artillerie et les dragons que vous jugerez nécessaires.

« Nous vous requérons de donner à cette force armée un commandant qui, après avoir reçu vos ordres et ses instructions, se rendra au lieu de rassemblement qui pourrait être fixé vers Antibes.

« Le général que vous désignerez à cette force armée sera tenu de faire sur-le-champ toutes les dispositions pour que sa marche sur Aix s'opère promptement.

« Il recevra de vous l'ordre de se concerter avec le général Carteaux, pour réprimer la rébellion des Marseillais, et rétablir de suite les communications de l'armée d'Italie avec l'intérieur.

« Le général commandant sous vos ordres cette force

armée doit recevoir de vous celui de déférer aux réquisitions des représentants du peuple.

« Cette force armée, destinée à purger les départements du Var et des Bouches-du-Rhône des rebelles qui les infestent, observera la plus grande discipline, respectera les personnes et les propriétés, arrêtera les ennemis du bien public, fera triompher les lois, l'unité et l'indivisibilité de la République.

« Il sera donné à cette force armée les munitions, les armes et tout ce que le général en chef jugera devoir lui être nécessaire.

« Son rassemblement et sa marche sur Aix auront lieu le plus tôt possible : tout retard à cet égard porterait atteinte aux intérêts pressants de la République qui nous prescrivent, ainsi qu'au général de l'armée d'Italie, les présentes dispositions dont nous requérons l'exécution, sous peine contre ceux qui s'y opposeraient de répondre de tous les événements.

« Paul Barras, Fréron, adjoint à la commission. »

Le général en chef de l'armée d'Italie aux citoyens représentants du peuple composant le Comité de salut public.

« Sospello, le 6 août 1793, l'an II de la République française.

« Au moment où j'allais, citoyens représentants, faire partir mon courrier, j'apprends que l'armée de Carteaux est à Saint-Cannat près d'Aix, et je reçois au même instant une réquisition des représentants du peuple Barras et Fréron, pour y porter cinq bataillons ou quatre bien complets, tous les dragons dont je pourrai disposer, et du canon pour renforcer cette armée.

« Quelque pressante que soit la réquisition, j'en ai suspendu l'exécution, et voici mes motifs.

« 1°. Il est impossible d'affaiblir encore l'armée d'Italie sans l'exposer à être enfermée dans le comté de Nice ou à le perdre complètement. Au devant de moi est une armée nombreuse commandée par des généraux habiles ; à la vue des côtes se trouvent quatre-vingt-quatre voiles, dont soixante gros vaisseaux, tant Anglais qu'Espagno-Portugais, depuis cent canons jusqu'à soixante-quatre, lesquels, en fournissant chacun le contingent de soixante individus, effectueraient cinq mille hommes de troupes de débarquement, tandis qu'ils peuvent en donner le double sans arrêter leurs manœuvres ; ma lettre au ministre explique parfaitement ma position.

« 2°. D'après l'idée que j'ai des chefs de l'armée Marseillaise et des meneurs du parti, je suis persuadé que, si l'on pousse à bout Marseille et Toulon, ils ouvriront leurs ports aux Anglais, et de là s'ensuivrait infailliblement la perte des départements méridionaux.

« Je crois aussi qu'il est politique d'attendre quelque chose du temps et de la mobilité des circonstances, car il ne s'agit pas seulement de tirer des fers quelques patriotes, mais de sauver la République tout entière.

« 3°. Les représentants Barras et Fréron, ainsi que je vous l'ai précédemment observé, n'étant pas compétents pour délibérer, la responsabilité retomberait en entier sur moi, soit pour les événements de la guerre de l'intérieur, soit pour le comté de Nice, et si j'ai acquiescé jusqu'à ce jour contre le texte formel de la loi aux arrêtés qu'ils ont rendus, cela a été uniquement pour ne pas entraver la marche du service ; jamais je n'eusse cru qu'ils se porteraient à des réquisitions de cette importance, lesquelles, par les diverses combinaisons des événements, peuvent entraîner des malheurs irréparables.

« D'après cet exposé fidèle de l'état des choses, le Comité de salut public est à même de prendre une juste détermination. Il est essentiel qu'elle me parvienne le plus promptement possible ; et me conformant en tout point aux instructions qui me seront adressées de sa part, j'agirai avec le zèle et l'activité d'un véritable patriote et bon républicain.

« Le général en chef de l'armée d'Italie,

« BRUNET. »

« P. S. Quoique je fasse au ministre de fortes représentations sur l'impossibilité où je suis de fournir 4,000 hommes, je ne pourrai m'y refuser si je reçois un second ordre impératif et que l'on veuille les hasarder, à travers les flottes ennemies, pour se rendre en Corse. »

Le citoyen Barras, représentant du peuple près l'armée d'Italie, au général en chef de l'armée.

« Nice, le 7 août 1793, l'an II de la République française.

« Il est essentiel, citoyen général, que l'armée que vous commandez soit instruite du motif qui suspend l'exercice de mes pouvoirs, parce que des malveillants pourraient l'interpréter d'une manière peu convenable à mes principes et aux vôtres.

« Dans la conférence que nous avons eue ce matin, vous m'avez dit : « Je vous reconnais comme représentant du peuple près l'armée d'Italie, mais le décret du 30 avril dernier, art. 17, déclare expressément que les représentants du peuple près les armées ne pourront délibérer qu'au nombre de deux; il est de mon devoir de me renfermer aux termes de la loi et d'en demander l'exécution. » Je vous ai répondu : « Que personne n'était plus disposé que moi à l'observer religieusement; que l'arrestation criminelle de mes collègues me laissant seul près l'armée d'Italie, avec le citoyen Fréron, membre de la Convention nationale et par un arrêté adjoint à nos travaux, j'attendrais l'époque où deux nouveaux collègues, envoyés par la Convention nationale, me permettront de reprendre de concert l'exercice de mes fonctions. » Alors je m'occuperai de nouveau du bonheur de la brave armée d'Italie. Je ne doute pas que vous ne preniez toutes les mesures de salut public, et que tous les défenseurs de la liberté, remis sous vos ordres, n'y concourent également. Connaissant le bon esprit qui les anime, j'espère que l'union la plus parfaite régnera toujours parmi eux, et qu'ils demeureront fermes sous les drapeaux de la liberté.

« Je n'ai voulu que le bien, que le triomphe des lois et de la liberté; ma conscience m'assure que je l'ai fait d'accord avec Fréron, mon collègue. J'emploierai encore tous les moyens pour l'opérer, quoique je ne sois plus chargé d'aucune responsabilité. Je suis tranquille au milieu de l'armée d'Italie, bien persuadé qu'elle ne souffrirait pas ainsi que son général qu'on attente de ce chef à la représentation nationale.

« J'adresserai ma lettre à l'état-major; veuillez bien ordonner qu'elle soit distribuée à l'armée.

« Le représentant du peuple près l'armée d'Italie,

« Paul Barras. »

La Société républicaine des Alpes-Maritimes, séant à Nice, aux citoyens représentants du peuple près l'armée d'Italie.

« Citoyens représentants,

« Les vrais patriotes de la Société républicaine des Alpes-Maritimes viennent vous représenter le danger éminent où se trouve la chose publique, par l'abandon que vous avez fait aujourd'hui de vos pouvoirs. Ils n'ont pu se dissimuler les perfidies de celui qui vous a prétexté un décret de la Convention nationale qui dit qu'un seul représentant près les armées ne peut signer aucun arrêté. Ce n'est pas lorsque la liberté est aussi menacée que l'on doit invoquer des lois qui peuvent perdre cette même liberté; c'est au contraire le moment de mettre en pratique cet axiome sublime : *Le salut du peuple est la suprême loi.* — Eh quoi ! quelle est donc la scélératesse de cet homme qui a reconnu vos pouvoirs, il y a quinze jours; et qui, aujourd'hui qu'il voit que nous sommes prêts à sauver les patriotes opprimés, vient vous opposer un décret que la Convention nationale n'aurait pas rendu, si elle eût pu prévoir que des hommes eussent été assez lâches pour arrêter des représentants! C'est donc au nom de la patrie, c'est au nom de nos frères opprimés, que nous demandons que vous rentriez sur le moment dans l'exercice de vos fonctions. Nous demandons que vous preniez de suite les mesures les plus rigoureuses pour sauver le Midi, en marchant à la tête de plusieurs bataillons contre les rebelles de Toulon et de Marseille; nous demandons en outre que le général Brunet soit sur-le-champ mis en état d'arrestation et destitué provisoirement.

« Telles sont, citoyens représentants, les mesures que nous vous proposons et qui seules peuvent sauver la République.

« Nice, le 7 août 1793, l'an II de la République française, une et indivisible.

« Les citoyens composant la Société républicaine des Alpes-Maritimes. »

Les représentants du peuple près l'armée d'Italie au citoyen général en chef de la dite armée.

« Sospello, le 8 août 1793, l'an II de la République française.

« Un mouvement, citoyen général, qui faisait craindre pour la tranquillité générale, a eu lieu hier au soir à Nice.

« Nous avons cru, dans ces circonstances, devoir donner des ordres au camp de Biot de se replier sur Nice, et nous vous déclarons que nous prendrons toutes les mesures propres à sauver la liberté publique et l'armée d'Italie.

« Le salut public exige impérieusement, général, que vous observiez une défensive très exacte, ainsi que vous l'a prescrit le général Kellermann ; vous devez fortifier tous vos postes, et vous êtes responsable de toute infraction aux ordres de ce général.

« Les représentants du peuple près l'armée d'Italie,

« Paul Barras, Fréron, membre de la Convention
« nationale, adjoint à la commission. »

Le général en chef de l'armée d'Italie à la Convention nationale.

« Sospello, le 8 août 1793, l'an II de la République française.

« Citoyens représentants du peuple,
« Je n'ai pas voulu vous distraire de vos travaux importants, et je me suis toujours adressé au Comité de salut public pour

l'instruire de ce qui se passait à l'armée d'Italie. C'est ici le moment de vous faire rendre compte de tout ce qui s'est tramé d'horreur et d'intrigue contre moi, pour me faire perdre l'estime et la confiance de la Convention nationale; mais aujourd'hui je me trouve dans une position si extraordinaire que je ne puis me dispenser de vous l'exposer, et de vous adresser toutes les pièces qui justifieront ma conduite, dans cette occurrence infiniment critique.

« Le 7 de ce mois, j'ai cru devoir m'expliquer, avec le représentant du peuple Barras, sur sa position à l'armée près laquelle il a été délégué et sur sa prétention à s'adjoindre le citoyen Fréron, membre de la Convention, pour continuer de donner à leurs actes la forme délibératire, et suppléer aux deux représentants qui se trouvent en état d'arrestation à Toulon. Je lui présentai la loi du 30 avril, art. 17, et celle des 15 et 19 juillet, art. 3; il se rendit aux dispositions de la loi; vous verrez qu'il l'a reconnu par la lettre qu'il m'a écrite le même jour, et dont je joins ici copie.

« Tranquille sur une adhésion qui était si conforme à la loi, je ne croyais plus avoir à m'occuper que des détails militaires de la place qui m'est confiée; mais ma surprise a été des plus grandes en recevant des citoyens Barras et Fréron, que contre la loi il persiste de s'adjoindre, la lettre dont je joins ici copie, par laquelle vous verrez qu'ils se sont arrogé le droit de donner des ordres impératifs, sans réquisition au général en chef, pour faire marcher vers Nice deux bataillons que j'avais destinés à la défense de la côte, et qui pour cet effet étaient campés au Biot, près du golfe Juan.

« J'ai cru devoir, pour le bien du service, donner des ordres au commandant de ces bataillons de retourner à leur camp, vu l'importance de sa position pour la défense de la côte.

« J'ai répondu au citoyen représentant Barras et je joins ici la copie de ma lettre.

« J'ai donné en conséquence des ordres au commandant militaire de la place de Nice dont je vous envoie copie. Vous jugerez, citoyens, quelle a été ma conduite dans cette circonstance; vous jugerez encore mieux par la copie ci-jointe de la lettre du citoyen Durand, commandant à Nice, du prétexte dont se sont appuyés les citoyens Barras et Fréron pour sortir de la loi.

« Je ne vous dissimulerai pas que j'ai lieu de soupçonner qu'ils n'influencent la garnison de Nice, et qu'il serait possible qu'égarée par l'opinion qu'elle pourrait avoir de leurs pouvoirs elle ne s'écartât de ses devoirs, pour se soumettre à leur autorité. Si cela arrivait, je ne puis balancer à faire les dispositions nécessaires pour ramener cette garnison à l'ordre. Il m'en coûtera sûrement beaucoup d'abandonner la position avantageuse où je me trouve vis-à-vis de l'ennemi, pour n'avoir à réprimer que des actes hostiles, que la malveillance et des prétentions injustes vous paraîtront avoir excités.

« Je terminerai donc par vous demander justice de la conduite du citoyen Barras, et plus particulièrement de celle du citoyen Fréron, qui n'a nul caractère à l'armée. Je vous la demande au nom du bien de la République, et je me plais à croire que vous ne me la refuserez pas.

« Le général en chef de l'armée d'Italie,

« Brunet. »

« Sospello, 8 août 1793, l'an II de la République française, une et indivisible.

« Voici, citoyens représentants, la conversation que j'ai eue avec vous à Nice. Vous m'aviez requis de faire partir cinq bataillons pour aller joindre l'armée de Carteaux. Si vous aviez voulu vous concerter avec moi, je vous aurais fait mes observations; mais vous m'avez donné un ordre impératif, sur lequel je vous ai présenté d'abord quelques réflexions. Je vous ai dit que ma position auprès des Piémontais, que la défense des côtes qui peuvent être attaquées par un débarquement depuis cinq jusqu'à dix mille hommes, exigent pour résister à tant d'ennemis la réunion de toutes mes forces; que si j'affaiblissais l'armée d'Italie, je m'exposais à perdre le ci-devant comté de Nice et le département du Var. J'ai ajouté que, d'après la loi du 30 avril 1793, vous n'étiez plus compétent à délibérer, puisque vous étiez seul; je vous ai cité les décrets des 15 et 19 juillet, dont je joins ici copie; l'article 3 s'oppose formellement à ce que les représentants du peuple près les armées puissent déléguer, d'une manière quelconque, les fonctions qui leur sont confiées, ce qui exclut toute nomination d'adjoint.

« D'après ces considérations, je n'ai point acquiescé à votre dernière réquisition.

« Telle est la vérité toute entière, tels sont les motifs qui ont déterminé ma conduite; votre délicatesse les approuvera. J'ai dû éviter qu'une énorme responsabilité pesât sur moi seul ; un général auquel on demanderait un compte sévère des événements malheureux, et à qui l'on pourrait faire un crime même de ses succès, ne saurait prendre trop de précautions pour ne donner aucune prise à la malveillance. Une lettre de vous, pour être adressée à l'armée, doit contenir tous les faits et rappeler les différents décrets sur lesquels est fondé mon refus. S'il en était autrement, s'il pouvait rester le moindre louche sur ma démarche, vous me forceriez pour ma justification à divulguer la lettre que j'écris au Comité de salut public, et qui, suivant moi, contient des choses qui doivent rester dans le plus grand secret. Votre amour pour le bien vous inspirera le parti le plus utile à la République.

« Au reste, si vous croyez que ma mémoire soit infidèle, je m'en rapporte entièrement à la pièce que j'ai déposée sur votre bureau et dont j'ai fait passer copie au Comité de salut public.

« J'ai donné ordre au commandant de place de vous laisser la garde d'honneur que vous aviez, et de vous fournir les escortes que vous demanderez, tant pour vous que pour les personnes que vous seriez bien aise d'employer. Rien ne me fera jamais oublier ce qui est dû au caractère de représentant du peuple dont vous êtes revêtu.

« C'est par oubli que, dans ma dernière dépêche, je ne vous ai pas communiqué le *post scriptum* de ma lettre au Comité de salut public, à l'égard de quatre mille hommes, que le ministre voulait faire passer de cette armée dans l'île de Corse. Il était ainsi conçu :

« Quoique j'aie refusé les quatre mille hommes que le ministre me demande, par toutes les raisons que renferme ma lettre, je suis prêt à les accorder s'il me vient une seconde réquisition impérative, et si l'on veut les hasarder à traverser les flottes ennemies pour se rendre en Corse.

« Le général en chef de l'armée d'Italie.

« BRUNET. »

Le général en chef de l'armée d'Italie au citoyen Durand, commandant de la place de Nice.

« Sospello, le 8 août 1793, l'an II de la République française.

« Vous trouverez ci-joint, citoyen commandant, la loi des 15 et 19 juillet 1793 que je vous ordonne de signifier au citoyen Barras, représentant du peuple près l'armée d'Italie, et au citoyen Fréron, membre de la Convention, qui se regarde comme adjoint à la Commission, et de leur remettre la lettre ci-jointe en en retirant un reçu.

« Je joins ici également l'ordre pour les commandants des bataillons de l'Union et du 7ᵐᵉ du Var que vous leur enverrez; vous leur donnerez connaissance du décret des 15-19 juillet 1793[1], en leur en remettant un extrait que vous trouverez ici; vous prendrez un reçu de l'un et de l'autre commandant, et

---

[1] Le décret du 19 juillet 1793 était ainsi conçu.
La Convention nationale, après avoir entendu le rapport de son Comité de salut public, décrète :
Art. 1. Il n'y aura que quatre représentants du peuple auprès de chaque armée.
Art. 2. Les représentants seront renouvelés régulièrement par moitié, tous les mois.
Art. 3. Les représentants du peuple ne pourront déléguer aucune des fonctions qui leur sont confiées.
Art. 4. Le Comité de salut public présentera demain l'état des représentants du peuple auprès des armées. Ceux des représentants qui n'y seront pas compris se rendront sur-le-champ dans le sein de la Convention nationale.
En vertu de ce décret, la commission de l'armée d'Italie fut composée des membres dont Brunet mettait les noms à l'ordre du jour de l'armée.

vous me rendrez compte de l'exécution ou de l'inexécution des présents ordres.

« Vous mettrez aussi à l'ordre de votre garnison que le citoyen Barras, représentant du peuple, se trouvant seul muni de pouvoirs, ne peut délibérer, d'après l'article 17 de la loi du 30 avril 1793 qui dit que les représentants n'agiront qu'au nombre de deux. La responsabilité étant toute sur moi, je défends qu'on exécute aucune réquisition de sa part qui ne soit signée de deux membres légitimement élus par la Convention pour l'armée d'Italie. Les quatre destinés pour la dite armée sont les citoyens Barras, Robespierre le jeune, Beauvais, (de Paris), et Pierre Bayle.

« Le général en chef de l'armée d'Italie,

« BRUNET. »

Le général en chef de l'armée d'Italie aux représentants du peuple près la dite armée.

« Sospello, le 8 août 1793, l'an II de la République française.

« Le citoyen Durand, citoyens représentants, commandant de la place de Nice, a ordre de vous signifier le décret des 15-19 juillet dernier. D'après l'article 3, vous n'avez plus d'autorité; toute la responsabilité est sur ma tête, pour la circonstance.

« J'ai donné des ordres aux bataillons de l'Union et 7ᵉ du Var de retourner à Biot. Si vous vous y opposiez, ne pouvant délibérer et conséquement vous rendre responsable, je vous déclare que je serai forcé de vous dénoncer comme rebelles aux lois des 30 avril, 15-19 juillet 1793.

« La liberté publique, l'armée d'Italie sont sur mon soin et j'en réponds.

« Quant à la tranquillité de Nice, je charge le commandant de la place de la maintenir, en employant tous les moyens de discipline qu'il a en son pouvoir, et de me rendre compte de tout ce qui se sera passé, pour que je fasse punir suivant la loi.

« Le général en chef de l'armée d'Italie,

« Brunet. »

Ordre du 9 août 1793, l'an II de la République française, une et indivisible.

« Aucun commandant ne recevra les réquisitions du citoyen représentant du peuple Paul Barras, qui ne peut délibérer seul d'après la loi du 30 avril 1793, portant, art. 17, que les représentants délibéreront au nombre de deux.

« Celle du 15 et 19 juillet dit, art. 3, qu'aucun représentant ne pourra transmettre les pouvoirs qui lui sont délégués; conséquemment l'armée ne peut reconnaître le citoyen Fréron, que le représentant Barras s'est adjoint comme représentant près l'armée d'Italie. Ceux déterminés par le même décret pour la dite armée, et qui doivent être les seuls reconnus quand le nombre est compétent, sont : Paul Barras, Robespierre le jeune, Beauvais (de Paris), Pierre Bayle.

« On continuera toujours au citoyen Barras la garde d'honneur, et on lui fournira toutes les escortes qu'il demandera pour la sûreté de sa personne, et pour ceux qu'il serait dans le cas d'envoyer pour porter des dépêches.

« Cet ordre n'est que pour mettre ma responsabilité à l'abri, attendu que, par la circonstance, elle porte toute sur ma tête et qu'il serait trop dangereux dans ce cas de laisser agir d'après des réquisitions illégales.

« Le général en chef de l'armée d'Italie,

« Brunet. »

Arrêté de suspension du général Brunet.

« Les représentants du peuple près l'armée d'Italie :

« Considérant que la position des départements des Bouches-du-Rhône et du Var, embrasés par le feu de la contre-révolution, et celle de l'armée d'Italie, menacée d'une disette prochaine, exigent l'accélération des mesures les plus vastes et les plus vigoureuses ;

« Considérant que le général Brunet, loin de prendre les moyens propres à faire cesser les malheurs qui accablent ces départements et prévenir ceux qui menacent l'armée, ne cherche qu'à les entraver dans les opérations impérieusement commandées par les circonstances ;

« Considérant que l'article sur lequel se fonde ce général pour méconnaître leurs pouvoirs, après les avoir authentiquement reconnus, ne peut les annuler, puisque les circonstances dans lesquelles ils se trouvent n'y sont pas même prévues, ni les décharger de l'immense responsabilité qui pèse sur leurs têtes ;

« Considérant que la société populaire de Nice, dans le sein de laquelle se trouvent un grand nombre de volontaires, sous-officiers et officiers, leur a manifesté de la manière la plus énergique que le général Brunet avait perdu leur confiance, et que plusieurs bataillons ont, par des pétitions solennelles, énoncé la même opinion ;

« Considérant enfin que le général Brunet a formellement désobéi à l'arrêté des représentants du peuple délégués près les départements méridionaux, les citoyens Poultier et Rovère, en date du 2 août, qui lui enjoint, sous peine de suspension et de poursuite à la Convention nationale, de faire marcher des forces suffisantes sur Brignoles ; mesures autorisées par l'article 2 du décret du 24 juin, qui leur ordonne de prendre toutes celles de sûreté générale et de salut public qu'exigeront les circonstances ;

« Déclarent qu'ils conservent l'exercice de leurs pouvoirs, dont les représentants du peuple près les armées sont investis, et qu'en conséquence ils suspendent le général Brunet de toutes ses fonctions et lui ordonnent de se transporter sur-le-champ à Nice, d'où il partira dans les vingt-quatre heures, pour se rendre à la barre de la Convention nationale en passant par les Basses-Alpes.

« Requièrent le général de division Dumerbion de se concerter avec le général de brigade Labarre, pour signifier sur-le-champ au général Brunet le présent arrêté, pour qu'il ait à s'y conformer.

« Ordonnent en outre au général Dumerbion de prendre, sans délai, le commandement de l'armée d'Italie. Ils l'autorisent à choisir un officier pour le remplacer dans le commandement du camp de Bruis : lui ordonnent également, ainsi qu'au général de brigade Labarre, et sur leur responsabilité individuelle, de faire apposer les scellés sur tous les papiers du général Brunet, ainsi que sur ceux de ses aides de camp, ses adjudants généraux et sur ceux du commissaire ordonnateur Leroux et du général de brigade chef de l'état-major ; dont ils certifieront, dans le jour, à la date de la réception du présent ordre, et dont ils feront passer les copies ci-jointes aux généraux Dortoman et Serrurier.

« Nice, le 8 avril 1793, l'an II de la République française, une et indivisible.

« Les représentants du peuple près l'armée d'Italie,

« Paul Barras, Fréron, membre de la Convention nationale, adjoint à la commission. »

XII.

LES REPRÉSENTANTS POURVUS DE GRADES
MILITAIRES.

(Voir page 324.)

De tout temps les grades militaires ont été fort recherchés de ceux qui pouvaient présenter quelque titre à leur possession, et malgré leur amour de la sainte égalité, les Conventionnels n'ont pas négligé cet accroissement d'importance. Les abus amenèrent bientôt des réclamations, et dans la séance du 14 mai 1793, Barbaroux terminait ses plaintes par cette véhémente apostrophe : « Je voudrais, par exemple, savoir pourquoi Dubois-Crancé et Chateauneuf-Randon ont été faits maréchaux de camp ; pourquoi Lacroix, homme de loi comme moi, a reçu le même grade. »

La lettre suivante, émanée de l'un d'eux, va nous donner la réponse.

« Paris, ce 6 avril 1793.

« *Chateauneuf-Randon, colonel de la légion des Alpes et représentant député à la Convention nationale, au citoyen ministre de la Guerre.*

« J'ai été instruit, citoyen ministre, que le général Custine demandait avec instance que le citoyen d'Hilliers, son aide de camp, de colonel fût nommé général de brigade.

« Je n'ai aucune réflexion particulière à vous présenter

contre ou au désavantage de cet officier ; mais je ne puis m'empêcher de vous observer que ce citoyen n'a été fait l'un des lieutenants colonels de la légion que j'ai l'honneur de commander, ou dont le commandement m'a été confié lorsque je remplissais les fonctions d'adjudant général et de chef de l'état-major de la réserve intérieure de l'armée du Midi, qu'au mois de septembre dernier; et qu'il ne fut appelé par Custine pour être son aide de camp qu'au mois de février dernier. De manière qu'ayant dans le corps un plus ancien lieutenant-colonel de service que le citoyen d'Hilliers, ainsi que d'un mérite rare, l'on m'observe qu'il serait utile de voir aussi ce dernier parvenir au grade de colonel, et ne pas lui donner le désagrément de voir son cadet avancer si subitement de deux grades, sans qu'il eût au moins l'avantage d'en obtenir un. L'on m'observe, dis-je, que le moyen d'y parvenir serait d'être promu moi-même au grade de général de brigade; que vingt-deux ans de service et cinq ans de commission de colonel peuvent me rendre susceptible d'obtenir en même temps au moins que le citoyen d'Hilliers.

« Je réclame donc à ces différents titres, citoyen ministre, cette justice. Je pensais devoir être de la dernière promotion, par mon rang d'ancienneté de service ; mais m'étant trompé, le ministre Beurnonville m'offrit de me nommer au choix, comme l'a été fait mon collègue Dubois, moins ancien colonel que moi. Je le remerciai pour le moment ; mais la circonstance relative au citoyen d'Hilliers et au lieutenant-colonel de mon corps qui deviendrait colonel m'invite à vous faire cette sollicitation. Il me sera doux de vous devoir cette justice pour tous.

« Chateauneuf-Randon. »

Bouchotte, on l'a vu, s'était empressé d'obtempérer à cette requête qui contenait une sommation à peine déguisée. A ce moment, la vanité se cachait sous l'apparence du désintéressement et de l'ancienneté. Mais quand Dubois-Crancé, pourvu d'une mission active devant Lyon, réclama le traitement affecté à son grade, les représentants revêtus du même titre, qui continuaient à siéger sans danger à la Convention, s'aperçurent qu'il valait mieux être général que député, et demandèrent à être traités comme leur collègue. C'est encore Chateauneuf-Randon qui prit l'initiative et, de même que la première fois, il confondit sa réclamation avec celle de son camarade Roux-Fazillac.

Au citoyen Bouchotte, ministre de la Guerre.

« Paris, le 20 août 1793.

« Citoyen ministre,

« Informés que Dubois-Crancé et Aubry, nos collègues, comme nous généraux de brigade, ont reçu le traitement de ce grade conformément aux lois qui les y autorisent, nous vous prions de donner des ordres pour que nous puissions percevoir le même traitement, à dater du jour de notre nomination (8 mars). Nous joignons ici une note séparée pour chacun de nous.

« Nous sommes prévenus que le commis de la trésorerie nationale pourrait bien nous faire la difficulté de nous dire, qu'ayant reçu l'indemnité de député, nous sommes supposés avoir opté pour ce traitement; mais vous ne serez pas trompé par cette subtilité financière et vous voudrez bien, nous le présumons ainsi, ordonner que nous recevrons le traitement des généraux de brigade, défalcation faite de celui de député que nous avons déjà reçu.

« Nous sommes, citoyen ministre, avec fraternité, vos serviteurs,

« Roux, député et général de brigade,
« CHATEAUNEUF-RANDON, député et général de brigade. »

Tombé en disgrâce à la chute de la Terreur, Chateauneuf-Randon reprit bien vite sa double carrière militaire et politique. Tour à tour général et préfet sous le Directoire, il demanda également à l'Empire de l'employer. Nous reproduisons sa supplique à Napoléon; elle peint bien l'homme qui se vante d'avoir été premier page de Louis XVI, sans ajouter qu'il a voté la mort du Roi.

*État des services de M. le général de division
Chateauneuf-Randon.*

« Alexandre-Paul Chateauneuf-Randon (Guérin Tournel de), membre du collège électoral de la Lozère, né à Tarbes (Basses-Pyrénées), le 29 octobre 1757, marié le 1er avril 1780, veuf depuis quatre mois, a une fille mariée et un fils sous-lieutenant au 112e régiment.

« Est entré dans les pages à l'âge de douze ans ; a été successivement premier page, sous-lieutenant et capitaine de dragons, colonel et commandant de légion à l'armée du Midi, dite ensuite des Alpes.

« Nommé général de brigade après la prise de la Savoie et du comté de Nice, il avait dirigé les bataillons de grenadiers des départements du Gard, de l'Hérault, de l'Ardèche, de l'Aveyron, du Tarn et de la Lozère, qu'il avait organisés.

« Promu général de division après le siège de Lyon et de Toulon, autant par son ancienneté de grade dans l'armée, que pour le récompenser d'avoir fait finir celui de Lyon et d'en avoir dirigé les forces pour achever celui de Toulon.

« A été civilement membre des assemblées des États-Généraux et Constituante, pour la ci-devant noblesse de l'ancienne province de Languedoc (Gévaudan), présentement Lozère ; président de ce département ; élu par un corps électoral à la Convention nationale et, en dernier lieu, nommé par Sa Majesté alors premier Consul, préfet des Alpes-Maritimes, pour y rétablir l'état constitutionnel et l'harmonie troublée entre les autorités civiles et militaires.

« Est de plus membre des collèges électoraux du département de la Lozère (origine de sa famille), et des Alpes-Maritimes, choisi par les premières élections des assemblées cantonales, quoiqu'il fût absent du premier, et qu'il ne fût plus préfet du second.

« A fait très peu sans doute, en comparaison de ce que tant d'autres ont fait, et de ce que son zèle lui inspirait ; mais les circonstances ne l'ont pas voulu autrement. Cependant, au commencement de la guerre de la Révolution, il fut chargé, autant comme général que comme représentant du peuple, toujours aux armées et sur la brèche, à l'intérieur comme à l'extérieur, de la réorganisation et de la confection des règlements sur la discipline des troupes, ainsi que de mettre en état de défense la frontière du midi de la France.

« Aux armées du Rhin et d'Allemagne, il a commandé plusieurs divisions actives et celles territoriales des 3e, 5e, 8e, 9e et 10e ; ces deux dernières réunies en chef et remplaçant l'armée des Pyrénées-Orientales devenue armée d'Italie, où il fit passer ses troupes et où son illustre chef avait daigné lui écrire qu'il l'y attendait; mais le Directoire exécutif s'y opposa.

« Il a pacifié et terminé les troubles dans les départements méridionaux, notamment dans ceux du Gard, de l'Ardèche, de l'Aveyron, du Cantal, du Puy-de-Dôme et de la Haute-Loire, surtout dans celui de la Lozère à Jalès, à Lyon où il fut spécialement envoyé comme général et représentant du peuple, avec des pouvoirs illimités sur les généraux et ses collègues, pour terminer d'après le plan qu'il en avait donné les longueurs du siège. Il y est entré le premier, au bout de huit jours de mouvements pour le cerner, après s'être emparé avec les braves qu'il dirigeait des immenses redoutes qui ont empêché, pendant plus de deux mois, les divers généraux en chef et représentants du peuple de faire la circonvallation de cette forteresse de la nature.

« La présentation des officiers de la légion qu'il a formée en cavalerie et infanterie, et qui lui a coûté non seulement beaucoup d'avances, mais encore beaucoup d'argent, lui ayant été confiée, il les a choisis avec tant de jugement que la plupart sont devenus officiers généraux ou supérieurs de la plus grande distinction.

« Membre du Comité de défense générale et militaire dans les Assemblées nationales, il a été un des principaux appuis et défenseurs des officiers généraux et militaires les plus marquants à présent et qui étaient persécutés alors, soit par leurs talents, soit par la prévention qui existait contre leurs anciens services ou leur ci-devant noblesse.

« Après avoir rendu compte à Sa Majesté de la terminaison de sa mission comme préfet, et des difficultés qu'il éprouvait de la part de quelques fonctionnaires fiscaux accoutumés par système révolutionnaire d'indépendance à lutter contre l'autorité surveillante, qu'ils étaient déjà parvenus à faire changer; et ayant demandé, pour l'intérêt du service et le bien du pays, leur changement qui a eu lieu depuis, ou le sien avec son retour aux anciennes fonctions de son état primitif, Sa Majesté, encore premier Consul, a bien voulu accéder aux vœux qu'Elle lui avait permis de former et Elle a arrêté, en autorisant son remplacement, qu'Elle le destinait et appelait à d'autres fonctions.

« Depuis cette époque, il n'a cessé de réclamer celles de son état, surtout à tous les renouvellements de guerre. Son âge et sa santé lui permettent parfaitement de les exercer. En attendant, il habite la campagne près Paris, dont la poursuite d'anciennes affaires de famille exige la proximité. Il voyage quelquefois dans les départements de la Lozère et de la Haute-Loire dans lesquels sont situés les restes de ses propriétés et celles de sa femme; partout il vit retiré, jouissant de la considération publique, quoiqu'il ne soit plus employé. Livré à l'agriculture, seule consolation pour les anciens fonctionnaires privés de la faveur de leur prince; heureux sinon de cette privation, du moins par le souvenir inappréciable de n'avoir jamais abusé de ses pouvoirs, d'avoir empêché, partout où il a eu l'autorité, le fléau des maux politiques ou de circonstance qui ont eu lieu pendant la Révolution; et il jouit bien plus qu'un autre, comme solitaire, de la douceur inexprimable d'avoir été des premiers à rendre hommage aux vertus privées de Sa Majesté Impériale, à servir sous ses ordres, à mériter son estime et ses bontés, et dont il est et sera toujours, avec tous les militaires au moins, le très ancien et fidèle sujet, dévoué malgré qu'il n'ait pas l'avantage de la servir, comme il sollicite de nouveau dans cette circonstance.

« Je certifie le présent état de services militaires et civils véritable.

« Chateauneuf-Randon. »

XIII.

L'ORGANISATION INTÉRIEURE DU COMITÉ DE SALUT PUBLIC.

(Voir page 394.)

Quand la Convention transporta, le 10 mai 1793, le siège de ses séances aux Tuileries, elle installa avec elle ses différents comités dans les dépendances du palais. Le Comité de salut public reçut pour sa part le rez-de-chaussée du pavillon de Flore, et ne tarda pas, en raison de son importance croissante après le coup d'État du 2 juin, à adopter un règlement particulier. C'est cette organisation que nous allons étudier.

Le 13 juin 1793, sur la proposition de Delmas, le Comité commença par se subdiviser en six sections : celle de la correspondance générale, celle des affaires étrangères, celle de la guerre, celle de la marine, celle des contributions publiques, de l'intérieur et de la justice, celle des réclamations.

A la différence des cinq premières, dont la composition n'était soumise qu'aux fluctuations de personnes résultant de modifications dans le Comité lui-même, la dernière était formée de deux membres pris à tour de rôle sur le tableau général, renouvelés d'abord tous les trois jours et peu après chaque journée.

Le 15, une nouvelle délibération vint répartir entre les différentes sections les locaux de réunion et définir, ainsi qu'il suit, les attributions de chacune d'elles.

COMITÉ DE SALUT PUBLIC.

Séance du 15 juin, au matin.

« Sur la proposition d'un membre, il a été arrêté, par suite des dispositions faites à la séance du Comité du 13, relativement à son organisation :

« 1°. Que le grand salon sera destiné à recevoir les collègues et les citoyens ;

« 2°. Que la salle à deux colonnes sera destinée aux deux membres du Comité chargés d'entendre chaque jour leurs collègues et les citoyens ;

« 3°. Que la salle où la Constitution a été discutée sera destinée à la section de correspondance générale ;

« 4°. Que la salle où s'assemble le Conseil exécutif sera destinée pour le comité général, où le Conseil exécutif provisoire se rendra chaque jour, à une heure après midi, pour y concerter toutes les mesures propres à sauver la République ;

« 5°. Que la section pour la correspondance générale sera chargée d'ouvrir toutes les dépêches, de les faire enregistrer et de faire, dans chaque séance, une analyse de tous les objets qui exigeront célérité, pour être soumis dans le jour à la discussion du comité général ;

« 6°. Que la section chargée des affaires étrangères s'assemblera tous les jours séparément, avant l'heure fixée pour le comité général, pour préparer tous les rapports et en rendre compte au comité général. Cette section demeure chargée de surveiller le département des affaires étrangères et de dénoncer au Comité tous les abus dont elle s'apercevra ;

« 7°. Même arrangement pour la section chargée des affaires de la guerre ;

« 8°. Même arrangement pour la section des affaires de la marine ;

« 9°. Même arrangement pour la section chargée des affaires des contributions publiques, de l'intérieur et de la justice ;

« 10°. Même arrangement pour la section chargée d'entendre les députés à la Convention et les citoyens. Ces deux membres, pris à tour de rôle sur le tableau général et renouvelés tous les jours, feront, dans chaque séance, une analyse des réclamations des députés et des citoyens, et les soumettront au comité général, en observant d'accorder la priorité, jour par jour, aux objets qui exigeront célérité;

« 11°. Chaque ministre, en comité général et à l'heure indiquée, rendra compte des objets qui doivent être soumis au Comité, de l'exécution de toutes les mesures qui auront été arrêtées, et présentera ses vues sur tous les objets d'utilité et de prospérité publique;

« 12°. Les bureaux du Comité seront divisés et formés d'après l'organisation du Comité. »

Il ne restait plus qu'à fixer les jours, les heures et la durée des séances. La lacune fut comblée le lendemain par la délibération suivante.

Séance du 16 juin.

« Sur la motion d'un membre, le Comité arrête ce qui suit :

« Art. 1er. — Les diverses sections du Comité de salut public s'assembleront séparément, tous les matins, depuis dix heures au plus tard jusqu'à deux heures.

« Art. 2. — Chaque jour, à deux heures précises, le comité général se réunira pour délibérer sur les rapports de ses sections; il se réunira également à huit heures du soir pour s'occuper des objets de salut public.

« Art. 3. — Les arrêtés et les projets de décrets ne seront discutés qu'en comité général.

« Art. 4. — Six membres peuvent arrêter les projets de décret, pour être présentés à la Convention nationale, mais il faudra, conformément à la loi, les deux tiers des membres pour les arrêtés.

« Art. 5. — Le présent arrêté sera affiché dans chacune des salles où le Comité tient ses séances. »

Cette organisation, qui formait en réalité double emploi

avec le Conseil exécutif et les ministres, put fonctionner, grâce à la prépondérance du Comité de salut public. Une dernière décision, due à l'initiative de Robespierre, acheva de consolider cette domination, en appelant le Comité de sûreté générale à délibérer en commun avec le Comité de salut public, une fois par semaine, pour concerter avec lui les mesures d'utilité publique.

FIN DES NOTES DU VOLUME HUITIÈME ET DERNIER.

TABLE DES MATIÈRES

DU TOME HUITIÈME

                                                      Pages.

AVERTISSEMENT v

LIVRE XLI.

LA CONVENTION APRÈS LE 2 JUIN.

I.	Embarras des Montagnards au lendemain de leur victoire . . .	1
II.	Lettre de Vergniaud dénonçant les auteurs du coup d'État . .	6
III.	Velléités de résistance du Comité de salut public aux exigences de la Commune	11
IV.	Robespierre et Danton s'opposent à la dissolution des Comités de surveillance et à l'envoi d'otages aux départements dont la représentation a été mutilée.	19
V.	Henriot nommé commandant de la garde nationale parisienne.	28
VI.	Arrivée des premières protestations des départements. . . .	33
VII.	Vernier réclame vainement le dépôt du rapport relatif aux accusations portées contre les députés arrêtés.	37
VIII.	Vote de remerciements à la Commune pour sa participation aux journées des 31 mai, 1ᵉʳ et 2 juin.	40

LIVRE XLII.

LA CONSTITUTION MONTAGNARDE.

I.	Caractère général de la discussion.	55
II.	Les lois soumises à la ratification populaire.	62
III.	Opinions contradictoires sur le droit de paix et de guerre. . .	66

		Pages.
IV.	Le pouvoir exécutif confié à un conseil de vingt-quatre membres.	72
V.	Hérault-Séchelles propose la création d'un grand jury national destiné à garantir les citoyens de l'oppression.	77
VI.	La liberté des cultes assimilée à la liberté des opinions.	85
VII.	Adoption de la Constitution et jugement de l'œuvre.	90

LIVRE XLIII.

LA RÉSISTANCE DES DÉPARTEMENTS.

I.	Un soulèvement local contre la tyrannie jacobine précède à Lyon l'adhésion au mouvement général de résistance.	101
II.	Vivacité des protestations de Marseille et de Bordeaux : lenteur de leurs préparatifs.	113
III.	La Convention, de son côté, temporise avec l'insurrection du Calvados.	117
IV.	Le représentant Couhey détenu à l'Abbaye pour avoir applaudi une adresse fédéraliste.	124
V.	Déroute réciproque des forces républicaines et départementales devant Pacy.	130
VI.	Fin de l'insurrection normande et causes de son échec.	139

LIVRE XLIV.

CHARLOTTE CORDAY.

I.	Charlotte Corday à Caen : ses sentiments, son caractère	147
II.	Elle part pour Paris décidée à frapper Marat.	150
III.	La mort de Marat.	152
IV.	Charlotte Corday devant le Tribunal révolutionnaire.	155
V.	Ses derniers moments et son supplice.	158
VI.	Le culte de Marat.	162
VII.	Les apologistes de Charlotte Corday : Adam Lux et André Chénier.	164

LIVRE XLV.

LA RÉSISTANCE RÉPRIMÉE.

I.	Alternatives de succès et de revers en Vendée.	169
II.	Rossignol et Ronsin chargés de l'exécution du décret du 1ᵉʳ août 1793, sur la dévastation de la Vendée.	178

		Pages.
iii.	Conflit entre Rossignol et les représentants Bourdon et Goupilleau	183
iv.	La garnison de Mayence refoule les Vendéens au delà de la Loire	188
v.	Soumission de Bordeaux sans combat	197
vi.	Défaites successives des Marseillais et prise de leur ville.	210
vii.	Toulon appelle les Anglais à son secours	218
viii.	Siège et reddition de Lyon	225

LIVRE XLVI.

LE COMITÉ DE SALUT PUBLIC ET LES GÉNÉRAUX.

i.	Houchard et Chancel condamnés à mort, à l'armée du Nord.	247
ii.	La garnison de Mayence soupçonnée à l'occasion de sa capitulation; Beauharnais obligé de se retirer; Landremont et Schauembourg suspendus, aux armées du Rhin et de la Moselle	257
iii.	De Flers, Puget de Barbentane, Dagobert et Turreau impuissants ou révoqués, à l'armée des Pyrénées-Orientales.	262
iv.	La nomination du général en chef annulée par les représentants en mission à l'armée des Pyrénées-Orientales — Kellermann arrêté à l'armée des Alpes.	270
v.	Procès et condamnation de Custine.	274
vi.	Biron sacrifié en Vendée aux rancunes jacobines	282
vii.	Brunet puni de mort pour avoir résisté aux réquisitions illégales des représentants délégués près l'armée d'Italie.	295
viii.	Beysser et sa mission en Bretagne terminée par son renvoi au Tribunal révolutionnaire	302
ix.	Conséquences de cette politique de rigueur et de défiance.	312

LIVRE XLVII.

L'ORGANISATION DE LA TERREUR.

i.	Tentative d'intimidation des Enragés conduits par Jacques Roux.	315
ii.	Mesures impolitiques de rigueur contre l'accaparement et l'agiotage.	321
iii.	Démonétisation des assignats à face royale.	328
iv.	Établissement d'un emprunt forcé sur les riches.	332
v.	Discussion du projet posthume de Lepelletier sur l'éducation nationale	339

		Pages.
vi.	La police des théâtres confiée aux municipalités.	348
vii.	La fête du 10 août et la levée en masse.	356
viii.	Décrets révolutionnaires de la séance du 5 septembre.	367
ix.	Organisation de l'armée révolutionnaire.	380
x.	Vote de la loi des suspects : Merlin et Chaumette.	385

LIVRE XLVIII.

LES INSTRUMENTS DU GOUVERNEMENT RÉVOLUTIONNAIRE.

i.	Réorganisation du Comité de salut public	393
ii.	Rigueurs qui signalent l'entrée de Robespierre au Comité.	397
iii.	Attaques impuissantes des Dantonistes.	400
iv.	Renouvellements successifs du Comité de sûreté générale.	412
v.	Règlement de ses attributions.	421
vi.	Extension des pouvoirs des Comités de surveillance.	425
vii.	Premiers arrêts du Tribunal révolutionnaire et manière de procéder devant lui.	430
viii.	Augmentation du nombre des juges et arrestation du président Moutané.	434
ix.	Intervention de la Convention dans le procès de Custine.	438
x.	Division du Tribunal en quatre sections avec 16 juges et 60 jurés	440
xi.	Décret du 29 octobre, qui lui confère le titre officiel de Tribunal révolutionnaire.	445

NOTES

ÉCLAIRCISSEMENTS ET PIÈCES INÉDITES.

I.	*Le Comité révolutionnaire de l'Évêché et le secret des lettres*	453
	Intitulé d'un compte rendu par Harny le 19 juin 1793.	453
	État des honoraires de la commission *inspectante* des postes pour le mois de juillet 1793.	454
	Réclamations relatives au payement des 40 sols par jour promis aux émeutiers du 31 mai	456
	Certificat de versement d'une de ces indemnités	457
	Actes divers du Comité de salut public du département de Paris	458
II.	*Le coup d'État du 2 juin jugé par les représentants en mission.*	461
	Lettre des représentants Cavaignac, Gilet, Merlin et Sevestre, le 14 juin 1793.	461

TABLE.

		Pages.
III.	*Documents relatifs à la résistance du Calvados et de l'Eure.*	465
	Lettre de Barbaroux à Duperret, le 13 juin 1793.	466
	Lettre du même au même, le 15 juin 1793.	468
	Lettre du même au même, le 18 juin 1793	469
	Rapport à la Convention de Reynal, administrateur de l'Eure.	472
	Mission de Mouchet dans l'Eure, en juillet 1793.	474
	Arrêté de la Section de la Fraternité nommant des commissaires pour s'enquérir de l'état du département de l'Eure, le 6 juillet 1793.	475
	Rapport de Mouchet au nom de la Commission, le 7 juillet 1793.	475
	Délibération des autorités constituées du département de l'Eure, le 7 juillet 1793	482
	Délibération de la Section de la Fraternité, le 9 juillet 1793	485
	Délibération du Conseil général de la Commune, le 10 juillet 1793	486
	Délibération de la Section de la Fraternité, le 10 juillet 1793.	487
	Autre délibération, le 11 juillet 1793.	488
	Autre délibération, le 12 juillet 1793.	489
	Délibération du Conseil général de la Commune, le 12 juillet 1793.	490
	Rapport de police, le 16 juillet 1793.	491
	Proclamation de l'armée normande, le 13 juillet 1793.	492
	Lettre de Brune à Vincent, le 18 juillet 1793	494
	Lettre du même au même, le 20 juillet 1793	494
	Lettre du même au même, le 24 juillet 1793.	495
IV.	*Deux victimes de l'insurrection Lyonnaise.*	497
	Lesterp-Beauvais et sa mission à Saint-Étienne	497
	Lettre de Lesterp-Beauvais à Barère, le 7 juillet 1793.	498
	Dénonciation du représentant Reynaud contre Lesterp-Beauvais.	499
	Rapport du représentant Noël Pointe au Comité de sûreté générale, le 23 août 1793.	500
	Lamourette à Lyon.	501
	Ordre d'arrestation du 4 octobre 1793	501
	Interrogatoire de Lamourette au Tribunal révolutionnaire	502
V.	*Soulèvement de Marseille*	507
	Arrestation et interrogatoire du représentant Antiboul, le 24 juin 1793.	507
VI.	*La mort de Marat*	519
	Rapport de l'observateur de police Blache.	519
	Interrogatoire de Jacques Roux	520
	Les restes de Marat	522
	Mémoire du chirurgien chargé d'embaumer le corps de Marat.	523
	Règlement du chirurgien Desault	523
	Lettre de l'architecte du département de Paris sur le même objet	524

	Pages.
Lettre du ministre de l'intérieur Paré portant règlement	525

VII. *Hoche au siège de Dunkerque.* 527
    Lettre de Hoche à Audouin, le 8 août 1793. 527
    Lettre du même au même, le 1er septembre 1793. 528
    Lettre de Bouchotte à Fouquier-Tinville, le 12 pluviôse an II. . 530

VIII. *Les conflits de l'armée des Pyrénées.* 533
    État des services du général de Flers 533
    Lettre des représentants Espert et Projean dénonçant de Flers, le 10 juillet 1793. 534
    Renseignements fournis par de Flers au conseil de guerre du 5 août 1793 535
    Opinion du général d'Aoust. 537
    Arrêté des représentants suspendant de Flers, le 7 août 1793. . 540
    Lettre du général Puget de Barbentane au représentant Fabre, le 10 septembre 1793. 541
    Lettre du même au même, le 12 septembre 1793 543
    États de services du général Dagobert. 544
    Lettre de Dagobert au Comité de salut public, le 24 septembre 1793. 545
    Lettre de Dagobert aux représentants Bonnet et Fabre, le 29 septembre 1793. 546
    Arrêté des représentants acceptant la démission de Dagobert, le 29 septembre 1793 546
    Lettre des représentants au ministre de la Guerre, le 10 octobre 1793. 547
    Lettre du général Turreau au Comité de salut public, le 24 octobre 1793. 548
    Arrêté des représentants près l'armée des Pyrénées-Occidentales suspendant les nominations faites par le ministre de la guerre, le 23 octobre 1793 552
    Autre arrêté des mêmes, le 31 octobre 1793 554

IX. *Custine et son confesseur.* 557
    Lothringer, confesseur de Custine, dénoncé par le gendarme Henry. 558
    Autre dénonciation de Samson, exécuteur des jugements criminels. 558
    Arrestation de Lothringer par les administrateurs de police . . 559
    Interrogatoire de Lothringer au Tribunal révolutionnaire . . . 560
    Lettre de Lothringer au Comité de sûreté générale, le 29 messidor an II. 561

X. *Biron en Vendée.* 565

TABLE.

	Pages.
Lettre de Biron au Comité de salut public, le 12 juin 1793	565
Procès-verbal du conseil de guerre du 11 juin 1793	566
Procès-verbal du conseil de guerre du 25 juin 1793	569
Délibération du Comité de salut public du 28 juin 1793	571
Lettre du Comité de salut public à Biron, le 28 juin 1793	574
Délibération du Comité de salut public du 30 juin 1793	575
Lettre du Comité de salut public à Biron, le 1er juillet 1793	578
Lettre de Biron au Comité de salut public, le 12 juillet 1793	579
Lettre du même à Barère, le 12 juillet 1793	580
Dénonciations contre Biron de Besson et de Brulé, le 24 juin 1793.	581
— — — de Parein, le 11 juillet 1793	582
— — — de Ronsin, le 11 juillet 1793	584

XI. *Le général Brunet en lutte avec le représentant Fréron* 587
    État des services du général Brunet. 587
    Premier arrêté des représentants près l'armée d'Italie, le 4 juin 1793. 587
    Lettre de Brunet à Barras, le 20 juin 1793 588
    Second arrêté des représentants, le 26 juin 1793. 589
    Lettre de Brunet aux mêmes, le 27 juillet 1793 590
    Réquisition des représentants à Brunet, le 5 août 1793 592
    Lettre de Brunet au Comité de salut public, le 6 août 1793. . . 593
    Lettre de Barras à Brunet, le 7 août 1793. 595
    Pétition de la société républicaine des Alpes-Maritimes, le 7 août 1793 596
    Réquisition des représentants à Brunet, le 8 août 1793 597
    Lettre de Brunet à la Convention, le 8 août 1793 597
    Lettre de Brunet aux représentants, le 8 août 1793 599
    Instructions de Brunet au commandant de place de Nice, le 8 août 1793 601
    Lettre de Brunet aux représentants, le 8 août 1793 602
    Ordre du jour de Brunet, le 9 août 1793 603
    Arrêté des représentants suspendant Brunet, le 8 août 1793 . . 603

XII. *Les représentants pourvus de grades militaires.* 607
    Lettre du général Chateauneuf-Randon au ministre de la guerre, le 6 avril 1793 607
    Lettre du même au même, le 20 août 1793 609
    Supplique du même à Napoléon Ier 610

XIII. *L'organisation intérieure du Comité de salut public.* 613
    Extrait du procès-verbal de la séance du 15 juin 1793 614
    Extrait du procès-verbal de la séance du 16 juin 1793 615

FIN DE LA TABLE DU TOME HUITIÈME ET DERNIER.

ERRATA.

Page 31, ligne 15. Au lieu de : 4,938 suffrages, lisez : 5,900 *suffrages*.
— ligne 16. Au lieu de : n° 187, lisez : *n° 185*.
Page 135, ligne 7. Au lieu de : un ancien officier, lisez : *un ancien Constituant*.
Page 180, ligne 23. Au lieu de : les massacres, lisez : *lors des massacres*.
Page 220, ligne 12. Au lieu de : envoyés pour faire accepter la Constitution, lisez : *envoyés près l'armée d'Italie*.
Page 314, ligne 21. Au lieu de : plus il atténuera, lisez : *plus il affirmera*.